현 대  기 독 교 교 육 의

# 흐름과 중심 사상

# 현대 기독교교육의 흐름과 중심 사상

2010년  3월  9일  개정판 1쇄 발행
2020년 10월 15일  개정증보판 1쇄 발행

지은이  김도일
펴낸이  김영호
펴낸곳  도서출판 동연
등  록  제1-1383호(1992. 6. 12)
주  소  서울시 마포구 월드컵로 163-3
전  화  (02)335-2630
전  송  (02)335-2640
이메일  yh4321@gmail.com

ISBN 978-89-6447-613-0  93200

현 대   기 독 교 교 육 의
# 흐름과 중심 사상

김도일 지음

*Contemporary Christian Education*
*and the Flow of lts Core Thoughts & Ideas*

———

| 개정증보판 |

동연

　본서『현대 기독교교육 사상의 흐름과 중심사상』의 개정증보판 인쇄에 즈음하여 몇 가지 중요한 얘기를 하고자 한다. 이른바 코로나19 팬데믹 사태가 우리나라를 비롯한 전 지구적으로 번지고 있는 이 때에 대면 교육이 거의 불가능해지고 비대면 교육이 새로운 교육의 방법으로 자리매김한 것은 우리 모두에게 적지 않은 충격과 도전을 주고 있다. 그동안 교육 형태의 노멀(normal)은 사람과 사람이 얼굴을 맞대고 하는 것이었는데, 이제는 뉴노멀(new normal)로 일컬어지는 스크린으로 사람의 얼굴을 보며 인터넷 망을 통하여 교육을 하는 시대가 된 것이다. 4차 산업혁명이 경제적 현상으로만 다가온 줄 알았던 많은 사람들은 이제 초연결, 인공지능, 3D 프린팅, 빅데이터와 같은 단어가 거의 모든 교수, 학습 과정에 밀접하게 다가온 현실을 살게 된 것이다. 흔히 교육자는 시대의 흐름에 민감해야 하고 학습자의 필요를 적절하게 채워주고, 인생의 갈 길을 제시해야 한다고 말하지만, 요즘과 같은 시대에 과연 누가 바로 앞의 일을 예견할 수 있으며, 급변하는 세월의 흐름을 읽을 수 있다는 말인가?

　그러나 인류가 하나님의 창조 이후로 존재하게 되면서 그 어느 시대가 변화의 물결에 직면하지 않은 때가 있다는 말인가. 구약성경 역대하 12장에 기술된 그 시대도 엄청난 변화가 이스라엘 사람들을 덮쳤다. 사울왕의 폭정을 못 견딘 백성들이 다윗을 후대 왕으로 추대하기로 하고 수많은 족속들이 일어나 사울을 제거하기로 한 것이다. 이때 각 족속들은 적게는 200명, 많게는 3만 명이 일어나 군사적인 정변을 일으킨다. 그런데 유독 잇사갈 족속만이 200명의 적은 사람이 일어나 모든 이스라엘 족속을 이끄는 리더십을 발휘한다. 무엇이 그들을 리더로 활약하게 하였을

5

까? 잇사갈 족속은 "시세를 알고 마땅히 행할 바를 알았다"고 성경은 기록하고 있다(대상 12:32) 즉 세월의 흐름을 읽고, 무슨 일을 해야 하는지를 아는 지혜를 가졌던 것이다.

『현대 기독교교육사상의 흐름과 중심사상』은 이런 점에서 급변하는 시대를 살아가는 모든 기독교교육자들, 목회자들, 세상 속에서 살아가는 기독교인들에게 중요한 통찰을 제공하리라고 믿는다. 본서는 20세기와 21세기를 살며 삶의 정황 속에서 시세를 알고, 마땅히 행할 바를 알았던 이들의 이야기를 분석한 책이다. 뉴노멀이 계속 생겨날 21세기를 가장 현명하게 헤쳐나가야 할 기독교교육자들에게 통찰을 제공할 것이다. 세상 곳곳이 부패하였고 가장 순수하고 온전해야 할 교회마저 개혁의 메스를 들이대지 않으면 안 되는 이때에 본서가 기여하기를 바라는 마음 간절하다.

저자는 2015년 이후 가정-교회-마을이 연계되어 이 땅 위에 하나님의 나라를 확장시켜 나가야 한다는 선교적 교회론에 근거한 마을목회가 어지러운 세상을 구할 중요한 방편이라고 굳게 믿고 있다. 그러기에 2018년에 『가정·교회·마을 교육공동체』(동연)를 출간하였다. 이 책이 본서의 후속작이라고 생각한다. 왜냐하면 본서가 겨냥하였던 기독교교육사상은 성곽주의에 갇힌 교회건물 중심의 기독교교육이 아니기 때문이다. 교회는 하나님백성을 의미하기에, 기독교교육은 하나님의 사람들이 활동하는 세상에서 "교회"로써 삶으로 성취해 나가야 하는 것이다. 그런 의미에서 지난 20여 년간 기독교교육학 교수로 교실과 교회당에서 펼쳐왔던 기독교교육사상사가 이제는 하나님이 독생자를 희생하시면서 까지 사랑하셨던 세상(요 3:16) 속에서 본서가 활용되기를 바라는 마음 실로 간절하다. 도서출판 동연의 식구들 그리고 가정교회마을 연구소의 사역에 감사한다. 그리고 늘 곁에서 응원하는 한국과 미국의 가족들에게도 감사한다. 아직도 부족하기만 한 책이지만 "담대하게, 유쾌하게, 겸손하게" 본서를 다시 세상에 내어놓는다. 여전히 그리고 영원히 하나님은 역사의 주인이시고 우리는 그분의 영광을 위해서 최선을 다해야 함을 마음을 새기며 새로운 인쇄에 즈음하여 머리말에 가름하고자 한다.

2020년 광나루 연구실에서

오늘날 한국 교회는 위기를 맞고 있다. 한동안 줄기차게 늘어만 가던 등록 교인 수는 이미 옛날이야기로 남게 되고, 20세기를 마감하면서 온 갖 도전에 직면하게 되었다. 이미 엘리스 넬슨이 지적한 대로 현대는 극심한 세속화의 물결이 흉용하는 바다와도 같다. 이러한 세속의 물결 속에서 방향을 잃은 작은 배와도 같은 교회는 더 이상 사회에서 영향을 발휘하지 못하는 형편이 되었다.[1] 넬슨은 미국 기독교인들의 상황을 예로 들면서 68%나 되는 활동적인 장로교인들이 더 이상 전통적인(conventional) 기독교 신앙을 갖고 있지 않다는 통계를 제시하면서 현대 기독교인들의 위험한 '평신도 자유주의'(lay-liberalism)를 경계했다. 이는 평신도들이 신학도들이 가질 수 있는 어떤 특별한 신학의 체계(예: 보수, 진보 등)에 의존하는 현상을 말하는 것이 아니라, 마치 무속종교를 생각 없이 받아들이는 것과 같이 기독교 신앙의 진리들에 대해 어렴풋한 아이디어만 갖고 교회생활을 하며 과거에는 일반적으로 가정되었던 일반 성도들의 기본적인 성경 지식이나 성경 이야기들의 공유가 더 이상 현실에서 기대될 수 없다는 것을 의미한다.[2] 개신교의 역사가 100년 남짓한 우리 교회의 현실에서도 적용되는 말인가? 이 질문에 대한 대답은 독자에게 남겨둔다.

오늘날 우리가 당면한 기독교교육의 위기는 여러 면에서 나타나고 있지만 특별히 기독교인들이 "자신이 누구인가?" 내지는 "무엇을 위하여 세

---

1) C. Ellis Nelson, "Christian Education in a Secular Society," *The Presbyterian Outlook* 176:16 (April 25, 1994): 6.

2) *Ibid.*

상에 존재하는가?"에 대한 대답을 하지 못하는 이른바, 정체성 파악에 관한 위기에 직면해 있으며, 또한 과거의 주일학교에 전적으로 의존하던 체제를 비판 없이 도입하여 의존하는 현 교육구조 내의 위기 그리고 교육자로서의 전문성을 덜 갖춘 채 토대(기초, foundation) 교육에 힘을 쓰기보다는 방법론에 치우치는 지도자들의 결핍된 자질 형성의 위기로 볼 수 있다.3) 세속화 과정 가운데서 기독교인들의 자기 정체성 상실은 신앙과 생활의 분리라는 결과를 초래하게 되었고 결국 이 문제는 제자(disciple)로서와 시민(citizen)으로서 기독교인의 이중적 의무와 권리(dual respon-sibility and privilege)4)를 망각하는 지경에 이르게 되었다. 또한 학습자의 학습 동기를 균형 있게 유발하고 질 높은 교육을 실행하기 위해서는 현재 학교식 교육 체제(schooling-instructional paradigm)에 전적으로 의존할 수만은 없다. 공립학교조차 교육 환경의 개선을 위한 관심과 투자가 없는 오늘날의 현실에서 구태의연한 학교식 모델로는 교회교육이 밀도 있게 이루어질 수 없는 것이다. 그러므로 교사는 가르치고 학생은 앉아 배우는 식의 교육구조에서 탈피하여 함께 공동체의 생활로 전환됨과 동시에 전문적이고도 포괄적인 교육구조로의 질적 개선이 시급한 것이다.5) 마지막으로 권위 부재의 시대에 살고 있는 사회 전반의 분위기(ethos) 가운데 진정으로 섬기는 종이면서 위로부터 주어진 리더십을 발휘할 수 있는 지도력의 회복이 오늘날 교회교육의 관건이 된다고 본다.6)

---

3) 고용수, "21세기 기독교교육의 위기와 과제," 『'97 기독교교육 공동 학술 대회 발표 논문』(장로회 총회 교육부, 한일신학대학 기독교교육 연구소 공동 주최: 97년 10월 13-14일), 74-83을 참조하라.

4) John Colman, "The Two Pedagogies: Discipleship and Citizenship," ed., Mary Boys, *Education for Citizenship and Discipleship* (N.Y.: Prilgrim Press, 1989)을 참고하라. 이 글은 현대 교인들의 삶 가운데 병폐인 제자직과 시민직의 분리를 의미심장하게 설명한다.

5) *Ibid.*, 79-80.

본서는 이러한 현대 기독교교육의 위기 상황을 인지하는 가운데 쓴 것이다. 그러나 일선에서 기독교교육을 가르치는 교수로서, 교회교육의 앞날을 염려하는 목회자로서 항상 듣는 질문은 "그러면 과연 어떤 진단의 틀에 의거해서 우리의 교회와 교회교육을 진단해 볼 것인가?"라는 것이다. 이 질문에 대한 응답으로 이 책은 나오게 되었다. 기독교교육사적인 학문적 토대 위에 전통, 변혁, 사회화와 의도적 가르침이라는 네 가지 개념이 어떻게 역사의 현장 속에서 실제 기독교교육에 도전하며 응전했는가를 살펴보는 것이 이 책에서 조심스럽게 선택한 저자의 학문적 '안경'(glasses/perspective)이다. 더욱이, 우리는 이미 기독교가 비교적 오래전에 전해져서 기독교적 문화가 형성된 나라들(예: 미국이나 유럽의 국가들)에서 기독교교육 학자들과 목회자들이 착수하여 오랜 검증을 통해 발표한 신앙공동체 이론 등을 우리 상황에 그대로 접목하려는 너무 성급한 시도를 하지 않았는지 반성해 보아야 한다. 그들은 이미 1980년 초반에 회중연구(congregational studies)를 통하여 각 교단의 실제 목회 현장에서 많은 설문 조사와 실험적 검증을 통하여 신앙공동체라는 사회화 이론을 교회교육에 접목하려 시도한 것을 우리는 중간 과정을 생략한 채 바로 이론만 도입해 와서 퍼뜨리려고 한 것은 아닌지 깊은 숙고를 해볼 일이다. 과정을 생략한 이론의 도입이 얼마나 실효를 거둘지는 의문이다. 또한 미국 같은 나라가 신앙공동체 이론을 교회에서 사용하는 단계에 있다고 해서 우리도 그 단계에 도달했다고 가정하는 것은 어쩌면 커다란 우(愚)를 범하고 있는 것인지도 모른다. 그러므로 이 글은 우리의 현재 모습을 냉철하게 진단해 보는 데 일조(一助)하고자 소개하는 것이다.

이 글의 다음 내용은 정당성 부여와 그것을 풀어 가는 과정을 통해 진

---

6) *Ibid.*, 80-81.

행된다. 20세기를 마감하면서 새로운 세기를 준비하는 오늘, 기독교교육에서 기존의 학교식 모델에 대한 대안으로 제시한 것은 소위 신앙공동체라는 이론인데, 이 이론 자체를 비판적 검증 없이 받아들인다면 불행한 일이 아닐 수 없다. 이 책에서는 이러한 학문적 검증을 위해 20세기 종교교육학자들의 글을 집중적으로 분석하였다. 조지 앨버트 코우(George Albert Coe)로 시작해서 엘리스 넬슨(C. Ellis Nelson), 존 웨스터호프(John H. Westerhoff III)로 대표되는 사회화 이론과 사라 리틀(Sara Little)과 메리 보이스(Mary C. Boys)로 대표되는 교육의 이론들(의도적 가르침)을 다루었다. 그리고 기독교교육에 주는 함의(implication)를 살펴봄에 있어서 최근의 학자들, 즉 교육의 입장을 강조하는 리차드 로버트 아스머(Richard Robert Osmer)의 이론을 재조명해 보았고, 한편 사회화의 입장에서 '회중교육'을 강조하는 찰스 포스터(Charles R. Foster)의 이론을 재조명했다. 마지막으로 두 양대 이론을 함께 도입해서 기독교교육의 새로운 장을 창출했다고 생각되는 마리아 해리스(Maria Harris)의 심미학-교육학적인 통합적 이론을 최종적으로 다뤘다.

필자는 기독교교육사는 한마디로 전통과 변혁 사이의 끝없는 대립과 화해 내지는 통합의 과정이라 생각한다. 시대에 따라 공식 없이 계속되는 이 두 흐름 간의 긴장이 결국은 기독교교육의 방법(또는 과정)에 지대한 영향을 미쳤다고 본다. 이 책은 오늘날의 우리 상황에서 교회교육의 현실을 진단하는 틀로 사용될 수 있다. 그러나 이 글에서 다룬 이론들이 미국이라는 상황에서 실험되고 만들어진 것이므로, 우리 한국 교회의 상황과는 괴리가 있음을 감안하여야 하겠다. 어쩌면 한국의 농·어촌 교회나 지방에 있는 소(小)교회의 상황에서는 여기서 다루는 현대 미국적 교회의 상황에 아직 못 미쳤거나, 아예 그런 상황으로 가지 않을 수도 있음을 기억해야겠다. 만일 우리가 현재 미국 교회에서 걸어간 발자취를 뒤

따라가고 있다면 한국 교회는 어떤 지점에 와 있는지를 잘 분석하여 여기에 제시된 이론을 적용해야 할 것이다. 때로는 미국 교회가 이미 겪은 상황이 우리의 현실과는 너무나 큰 격차가 있는데도 우리의 현주소를 망각한 채, 그들이 현재 겪고 있는 상황을 우리의 것으로 오해하게 되는 실수를 할 수 있다는 것이다.

본래 이 책은 본인의 미국장로교교육대학원(P.S.C.E.) 교육학박사 학위 논문으로 쓴 것이다. 연구 중에 수업 시간과 개인적인 수많은 만남을 통하여 항상 끊임없는 질문과 대답으로 나의 학문적 시야를 넓혀 주었던 리틀(Sara Little) 교수님께[7] 진심으로 감사의 뜻을 전한다. 그녀는 진실한 교사의 상을 나에게 가르쳐 주신 분이다. 또한 그녀는 논문의 심사위원(second reader)으로 온갖 정성을 기울였다. (안타깝게도 그녀는 2009년 3월 어느 날 하나님의 품으로 가셨다.) 또한 이 논문의 심사책임자(primary reader)였던 파밀러 미첼 렉(Pamela Mitchelle Legg) 교수에게도 가슴으로부터 우러나오는 감사를 드린다. 그녀는 나와 함께 이 논문을 미국의 큰 휴일인 부활절, 추수감사절 그리고 성탄절과 주말마저도 다 반납한 채 수십 번씩 읽고, 의문을 제기하고, 또 읽어 나가며 최선을 다해 도와주었다. 또한 잭 시모어(Jack Seymour) 교수의 진지한 도움에도 감사의 뜻을 전한다. 그는 본인의 외래 심사위원으로서(outside reader) 이 논문에 대해 여러 가지 예리한 질문으로 논문을 다듬어 주었다.

끝으로 이 논문을 사실상 함께 쓴 것과 다름없는 나의 아내, Elaine(김문자)과 딸들에게 나의 온 마음을 바쳐 감사한다(지금 그들은 아름다운

---

7) 당시 사라 리틀 교수는 이미 은퇴한 상태였으나 P.S.C.E.의 요청에 의해 본인을 비롯한 4명의 학생을 박사학위 책임자(Coordinator)로서 지도하였다. 본인은 아마도 그녀의 마지막 제자일 것이다.

가정을 이루었다). 나에게 삶의 진정한 의미를 항상 일깨워 준 그들이 아니었으면 이 글은 창조되지 못했을 것이다. 또한 미국 이민 목회 현장에서 배운 것을 실천하고 있던 나를 불러 '가르치는' 교수로 배운 것을 전수할 수 있도록 초청해 준 호남신학대학교의 황승룡 총장과 여러 교수들 그리고 고(故) 황영훈 교수에게 진심으로 감사드린다. 또한 이 책을 출판하기로 기쁜 마음으로 동의해 주신 한국장로교출판사의 김봉익 목사께 진심으로 감사드린다. 짧은 시간이었지만 학생들에게 나의 이론을 가르치며 영어로 발표된 논문을 우리말로 다듬어 출판하게 된 것은 나에게는 하나의 커다란 기쁨이다. 모든 것은 하나님의 은혜로 말미암았으니 그분께 영광을 돌린다.

1998년 양림동 연구실에서
김도일

■ **개정판 머리말**

세월이 이토록 빨리 흐르는 것을 누가 알았으랴! 벌써 이 책이 세상에 나온 지 이십 년이 훌쩍 지나갔다. 이제 바야흐로 21세기에 들어선 오늘 많은 것이 변하였다. 강산도 실제로 변하였다. 필자의 머리에도 하얀 모발이 까만 모발보다 더 많이 생겼으니 세월은 분명 흐른 것이다. 이런 맥락에서 제목에도 변화를 주었다. 『교육인가 신앙공동체인가?』로 알려진 이 책을 이제는 『현대 기독교교육의 흐름과 중심 사상』으로 새롭게 세상에 내어 놓는다. 가르치는 교육의 장도 변하였고 현대 기독교교육의 주요 관심사도 변화하였기 때문이다. 하지만 주요 흐름과 핵심이 되는 중심 사상을 정확히 꿰뚫을 수만 있다면 교육 현장에서 적절히 대처할 수 있다는 믿음으로 위와 같은 제목을 설정한 것이다. 이를 위하여 실제 필자는 그동안 몇 가지 글을 쓰면서 그러한 신념을 갖게 되었고 교실에서 실제로 학생들을 가르쳐 보니 그것이 꼭 필요한 작업이라는 확신을 하게 되었다. 바라기는 이 개정되는 책을 통하여 기독교교육 학도와 기독교교육에 관심이 있는 이들이 과거와 현재의 큰 흐름을 파악하여 우리에게 이미 깊숙이 다가와 있는 미래를 준비하는 데에 도움이 되기를 바란다.

이 책은 사실 '기독교교육사상'과 '현대기독교교육사상'이라는 대학의 학과목에서 학생들과의 대화를 통하여 다져졌거니와 대학원의 석사과정 학생들과 박사과정 학생들의 성실한 질문에 답하면서 조금 더 그 모습이 드러나게 되었다. 그러므로 이 작은 학문적 성과의 공은 당연히 학생들과 함께 나누어 가져야 한다. 또한 '한국기독교교육학회'에서 함께 연구하고 일하면서 학술대회 주제를 설정하고 머리를 맞대고 씨름했던 26대 임원들과 회원들에게 진심으로 감사드린다. '한국 기독교교육학의 정체성과 역할'이라는 주제와 '한국 기독교교육의 진단과 전망'이라는 주제를 함께 발전시켜 나가면서 서양에서 배웠던 학문을 우리의 시각으로 읽고 씨름하고 녹여내어 부족하나마 '체화'시킬 수 있었던 것은 매우 즐거운 경험이었다. 공부가 이렇게 재미있고 행복하다는 것을 학생들과 교육담당자들이 함께 머리로 깨닫고, 가슴으로 느끼어 현장에서 함께 힘을 모아 적용할 수 있다면 우리나라의 기독교교육이 머지않아 세계 교회에 공헌할 수 있는 부분이 적지 않을 것이라는 확신을 갖게 되었다. 이 책이 기독교교육학계에 존재하는 또 하나의 그저 그런 책이 아니라 '꼭 필요한 책'이 되어 많이 읽히고 활용되기를 간절히 소망한다. 아직도 부족한 것이 많지만 이 책이 한국 기독교교육을 강화하는 일에 일조하게 되기를 바란다.

개정 이전 판과는 달리 이 책에는 거시적인 시각으로 쓴 현대 기독교교육의 흐름과 중심 사상을 한눈에 보게 하는 글과 미시적인 시각으로 쓴 종교교육협회의 창립 배경과 취지 그리고 그 이후에 나타난 지속-반동-수정의 역사를 다룬 글을 첨가했다. 이 두 글은 본래의 책을 쓸 때 품었던 필자의 의도를 더 강화시켜 주고 독자들에게 도움이 될 것으로 믿어 의심치 않는다.

이 책이 나오기까지 격려해 주신 도서출판 동연의 김영호 사장님 그리고 책을 다듬어 만들어 준 직원들에게도 진심으로 감사드린다. 마지막으로 우리 주 예수님의 두 가지 분부 즉, 제자 삼는 일과 가르쳐 지키게 하는 기독교교육에 부족하나마 전력투구할 것을 다짐하며 서문에 갈음하고자 한다.

"예수께서 나아와 말씀하여 이르시되 하늘과 땅의 모든 권세를 내게 주셨으니, 그러므로 너희는 가서 모든 민족을 제자로 삼아 아버지와 아들과 성령의 이름으로 세례를 베풀고, 내가 너희에게 분부한 모든 것을 가르쳐 지키게 하라. 볼지어다 내가 세상 끝날까지 너희와 항상 함께 있으리라 하시니라."(마 28:18-20)

2010년 연구학기에
광나루 마펫관 연구실에서
김도일

# ■ 차례

# 제1장

# 기독교교육 진단의
# 핵심이 되는
# 네 가지 개념

# I. 문제를 제기하며 함께 들어가는 글

이 책은 '교육 이론'의 분야에서 쓴 것이다. 글을 전개함에 있어서 20세기에 활동한 몇 명의 중요한 기독교교육 학자들의 교육 이론들을 연구하였으며 특히 중요한 개념들의 분석에 그 주안점을 두었다. 이 글은 기독교교육 이론 가운데 20세기의 중심적 긴장(tension), 즉 사회화(socialization)와 교육(education)이 갖는 관계에 그 논쟁의 초점을 맞추었다. 이 이슈에 관해서 일찍이 휴브너(Dwayne Huebner)는 "신앙공동체 안에서 교육은 꼭 필요한 것인가? 아니면 공동체 안에서 잘 어우러져 사는 것 자체가 교육적인가?"[1]라는 의미심장한 질문을 던졌다. 20세기 동안 이 이슈에 관한 논쟁은 다음의 네 가지 개념으로 생각해 볼 수 있다. 예컨대 전통(tradition), 변혁(transformation), 사회화(socialization) 그리고 가르침(敎授, teaching)의 네 가지 개념이다.

---

1) Dwayne Huebner, "Education in the Church," *Andover Newton Quarterly*, 12:3 (January 1972): 128. 그는 다음과 같이 말했다. "Is education in a religious community necessary or is living with others inherently educational?" 전자는 신앙공동체 안에 살더라도 의도적인 교육이 필요함을 역설한 것이요, 후자는 신앙공동체 안의 삶 자체가 교육적이기에 구태여 의도적인 교육이 필요하지는 않다는 것을 강조하는 것이다.

우리가 사회화와 가르침과의 긴장 관계를 탐구하다 보면, 필연적으로 전통과 변혁 사이의 긴장 관계가 서로 얽히어 있다는 것을 발견하게 된다. 첫째, 이른바 전통과 변혁이라는 한 쌍의 개념은 교육의 목적[2]에 관한 질문들을 야기하게 된다. 이 기독교교육의 목적에 관하여 코우(George Albert Coe)는 다음과 같이 파격적인 질문을 던졌다. "기독교교육의 목적이 종교를 전수하는 것인가, 아니면 새로운 세계를 창조하는 것인가?"[3] 둘째, 사회화와 가르침이라는 다른 한 쌍의 개념은 목적 성취를 하기 위한 과정과 연관이 있어 보인다. 즉, 사회화와 가르침은 사용되는 방법, 과정, 또는 활동과 연관이 있다는 것이다. 사회화는 자주 전통을 전수하거나 지탱해 나가는 것과 연관이 있어 보이고, 가르침은 개인적이거나 사회적인 개혁 혹은 변혁과 연결되어 보이게 되는 것이다.[4] 그러나 바로 앞

---

2) 이 글에서는 '목적'(purpose)이라 하면 의도되거나 희망된 결과 또는 효과를 말한다. 즉, 기독교교육의 목적이라 함은 기독교교육을 통해 미래에 의도된 결과를 의미한다.

3) George Albert Coe, *What is Christian Education?* (New York: Charles Scribner's Sons, 1929), 29.

4) 종교교육사를 통해 볼 때, 전통과 변혁 간의 긴장 관계는 그 시대의 전통과 변혁에 관한 이해에 따라 다른 모습으로 나타난다. 어떤 때는, '전통'이 토라(Torah)나 믿음의 이야기를 의미했고, 반면에 전통이 교회의 권위(ecclesiastical authority)를 의미하기도 했다. 또 다른 시대에는 '변혁'이 개인의 변화를 의미했는가 하면, 새로운 사회를 건설하는 것을 의미하기도 했다. 의미의 변화는 무쌍하나, 종교교육의 목적으로서의 전통과 변혁에 관한 질문과 관심은 빈번하게 재출현했다고 볼 수 있는 것이다. 여기서 주목할 것은, 비록 다른 학문의 줄기, 즉 심리학의 개인적인 세계(personal world of psychology)에서 발표된 설리반(E. V. Sullivan)의 견해와 도식(diagram)은 사회화와 변혁 간의 긴장 관계를 이해하는 데 도움이 된다. 그는 "사회화 이론은 이른바 개혁적 이론과 독특하게 구별되는데 … 보통 주류의 심리학 이론은 본질적으로 사회적인 지탱 또는 유지(social maintenance)를 지향한다"라고 하였다.

| 사회화(socialization) | 변혁(transformation) |
| --- | --- |
| 1. 사회적 나(social self) | 의도적인 나(intentional self) |
| 2. 개인의 정체감(identity) | 개인화(individuation) |
| 3. 질서(재생산: order or reproduction) | 변화(개혁: change or transformation) |
| 4. 선 의식적(preconscious) | 의식적(conscious) |

의 주석(각주 #4)에서 본 것과 같은 꿰어 맞춤이 항상 되는 것은 아니다.

그러면 기독교교육 학자들은 앞에서 다룬 용어들에 어떤 함축적인 암시(implication)가 담겨 있기에 교육목회를 위해 다루었을까? 바로 이 이슈를 밀도 있게 다룬 사람이 조지 앨버트 코우였다. 보스턴대학에서 기독교교육학 교수로 재직 중인 토마스 그룹은 코우를 일컫기를 "20세기 전반부의 가장 위대한 개신교 종교교육가"라며 극찬을 아끼지 않았다.[5] 많은 종교교육 학자들이 전통, 변혁, 사회화와 가르침의 여러 면을 고려하면서 이 이슈를 다루었다. 또한 이 이슈 자체가 너무도 광범위하기 때문에, 여기서는 코우의 이론에 주의를 집중함으로써 찾아낸 틀로 이슈를 탐색하고자 한다. 그런 후에 네 명의 20세기 저자의 글을 분석하고 해석하게 되는데, 그중 두 명은 사회화와 전통에 초점을 맞춘 이들이고, 다른 둘은 가르침과 변혁에 더 관심을 둔 이들이다. 그러나 간과하지 말아야 할 것은 네 학자 모두가 사회화와 전통, 가르침과 변혁이라는 이 모든 개념에 관심을 갖고 글을 썼다는 사실인 것이다.

## II. 용어의 정의와 약사(略史)

이 장에서는 앞서 언급한 네 용어(즉 전통, 변혁, 사회화, 가르침)를 정의하게 될 것이다. 아울러 각 용어를 간략하게 역사적으로 조명하며

---

5. 과거(past: history)                          미래 (future)
6. 이념적 심벌들(ideological symbols)       환상적 심벌들(utopian symbols)
7. 운명주의(determinism)                      자유(freedom),

E. V. Sullivan, *Critical Psychology* (New York: Plenum Press, 1984), 61을 보라.

5) Thomas Groome, *Christian Religious Education* (San Francisco: Harper Collins, 1980), 117.

예들을 들어 보게 될 것이다. 그러나 이 글에서 의도한 목적, 즉 상기한 네 개념(용어)의 분석에 초점을 맞추어 나가기 때문에 각 용어에 대한 종합적이고 철저한 역사를 다루지는 않을 것이다.

## 전통

전통(tradition)이라 함은 문화적이거나 종교적인 신앙 혹은 행위로서, 언어, 문화유산, 습관 또는 관례[6]로 표현된 과거에 대한 기억을 말한다.[7] 다시 표현하자면, 광범위한 의미에서 전통은 종교교육의 내용을 제공하는 것이다. 만일 어떤 이가 전통 전달을 종교교육의 목적으로 삼는다면, 그는 내용, 즉 이야기(story), 예배 의식(ritual), 예배 행위(practice)나 삶의 가치(value) 등을 종교교육을 할 때 다른 어떤 것들보다 가치 있는 것으로 여기게 될 것이다. 그러므로 그들에게 '오고 오는 세대들에게 전통을 전달하는 것'과 '우리의 전통을 잘 간직하는 것'은 매우 중요한 일로 여겨질 것이다. 바로 전통이 무엇으로 이해되었는가 하는 것과 어떻게 전달되었는가 하는 것은 기독교교육사 가운데 다르게 나타나게 된다.

---

6) Dwayne Huebner, "The Language of Religious Education," in *Tradition and Transformation in Religious Education*, Padraic O'Hare, ed. (Birmingham, Ala.: Religious Education Press, 1979), 97.

7) Stuart Berg Flexner and Leonre Crary Hanck, eds., *The Random House Dictionary of the English Language*, 2d ed. (New York: Random House, 1987), 2006의 '전통'에 대한 정의를 보라. 예를 들면, 첫째, 모세로부터 전수받아 한 세대에서 다른 세대로 전해진 율법이나 교리 같은 것들. 둘째, 원래는 예수로부터 문서화되지는 않았지만 그의 제자들에 의해 전달된 가르침과 같은 것들. 위의 책. 종교교육의 목적이라는 시각에서 볼 때, 전통이란 한 세대에서 다른 세대로 전달되며 형성하는 과정을 포함한다. 이 이슈에 관해서 무어(Mary Elizabeth Moore)의 *Education for Continuity and Change* (Nashville: Abing-don Press, 1983), 23-34를 참조하라. 무어는 전통화(traditioning)라는 용어를 '전통을 전달하는 과정'(the process of handing over)이라는 개념으로 사용한다. 필자도 이 용어를 후에 사용하게 된다.

## 종교교육의 초점으로서의 전통에 대한 역사

성서시대에는 오는 세대에게 전통을 전수하는 것의 중요성이 되풀이되어 강조되곤 했다. 특히 가정에서의 종교교육이었던 쉐마(shema: 신 6:4-9, '들으라'라는 뜻)는 전통 전수가 종교교육의 목적임을 보여주는 좋은 예이다. 당시는 전통 전수가 이스라엘 민족에게 종교교육의 중심 목표였기에, 반복과 암기를 포함한 교훈적/설교적 훈련이 많이 강조되었다. 하나님께서 당신의 백성을 향하신 위대한 구속의 이야기는 전통의 내용 가운데 꼭 필요한 것이다. 또한 하나님이 어떻게 아브라함, 이삭 그리고 야곱을 통해 오고 오는 당신의 백성과 언약을 맺으셨는지, 이집트 사람들의 손에서 당신의 사랑하는 백성들을 어떻게 구속해내셨는지도 전통의 중심적인 내용들이 된다. 이런 이야기들은 계속해서 전해지고 또 전해지는 가운데 신앙 전통(faith tradition)이 보존되고 전승되는 과정을 거치게 되는 것이다. 성서 기자는 다음과 같이 말한다.

후일에 네 아들이 네게 묻기를 우리 하나님 여호와의 명하신 증거와 말씀과 규례와 법도가 무슨 뜻이뇨 하거든 너는 네 아들에게 이르기를 우리가 옛적에 애굽에서 바로의 종이 되었더니 여호와께서 인도하여 내셨나니 곧 여호와께서 우리의 목전에서 크고 두려운 이적과 기사를 애굽과 바로와 그 온 집에 베푸시고 우리 열조에게 맹세하신 땅으로 우리에게 주어 들어가게 하시려고 우리를 거기서 인도하여 오늘날과 같이 생활하게 하려 하심이라 우리가 그 명하신 대로 이 모든 명령을 우리 하나님 앞에서 삼가 지키면 그것이 곧 우리의 의로움이니라 할지니라.[8]

---

8) 신명기 6:20-25.

전통화와 관련해서, 월터 브루그만(Walter Brueggemann)은 이야기 (narrative)를 유대-기독교적 믿음의 앎의 한 수단으로 설명한다. 앞서 본 신명기 6장 20-25절[9]과 유사한 구절을 선택하면서, 그는 '이야기를 사용하는 데' 특히 질문과 응답이라는 형태를 가진 다음의 세 가지 특성 을 나열했다.

1) 가르침의 경우는 개방적(open)이고 대화적(dialogical)이다. 어린이 들에게 흥미, 호기심 그리고 놀람(wonderment)을 자아내려고 준비된 상황에서 발생한다. … 2) 자녀들의 바람에 응답하는 어른들은 신조 (creed)나 적어도 세련되게 정돈된 신앙 간증을 들려준다. 자녀들의 질 문에 대해 어른들의 그 신앙 간증은 이미 준비된 것을 들려주는 것이지, 그 즉석에서 준비된 대답이 아니다. … 3) 오늘날 인본주의 교육(hu-manistic education)이나 교리 문답(catechetical)식 전통과는 달리, 이스 라엘의 토라에서는 어린아이가 묻고 선생님(때에 따라서는 부모나 제사 장)이 대답하게 되는 것이다. …[10]

브루그만은 토라에 나오는 이야기식 교육을 '아주 반권위주의적이며 실로 권위 있는' 것으로 분류했다.[11] 그는 이어서 토라야말로 전통의 역 할을 수행해 주기 위해 사용되는 것이라고 말하면서, 토라에서 사용되는 이야기의 형태는 실제적이고(concrete), 개방적(open-ended)이며, 상상

---

9) 이 글의 영문판에서는 New Revised Standard Version을 사용했으나, 본서에서는 개역 한글 성경을 인용했음을 밝혀둔다.

10) 브루그만은 출애굽기 12:26, 13:8, 13:14과 여호수아 4:6과 4:21을 나열한다. Water Brueggemann, *The Creative Word: Canon as a Model for Biblical Education* (Philadelphia: Fortress, 1982), 14-15를 보라.

11) *Ibid.*, 16-17.

을 불러일으킬 뿐 아니라(imagination provoking), 체험적인(experiential)[12] 것이라고 격찬하면서, 지금 세대와 다가오는 세대를 잘 양육할 수 있는 것이라고 주장했다.[13] 한마디로 이스라엘 민족에게서 전통의 고수와 전달은 사느냐 죽느냐의 문제였다고 말할 수 있다.

초대 교회에서 세례자 교육(catechesis)은 교회의 전통을 새로운 개종자들에게 전달해 주는 수단이었다. 즉 세례자 교육은 전통의 내용을 강조하였으며 예수의 가르침을 그 구약의 전통에 가미하여 가르쳤던 것이다. 옛 전통의 내용은 예수와 그의 제자들에 의해서 새롭게 되고, 재해석되었고, 재정립되었다고 말할 수 있을 것이다. 초대 교회의 지도자들은 사람들을 가르치는 일과 이 새 전통을 전해 주는 일에 온 정력을 기울였다. 또한 이 시대에 신자들도 예수의 새 전통을 열심히 고수하려는 믿음 때문에 순교를 각오했다. 진실로, 그들에겐 전통 고수야말로 삶과 죽음의 문제였으며, 하나님의 백성으로서의 생존권에 관한 절실한 문제였다.

중세시대에도 교회 지도자들은 초대 교부들의 전통을 고수하는 것을 계속하였으며, 더욱이 평민들에게 전통을 전해 주는 것에 강조점을 두었다. 분명코, 이 시대에는 개인이나 사회의 변화보다는 전통 전수에 더 신경을 썼던 것 같다. 당시에 일반적으로 보통 사람들은 읽기나 쓰기를 배우지 못했다. 그러므로 교회 지도자들은 성화상(icons)이나 교회 의식

---

12) *Ibid.*, 23-25.

13) 그러나, 브루그만은 이스라엘의 전통을 계승해 주는 이야기 즉, 토라가 완전한 것이라고 얘기하지는 않는다. 그는 토라(전통)가 양보할 수 없는 중요한 것이기는 하나, 개혁을 야기하는 예언적 교육(prophetic education)이 없이는 아직 불완전하며 불균형 상태라고 말한다. 그러므로 그는 제3과(제목: The Disruption for Justice)에서는 예언적 교육의 필요성과 제4과(제목: The Discernment of Order)에서는 지혜 교육(wisdom education)의 필요성을 역설했다. 그러므로 우리는 브루그만이 이스라엘의 종교교육 안에서 전통과 개혁의 균형을 주장했다고 말할 수 있다.

(ritual)이 가지고 있는 사회화의 효과를 이용해서 당시의 평민들에게 교회의 전통을 전해 주려 했던 것이다. 비록 당시의 몇 교부들과 교회 지도자들이 고도로 지적이고 변증론적(apologetic, 예: Augustine, Pelagius)이었다 할지라도, 단순한 사회화를 넘어선 교육은 소수 특권층의 전유물이었다.

중세시대 교회의 전통 전수는 종교개혁 시대에까지 계속되었다. 마틴 루터(Martin Luther), 존 칼뱅(John Calvin) 그리고 츠빙글리(Ulrich Zwingli)와 같은 개혁자들은 그 당시 교회 지도자들이 사용하던 교회교육의 전통 전수 방법이 왜곡된 것이 아닌지에 대한 강한 의심을 품게 되었다. 그들은 당시 교회의 전통 전수 교육 방법이 성경적으로 올바르지도 않을뿐더러 실상 교회는 당시 무지했던 평민들을 착취하고 있었다(예: 면죄부 판매)고 생각했다. 그러므로 교회의 전통이라는 것들이 의심을 받게 되었으며, 그중의 하나가 교회의 문맹 장려주의(?)였다. 여기서 우리가 기억해야 할 것은 당시 종교개혁자들은 '전통'이라는 것을 구약 이스라엘 시대와 초대 교회 때 사용되던 이야기 전수식(storied)으로 간주하기보다는 교회가 교리나 정보를 전하기 위한 수단으로 사용된 것으로 이해했다고 볼 수 있다. 세례문답식 교육(catechism)은 분명히 전통을 전수했지만, 명제적(propositional)인 전통을 전했으며, 그러므로 전통의 성격이 약간 변형되었다고 할 수 있다.

종교개혁을 주도한 이들은 학교를 열었는데, 주목적은 보통 사람들이 자신의 힘으로 성경을 읽을 수 있도록 가르치기 위함이었다. 한편 그들에게 믿음에 관한 교리를 가르치기 위해 교리문답서를 개발하는 데 주력했다. 루터나 다른 종교개혁자들도 교회의 권세나 교회의 전통에 대항해서, 성경의 능력과 성경적 전통을 불러일으키는 일에 주력했다.[14]

요약해서 말하자면, 종교교육의 목적으로서의 전통은 인간의 역사

가운데 분명히 존재했다. 히브리 교육에는 토라 안에 '쉐마'가 이야기, 가치 그리고 행위의 형태로서 전통이 중심적으로 차지하는 예를 보여주었다. 초대 교회 때는, 구약의 전통이 새로워지고, 재해석되었으며, 재적용되었다. 중세시대에는 교회의 전통이 화석화되었다고 여겨진다. 종교개혁 때에는, 교회에 의해서 행해지고 전해지던 전통이 도마 위에 오르게 되었으며, 교리적으로 새로이 해석되게 되었다. 루터, 칼뱅, 후스와 츠빙글리 같은 이들은 교회의 전통에 반기를 드는 한편, 당시 보통 사람들을 위한 세례문답서를 개발하며 학교를 세우는 데 주력했다. 상기한 각 시대별 경우에 일반적으로 드러나는 특징은 '전통 전수'가 두드러지게 강조되었다는 사실이다.

## 변혁

'변혁'(transformation)이란 형태와 구조, 본질이 변화되는 과정을 가리킨다.[15] 이 정의의 중심 개념은 '변화의 과정'(process of change)이

---

14) 이 종교개혁의 시점에서 우리는 전통과 개혁이라는 두 개념이 함께 뭉쳐져서 연관되어 있음을 알 수 있다. 성경적 전통과 가까이 접근된(access) 교육 자체가 보통 사람들에게는 개혁적이었기 때문이다.

15) *The Random House Dictionary*, 2010면을 보라. 종교교육의 목적으로서 개혁이라는 말은 몇 가지 다른 중요 점들을 포함하고 있을 것이다. 예컨대, 어떤 이론가들은 개인의 변화를, 다른 이들은 믿음의 공동체의 개혁을, 또 다른 이들은 사회의 개혁을, 혹은 전통의 개혁을 주장한다. 무어(Allen J. Moore)의 "A Social Theory of Religious Education," *Religious Education*, 82:3 (Summer 1987): 415-425를 보라. 무어는 코우(Coe)의 사회 이론이 각 개인의 개성을 양육하고 구성함으로써 사회의 재창조를 강조한 이론이라고 주장한다. 또 다른 무어(Mary Elizabeth Moore: 앞의 무어의 부인)도 역시 그녀의 개혁의 개념을 "개인들이나 문화의 변화, 즉 회심 … [그리고] 개인과 사회와 역사적 전통 자체의 개혁"이라 정의했다. *Education for Continuity and Change*, 21. 그녀는 전통을 개혁과 연결시키면서, "개혁은 우리의 역사적 전통에 뿌리박고 있으며, 우리는 우리의 과거나 현재의 상황과 미래의 희망을 무시하거나 부인하면서 개혁을 바랄 수는 없다"라고 못박고 있다. *Ibid*.

다. 이것은 개인이나 군중, 또는 사회의 형성(formation) 이상의 것이다.[16] 변혁이 종교교육의 중심이 될 때, 종교교육자는 변화의 과정을 추적한다. 전통과 변혁을 간단히 비교한다면, 전통은 내용의 전달을 포함하며, 변혁은 변화의 과정에 초점을 맞춘다. 그러나 이 두 개념은 전적으로 나누거나 분리할 필요는 없는 것이다. 왜냐하면 기독교 전통의 전달 자체가 개혁적이 될 수도 있기 때문이다.

## 종교교육의 목적으로서 변혁의 역사

우리가 '전통'이라는 용어를 정의할 때, 주석에서 브루그만이 토라를 해석하는 부분에서 간단히 언급했듯이, 예언서와 지혜서는 이스라엘 민족을 위한 개혁을 야기하기 위해 의도적으로 쓰였다. 전통의 명맥을 유지하고자 하는 곳에서는, 전통 고수 이후에 (개인의) 개혁을 불러일으키고자 하는 노력도 함께 있게 마련이다. 예수님의 사역 가운데서도, 교육의 목적으로 변화를 말씀하신 명백한 예를 찾아볼 수 있다. 마태복음 18장 3절에서 예수께서 말씀하시기를, "가라사대 진실로 너희에게 이르노니 너희가 돌이켜 어린아이들과 같이 되지 아니하면 결단코 천국에 들어가지 못하리라"라고 하셨다. 여기서 '돌이켜'(change)라는 단어가 우리의 변혁에 가까운 말인데, 이는 예수께서도 사람의 본질적인 변화의 과정을 의미했다고 보이기 때문이다.[17] 예수님의 교육 목적은 단지 전통을

---

16) 로저스(Donald B. Rogers)는 형성을 다음과 같이 정의했다. "형성이란 새로운 세대가 문화와 사회를 내면화(internalize)하고, 개인화(personalize)해 가는 과정이며, 믿음의 체계를 보살펴서(attending) 각 개인의 정체성을 창조하고 발견하며 받아들이는 과정"이다. "Can Education Aid in Sanctification?," *Journal of Theology* (United Theological Seminary), (1995): 76에서 인용.

17) 로마서 12:2에서 바울은 "너희는 이 세대를 본받지 말고 오직 마음을 새롭게 함으로 변화를 받아 하나님의 선하시고 기뻐하시고 온전하신 뜻이 무엇인지 분별하도록 하라"라고 말했다. 이 구절에서 변화를 받는다는 개혁의 개념(be transformed)이 수동태

지켜 나가는 것에 있다기보다는 개인(들)의 변화에 더 관심이 있다고 생각된다. 예수께서 당시 유대 지도자들에게 도전하면서, "너희가 하나님의 계명은 버리고 사람의 유전을 지키느니라."(막 7:8)라고 하셨는데, 이는 그가 모든 전통을 송두리째 거부한 것이 아니라, 당시 종교 지도자들의 잘못된 전통에 대한 생각과 하나님이 기뻐하시는 전통을 구별하여, 사람들을 돕고자 시도하신 것이라 여겨진다. 아마도 예수께서 시도하신 것은 전통과 개혁 사이의 균형을 찾으려고 했던 것 같다. 예수께서는 사람들의 삶 가운데서 변혁을 일으키기 위해 '옛' 전통들을 사용하고, 개혁하고, 적절히 활용했던 것이다. 예컨대, "너희는 네 하나님을 사랑하고 네 이웃을 네 몸과 같이 사랑하라." 한 말씀처럼 예수님의 '옛' 전통을 향한 계속적인 인용은 개인(들)의 변화에 대한 실마리가 전통과 변혁 간의 관계를 어떻게 재유용 내지는 정확하게 자리매김하는가에 달려 있다고 해도 과언이 아닐 것이다.

종교개혁 당시, 루터와 칼뱅은 성경적 전통의 통로를 통한 개인과 사회의 개혁을 겨냥하였다. 그들은 넓은 의미에서 벌써 '세속화'된 도시들 안에서 '신앙공동체'(faith community)의 정신을 다시 일으키고자 하였다. 예컨대, 칼뱅이 제네바를 성시화하려 했던 노력은 특기할 만한 것이었다. 아울러서, 그들은 아카데미(academy)를 세워서 사람들의 개혁을 꾀하고자 하였다. 그러나 그들의 노력은 결코 새로운 것이 아니었으며, 단지 그들은 개인(들)과 사회의 개혁을 일으키기 위해, 그야말로 '옛' 전통인 '믿음의 공동체'와 '학교'를 향한 길을 제공한 것뿐이었다. 좀 더 넓

---

(passive voice)로 되어 있는 데 반해, 마음을 새롭게 하는 것(renewing of minds)은 능동태(active voice)로 사용된 것에 유의하라. 주장의 포인트는 변화나 개혁의 주체는 하나님께 있는 것이고, 마음이나 태도를 새롭게 하는 것은 우리 인간이 할 일이라는 것이다. 이 개혁 신앙적인 개념이 후에 리틀(Sara Little)의 믿음 형성 이론과 관련된 생각에서 다시 등장하게 된다.

은 시각으로 이것을 바라본다면, 그들의 노력은 전통과 변혁이 어떻게 밀접하게 연관되어 있는가를 보여주는 좋은 예라고 할 수 있다.

19세기에는 부쉬넬(Horace Bushnell)이 회심 중심(conversion-oriented)의 전도 위주로 일관하며, 드와이트 무디(Dwight Moody)와 빌리 선데이(Billy Sunday) 등이 주도하던 부흥운동(또는 각성운동: Revival Movement)과 주일학교운동(Sunday school movement)에 쐐기를 박고 나섰다. 무디와 그의 추종자들에겐 개인의 회심이란 급작스런 마음의 변화를 의미하며, 그 변화는 양육이라는 과정 없이 한 사람의 인생을 인도하기에 충분한 것으로 가정되는 것이다. 기독교에서, 개인(들)의 급작스런 변화는 주로 '회심'과 연결되곤 한다. 이 해석이 바로 종교교육에서 종종 질문을 낳게 된다. 예컨대, 부모에 의한 자녀들의 양육을 강조하면서, 부쉬넬은 그 당시에 회심 중심의 노력에 강한 의심을 표명하였다. 부쉬넬은 변혁이란 단 한 번의 회심 경험으로 될 문제가 아니라, 오히려 기독교인의 삶의 여정을 통해 천천히 자라 가며 경험되는 것이라는 생각을 역설한 것이다. 그는 전통의 삶 가운데 계속되는 양육의 필요성을 강조했으며, 단 일회적이며 급작스런 회심의 사건에 의존하는 것의 위험성에 대해 경고했다.

20세기 초에 개인에서 사회로 강조점을 옮겨 가면서, 코우는 다음과 같은 심오한 질문을 던졌다. 앞서 언급한 것처럼, "기독교교육의 최우선되는 목적이 과연 종교를 전수하는 데 있는가, 아니면 새로운 세계를 창조하는 데 있는가?"라는 의미심장한 질문이다. 코우는 자신이 사회화와 가르침의 균형을 유지하는 가운데, 후자(새로운 세계 창조)를 더 강조했다. 짧게 말해서 코우에게는 새로운 사회를 위한 개혁, 혹은 재구성이 종교교육의 목표였다. 코우 이래로, 많은 종교교육학자들이 종교교육의 목적으로서의 개혁을 다루었다. 예컨대, 앞서 언급한 무어(Allen J. Moore)

는 그의 저서 *Religious Education as Social Transformation*에서 종교 교육에서 사회 이론(social theory)의 선구자로서 코우를 소개했다.[18] 그는 사회 변혁을 위한 접근 방법으로서 해방(liberation) 교육, 사회-심리학 접근 방법으로서 삶의 스타일(life-style) 교육 그리고 통전적인 접근 방법으로서 실천신학(practical theology)을 소개하면서, 이 모든 방법이 다 사회 질서의 개혁을 겨냥한 것이라고 역설했다.

요약하자면, 변혁에 관한 약사(略史)가 보여주듯 전통과 변혁은 서로 떨어질 수 있는 성질의 것이 아니라, 강조점이나 관점의 차이라는 것이다. 이것을 부쉬넬은 발전시켜 개인(들)의 변혁은 급작스러운 회심의 문제가 아니라, 점차적인 개인의 양육에 관한 문제로 얘기했고, 코우는 이 부쉬넬의 양육에 관한 관심을 따라가면서, 개인의 변혁보다는 사회의 변혁을 더욱 강조하는 흐름으로 종교교육의 관점을 발전시킨 것이다.

### 사회화

'사회화'(socialization)란 사회 가운데서 일어나는 과정들을 가리키는데, 어떤 사람(들)의 삶의 양식(way of life)이 한 사람에게 전달되는 것을 통해서 그가 현세대에서 오는 세대를 지나며 사회의 한 구성원이 되어 가는 과정을 말한다.[19] 사회화의 과정을 통하여 한 사람의 행위는 사회의

---

18) Allen J. Moore, ed., *Religious Education as Social Transformation* (Birmingham, Ala.: Religious Education Press, 1989), 19-33.

19) 사회학자들은 종종 사회화라는 용어를 사용하는 데 반해, 인류학자들은 문화화(enculturation)라는 용어를 사용한다. 이는 전자가 사회에 초점을 맞추는 것이라면, 후자는 문화를 받아들이는 사람에 초점을 두는 듯하다. John H. Westerhoff, "Enculturation," *Harper's Encyclopedia of Religious Education*, Iris V. Cully and Kendig Brubaker Cully, eds. (New York: Harper & Row, 1990), 217을 보라. 웨스터호프는 문화화를 순응(acculturation)과 동화(assimilation)로부터 다음과 같이 구분한다. 문화화는 어떤 특정한 문화에 대한 배움을 가리키고, 순응은 자신의 본래 문화(one's

요구에 의하여 계속적으로 만들어져 간다. 또한 거꾸로 말하면 사회화의 과정은 사회를 만들어 가기도 한다. 사회의 요구에 반응하여, 그 사람은 자신의 행위가 적당한지 아닌지를 의식하게 된다.[20]

## 종교교육의 과정(또는 방법[21])으로서 사회화의 역사

사회화 과정은 인류의 역사만큼이나 오래된 것이다. 인간이 처음으로 자녀 양육의 책임을 감지했을 때부터, 사회화 과정은 우리와 함께 존재했다. 교육백과사전은 사회과학 분야에 속한 사회화의 역사를 다음과 같이 기술하고 있다.

… 사회화의 이론은 플라톤의 국가론(Republic), 몽테뉴의 작품, 루소의 작품과 그 외 문서로 문명이 시작된 때부터 수많은 사람의 글에 등장했다. 더욱이, 오늘날 많이 쓰이는 '사회화하다'(socialize)와 같은 어원인 '사회화'(socialization)는 아주 오래전부터 사회학자, 심리학자와 그 밖의 학자들이 사용하던 개념이었다. *Oxford Dictionary of the English*

---

primary culture)에 남아 있으면서 새로운 문화의 적당한 행위를 수용하는 것이요, 마지막으로 동화는 자신의 본래 문화(one's original culture)를 잃거나 뒤로하고 새로운 문화를 받아들이는 것을 말한다고 세 용어의 차이를 설명했다. 위의 책. 이는 아마도 앞서 인용한 로저스(Rogers)의 '사회화는 형성(formation)과 비슷한 과정'이라는 설명과 흡사하다고 본다. 이전에 형성의 용어 설명을 단 주석을 보라.

20) 이 사회화 가운데 일어나는 배움의 과정에 대하여, 고슬린(David A. Goslin)은 말하기를, "학습자는 보통 자신의 행위의 적당성에 대해 질문을 하게 되는데, '내 옷 괜찮아?' 라든지, '당신이 원하는 거였으면 좋겠는데'" 등의 질문을 하게 된다. 이는 모두 사회화 가운데서 일어나는 학습과 사회 적응의 과정이라는 것이다. 고슬린이 쓴 서론 (Introduction), David A. Goslin, ed., *Handbook of Socialization Theory and Research* (Chicago: Rand McNally and Company, 1969), 13을 보라.

21) 여기서 사용된 방법(method)이라는 용어는 전문적인 사용이 아님을 밝혀 둔다. 그보다는, 과정(들)이라는 용어와 상호교환적인 의미로 쓰였다. 특히 '사회화'와 함께 사용될 때는 더욱 그러하다.

*Language*에서는 1828년에 "사회의 삶에 맞추어 살기 위해 사회적이 되다."라는 의미에서 '사회화하다'라는 말을 썼다고 기술하고 있다.[22]

그러나 데이튼(Lee C. Deighton)은 말하기를 "과학적 학문으로서의 사회화 과정과 더 정교한 이론으로서의 발전을 봄으로써 그에 따른 연구 결과들이 나온 것은 비교적 최근의 현상"이라고 주장한다.[23] 사회학자들, 심리학자들 그리고 일반 학자들은 학습, 동기, 인격 발달과 관계된 관심을 갖고 보다 특정한 맥락에서 사회화에 관련된 문제를 다뤘다.[24] 인류학자들은 다른 문화권에 대한 이해를 도모하기 위해, 사회화라는 개념을 사회에 관한 연구를 위해 적용하였다.[25]

코우의 사회적 자아(social self)라는 아이디어와 연관되는 연구로서, 사회학자인 미드(George Herbert Mead, 1863~1931)의 인간 존재 본질에 관한 연구를 들 수 있다. 미드는, "인간의 존재 기반은 자아이다—사회 가운데서 동떨어진 존재(entity)로서의 개인의 자각"이라고 기술했다.[26] 미드는 사회화에 대해서 설명하면서, "변화하는 사회 경험이 각 개인을 계속적으로 재형성하면서 평생 동안 일어나는 과정"이라고 봤다.[27]

---

22) Lee C. Deighton, ed., *The Encyclopedia of Education* (New York: The MacMillan Company & The Free Press, 1971), 301.
23) *Ibid.*
24) 데이튼은 사회학, 심리학 그리고 교육학 분야에서 사회화를 연구한 다음의 학자들을 나열한다. 그들은 홀(Granville Hall), 볼드윈(James M. Baldwin), 듀이(John Dewey), 앨포트(Floyd Allport), 머피(Henry Murphy), 밀러(Neal E. Miller) 그리고 달라드(John Dallard)와 같은 이들이다. *Ibid.*
25) 데이튼은 몇몇 인류학자(anthropologists)의 이름을 나열했는데 그들은, 미드(Margaret Mead), 맬리노스키(Bronislow Malinowski), 새피어(E. Sapir) 그리고 크럭혼(Clyde Kluckhohn)이다. *Ibid.*
26) John J. Macionis, *Sociology*, 2d ed. (Englewood Cliffs, N.J.: Prentice Hall, 1989), 129.
27) *Ibid.*, 132.

그는 사회화를 양방향 과정(two way process)으로 이해했으며, "우리가 사회에 의해서 형성되는 것처럼, 우리도 우리를 둘러싸고 있는 세상을 (반대로) 형성한다"라고 했다.[28] 그는 "각 개인이 분명히 (사회에) 영향을 받지만, 그 개인은 더 큰 사회에 경직된 상태로 결정되는 것이 아니다"라고 주장했다.[29] 미드의 사회화에 대한 정의는 우리가 이 글에서 제시한 정의보다는 더 넓은 것으로서, 그의 정의는 사회화와 문화화의 양면을 포함한다고 할 수 있다(사회화에 대한 정의를 설명한 주석을 보라). 미드의 견해는 *Christian Religious Education*을 쓴 그룸(Thomas Groome)의 정의와 유사하다. 즉, 사회화는 우리의 정체성을 형성하는 힘이지만, 개인은 사회화 영향력들과 대응하는 변증법적인 과정을 통해 자아를 형성한다는 것이다.[30]

1980년 이후의 일반 사회과학에서는, 사회화가 아직 핫 이슈였는데 그중 인격의 모델(예: id, ego와 superego)을 주창한 프로이트(Sigmund Freud, 1856~1939)와 인식 발달론(cognitive development)을 주창한 장 피아제(Jean Piaget, 1896~1980)의 이론은 아직 계속 사용되고 있다. 그들의 이론은 어떻게 인간이 사회 경험을 통해서 사회의 기준들을 받아들이는가를 보여준다. 1980년대에 사회학자 마시오니스(John J. Macionis)가 소개한 사회화의 영역은 다음과 같다. 즉, 그 영역은 가정, 학교교육, 동료 그룹(peer group)과 대중매체 등이다. 마시오니스는 "학교에서 아이들은 자신들과 아주 가깝지 않은 이들과 또는 자신들과 다른 사회적 배경을 가진 이들과 교제함으로 배운다"라고 설명한다.[31] 그러므로 공적

---

28) *Ibid.*
29) *Ibid.*, 133.
30) Thomas Groome, *Christian Religious Education*, 109 이하를 보라.
31) *Ibid.*

인 학교식 교육(schooling)이 진행되는 가운데, 학생들은 다른 이들과의 교제를 통해서 사회의 다양성과 차이점들을 인지하게 된다. 마시오니스는 말하기를 학교교육의 다른 면은 "개인의 인간관계를 토대로 하기보다는 일반적으로 통용되는 학습 능력 측정의 잣대에 의해 읽기라든지, 운동 수행(athletic performance) 능력 등이 주어진 일 가운데서 평가받는 것을 경험하는 것"이며, 이는 인격적 평가와는 근본적으로 다르다고 설명한다.[32] 이런 비인격적인 평가는 사회화의 과정 가운데서 "어린이들이 자신을 어떻게 바라보는가?"에 강한 영향을 미친다.[33]

종교교육에서 사회화를 탐구하기 위해서 우리는 먼저 전통을 종교교육의 목적으로 삼았던 신명기 시대(Deuteronomic period)를 살펴봐야만 한다. 특히 가정교육에 있어서, 히브리 민족들에게는 이 시대에 신명기적 전통이 형성된 것이다. 히브리인들에게 가정은 최상의 사회화 기관이었던 것이다. 초창기 이스라엘 민족의 종교교육 과정은 신명기 6장 4-9절에 잘 나타나 있는데, 이른바 '쉐마 교육'이다. 이 구절 중 7절을 어원적으로 조사하면 흥미로울 것이다. 원래, 쉐난(shanan)이라는 말을 번역하면 '암송하다' 내지는 '복창하다'(recite, New Revised Standard Version)이거나, '자국을 남기다'(to impress, New International Version)라는 표현으로도 번역된다. 쉐난은 라마드(lamad)와는 구분해야 하는데, 이 단어를 번역한 즉, 가르치다(to teach)라는 의미로 통하게 되며, 이 단어의 원 의미는 (칼 따위를) '갈다'(to sharpen)[34] 혹은 '연마하다'(to whet)는

---

32) *Ibid.*, 135.

33) *Ibid.*

34) Francis Brown, S.R. Driver, and C.A. Briggs, *Hebrew and English Lexicon of the Old Testament* (London: Oxford Press, 1952), 1041-1042를 보라. 이 단어는 독어로 ein-schärfen로 번역되는데, 내포한 의미는 '예리하게 가르치다.'(to teach incisively)이다. *Ibid.*

뜻이 되며, 스트롱(James Strong)은 이 단어를 '관통하다'(to pierce) 혹은 '깨우치다'(to inculcate)의 의미로 분류했다.[35] 그러므로 쉐난이라는 단어의 어원적 의미로 볼 때, 히브리인 가정-학교식(home schooling) 교육은 반복과 꿰뚫는 깨우침을 통한 어린이들에게 자국을 남기는 교육 방법이라고 볼 수 있다. 이것은 단순한 가르침의 수준을 넘어서서 가족이 의도적으로 함께 먹음으로(eating), 예배에 동참함으로(worshipping), 축제를 가짐으로(celebrating), 일함으로(working), 여행함으로(traveling) 그리고 함께 이야기를 나눔으로(talking) 이루어지는 교육이었다. 더 나아가서 이스라엘 민족에게 율법이 주어졌을 때, 신앙공동체에 속한 모든 이가 하나님의 백성인 자기 자녀들을 훈련하고 사회화시켜야 할 책임을 졌다. 쉐마를 자세히 살펴보면 초기 히브리 종교교육은 극도의 엄함을 동반한 교육임과 동시에 의도적으로 전달적(transmissive)이었다고 볼 수 있다.[36]

사실상 쉐마는 종교교육이 학교와 같은 교실 내에서 이루어지기보다는 하루하루의 삶의 과정을 통해 이루어진 시절을 반영하는 것이다. 그러나 시간이 흐르고 상황이 변함에 따라, 사회화(를 통한 교육)는 그 과정 또는 방법으로서 쇠퇴하기 시작했다. 그 변화가 두드러지는 때가 바로 이스라엘의 포로 기간이었다. 바벨론에서 이스라엘 민족이 던진 질문 중 그 정서를 가장 잘 표현해 주는 질문은 바로 이것이었다. 즉, "우리가 이방에 있어서 어찌 여호와의 노래를 부를꼬?"(시 137:4)였다. 이스라엘(민족)은 급기야 의도적인 훈련의 일환으로써 회당의 개발을 필수로 느끼게

---

35) James Strong, *Exhaustive Concordance of the Bible* (Nashville: Abingdon Press, 1980), 119.
36) 히브리어에서 '가르치다'라는 의미를 포함한 말 중에 가장 빈번히 쓰이는 단어의 음역이 '라마드'이다.

되었다. 앞서 설명한 '쉐난'의 사회화는 바벨론 포로 생활과 같은 다른 문화와 공존하는 혼합(syncrestic) 사회에서는 통하지 않았다.

예수님의 승천 이후, 초대 교회는 예비 신자(입문자)를 교육하기 위해 입문(initiation) 프로그램을 도입했다. 그것이 바로 '교리 문답' 혹은 '교리교육' 즉, 카테키시스이다. 이 입문자를 훈련시키는 교리교육 프로그램(catechesis)은 간단한 교리 문답(catechism), 즉 "질문과 대답으로 구성되어 있는 신앙 신조들의 교범"과 같은 것으로 시작됐다.[37] 그 후 초대 교회 지도자들은 기초적인 입문자 훈련을 발전시켜 "구조적으로 온전함과 동시에 공동체를 위한 것으로써, 사람들의 필요에 종합적으로 구실을 할 수 있는" 것으로 만들었다.[38] 메리 보이스(Mary Boys)는 이 교리교육이 교회에서 "초신자들에게 신앙을 가르침으로써 초보의 신앙에서 성숙한 신앙으로 이끌려는 노력"을 포함한 것이라고 평했다.[39] 후일, 2~3세기에 들어서자 초대 교회의 입문자 수가 급격히 늘어나 신앙 훈련 학교(catechetical schools)글 설립할 필요를 느끼게 되었다. 기대에 부응이라도 하듯, 알렉산드리아 시에는 클레멘트(Clement)나 오리겐(Origen)과 같은 이들이 세운 신앙 입문을 전문적으로 도와주는 학교가 문을 열게 되었다. 요약하자면, 교리교육은 신명기식 사회화의 패턴을 따라 공동체 양육의 전통을 계속하였던 반면에, 강조점이 교실(class)-교수(instruction)로 바뀌었다는 것은 특기할 만한 사실이다.

중세시대로 넘어오면서 교회는 사람들에게 사랑과 죽음과 영원에 대

---

37) Mary C. Boys, *Educating In Faith*, 94.

38) *Ibid.*, 97.

39) *Ibid.* 카테케틱스(catechetics)라는 용어는 카테키시스(catechesis)보다 조금 더 온전한 입문 과정을 나타낸다. 전자는 더 교훈적(설교적) 교수로서 협소한 느낌을 준다. 위의 책, 99-100을 보라. 카테케틱스는 신앙 문답(catechism)과의 관계 속에서 사용됐다. 보이스(Boys)는 초대 교회의 양태를 따르며 카테키시스라는 용어를 사용한다.

해 깨닫게 하고 격려하는 성화상들(icons)을 통해 사람들을 사회화시키고자 시도했다. 이 시대에 교회는 대축제들을 열기도 하고, 지역의 성인들 기일을 지키기도 했는데, 이는 "성스러운 것(sacred)과 통속적인(vulgar) 것을 섞음으로써, 종교극과 행진의 기회를 제공한 것이었다."[40] 그러므로 중세시대에 교회는 사회화로 전환했다고 말할 수 있다.

일반적으로 우리는 종교개혁자들이 전통을 변혁하는 방책으로써 가르침을 많이 강조했기에, 종교변혁의 특징 중 하나로 사회화를 말하지 않는다. 그러나 이때에도 종교교육의 수행 방법으로서 사회화는 여전히 계속되었다. 케네디(William Bean Kennedy)에 의하면, "많은 사람들이 속해 있는 교구의 삶의 일상적 모임을 통해 믿음을 배워 나간다. 즉, 개신교도들은 설교와 교리 문답 그리고 부모와 교회 지도자들의 도덕적 지도로, 가톨릭교도들은 교회 의식, 교리 문답, 가정 훈련과 신앙 고백자를 위한 교육을 통해 신앙생활을 배워나간다."[41] 칼뱅은 분명히 당시에 문화와 환경이 지니고 있는 형성하는 힘을 알고 있었으므로, 제네바 시의 모든 시민을 설득해 명실상부한 거룩한 도시를 세우려고 했던 것이다.

19세기에는 종교교육의 아버지라 불리는 부쉬넬(Horace Bushnell, 1802~1876)이 그의 책, *Christian Nurture*[42]에서 사회화 과정을 묘사했다. 당시 편만해 있던 극단적인 부흥주의(revivalism)에 반항하여, 그는 급작스런 회심보다는 믿음 안에서 점진적인 양육(gradual nurture)을 믿고 있었다.[43] 가정은 양육의 최우선적인 센터이며, 하나님의 은혜가 부

---

40) Ulich, *A History of Religious Education*, 91.
41) William Bean Kennedy, "Christian Education Through History," Marvin J. Taylor, ed., *An Introduction to Christian Education* (New York: Abingdon Press, 1966), 25.
42) Horace Bushnell, *Christian Nurture* (Grand Rapids: Baker Book House, 1991), 1861 년 판의 재출판서이다.
43) 부쉬넬의 논제(thesis)는 "어린이는 크리스천으로 자라나야 하며, 그 자신을 다른 존재

모들의 삶을 통해 전해질 수 있다고 주장했다. 그는 자신의 이론을 가정의 '유기적 통일성'(organic unity)에 두었다. 그룹이 지적한 바와 같이, 부쉬넬은 "성인들의 삶, 특히 부모들의 삶은 마치 나무에서 생명이 뿌리를 타고 줄기를 거쳐 흘러가듯 자녀들에게 전해진다"라고 했다. 바로 이 유기적 통일성 내지는 조화성 때문에 양육은 필연적으로 일어나게 되는 것이다.[44]

비록 적지 않은 저항에 부딪혔지만, 부쉬넬은 뒤에 20세기의 많은 종교 사회화 이론이 세워진 기초를 다졌다고 볼 수 있다. 예컨대, 그가 지적한 성인의 삶이 어린이들에게 영향을 미친다는 이론은 후에 현재 오스틴 신학교의 연구교수인 넬슨(C. Ellis Nelson)의 글에서 중요하게 자리 잡게 되었다. 넬슨은 성인들의 삶이 어린이들에게 흘러 들어간다는 점은 동의했으나 한 걸음 더 나아가서, "우리는 그저 '가정'이 종교 사회화를 할 것으로 앉아 기다릴 수만은 없다"라고 주장한다. 부쉬넬과는 달리 넬슨은 회중을 통한 성인 기독교교육을 강조한다. 그러므로 부쉬넬의 아이디어는 역사적인 사회화 이론의 맥을 이음과 동시에, 넬슨의 이론에도 부분적으로 기초가 되었다.

코우(George Albert Coe)는 부쉬넬의 '양육 전통'에 관해서 얘기할 때 다시 거론되어야 한다.[45] 사회화 이론에서, 코우는 부쉬넬의 가정 중

---

로 알아서는 안 된다."인데, 그는 자신의 논제를 다음과 같이 설명한다. "기독교교육의 목표, 노력 그리고 기대는 (당시) 보통 가정되던 것처럼 어린이는 죄 가운데 자라다가, 성숙한 나이가 되어 개심을 경험해야 하는 것이 아니라, (개심이라는) 어떤 기계적인 경험을 통할 때를 기억하지 않는 가운데 (항상) 영적으로 새롭게 변화되는 세계에 개방되어 있어야 한다." *Ibid.*, 10.

44) Thomas H. Groome, *Christian Religious Education* (San Francisco: Harper Collins, 1980), 117.

45) 그룹은 왜 우리가 부쉬넬의 양육 전통을 이야기할 때 코우를 거론해야 하는지 다음과 같이 코우의 글에서 뽑아 인용한다. 즉, 코우는 말하기를, "원초적인(elementary) 종

심의 사회화에서 사회-중심의 사회화로 한 걸음 앞서나갔다. 당시의 사회복음운동에 직간접으로 영향을 받은 코우는 사회가 일차적 교육자(the primary educator)라고 주장했다. 코우에게 종교교육이란 사회적 행위였다. 그룸의 설명을 빌리자면, 코우는 "모든 교육은 사회적 교류(social interaction)여야 한다."[46]라고 믿었다. 코우는 각 개인은 사회를 형성할 뿐만 아니라 한 부분이라고 보았으며, 각 개인이 자신의 존재가치를 발견했을 때, 사회는 함께 자라간다고 보았다. 코우의 견해로는 능력 있는 개인들로 구성된 사회는 교육자일 수밖에 없다고 보았던 것이다. 코우의 종교교육의 사회적 이론은 사회의 부분인 개인들을 양육하고 형성함으로써 사회를 재창조하는 것을 강조한다. 그의 종교교육의 사회적 차원과 책임에 관한 통찰력은 그의 계승자인 엘리옷(Harrison Elliott)에 의해 계속되었다. 엘리옷은 말하기를, "각 개인이 갖고 있는 사회적 본질(본성)에 대한 인식은 교육의 사회적 이론이 중요하다는 것을 우리에게 다시금 명백히 증명해 준다."[47]라고 했다.

요약해서 말하면, 사회화 과정은 인류 역사를 통해 계속 사용돼 왔다. 고대 이스라엘 사회에는, 믿음의 양육이 가정과 신앙 공동체 안에서 발생했으며, 초대 교회 시대에는 사회화가 의도적인 신앙의 공동체 내에서 일차적으로 일어났다. 중세시대에는 성인들의 성화상과 축제를 사용해서 전체 공동체의 사람들을 사회화시키고자 의도했다. 그 후 종교개혁 시대에는 개혁자들이 기독교 공동체 자체를 사회화하기 위해서 사회를 재조직하는 것도 시도하였다. 그러다가 가정의 사회화 전통이 다시 부쉬넬의

---

교교육의 끊임없는 목적은(aim) 회심을 불필요하게까지 만든다"라고 했다. Coe, *A Social Theory of Religious Education* (New York: Charles Scribner's Sons, 1929), 181.
46) Groome, 118.
47) *Ibid.* 엘리옷은 뉴욕 유니온신학교에서 코우의 뒤를 이어 종교교육학 교수가 되었다.

이론에 재등장하게 되는데, 그는 자녀를 형성하며 양육하는 가정교육의 역할을 강조하였던 것이다. 마지막으로, 부쉬넬의 가정에서의 양육을 통한 사회화 이론을 코우는 전(全) 사회가 '일차적 교육자'(primary educator)[48]라고 의인화해서 부르며 사회적 이론을 강조함으로써 그 범위를 넓혔다.

## 가르침

가르침[49](teaching)이란 가르치는 내용(subject matter)을 다루는 데 학생들이 희망하는 결과를 위해 주제(subject)의 유용성(usefulness)과 진위성(validity) 그리고 진실성(truthfulness)을 비판적으로 평가할 수 있도록 도와주는 의도적인 행위나 과정을 가리킨다.[50] 예컨대, 가르침을 통해 학습자는 사회에서 활동하는 데 필요한 수단을 선택할 수 있는 능력을 갖추게 된다. 이것은 하나의 희망된 결과이다. 그러므로 의도적인 가르침은 학습자가 '비판적인 숙고'(熟考: critical reflection)를 하게 하는 것에 그 초점을 둔다. '가르침'을 종종 주입(indoctrination)—즉 배우기

---

48) Coe, *Social Theory of Religious Education*, 14.
49) '가르침'이란 용어에 대해서는 그린(Thomas F. Green)의 '가르침의 범위'(The scope of teaching)에 관한 도식(diagram)을 참조하면 훈련(training)과 교리 주입(indoctrinating) 그리고 조건화(conditioning)와 교수(instruction)의 차이를 볼 수 있다. 그린은 가르침은 행동(behavior), 지식(knowledge) 그리고 믿음(belief)을 형성(shape)하는 것이라고 설명한다. 필자도 그린의 가르침에 관한 분류(categorization)에 동의한다. *The Activities of Teaching* (New York: McGraw-Hill Book Company, 1971), 33.
50) 리틀(Sara Little)의 "Religious Instruction," in Jack L. Seymour and Donald E. Miller, eds., *Contemporary Approaches to Christian Education* (Nashville: Abingdon Press, 1982), 39를 보라. 혹자는 필자의 가르침에 대한 정의가 크레민(Lawrence A. Cremin)의 교육에 관한 정의와 비슷하다고 말할 것이다. 크레민의 정의는 다음과 같다: "지식, 태도, 가치, 기술 또는 민감도, 그 밖의 어떤 노력의 결과를 야기하거나 획득, 전달하기 위한 의도적이고 조직적이며 계속적으로 지탱되는 노력." Cremin, *Public Education* (New York: Basic Books, 1976), 27.

를 주저하는 학생들과 시간이나 때우는 전달 위주의 행위—과 동일시하기 쉬우나, 이 글에서는 그런 의미가 아니라는 것을 강조한다. 그러한 가르침에 대한 해석과 구분짓기 위해서, '의도적인 가르침'이라는 용어를 많은 학자들이 사용하기 시작했다. 노스웨스턴대학의 교수인 로버트 멘지즈(Robert Menges)는 그의 저서 *The Intentional Teacher*[51]에서 가르침에 대한 이해를 위한 심벌로써 '목표 지향의, 계획적이고, 의도적인'의 3가지 개념을 사용했다. 그러므로 가르침이라는 용어가 이 글에서 사용될 때는 그 개념이 앞서 말한 것과 같은 목표를 지향한 계획대로 의도적인 교사가 학습자들에게 가르침의 주제(subject matter)를 지도하며, 학습자들로 하여금 학과 내용에 관해 비판적인 성찰을 할 수 있게 인도하는 것을 의미한다. 그러므로 가끔 이 글 가운데서 '의도적인 가르침'이라는 용어를 사용할 것이다.

## 종교교육의 과정으로서 (의도적인) 가르침의 역사

성서시대에는 가르침의 두 중심이 있었다. 그것은 다름 아닌 가정과 회당이었다. 그 시대에 가정은 사회화의 과정을 수행하는 기관으로뿐만 아니라, 의도적인 가르침을 위해서도 무척 중요하게 여겨졌다. 부모들은 종교 생활의 내용과 제사 의식 또는 율법을 가르칠 의무가 있었다.[52] 포로 생활 이후의 세대에게는 회당이 각 지역의 가르침의 전당이 되었다. 이 기간에는 가르침이 '학교식 공부'와 연관되기도 했다. 문서화된 전통에 관한 주석들이 발전되어 가면서 가르침은 어떤 문서들을 비판적으로

---

51) Robert Menges, *The Intentional Teacher: Controller, Manager, Helper* (Monterey, California: Brooks/Cole Publishing Company, 1977).
52) 좀 더 상세한 정보를 원하면 다음의 글을 보라. John Elas, *The Foundations and Practice of Adult Religious Education* (Malabar, Florida: Robert E. Krieger Publishing Company, 1982), chapter V.

해석하는 데 그 주안점을 두게 되었다.

예수님의 사역은 가르침의 사역 그 자체였다. 현대 기독교교육의 입장에서 분석하더라도 예수님은 고도로 개발된 가르침의 기술을 사용하면서 가르쳤다. 그는 모든 환경, 즉 회당, 언덕, 보트 등을 가르치는 학습자의 형편을 고려하는 가운데(예: 유대인 지도자들, 바리새인들, 사두개인들, 서기관들, 세무서 직원 등) 자유자재로 이용하면서 그의 의도적인 가르침을 실행했다. 그 후 사도 바울은 가르치는 사역을 실행했던 또 다른 사람이었다. 예를 들자면, 에베소의 두란노 서원에서 바울은 거의 2년 이상이나 제자들을 가르치는 일에 몰두했다. 그는 자기에게 배우는 추종자들을 철저하게 예수의 제자화를 함으로써 장차 이방인 선교를 위한 도구로 사용코자 가르침에 전력을 다했던 것이다.

초대 교회 시절에 개종자들은 신앙 공동체로 인해 자연스레 사회화되었을 뿐만 아니라 조심스레 정선된 가르침을 통해 신앙교육을 받았다.[53] 2세기 이후에는 이방 종교들과 철학사조들의 공격으로부터 기독교 신앙을 보호하기 위하여 잘 정돈된 변증론자(apologists)들이 필요하게 되었다. 당시 준(準)신학교의 역할을 감당하던 종교교육(catechetical) 학교들에서는, 클레멘트와 오리겐과 같은 지도자들이 종교교육을 실행하기 위해서 가르침의 방법과 과정을 사용했다. 그들은 헬라 철학의 극도로 지적인 학문들까지 동원해서 당시 학교에서 변증법을 배우던 학생들을 가르쳤으며, 주로 학생들로 하여금 비판적인 성찰의 능력을 배양하는 데 주력하였다.

중세시대에는, 비록 당시에는 주로 예전, 의식, 건축물 또는 성화상들

---

53) *Ibid.*, 122를 보라. 엘리아스(Elias)는 초대 교회 시기의 교육을 일컬어 "그리스도인의 총체적인 삶의 일부분이다"라고 했다.

을 이용한 사회화 과정이 교육의 주된 방법으로 쓰였다고는 해도, 가르침의 의도적인 양태로 교육을 했던 흔적은 수도원운동(monasticism)을 통해 볼 수 있다. 그들은 깊은 영적인 추구를 할 수 있도록 예비 수도사들에게 읽는 법을 의도적으로 가르쳤다. 사실, 이 시대에는 교육의 주안점이 (예비 수도사들의) '문맹을 퇴치하는 것'에 있었다.[54]

종교개혁 시대에는, 낙스(John Knox), 후스(John Hus), 칼뱅(John Calvin), 루터(Martin Luther), 츠빙글리(Ulrich Zwingli)와 같은 개혁자들이 특별한 가르침의 패턴을 개발해냈다. 그들의 "교육적 설교는 예배의 중심을 차지했고"[55] 결과적으로 예전적인 활동은 의도적으로 최소화했다. 개혁자들의 설교는 가르치는 내용에 의도적으로 충실했으며, 소위 평민들로 하여금 당시 교회에서 가르치는 내용들을 숙고하고 분석할 수 있도록 도와주는 일에 주력했다. 한편 개혁자들은 읽는 법을 가르침으로써 각 개인이 자신의 힘으로 성경을 읽을 수 있기를 소망하며 의도적 교육에 노력했다. 앞서 얘기한 것들을 실현하기 위해서 그들은 학교를 세웠으며, 루터와 같은 이는 당시 성직자들, 교사들, 성인들 그리고 어린이들까지를 포함해서 모두를 위한 종교교육을 위해서 요리문답을 써내려갔다.[56]

주일학교운동이 활발하던 시대에 가르침은 또 한 번 종교교육의 주된 방법이 되었다. 이 평신도들이 주도권을 잡고 있던 운동은 도덕교육의 소망과 더불어 전 미국을 기독교화하는 전도를 주된 목적으로 하여 퍼져나갔다. 그러나 불행하게도 이 운동의 일차적 관심은 교육의 질에 있지 않았으며, 단지 모든 마을에 주일학교가 세워지기만 한다면 좋다는 식의

---

54) *Ibid.*, 124.
55) *Ibid.*, 125.
56) *Ibid.*

주일학교 부흥에만 전력을 다하였다.57) 소위 1872년에 나온 통일공과(Uniform Lesson)는 모든 연령의 사람들에게 성경 전체를 가르치려는 목적으로 시작되었다. 그 내용의 질이야 어떻든 간에 '복음의 진수'를 전하고자 하는 소위 의도적인 가르침이 강조되었다.

20세기 초에는 코우가 '사회화' 이론에서 소개한 것과 같이, 동시에 그의 종교교육의 사회 이론에 '가르침'도 함께 포함하였다. 다시 말해서, 만일 코우가 사회화 이론의 선구자였다면, 그는 사회 변혁을 가져올 방법으로 가르침이라는 수단도 강구하였던 것이다. 다음 장에서 이 점에 대해서 더 자세히 다루게 될 것이다.

20세기 후반부에 접어들면서, 한때 P.S.C.E.58)와 버지니아의 유니온 신학교에서 기독교교육학 교수로 재직했던 사라 리틀(Sara Little)과 한때 코우가 재직했던 뉴욕 유니온신학교의 실천신학과 교수로 있는 메리 C. 보이스(Mary C. Boys)는 종교교육의 방법에서 가르침의 사용을 명백히 추구한다. 또한 리차드 아스머(Richard Osmer)가 자신의 저서 *Teaching for Faith*에서 보여준 가르침을 유용케 하려는 노력도 사실 리틀 교수의 그것과 상이하다고 볼 수 있다(아스머는 유니온신학교에서 리틀 교수의 후임으로 잠시 재직했을 때 리틀 교수의 영향을 많이 받았으며, 그 자신도 위의 책, *Teaching for Faith*를 사라 리틀에게 헌정하였다). 리틀에게 의도성(intentionality)은 가르침에서 열쇠가 되는 요소이며, 의도적인 가르침은 개인의 신앙을 형성하는 데에 실마리가 된다. 보이스도 역시 리틀과 같은 의견을 가졌다고 생각된다. 그녀는 한 걸음 더 나아가서 가르침은

---

57) 그러나 주의해야 할 것은 이 주일학교운동은 앞서 거론한 토마스 그린(Green)의 교수 (instruction)나 교리 주입(indoctrinating)의 성격을 띠고 있다는 것이다.

58) Presbyterian School of Christian Education은 미국 장로교에 속한 기독교교육대학원으로 이웃에 있던 Union Theological Seminary in Richmond Virginia와 합병되었다.

종교교육의 '심장'(heart)과도 같다고 역설한다. 두 학자 모두 가르침이 종교교육을 행하는 데 필수의 방법이라는 것에 반대하지 않으리라.

요약하자면, 가르침의 역사는 어디서나 교육에 대한 갈증과 필요가 있는 곳이면 가르침이 함께 갔다는 것을 보여준다. 인간이 생존의 기로에 섰거나 상황이 급박해질 때면 이 가르침이라는 방법은 더 큰 비중과 강도를 갖고 사용되었으며, 그것은 사회화를 은연중 실행할 사회가 사회화를 실행할 가능성을 잃었다는 것을 의미한다. 이스라엘 민족이 각국으로 흩어져서 살아나갈 때(Diaspora), 그들은 민족의 생존을 위해 자신들의 자손들이 배울 수 있도록 가는 데마다 회당을 만들어서 의도적으로 가르쳤던 예만 봐도 증명이 된다. 예수의 경우도 예외는 아니다. 그가 지구상에 계셨을 때, 당신은 곧 그들을 떠나야 하며, 또한 당신의 사역을 제자들에게 전수해 주기 위해서, 그의 제자들을 가르치기 위해 온갖 노력을 아끼지 않았다. 그러므로 공생애 동안 그는 설교나 이야기들을 통해서 제자들을 의도적으로 가르치는 일에 게을리하지 않았다. 앞서 살펴본 바와 같이 초대 교회 시대에도 의도적 교육은 계속되었으며, 그 후 수도원의 교육과 종교개혁 시대에도 고삐를 늦추지 않았다. 근대로 넘어오면서, 코우는 그의 종교교육 이론에서 가르침의 역할을 누구보다도 강조했다. 한편으로 그는 '새로운 세계를 창조'하는 것을 꿈꾸었기에 전통보다는 변혁을 더 강조했지만, 교육의 과정으로서의 사회화와 의식적인 가르침 사이의 균형을 유지하려 시도했다. 20세기 중반 무렵에는, 리틀과 보이스가 개인(들)에게 믿음을 가르치는 일과 변혁을 위한 과정을 준비시키는 과정과 수단으로 의도적인 가르침을 사용했다.

이 시점에서, 앞서 언급한 용어들을 사용하고 구별하는 데 우리의 주의를 요하는 것이 있다. 각 용어들이 서로 뒤엉켜 있는 특성 때문에, 독자들은 용어에 대해 심사숙고하는 검증 없이 이분(二分)하는 우(愚)를 범해서는 안 되겠다. 앞서 언급된 용어들의 예민한 본질을 파악하려는 시도를 할 때, 메리 엘리자베스 무어(Mary Elizabeth Moore)의 듀이(John Dewey)에 관한 연구는 우리에게 도움을 줄 것이다. 무어에 따르면 듀이는 1938년에 전통적인 교육과 진보적인 교육 간의 양분화 현상에 대해서 경악을 금치 못했다고 한다. 비록 그 자신이 진보교육의 선구자였기는 하지만, 그는 자신의 교육이론을 개발할 때에, "과거에 대한 것과 현재의 경험을 가르치는 것 사이에 불행한 양분화를 피하는 것의 일환으로 과거와 현재 또는 미래를 연관시키는 시도"에 초점을 맞추었다.[59] 듀이의 과거와 현재 또는 미래를 적절하게 연관시키는 시도가 바로 이 글을 통해서 필자가 성취하려고 하는 것이기도 하다.

## III. 본 연구의 목적과 중요성

### 본 연구의 목적

휴브너가 던진 "신앙공동체 안에서 교육이 필요한 것인가? 아니면 공동체 안에서의 어우러진 삶 자체가 교육적인가?"라는 물음은 아직 우리에게 숙제로 남아 있다. 20세기에 이 질문과 씨름하면서, 우리는 전통과 변혁을 양분하는가 하면, 사회화와 가르침을 양분하였다. 그 두 쌍의 개념이 서로 관련이 있다거나 서로 긴장 관계를 이루고 있다고는 생각하지 못하는 경향이 있었던 것이다. 이 연구의 목적은 20세기 종교교육 안에 감지된 긴장들 즉, 전통과 변혁 사이와 사회화와 가르침 간의 긴장 관계를 분석해 보려는 것이다. 이 네 가지 용어는 서로 밀접하게 연관되어 있

---

59) Mary Elzabeth Moore, *Education for Continuation and Change*, 27.

는 것으로 보이며 종교교육에서 여러 가지 형태로 조합되어 있는 것이다.

이 긴장을 탐구할 때에 다음과 같은 질문들을 외적으로 혹은 내적으로 던질 수 있다: 이 긴장들의 근본 자료들은 무엇인가? 여러 종교교육 자들은 이 네 가지 용어를 각기 어떻게 사용하고 있는가? 어떤 20세기의 상황들이 이런 긴장들을 야기했는가? 어디까지 이 긴장들이 '실제'로 존재하는 것이며, 어느 정도까지 이 개념들이 양분화를 '생성'했는가? 어떻게 이 긴장들이 서로 연관이 되는가? 또는, 그러면 어떻게 그 개념들의 의미와 관계가 휴브너의 질문에 대답할 수 있도록 사용될 수 있는가? 등이다.

본 연구는 종교교육의 두 방법론 혹은 과정인 사회화와 가르침이 서로 조화할 수 있는 것인가(reconcilable)에 대해 다뤄 볼 것이다. 그러기 위해서 우리는 네 용어(전통, 변혁, 사회화, 가르침) 사이의 복잡성을 인정해야 한다. 그리고 나서 사회화와 가르침의 과정들이 제공하는 창구를 통하여 종교교육의 실행 가능한 목적을 발견할 수 있을 것이다. 결과적으로, 필자가 이 책을 쓰는 의도는 종교교육의 발전을 위해 21세기라는 새로운 세기를 맞은 시점에서 새로운 종교교육의 초석을 마련하려는 기대 때문이다.

## 본 연구의 중요성

이 연구의 중요성은 종교교육의 일반적인 목적으로서의 전통과 변혁 그리고 특정한 종교교육의 과정으로서 사회화와 가르침 간의 끊임없는 긴장 관계 그 자체에 있다. 또 다른 중요성은 이 연구의 관련성 내지는 시의 적절성(relevancy)이다. 우리가 21세기의 큰 걸음을 내딛은 마당에, 종교교육을 수행하면서 이 긴장 관계들을 심각하게 생각해 볼 필요가 있는 것이다. 혹자는 아마 이렇게 강변할 것이다: "오늘날과 같은 포스트모더니즘(탈현대주의)의 시대 같이 어떤 신학, 철학 혹은 권위도 인간 사회를 지배하지 못하는 때에, 도대체 우리가 무슨 전통에 거하고 있으며 어떠한 변혁이 그 전통들로부터(혹은 그 전통들 안에서) 일어나야 할지를 결정하는 것이 과연 설득력 있는 논쟁인가?" 그러나 이 글 가운데 제시된 관점으로 생각해 보면, 오늘날의 다원적인 신학들, 철학들, 권위들조차도 오늘의 탈현대주의적인 사회의 전통 가운데서 형성되었다는 사실을 간과해서는 안 될 것이다.[60]

윌리암 케네디에 따르면 포스트모더니즘의 주요 특성은 다원주의(pluralism)와 다양성(diversity)인데,[61] 필자도 그의 의견에 동의한다. 이 탈현대주의적인 세상에서 우리는 다음과 같은 질문을 할 수 있겠다: 우리는 이 다양성의 '새' 전통에서 변혁의 길을 모색할 수 있어야 하는가? 더 나아가서, 탈현대적인 문화와 사회의 복잡성 때문에, 어쩌면 우리

---

60) Postmodernism, 즉 탈현대주의에 관한 보충설명을 하자면 다음과 같다. R. Detweiler에 따르면 "postmodernism의 접두사가 의미하듯 탈현대주의는 서구문명사에서 현대주의(modernism) 이후의 한 시대를 지칭하는데, 이 현대주의는 17세기의 문예부흥주의(Enlightenment)에서 시작되어 20세기 3분의 2까지의 시대에 발생했던 현상이다. 현대주의는 이성의 힘, 객관적 사고, 경험적-과학적 방법과 진보에 대한 신뢰에 의지했던 사조이다. 하지만 유대인들이 당한 참상(Holocaust horrors)에 대한 지속되는 기억, 핵무기로 야기되었던 파괴의 위협, 비참했던 두 차례 세계대전이 미친 자아부정(self-negativity)을 낳았던 문화적 분열(fragmentation), 격리와(alienation) 붕괴(disintegration) 감각에 대한 대체(replacement) 심리와 자각(disenchantment)이 포스트모더니즘이라는 새로운 사조를 태동시켰다. 1960년도 초부터 시작되었던 포스트모더니즘은 치유되기 어려운 깊은 상처로(traumatic) 얼룩져서, 격리된(estranged) 감정에 사로잡혀서 극도로 세분화되고(atomized) 개인화된(individualized) 인간의 존재 양식을 인식하나, 그에 대한 반응으로 아이러니(irony), 조롱 내지는 풍자(parody), 반근본주의(anti-foundationalism)와 조소적 연극(play)과 같은 태도와(attitude) 전략들을(strategies) 긍정적으로 받아들이게 되었다." Alsiter E. McGrath, ed., *The Blackwell Encyclopedia of Modern Christian Thought* (Oxford: Blackwell, 1993), 456.

61) William E. Kennedy, "Diversity in a Postmodern Context: APRRE Presidential Address," *Religious Education* 87:4 (Fall 1992): 506-513.

는 이 상황 가운데서 새로 형성된 전통과 변혁의 긴장 관계를 관찰할 새로운 '안경'이 필요한 것은 아닐까? 그런고로, 21세기 첫 10년을 보낸 우리는 전통과 변혁 간의 명료한 이해를 하는 것이 무엇보다 시급한 문제가 되는 것이다. 일찍이 크레민이 얘기했듯이 이 긴장 관계는 "교육자가 일상생활에서 배우는 것과 그가 연구해서 가르치는 것 사이에 차이를 발견할 때는 대립적인 것"으로 보이게 된다.[62] 한편, 이 긴장 관계는 사회를 건강한 방향으로 이끌 수도 있는 것이다. 그러므로 앞서 소개한 휴브너의 질문은 이 긴장 관계를 정확하게 표현해 주는 것이다. 요약하자면, 우리는 20세기의 정황을 연구함으로써, 탈현대 상황의 21세기에 전통, 변혁, 사회화 그리고 가르침이 종교교육을 수행하는 데 어떤 역할을 할 것인가를 알 수 있게 될 것이다.

휴브너의 질문은 다음과 같은 가정을 바탕으로 출발했다고 볼 수 있다. 즉, 만일 신앙공동체에 속한 일원들이 진실로 성실한 크리스천이라면 의도적인 교육은 필요치 않을 것이라는 가정이다. 이 가정에 따르면, 온전한 신앙공동체에 속한 성실한 부모들이 자신들이 구축한 신앙전통과 이야기 들로 자녀들을 온전히 양육할 수 있다고 생각해 볼 수 있다. 이 것이 사실이라면, 부쉬넬이 소망했던 "자녀들이 자신을 크리스천으로 알고 다른 존재로 알지 않으며 온전히 성장함"이 현실로 드러날 수도 있을 것이다. 그러나 우리가 물어야 할 질문은 "그러한 완전한 공동체가 과연 존재하는가?" 하는 것이다. 만약에 온전한 신앙공동체가 존재한다면 사회화라는 이론은 흠이 없는 이론이며, 또한 사회(society)는 양육을 위한 유일한 장(place) 내지는 수단이 될 수 있을 것이다. 그 온전한 사회가 해야 할 일은 단지 사회화를 통해 그 사회의 온전성을 유지하는 일일 것

---

62) *Ibid.*, 27-28.

이다. 그러나 현실은 그러한 가정이 허황되다는 것을 증명해 준다. 그렇게 완전한 공동체가 존재하지 않기 때문에, 그 불완전성을 보완해 줄 방도가 필요한 것이다. 이 보완의 방도는 소위 개입(intervention)으로 부르며, 그중 하나의 개입이 (의도적인) 가르침이다. 이러한 생각의 논리에 따르면, 사회화와 연관해서 교회 내에서 의도적인 가르침의 역할의 재고가 우리가 다뤄야 할 이슈라는 것을 알 수 있다.

이 시점에서 가르침 그 자체가 항상 변혁적이지는 않을 수 있다는 것을 명확히 할 필요가 있다. 의도적인 가르침은 많은 경우에 변혁이 생성되게도 하지만, 때로는 공동체 안에서 개인의 변혁과는 무관하게 의도적으로 전통 형성에 일조를 하게 될 수도 있다.

그러나 우리는 전통과 변혁의 상관관계를 다른 각도에서 질문해 보아야 한다. 가령, "전통화를 통한 사회화가 변혁적일 수 있는가?"와 같은 질문이 바로 그것이다. 혹자는 "그렇다"라고 대답할 것이다. 무어(Mary Elizabeth Moore)의 *Education for Continuity and Change*를 읽어 보면,[63] 그녀는 기독교 전통 자체가 변혁적이라고 주장하는 듯하다. 무어에게 전통과 전통화 간에는 차이가 있다. 전통이 '복음을 전수하는 것'을 의미한다면,[64] 전통화는 '한 사람으로부터 다른 이에게 하나님의 선물이 전달되는 과정'을 의미한다.[65] 다른 말로 하자면, 그녀에게 전통이란 전통화를 가능케 해주는 전달 수단이다.[66] 사회화와 관련해서, 그녀는 전통화 모델이 "공동체의 믿음과 가치 그리고 활동 등을 전달할 때에 개인들을 사회화함으로써 공동체의 계속성을 조장하는 사회화와는 현저하게

---

63) 특히 Part III: The Traditioning Model of Education에서 전통화를 통한 교육 모델을 제시하는 부분을 참고하라.

64) Mary Elizabeth Moore, *Education for Continuity and Change*, 23.

65) *Ibid.*, 24.

66) *Ibid.*

다른 것"이라고 주장한다.[67] 더 나아가서, "전통화 모델은 '사회화'나 '재구성 모델'(reconstructionist model)보다 더 적당한 교육목회의 패턴과 시각을 제공해 줄 수 있다"라고 주장한다.[68]

무어에게 변혁이란 '사람들과 문화의 변화이며 회심'이다.[69] 그녀는 말하기를, 변혁은 "우리의 비전과 현 사회 상황의 역동하는 힘 속에 그리고 우리의 역사 전통 속에 뿌리를 박고 있다."[70]라고 했다. 그러면 어떻게 이 변혁이 일어나는가? 무어는 전통화라는 과정을 통해 변혁이 일어난다고 얘기할 것이다. 다른 말로 표현하면, 전통화 그 자체가 변혁적인 힘을 양산한다는 것이다. 그녀는 "우리가 만일 우리의 과거와 현재 상황 그리고 미래의 소망을 부정한다면 우리는 변혁을 기대할 수 없을 것"이라고 단언한다.[71] 또한 이 변혁은 전통화의 과정을 통해서 일어나게 되는데, 이 전통화는 사회화와 가르침을 포함하는 것이다.

현대 종교교육에서는 사회화를 주장하는 학자들과 가르침을 주장하는 학자들 간의 열띤 논쟁이 벌어졌는데, 특히 1970년대와 1980년대에 와서는 더욱 심화되었다. 사회화 접근은 본래 교육에 대한 대안으로써 제기되었다. 사회화를 주장하는 학자들은 학교식-교수 모델(schooling-instructional model)은 이미 실패하였다고 주장하는 것이다.[72] 그러나 교육을 주장하는 학자들은 학교식 수업(schooling)과 교육(education)을 동일시하는 것은 잘못되었다고 지적하면서, 실패한 것은 교육이 아니

---

67) *Ibid.*, 17.

68) *Ibid.*, 18.

69) *Ibid.*, 21. 이 정의는 보이스(Mary C. Boys)의 주장과 유사하다.

70) *Ibid.*

71) *Ibid.*

72) 웨스터호프는 학교식-교수 모델은 파산(bankrupt)했다고 적고 있다. John H. Westerhoff and Gwen Kennedy Neville, *Generation to Generation* (New York: The Pilgrim Press, 1979), 42.

라 교육이 별반 쓸모없다고 느껴지게 만든 질 낮은 가르침 때문이라고 주장했다. 그러므로 기독교교육을 담당하는 우리가 오늘날 사회화와 교육에 대한 올바른 분석을 하는 것은 너무도 당연한 일일 것이다. 더 나아가서, 교육 모델은 이 글 가운데 가르침의 정의에서 드러나듯 '의도성'을 강조하고 있는 것이다. 그러므로 오늘날 우리가 가지고 있는 가르침과 사회화의 역할에 대한 혼동된 개념을 다시 잡는다는 의미에서 이 연구가 중요한 것이다. 이 연구는 휴브너가 던진 질문에 대답하는 것을 겨냥하고 있는데, 그 과정으로서 전통, 변혁, 사회화 그리고 가르침의 관계를 이해하는 것을 취한다.


## IV. 연구 방법

### 역사적 흐름을 조명하는 분석적 연구

이 글을 전개할 때 사용한 방법은 문헌 분석적 연구이다. 구체적으로는 20세기의 역사적 흐름을 밟아 나가며 다섯 명의 학자, 즉 코우(George Albert Coe), 넬슨(C. Ellis Nelson), 웨스터호프(John Westerhoff: 애틀랜타 조지아 주의 세인트 루크스(St. Luke's) 성공회 교회의 목회연구원 원장), 리틀 그리고 보이스의 저서들을 다룰 것이다. 위의 학자들을 선택한 논리적 근거는 다음과 같다. 위의 저자들은 직·간접으로 휴브너의 질문에 대답을 시도했다고 여겨지며, 또한 이들은 모두 자신들이 속한 고유한 교단적 배경을 갖고 있다고 여겨지기 때문이다. 예컨대, 감리교도인 코우와 성공회 목사인 웨스터호프, 가톨릭 수녀인 보이스 그리고 장로교인인 넬슨(목사)과 리틀(장로)의 다양한 교단적 배경은 주류 교단을 대표하는 기독교교육 학자들의 견해를 볼 수 있게 하는 것이다. 그들의 저작을 분석하기 위해서, 네 가지 요소를 분석의 과정 속에 포함했다. 첫째, 각 학자의 역사적, 문화적, 사회적 그리고 신학적 배경을 다룰 것이다. 둘째, 각 저자에게 미쳤던 영향들과 그 영향의 출처를 다루게 된다. 셋째, 각 저자가 자신들의 존재하는 상황 가운데서 야기된 종교교육적 문제점들(problematic)[73]과 그에 따른 필요(need)와 문제점 들을 탐지하게 될 것이다. 넷째, 각 저자가 밝혀낸 필요에 대한 응답으로 제안된 종교교육의 과정과 목적을 다루게 될 것이다.

연구를 진행할 때 각 학자가 처한 사회적 또는 문화적 상황을 자세히 밝힐 필요가 있을 것이다. 왜냐하면 그들의 시대와 우리 시대 사이에는 해석학적 간격(gap)이 존재할 수도 있기 때문이다. 종교교육은 항상 그들의 삶의 정황과 함께 진행되는 것이기 때문이다. 이렇게 삶의 정황과 함께 생각하는 것은 우리가 처한 환경에서 어떻게 종교교육을 행할 것인지에 대한 방법론적 실마리를 제공해 주는 것이다. 또한 각 학자 자신의 상황에 대한 해석도 함께 다루어야 한다. 왜냐하면 학문적 신빙성을 위하여 그들의 상황 해석과 일반적인 상황 해석과의 차이점을 비교해 보아야만 하는 것이다. 또한 우리는 각 학자가 사용한 자료들의 출처와 그 자료들이 준 영향을 살펴볼 것이다. 왜 그러한 자료들을 봐야 하는가? 그 이유는 각 학자가 사용한 자료들의 차이는 각 이론가들의 다른 강조점을 나타내는 중요한 근거가 되기 때문이다. 그래서 그들의 자료를 벗겨내는 노력은 오늘날 우리에게 필요한 종교교육 이론에 적당한 자료 선정을 위한 길잡이가 되기 때문이다.

---

73) 교육학에서 문제점(problematic)을 찾아낸다는 것은 "소위 말하는 problem-solving method와 관계가 있는 것이다. 이는 당면한 문제에 대한 명확한 정의(clear definition)를 내림과 동시에 가정되는 해결(hypothetical solution)의 형성을 도출해내는 작업이다." Carter V. Good, *Dictionary of Education*, 2d ed. (New York: McGraw-Hill, 1959), 415.

종교교육에서 각 학자가 표현한 자신들이 감지한 필요를 다룰 때, 그들이 당시 상황에서 발견하고 분석한 교육학적 문제점들도 함께 다룰 것이다. 앞서 언급한 바와 같이 그 과정은 다음과 같다. 먼저 특수한 문제와 결점들을 찾아내고 종교교육이라는 분야에서 필요에 대해 다룰 것이다. 마지막으로 각 학자의 이론을 살펴봄으로써, 그들이 갖고 있는 전통과 변혁, 사회화와 가르침에 대한 이해와 의미 그리고 그들이 이런 개념들을 어떻게 사용했는지에 대해 다룰 것이다. 이 연구는 20세기 초에 전통과 변혁의 양 요소를 다룬 것으로 추정되는 코우의 이론에서 출발한다. 그의 글은 사회화와 가르침이라는 렌즈로 분석될 것이며, 우리의 토론을 인도하는 틀(frame)로 사용될 것이다.

코우는 그의 글에서 전통보다는 변혁에 더 많은 비중을 두었다; 그에게는 "진정한 교육의 초점이 과거와 친숙해지는 것보다는 과거나 현재와는 다른 미래를 건설하는 데 있었다."[74] 코우의, 전통보다는 변혁에 강조점을 두는 경향은 부분적으로 반대급부의 영향을 미쳐 20세기 후반에는 전통을 되찾고자 하는 노력으로 나타나게 되었고,[75] 후일 사람들이 전통과 변혁의 문제를 놓고 씨름하면서 코우가 시도했던 사회화와 의도적 가르침 사이의 균형을 유지하려는 시도는 깨지게 되었다.

코우의 글을 분석하고, 20세기 중반에 있었던 전통 회복에 대해 다룰 것이며, 그 후에는 사회화 접근 방식을 다룰 텐데 이는 소위 넬슨과 웨스터호프의 사회화 이론인 것이다. 이어서 20세기 중반부터 말까지를 향유하던 의도적 가르침, 즉 리틀과 보이스의 이론을 다루게 될 것이다. 이렇

---

74) 이 말은 다음의 글에서 인용하였다. Kendig B. Cully, ed., *Basic Writings in Christian Education* (Philadelphia: Westminster, 1960), 337.

75) 이런 과거를 되찾자는 노력은 20세기 중반에 스미스(Shelton Smith)와 스마트(James Smart) 같은 학자들에 의해서 진행되었다.

게 선정된 교육학자들의 글들을 조심스럽게 분석함으로써, 우리는 전통과 변혁 그리고 가르침과 사회화에 관련된 이슈들을 좀 더 명확하게 이해할 수 있을 것이며, 오늘날 종교교육 이론의 방향을 제시할 수 있게 될 것이다.

## 앞으로 진행될 작업에 대하여

코우는 사회화와 가르침에 대한 이중 옹호(dual advocacy)를 하였으며, 이에 대한 분석에 기초하여, 20세기 중반의 기독교교육 학자들의 주장, 즉 전통을 회복해야 한다는 주장을 다루게 될 것이다. 또한 20세기 후반부의 네 학자, 즉 넬슨과 웨스터호프 그리고 리틀과 보이스의 글을 분석하게 될 것이다.

첫째, 당시의 역사적 상황 가운데서 사회화를 강조한 넬슨의 글을 다루게 되는데, 그는 과거 스마트(James Smart) 등의 다분히 신학적인 기독교교육운동에 기인해서 사람들에게서 잊히고 감춰졌다.[76) 넬슨은 문화인류학의 시각으로부터 사회화 이론을 체계화시켰으며, 회중연구라는 맥락에서 그의 이론을 발전시켰다.

둘째, 웨스터호프의 사회화 이론을 분석할 것이다. 그는 소위 이 '문화화' 이론을 '퍼뜨린 사람'이었는데, 그의 이론은 각 개인이 예배와 예전

---

76) 이 전환에 관해서 혹자는 종교교육운동으로부터의 변환(transition)이라고 부를 것이다. 왜냐하면 기독교교육이라는 명칭이 종교교육이라는 명칭을 대체하기 시작했을 때, 이를 운동(movement)라고 부르기는 약간 어색한 느낌이 들 수도 있으나 필자는 그저 기독교교육운동이라 부르고 싶다. *The Church and Christian Education* (St. Louis: Bethany Press, 1947)을 편집한 폴 비스(Paul H. Vieth, 예일대학 신학부의 종교교육학 교수 역임)가 보통 종교교육으로부터 기독교교육으로 용어를 전환한 대표로 불리곤 한다. 좀 더 정확하게 기술하자면, 기술적인 의미에서 기독교교육으로 용어가 바뀔 때의 상황을 '운동'으로 부르기에는 무리가 있다고 여겨진다. 우리는 비스가 리틀의 스승이었으며, 그녀에게 여러모로 영향을 끼친 학자라는 것을 기억할 필요가 있다.

을 통해서 사회화된다는 것에 강조점을 둔 것이었다.

셋째, 리틀의 글을 분석할 것이다. 그녀의 가르침에 관한 이론은 철학적이며 고백적(confessional)이라고 할 수 있는데, 이는 그녀가 철저하게 개혁신앙에 뿌리를 박고 있기 때문이다. 그녀는 명백하게 의도적 가르침의 중요성을 주장하였으며, 사회화 과정은 우리가 의도하든지 그렇지 않든지 자연스럽게 '일어나는' 것이라는 견해를 고수하는 학자이다. 리틀은 교육자가 "피교육자의 삶에 무슨 일이 일어나는지를 알아채고 설명할 수 있어야 하는 것은 당연하며, 현상 유지를 위주로 하는(maintenance-oriented) 사회화를 극복하고, 개인과 사회의 변혁을 유도하기 위하여 개입할 필요가 있다"라고 주장한다.[77] 그러므로 그녀에게서 가르침이란 필수적인 것인데, 이는 불완전한 사회화 과정을 보완하는 의도적인 노력이기 때문이다.

마지막으로, 보이스의 글을 가르침을 강조했다는 면에서 분석할 것이다. 시민직과 제자직(citizenship and discipleship) 사이의 긴장 관계를 인식하는 가운데(예컨대 공적인 삶과 공동체적인 삶),[78] 보이스는 종교교육을 수행할 때 가르침의 역할에 관한 그녀의 통찰력을 제공한다. 리틀처럼 보이스도 가르침의 역할을 강조했는데, 가르침은 "사회화를 뛰어넘어서 비판적인 적용 능력을 창출하기 때문"이라고 했다.[79] 그녀는

---

77) Sara Little, "From Theory to Practice: Curriculum," *Religious Education*, 77:4 (July-August 1982): 375. 이 글에서 리틀은 케네디(William Bean Kennedy)와 휴브너 (Dwayne E. Huebner) 간의 대화에 대한 응답(response)으로, "사회화는 교육이 아니다"라고 언급한다. 사회화가 비록 전달-형성(transmitting-formative)의 역할을 담당한다고 해도, 사회화는 의도적인 조절을 할 수 없다고 말한다. *Ibid.*

78) Mary C. Boys, "Introduction," in *Education for Citizenship and Discipleship* (New York: The Pilgrim Press, 1989), xii를 보라.

79) Mary C. Boys, "Teaching: The Heart of Religious Education," *Religious Education*, 79:2 (Spring 1984): 268.

가르침이 종교교육의 심장과 같은 것이라 말하며 그 이유를, "가르침은 전통에 접근할 수 있는 것인지 아닌지를 판단하게 해주며, 전통과 변혁의 내적인 연결을 드러나게 해주는 역할을 하기 때문이다"[80]라고 강조했다.

---

80) *Ibid.*, 272.

# 제2장

# 20세기 초반

## : 이슈 제공자 코우의 종교사회교육론

조지 앨버트 코우(George Albert Coe)는 20세기의 전반 초기 종교교육의 장르에서 자유주의 전통을 대표하는 영향력이 있는 학자 가운데 한 사람이다. 본 장에서 우리는 그가 자신의 저서에서 전통과 변혁 간의 긴장 관계를 어떻게 이해했는가를 간략하게 묘사할 것이다. 그 작업을 위해서, (1) 그가 살았던 시대 상황을 재방문할 것이며, (2) 코우가 사용했던 자료들과 그 자료들이 미쳤던 영향을 검토할 것이며, (3) 그가 밝혀냈던 종교교육의 필요를 되짚어내고, 또한 다른 문제들에 관해서도 분석해 볼 것이다. 그리고 나서 (4) 그의 종교 사회교육론, 특히 그가 밝힌 필요를 충족할 종교교육의 목적과 과정을 살펴볼 것이다. 이 분석적 연구를 통하여, 코우가 갖고 있던 전통과 변혁 그리고 사회화와 가르침에 관한 입장을 조명해 볼 것이다.

## I. 20세기 초반의 상황

이 부분에서의 일반적인 초점은 코우가 등장했던 시기의 사회적, 문화적, 종교적 그리고 정치적인 기류/분위기 분석에 맞출 것이다. 한마디로 코우가 글을 쓰고 자신의 종교교육 이론을 수행했던 그 당시의 '세계'는 어떠했을까? 비록 코우가 19세기 후반기에서 20세기 중반까지 살았지만,[1] 이 글은 코우의 저작 *Social Theory of Religious Education*이 발간된 1917년을 중심으로 20세기 초의 시대 상황에 초점을 두고 다룰 것이다.

만일 우리가 1896년~1920년 사이 미국 역사의 특징을 말한다면, 세 가지 정도의 주제에 초점을 맞출 수 있을 것이다. 예컨대, 제국주의(imperialism), 진보시대(the progressive era) 그리고 세계의 강국으로 부상한 미국 등이다.[2] 1899년에 일어났던 스페인-아메리카 전쟁(Spanish-American War)은 비록 무혈전쟁이었지만 그 전쟁의 외교적·정치적 파급효과는 엄청난 것이었다. 미국은 그때까지 지속되어 왔던 "전통적인 쇄국정책을 버리고, 국제 사회로 발을 내디뎠던 것이다."[3] 스페인과의 전쟁은 미국에게 세계 정책으로의 문을 활짝 열어 주었으며, 제국주의라는 새로운 길로 인도했던 것이다. 이 전쟁이 일어나기 전에 미국은 답답하리만큼 자국(自國)의 문제에만 갇혀 있었으며, 유럽에서 일어나는 일에만 제한적으로 흥미를 보일 뿐이었다. 그러나 이제 미국은 세계 정책에 손을 내뻗기 시작한 것이다. 필리핀에서 미국이 승리했을 때, 맥킨리

---

1) 그는 1862년에 태어나서 1951년에 죽었다. 그는 존 듀이(John Dewey)와 비슷한 시대에 살다가 간 사람이었다. 듀이는 코우가 태어나기 3년 전인 1859년에 태어나 코우가 죽은 지 1년 후인 1952년에 죽었다. 실제로 시카고에서 가르칠 때도 듀이와는 교류가 있었고, 종교교육협회(Religious Education Association)를 1903년에 창단할 때도 처음에는 같이 있었고(후에 듀이는 협회가 종교적인 성향이 강한 것에 불만을 품고 뛰쳐나갔다.), 말년에 뉴욕의 유니온신학교에서 종교교육을 가르칠 때도 듀이는 길 건너편 학교인 콜롬비아 교육대학(Columbia Teacher's College)에서 교육학을 가르치고 있었다. 후일 그들은 같은 학교에서 잠시 같이 가르치기도 한다. 그러므로 코우와 듀이는 상호 영향을 주고받았다고 말해도 크게 빗나간 말은 아닐 것이다.
2) Paul L. Haworth, *The United States in Our Own Times: 1865-1920* (New York: Charles Scribner's Sons, 1920), 257, 351 그리고 498 이후를 참고하라.
3) *Ibid.*, 256.

(William McKinley) 대통령은 미국의 '기독교 문화'를 퍼뜨릴 기회가 왔다고 부르짖었다.[4] 1899년 7월 7일에 미 의회는 하와이 군도를 합병했으며, 1900년에는 하와이가 미국의 영토가 되었다. 비록 미온적이기는 했으나, 루즈벨트(Theodore Roosebelt) 대통령은 1905년에 중국 본토에서 벌어졌던 러-일 전쟁을 중재했고, 윌슨(Woodrow Wilson) 대통령은 일본이 중국을 침략했을 때 단호하게 중재했으며, 중국에 대해서 실제적인 섭정(攝政: protectorate)을 추진했다. 그 후 카리브해(the Caribbean) 연안에서는 루즈벨트 대통령과 태프트(William Howard Taft) 대통령이 자국의 권리와 헤게모니를 장악하게 되었다.

또한 미국 사회는 진보주의 물결로 특징된다. 진보주의는 남북전쟁(Civil War) 이후에 급속한 산업화와 도시화라는 심벌을 가지게 된다. 아마도 진보주의를 간략히 정의하자면, 당시 사람들의 마음을 지배하고 있던 자만심에 가까운 낙관주의로서 경제력과 정치력의 팽창으로 말미암은 것이라고 할 수 있겠다.[5] 앞서 언급한 바와 같이, 루즈벨트는 진보주의에 커다란 공헌을 했다. 그는 1902년에 당시 어려움에 빠졌던 노동쟁의에 참여하여 노동자들을 대표해서 쟁의를 성공적으로 중재하는 데 역사적인 공헌을 하였다. 그는 다음과 같은 견해를 피력했다. 즉, "기업 합동이나 트러스트(연합: trust 혹은 cartel)는 자연적인 발전이지만, 공적인 이익(public interest)을 위해서 조정되어야 한다."라는 견해이다.[6] 또한 그가 미 서부에서 진행했던 정부의 관개(irrigation) 사업과 수력발전

---

4) Howard Clark Kee, Emily Albu Hanawalt, Carter Lindberg, Jean Loup Seban, and Mark A. Noll, *Christianity: A Social and Cultural History* (New York: Macmillan, 1991), 699.

5) 우리는 진보주의가 그저 경제적인 것에 기인했다고 제한해서는 안 될 것이다. 여기서 필자는 진보주의의 경제적인 영향을 단편적으로 다루고 있을 따름이다.

6) Paul L. Haworth, *The United States in Our Own Times: 1865-1920*, 288.

(hydroelectric) 사업은 미국인들의 마음속에 진보주의의 무드를 한층 진척시켰다. 광대한 땅에 엄청난 자원 그리고 여러 대통령들의 뛰어난 지도력은 20세기 초에 살던 미국인들에게 진보주의의 물결을 즐길 수 있도록 하기에 충분한 것이었다.

1914년에 유럽에서 전쟁이 발발했을 때, 미국은 처음엔 중립을 지켰다. 이는 윌슨(Woodrow Wilson) 대통령의 학문적인 입장과 지도력에 기인한 것이었다. 그는 이전에 정치학 교수였으며 평화창출자가 되기를 갈망했던 사람이었다.[7] 미국이 제1차 세계대전(1914~1918)에 참전하기로 결정했을 때도, 윌슨은 어서 속히 전쟁을 끝내는 것을 기대했다. 윌슨은 세계가 민주주의로 보장된 안전한 세계, 새로운 질서가 정립되는 곳이 되어야 한다는 비전을 갖고 있었다.[8] 그러는 한편, 전쟁은 연합군의 승리로 종식되었고, 이로 말미암아 미국은 좋은 평판을 얻게 되었다. 결과적으로 미국의 역할은 이전보다 더 확고해지게 되었고, 세계의 강자로 떠오르게 되었다.

문화적 분위기에 관해서 논하자면, 대중문화는 마치 민주적 문화와 민주사회를 보장이나 하는 듯했다. 사회는 급속도로 발전하는 산업과 더불어 매일 진전되었고, 기술은 영화, 축음기(phonograph), 라디오 그리고 결국에는 TV의 발명을 이끌어냈으며 나날이 발전하였다. 또한 제1차 세계대전이 연합군의 승리로 막을 내렸을 때는 마치 산업주의, 진보주의 그리고 민주주의의 파워가 증명되는 듯하였다.

이와 동시에, 미국의 종교지도자들(예: 회중교회 지도자 죠사이어 스트롱 Josiah Strong: 1847~1916)은 앵글로 색슨 문화를 유지하는 것과 '순수한' 기독교의 유지에 대한 걱정을 표명하기 시작했다. 역사학자인 거스

---

7) *Ibid.*, 417-418.
8) *Ibid.*, 423-425.

태드(Edwin Scott Gaustad)는 스트롱의 근심을 다음과 같이 인용했다.

· 〔여러 민족들이〕 미국으로 이민을 오는 것이 … '우리 나라'를 나눌까 걱
정된다. '여기에 몇몇 독일인들', '저기에 스칸디나비아인들' 그리고 '아
일랜드인들' 등이 살게 될 것이다. 외국인들은 안식일을 우습게 여긴다
(profane). … 그리고 외국인들은 무절제(intemperance)를 조장한다.
… 종교적으로, 프로테스탄트의 여론은 도전을 받게 되고, 특히 가톨릭
교도들의 홍수와 같은 이민 물결과 몰몬교도들의 이민은 우리 신교도의
삶을 위협한다. …9)

또 다른 회중교도였던 글래든(Washington Gladden)은 20세기 초에
나타난 도덕적 무관심과 도시 부패와의 싸움을 벌였다.10) 종교지도자들
은 이 시대에 교회의 사회적 책임에 대해 관심을 갖기 시작하였고 제1차
세계대전은 사람들을 연합하는 데에 도움을 주었으며 사회적 반응에 책
임을 져야 한다는 암시를 주었다.11)

1917년이라는 해를 주시하라! 그해는 바로 미국이 제1차 세계대전에
가담한 해였다. 그해는 또한 코우의 *Social Theory of Religious
Education*이 발간된 해였다. 그러므로 우리는 당시의 사회적, 문화적,
종교적 그리고 정치적인 기류가 코우의 사상 바탕에 깔려 있음을 확신
하게 되는 것이다.

---

9) Edwin Scott Gaustad, *A Religious History of America* (San Francisco: Harper Collins,
1990), 193.
10) *Ibid.*, 200.
11) *Ibid.*, 206. 사회복음운동(Social Gospel Movement)에 대해서는 다음 섹션에서 다룰
것이다.

## II. 코우가 사용한 자료와 그가 받은 영향

감리교의 배경을 가진 코우는 종교와 종교교육의 과학적인 연구를 주창한 대변자였으며, 이를 이끌던 리더였다. 코우가 주장했던 종교의 과학적인 연구란 20세기 초의 과학적 방법을 따르는 것이었고, 이는 종교를 연구하는 태도의 획기적인 변화를 의미하는 것이었다. 그는 주장하기를 "우리는 종교를 연구할 때 생각 없는 '예스-맨'(yes-man)이 되서는 안 된다"라고 했다. 그보다는 오히려 '탐구'(inquiry)와 '자기비판'(self-criticism)의 자세를 가져야 한다고 주장했다. 그러므로 물론 그 자신이 과학적인 방법에 대한 정의를 내리지는 않았을지라도[12] 코우의 탐구하는 자세나 태도가 그가 주장하는 과학적인 방법이었던 것이다. 코우에게 과학

---

12) Coe, "My Search for What Is Most Worthwhile," in *Religious Education* 46:2 (March-April 1951): 68-70. 코우의 배경에 대한 더 자세한 연구를 원하면 다음의 글을 참고하라. Helen A. Archibald, "George Albert Coe: Theorist for Religious Education in the Twentieth Century," (Ph.D. Diss., University of Illinois, 1975). 또한 James E. Reed & Ronnie Prevost, *A History of Christian Education* (Nashville, Tenn.: Broadman & Holman Publishers, 1993), 333을 참고하라. 과학적인 방법에 관해서 우리는 20세기 초에 과연 '과학적인 방법'이라는 것이 무엇을 의미했는가를 깊이 생각해 볼 수 있다. 예를 들면, 바빗(Frank Bobbitt)과 차터스(W. W. Charters)는 교육이라는 학문 분야에서 '과학적'이기를 추구했는데, 그들에게 과학적이란 어떤 특정한 교육 목적을 달성하기 위해 정한 요소들을 조심스럽게 조정하는 것을 의미한다. 그러한 조정을 적절히 사용함으로써, 그들은 자신들이 연구하던 법칙이나 원리들이 실제 상황에서 만일 통하게 되면(속된 말로: 먹혀들어가게 되면), 그들이 사용한 방법이 과학적이 되는 것이다. 그러므로 목적을 위해 조건들을 조성하고 시행착오를 거친 여러 시도를 하는 것을 '과학적 방법'이라고 하는 것이다. 코우는 분명히 바빗과 챠터스와 유사한 방법을 이용하였으나, 그가 강조한 것은 '공동의 노력'이었다. 또한 코우는 항상 신학적인 목적을 염두에 두고 있었는데, 그것은 바로 사회를 변혁시킨다는 것이었다. 어쩌면 이 글에서 형용사 '진보적인'(progressive)이라는 단어를 '과학적인 방법'이라는 말 앞에 붙이는 것이 더욱 타당할지 모른다. 왜냐하면, 코우가 사용했던 그 과학적인 방법이라는 용어의 사용이 엘리스 넬슨의 그것과는 상이(相異)하기 때문이다.

적인 방법이란 탐구와 자기비판적인 정신을 증진하고 분석을 통한 효율성의 측정에 있다. 이해를 돕기 위해 제약(製藥)의 예를 들면, 제약업자는 약을 발명한 과학자가 먼저 온전한 자료 분석과 관찰을 경유해서 오랜 세월 동안 제품을 실험해 본 후가 아니면 결코 그 약의 대량 생산을 추진하지 않는다는 것을 의미한다. 그래서 만약 우리가 결과를 실험할 때 한 발 한 발 진척시키며 우리가 목적한 바를 위해 과정을 충실히 밟고 난 후 결과를 결정할 때만이 우리의 모든 노력은 합당하다는 것이다. 그러면 여기서 어떻게 코우가 과학적 종교 연구라는 분야의 주창자가 되었을까를 살펴보자. 그러기 위해서는 코우가 저술한 글의 전체적인 주제와 그에 상응한 시대적 사건들을 살펴봄과 동시에 그의 종교적이고 철학적인 배경을 살펴볼 필요가 있을 것이다.

코우에게는 아래 언급할 세 가지 사상 또는 운동이 그의 생각을 형성하는 데 중요한 역할을 했으며, 결국 그것들이 그의 학문적 자료가 된다. 첫째는 신학의 자유주의요, 둘째는 사회복음운동이며, 마지막으로는 교육과 철학의 진보주의이다. 전통적인 도그마와 신조 형성의 틀을 벗어나려는 자유주의의 영향으로,[13] 슐라이어마허(Friedrich Schleiermacher) 이후에는 전통적인(교리를 중시하는) 입장의 절대적인(absolute) 권위의 출처란 없는 것처럼 보였다.[14] 자유주의 신학의 특징은 다음과 같다. 자유주

---

13) 브라운(Delwin Brown)과 데이버니(Sheila Greeve Davaney)에 의하면 자유주의 신학이란 "일반적으로 종교적 믿음과 신념이란 완전한 것이 아니므로 생각의 신축성을 갖고 취해야 한다고 생각하는 신학의 체계인데, 그러므로 이성과 경험을 잘 조화하여 신념을 근본적으로 시험해야 하며, 인간적인 현실과 신적인 현실과는 계속적인 것이지 대치적인 것이 아니며, 기독교에 가장 중요한 것은 개인적이고 윤리적이며 사회적인 차원이다"라고 했다. McGrath, ed., *The Blackwell Encyclopedia of Modern Christian Thought*, 325.

14) 슐라이어마허(1768~1834)는 보통 '자유주의의 아버지'로 간주된다. 그는 도그마(dogma)를 부정하였으며, 그의 신념은 개인의 느낌이나 직관—즉 하나님을 전적으

72

의 신학은 기독교를 "유일하며 특이하게 여기기보다는, 다른 많은 종교 중의 하나로 여기며 때로는 많은 운동 중의 한 문화적 흐름"으로 여긴다는 것이다.[15] 첨가하면, 자유주의 신학은 성경을 '과학적으로' 그리고 '객관적으로' 연구하려는 경향을 갖고 있으며, 기적적인 사건들을 자연법칙의 입장에서 본다는 것이다. 이런 극단적이고 과학적인 그리고 객관적인 연구 적용 결과로 성경의 기적들은 비신화화(desupernaturaliza-tion)되는 경향이 있다는 것이다.[16] 자유주의 신학의 중요한 특징은 죄와 구원에 관한 태도에서 두드러진다. 인간의 죄성은 "인간의 지식이나 통찰력의 부족함 내지는 닫힌 영적인 민감성" 정도로 간주되는 경향이 있으며,[17] 그러므로 구원이란 "이렇게 부족한 영감이나 정보 또는 바로잡음, 더 나아가서는 교육을 통해 채워 주는 것으로 간주될 수도 있다"라고 본다.[18] 이러한 견해가 초창기 종교교육운동에서 도덕적 종교교육의 유형을 낳게 되었다. 이렇게 인간 본성에 대한 완전한 타락이라는 신조와는 달리, 도덕적인 이해로 인해서 자유주의 신학은 인간들이 좀 더 나은

---

로 의지하는 태도—을 토대로 하는 것이다. 그는 심리학적인 방법을 종교 형이상학(metaphysics)과 역사를 연구하는 것에 적용한 사람이었다. 그러나 코우가 슐라이어마허의 글을 읽었다는 증거는 없다. 단지, 코우는 그가 베를린대학에 가서 공부할 때, 리츨(Ritschl)의 영향을 받았다는 것만이 확실할 뿐이다. 우리가 아는 대로 리츨은 로츠(Rudolph Hermann Lotze)의 사상을 그의 신학적 사고에 접목한 사람인데, 로츠의 사상은 간단히 말해서 형이상학의 시초는 형이상학 그 자체에 있는 것이 아니라 윤리학에 있다는 생각이다. 흥미롭게도, 코우의 스승인 보스턴대학의 대학자 보운(Borden P. Bowne)은 로츠의 형이상학에 관한 아이디어에 매료되어 있었다는 사실이다.

15) James Richmond, "Liberal Protestantism, Liberal Theology, and Liberalism," in Alan Richardson, ed., *A Dictionary of Christian Theology* (Philadelphia: The Westminster Press, 1969), 192.

16) *Ibid.*

17) *Ibid.*, 193.

18) *Ibid.*

영감과 정보를 습득할 수 있는 무한히 발전할 가능성의 존재라는 입장을 견지하게 된 것이다. 그러므로 자유주의 신학이 인간과 사회의 잠재력을 진보적으로 이해하는 데에 초석을 놓았다고 해도 그리 지나친 말은 아닐 것이다.

동(同)시대에, 킹 제임스 버전(KJV) 성경과 듀에이 버전(Douay Translation)에 대한 논란이 있었으며, 1890년에는 세금으로 운영되는 공립학교에서는 성경을 가르칠 수 없다는 발표가 있었다. 이렇게 공립학교에서 더 이상 성경을 가르칠 수 없게 되자, 공립학교에서는 성경을 뒷전으로 밀어 놓은 채 기독교적 도덕 가치들만 학생들에게 가르치게 되었다.[19] 이전까지는 기독교인들의 경건의 원천이며 권위의 중심이었던 성경이 이제는 (자유주의를 따르는) 신학교육 학자들의 책상에서 서서히 사라지고 있었다.[20] 성경의 역할이 자유주의 학자에게 더 이상 중요하게 되지 않았을 뿐만 아니라, 이제는 학자들이 기독교 신앙을 다른 종교들 사이에 상대화시키기도 하였다.

또한 19세기 말 시작된 사회복음운동(Social Gospel Movement)은[21] 라우쉔부쉬(Walter Rauschenbusch)를 비롯한 몇몇 사람에 의해서 미국에서 시작되었다. 사회복음운동은 "사회 안에서 구성원들이 지속적으로 서로 사랑하는 것을 실천함으로 하나님의 통치를 이해하며, 이미 하나님

---

19) L. G. McAllister, "History of Christian Education," in *Harper's Encyclopedia of Religious Education*, 303.

20) Archibald, "George Albert Coe: Theorist for Religious Education in the Twentieth Century," 4.

21) 이 운동의 대략적인 기간은 '남북전쟁'(Civil War) 이후부터 히틀러의 등장까지인데, 히틀러에 대한 날카로운 반대가 미국에 있던 니버(Reinhold Niebuhr)에 의해서 명확하게 표현된 때까지로 보면 좋을 것이다. Donovan E. Smucker, "Social Gospel," in Kendig Brubaker Cully, ed., *The Westminster Dictionary of Christian Education* (Philadelphia: The Westminster Press, 1964), 611.

의 나라가 도래한 것을" 강조하는 것이다.[22] 간략하게 말해서, 이 운동은 지상에 유토피아를 건설하고자 하는 희망에서 비롯된 것이다. 사회복음운동은 19세기 초에 자유주의 신학 그리고 근대화와 산업화에 대한 충격과 함께 동시적으로 발생했다.[23] 이 운동은 자유주의 신학과 같이 사회에 대한 진보적인 희망을 공유하는 것이었다. 사회복음운동에 관해서,[24] 코우가 이 운동에 의해서 내면적 또는 외면적으로 영향을 받았다고 말하는 게 지나친 것은 아닐 것이다. 왜냐하면 사회복음운동의 리더들도 역시 소위 황금률(Golden Rule)과 성경적인 이해에 의한 사회적, 경제적 질서 확립을 위한 정의를 부르짖었기 때문이다. 예컨대, 코우는 자신의 저서 *A Social Theory of Religious Education*을 자신의 오랜 친구였던 해리 워드(Harry F. Ward)에게 헌정했는데, 그는 사회학자이며 코우와 보다 온전한 사회 경제를 창출할 적당한 제도를 위한 탐구와 자본주의에 대한 비판을 함께 나누었던 사람이다.

코우 시대의 역사적 맥락을 다룬다면, 철학적 진보주의를 반드시 언급해야 한다.[25] 다윈(Charles Darwin)의 『종의 기원』(*Origin of the Species*)은 분명히 코우의 사상에 큰 영향을 미쳤을 것이다. 매우 흥미롭게도, 다윈의 이 책은 듀이(John Dewey)가 태어난 해에 출간되었으며,

---

22) 번역한 인용구는 다음과 같다: "the coming of the Kingdom of God, understood as the Reign of God, understood as the Reign of God, through the progressive growth of love in society." *Ibid.*

23) *Ibid.*

24) 이 운동의 분위기는 라우젠부쉬가 부르짖은 사회를 '기독교화'해야 한다는 일성으로 요약될 것이다. M. E. Marty의 "Social Gospel"의 요약을 *Harper's Encyclopedia of Religious Education*, 594에서 참고하라.

25) 혹자는 필자가 앞서 인용한 진보주의가 정치적인 맥락에서 낙관적인 정신이라는 면에서 볼 때 유사하다고 말할 수 있을 것이다. 그러나 전자의 진보주의는 경제에 근거한 낙관주의이고, 필자가 이 섹션에서 사용하는 진보주의는 생태학적인 진행에 근거한 낙관주의이다.

또한 코우의 아버지가 감리교회에서 안수받은 해였다(1859). 다윈의 이 책이 서구 사회에 안겨 준 충격은 실로 엄청난 것이었다. 이 책이 출간되기까지는 적지 않은 사람들이 원죄와 완전 타락에 대한 의문을 감히 가질 수 없었는데, 그 이유는 그들이 혹시 의구심을 가졌다 할지라도 자신들의 생각을 뒷받침해 줄 이론적인 근거가 그때까지는 없었기 때문이었다. 당시에 통용되던 생각은 인간들이 예정하시는 하나님의 손안에 어쩔 수 없이 놓여 있기 때문에, 인간들은 위로부터의 초자연적인 간섭이 절대적으로 필요하다는 것이었다. 그러므로 우리 인간이 자신들의 도덕적이거나 영적인 상태를 향상하거나 구원할 수 있는 방도는 전혀 없다고 생각했다.

그러나 다윈의 이론에 따르면, 인간은 하나님에 의해서 창조되지 않았으며, 단지 단세포인 아메바로부터 진화하였다고 한다. 그러므로 다윈의 진화론은 당시의 원죄와 완전 타락에 대한 생각에 의심의 토대를 제공해 준 것이다. 다윈의 책으로 인한 충격으로 사람은 계속해서 향상되고 있다는 힌트를 얻게 되었으며, 그것으로 인해서 적지 않은 사람이 인간 본성과 상태에 대한 낙관주의를 위한 토대를 갖기에 이르렀다. 그러므로 다윈의 진화론을 받아들임으로써 진보이론으로 도달하게 된 것이다.

코우는 다윈의 진화론과 사회진화론에 관심을 갖게 되었으며, 점점 정통 기독교 교리에서 멀어지게 되었다. 사회진화론의 이론적 근거는 마치 우리가 생물학적인 존재로서 진화하는 것과 같이 사회도 진화한다는 것이다. 사회는 좀 더 도덕적으로 온전한 인간적인 생활을 향해서 진보한다는 것이다. 그러므로 사회진화론은 이런 맥락에서 진보주의의 심장과도 같다고 할 수 있다. 마치 '차를 바꿔 타는 것과 같이'라는 심벌을 사용하며, 코우는 과학적인 방법에 자신을 투신하며, 자신은 진보적/과학적 방법이 어디로 이끌던지 따라가겠다고 맹세했다.[26] 그러므로 과학적 방법을 추구하는 진보적 교육만이 사회의 문제에 대한 해답을 줄 수 있을 것이라고 확신했다.

코우의 경험, 재구성(reconstruction) 그리고 민주주의(하나님의 왕국이 아닌)에 대한 주장은 많은 점에서 듀이에게 영향을 받았다고 볼 수 있다. 코우와 듀이는 적지 않은 공통점이 있다. 다른 점이라면 단지 듀이는 일반적인 교육에 관심을 쏟은 반면, 코우는 기독교적인 교육에 관심을 쏟았을 따름이다. 이 시점에서 듀이의 중심 사상을 정리하는 것이 우리에게 도움이 될 것이다. 왜냐하면, 코우가 듀이에게 많은 영향을 받은 것이 확실하기 때문이다.

듀이에게 현실 세계는 마치 하염없이 흐르는 강물과도 같이 끊임없는 과정과 변화인데,[27] 각 개인(학습자)은 항상 흐르는 강의 일원이다. 그러므로 개인의 삶은 결코 끝나지 않는 경험의 연속으로 점철되어 있다. 듀이에게 교육은 '끊임없는 경험의 재구성과 재조직'이며,[28] 교육은 경험에 그 기초를 둔다.[29] 듀이는 "어린이 자신의 본능과 능력이 교육 자료를 형성하며, 모든 교육의 시발점"이라고 주장한다.[30] 그러므로 교사의 역할은 학습자의 경험을 정리해 주고 인도하는 것이며, 학습자의 경험을 촉진할 수 있는 학습 활동을 계획하는 것이다.[31] 무엇보다 중요한 것은 교육의 목적은 결과적으로 사회적 효율성을 야기할 수 있는,[32] '성장과 연

---

26) Coe, "My Own Little Theater," in Vergilius Ferm, ed., *Religion in Transition* (New York: Macmillan Co., 1937), 90 & 95. 코우는 진화론에 대해서 자신이 다니던 로체스터대학(Rochester College)의 웹스터(Harrison E. Webster) 교수에게 배웠다.

27) Donald Butler, *Four Philosophies* (New York: Harper & Brothers Publishers, 1957), 418.

28) John Dewey, *Democracy and Education* (New York: Macmillan, 1916), 76.

29) Dewey, *Experience and Education* (New York: Collier Books, 1938), 113.

30) Dewey, "My Pedagogic Creed," 20.

31) *Ibid.*, 60, 61, 65.

32) Dewey, *Democracy and Education*, chapter 10.

결되는' 것이어야 한다.[33]

듀이의 주된 관심은 그가 계속해서 사용하는 용어들, 즉 '민주주의'와 '사회'에서 나타난다. 교육은 학습자의 참여와 실험을 격려하고 존중하는 민주적인 환경 가운데서 이루어져야 한다는 것이다. 민주주의의 정신을 촉진함으로써, 사회는 모든 사람이 함께 살기에 더 좋은 곳이 되는 것이다. 듀이에게, 단순한 사회화는 개인이 선택하는 독특한 자유를 감소시키고 창조성을 감퇴(impoverishment)시키는 길로 인도한다.

듀이의 하나님에 대한 개념은 "이상적인 것과 실제적인 것 사이의 활동적인 관계"와 연관이 있다.[34] 듀이의 하나님은 마치 루소와 아리스토텔레스의 이원론(Deism)과 유사한데, 그들은 하나님을 인간사에 동참하지 않는 존재로 여긴다. 오히려, 그들의 하나님은 역사를 인간 자신들에게 일임하는 하나님인 것이다.

요약하면, 코우의 자료 출처는 첫째, 탐구의 정신과 자기비판 그리고 효율을 위한 분석을 사용하는 과학적인 방법이다. 둘째, 인간 이성의 위치를 성경의 위치에까지 상승시킨 자유주의 신학이다. 셋째, 사회의 재구성을 위한 토대를 마련한 사회복음운동이다. 넷째, 하나님을 의지하지 않고도 인간이 끊임없이 진보할 수 있다는 다윈의 진보주의이다. 마지막으로, 경험과 밀접한 관계가 있는 이론을 펼친 듀이의 인식론(epistemology)이다. 듀이의 교육을 하는 방법은 민주주의이며, 교육의 장은 사회이며, 그의 교육 목적은 성장과 사회의 효율이다.

---

33) Dewey, "My Pedagogic Creed," 90.
34) Dewey, *Common Faith* (New Haven: Yale University Press, 1934), 51.

## III. 코우가 본 종교교육에서의 필요

코우는 종교교육의 방법과 목적을 생각하며, 자신이 살던 시대의 상황, 즉 진보주의, 사회복음운동 그리고 진보주의적 기류에 대응하는 종교교육의 필요를 찾아냈다. 그러면 그에게 과연 이 '필요'라는 것이 무엇이었을까? 방법론적인 면에서, 코우는, 울리히(Robert Ulich)가 지적했듯이, 종교교육은 단순히 지식만을 전하는 주입식 방법을 지양하고, 당시(20세기 초)의 현대 심리학적인 방법과 원리들을 도입해야 한다고 주장했다.[35] 코우에게 종교교육은 사회과학에 근거를 두어야 하는 것이었다. 자신의 거의 마지막—우리의 생각을 뒤흔들어 놓을 만한 기발한 생각으로 가득 찬—소논문에서 고백하기를 "나의 인생의 종교적인 면에서 가장 중요한 전환점은 교리적인 방법으로부터 벗어나서 과학적인 방법으로 전환한 것이라고 판단한다"라고 하였다. 그는 나아가서 "과학적인 방법으로 검증된 진리로의 헌신은 나 자신의 종교에서 주요한 특징이 되었다."[36]라고도 했다.

코우에게 과학적인 방법은 사회에 변화를 가져다주는 것과 종교적 현상을 해석하는 기본적 도구가 되었다. 예컨대, 이 과학적 방법을 이용하여, 코우는 *The Psychology of Religion*[37]을 썼는데, 이 저서는 기독교의 과학적/심리학적 해석을 도입한 조직적인 개관을 보여준다.

---

35) Robert Ulich, *A History of Religious Education* (New York: New York University Press, 1968), 273. 20세기 초에, 발달, 잠재의식 내지는 성(sexuality)을 다루던 프로이트의 심리학이 널리 소개되었다. 그러나 우리가 견지해야 할 것은 당시에는 아직 칼 융(Carl Jung)과 에릭 에릭슨(Erick Erickson)의 심리학은 소개되지 않은 상태였다는 상황이다.

36) George Albert Coe, "My Search for What is Most Worthwhile," *Religious Education* 46:2 (March-April 1951): 73.

37) Coe, *The Psychology of Religion* (New York: University of Chicago Press, 1929).

만일 코우에게 적절한 방법을 선택하는 것이 필수적이라고 하면, 종교교육의 적절한 목표 설정 또한 중요하다고 하겠다. 앞서 인용한 것처럼 코우는 "기독교교육의 일차적인 목표가 종교를 전수하는 것에 있는가, 아니면 새로운 세계를 창조하는 것에 있는가?"[38]라고 질문했음을 우리는 알고 있다. 바로 이 코우의 질문에서 우리는 전통과 변혁 간의 긴장을 볼 수 있는 것이다.

만일 그가 종교의 전수를 기독교교육의 목표로 잡았다면, 그는 주입적인 방법을 도입했을 것이다. 그러나 그는 자신이 과학적인 방법과 사회복음운동, 또한 진보주의의 영향을 받았기에 질문의 후자였던 새로운 세계의 창조와 재조성을 기독교교육의 목표로 택했다. 그러므로 그의 방법은 당연히 탐구와 자기비판 정신을 촉발하는 창조적이고 과학적인 것이 되었어야 했으며, 그에 따라 주입식(세뇌적인) 방법은 단호하게 거절했던 것이다. 코우의 마음속에는 이 과학적인 방법을 중심으로 한 창조적인 탐구와 자기비판적인 정신이야말로 결국은 사회의 변화를 조장할 것이라고 믿었던 것이다.

코우는 사회적 협동의 추구를 바탕으로 한 과학적 방법을 고집하였다. 이 과학적 방법에 반기를 드는 것은 너무 이기적인 것으로 단정하면서, 코우는 과학적인 방법의 사회적 본질에 대해서 다음과 같이 주장하였다.

과학적인 방법은 지적인 협동이다. 모든 과학적인 자세를 가진 사람은 그들의 연구 과정과 결과를 다른 사람들에게 제출하는데, 이는 다른 이들의 비판적인 평가(critical appraisal)를 위해서이다. 과학은 상호 간의

---

38) Coe, *What is Christian Education?* (New York: Charles Scribner's Sons, 1929), 29.

정보교환과 비판적인 판정에 의해 성장하는데, 이는〔도움이 될 경우에〕 서로의 연구에 더하거나, 잘못된 것은 삭제해 가는 것을 의미한다. 이것은 단지 어떤 하나의 지적인 협조가 아니라, 우리에게 주어진 단 하나의 방법이다.[39]

그러므로 코우에게 사회의 재구성은 종교교육의 목표이며 오직 과학적인 방법이 적용될 때에만 이 목표는 달성될 수 있는 것이다. 앞서 소개한 *A Social Theory of Religious Education*은 이런 과학적인 방법을 근거로 한 조직적인 종교교육의 이론으로, 사회에 하나님의 민주주의를 가져다 줄 것이라고 확신했다. 또한 소그룹 연구, 토의 그리고 문제해결의 방법 등은 종교교육의 중심적인 방법이 되었다. 이 방법들은 과학적인 방법의 '개인적인' 사용이 아닌, 함께 연구하고 탐구하는 것을 의미한다.

코우는 자신이 주창한 사회 재건설을 위한 종교교육의 방법으로써 과학적인 방법에 일관된 맥락으로 그의 신학 체계도 세우는데, 바로 그것이 퍼스날리즘(personalism)이다. 퍼스날리즘이란 "우주 안에 존재하는 **개인들**의—그들이 인간적이거나 신적이거나에 상관없이—탁월성을 강조하는 일련의 관점이다."[40] 코우의 신학은 명백한 20세기 초의 감리교 신학임을 알 수 있다. 감리교적인 전통, 즉 웨슬리(John Wesley)의 비전은 '계시로부터 이성으로', '죄인으로부터 도덕적 인간으로', 또한 '값없는 은혜로부터 자유의지로'의 전환을 이루었다.[41] 코우는 하나님에 대해서

---

39) Coe, *What is Christian Education?* (New York: Charles Scribner's Sons, 1929), 137.

40) A. R. Lacey, *A Dictionary of Philosophy* (London: Routledge and Kegan Paul, 1976), 157. (강조는 필자 강조)

41) Robert E. Chiles, *Theological Transition in American Methodism: 1790-1935* (New York: Abingdon Press, 1965)의 chapters III-V를 보라. 이 새로운 강조점은 웨슬리의 "예정론과 성도의 견인이라는 교리에 대한 의구심으로부터 나온 것임을 알 수 있다; 그는 하

다음과 같이 설명하였다. 첫째, 교리적인(dogmatic) 하나님, 즉 철저하게 '다른 존재'이며 '초월적인'(transcendent) 하나님에 관한 개념에 대해서 말하기를 하나님은 개인적이며(personal) 가까이 계시는(immanent) 분으로 설명하였다.[42] 즉 하나님은 사회의 진보와 그룹의 노력 가운데에서 '역사하는 힘'(moving force)으로 활동하시는 분으로 설명한 것이다.[43] 둘째, 사람의 본성에 관해서 말하기를, 인간은 '낙관적인 종교성'[44]을 소유하고 있다고 피력하고 있는데, 이는 자신이 한때 배웠던 교리적 신학의 철저한 저주 대신에 다윈의 진화론적인 낙관주의를 나타내는 것이라고 할 수 있다. 그러므로 그의 인간관은 사람의 본성이 개인과 사회의 진보를 촉진시킬 수 있는 요소들로 철저하게 과학적으로 조직되고 구성된 교육이라는 수단을 통해서 기경(起耕, cultivation)될 수 있는 잠재력을 가진 것이라고 주장한다.

이와 같은 사람의 본성에 관한 관점과 일맥상통하는 입장에서 코우는 각 사람은 '무한한 가치'(infinite worth)를 지녔으며, 그러므로 각 개인은 사람들 간의 관계 속에서 존중되어야 한다는 견해를 피력했다. 결과적으로, 인격은 상호관계를 통해서 발전된다는 것이다. 그러기에 코우의 이론은 퍼스널리즘으로 알려져 있고, 그의 기독교교육에 대한 정의는 교육

---

나님의 약속은 만인에게 주어진 것이며 믿음으로 받아들이는 것이 조건이 된다고 주장했다; 그는 어거스틴의 격언(dictum)을 좋아했는데, 그것은 다음과 같다: '우리 자신 없이 우리를 만드신 하나님은 우리 없이 우리를 구원하시지 않을 것이다.'(… he who made us without ourselves will not save us without ourselves.)" McGrath, ed., *The Blackwell Encyclopedia of Modern Christian Thought*, 375.

42) Wayne R. Rood, *Understanding Christian Education* (Nashville: Abingdon Press, 1970), 195.

43) Coe, *The Religion of a Mature Mind* (Chicago: Fleming H. Revell Co., 1902), 295.

44) Coe, *Education in Religion and Morals* (Chicago: Fleming H. Revell Co., 1904), 46. 코우는 인간 본성의 전적인 타락을 부인하는데, 이는 그것이 독선적인 교리라는 이유에서이다.

에 대한 그의 인간학적인 철학에 함축적으로 요약된다. 그러면 코우의 기독교교육에 대한 정의를 살펴보자. 코우는 다음과 같이 말했다. 기독교교육이란, "사람들 간의 관계에 대한 엄밀한 재구성인데, 이는 사람의 무한한 가치를 인정하는 예수의 가정(assumption)과 사람들을 지극히도 귀하게 여기는 하나님에 의해 유도된 것이다."[45]

코우는 자유주의 신학의 영향을 받았기에 성경의 권위를 절대화하지 않았다. 성경을 〔일차적〕 자료(source)라기보다는 보조 자료(resource)로 여긴 것이다. 그에게 성경은 현재의 삶을 풍요롭게 해주는 도구로써 사용되는 것이다.[46] 더 나아가서 성경은 교리의 집합체가 아니며, 다양한 상황 가운데서 살아온(lived) 다양한 사람들의 경험을 기록한 책이다. 그의 마음에는 교리나 신학보다는 경험이 훨씬 많은 비중을 차지한다. 또한 인간의 마음은 성경 구절에 얽매인 고지식한 종교성에서 해방되어야 한다는 것이다. 게다가 성경의 다양한 경험들을 창조적으로 유용하여 사회를 재건설하여야 한다는 것이다. 전통이라는 이슈에 관해서 볼 때, 코우의 이런 견해는 확실히 '전통적'인 범주에서 벗어나는 것이라고 볼 수 있다. 코우에게 성경은 교리 때문에 사용되는 것이 아니라, 계속되는 사람들의 경험을 포함하고 있기에 사용되는 것이며, 그 경험은 바로 사회에 변혁을 가져다주는 도약대(springboard)가 되는 것이다.

---

45) Coe, *What is Christian Education?*, 296. 본문의 영문은 다음과 같다. "Christian education is the systematic, critical examination and reconstruction of relations between persons, guided by Jesus' assumption that persons are of infinite worth, and by the hypothesis of the existence of God the Great Valuer of Persons." 이 정의에 대한 문자적 번역은 흡족치 않음을 밝히면서, 코우의 "하나님의 존재를 가정하는 것에 의해 유도된다."라는 구절의 느낌은 확실히 전통적인 기독교적 해석과는 많은 차이가 있음을 알게 된다.

46) Sara Little, *The Role of the Bible in Contemporary Christian Education* (Richmond: John Knox Press, 1961), 15-16.

코우의 이론에서 교육의 목표가 사회 재건설에 맞추어져 있는 만큼, 사회에 관련된 과학적인 연구는 신학이나 교리의 연구보다 훨씬 더 많이 강조되고 있다. 그렇기에 코우는 사회과학 분야를 활용한 종교교육을 신학 중심의 교육 위에 놓게 된다. 그의 '교육을 통한 구원'(Salvation by Education)이라는 유명한 연설은,[47] 사람의 영성을 형성하는 데까지 진보과학에 대한 그의 신념을 표현한 것이었다.

코우에게 구원이란 급작스런 회심이 아니라, 점진적인 진보 또는 성장을 의미한다.[48] 코우는 구원이란 "죄의 권세와 죄책감에 눌려 있는 인간을 구원하는 것이 아닌, 사회의 질서를 변혁시켜 하나님의 가족으로서 모두를 한 형제로 만드는 것을 의미한다."[49]라고 말했다. 코우는 계속하기를, "우리는 각 개인이 마치 구슬(marble)이 한 개 한 개씩 가방 안에 집어넣어지는 것 같이 혹은 곡식의 낟알(grain)이 쌓이는 것처럼 구원받는 것이 아니다."[50]라고 강변하였다.

듀이의 영향을 받은 코우는 다른 이들과의 교류와 경험을 강조했으며, 또한 하나님의 민주주의를 강조했다.[51] 이는 듀이에게 교재(커리큘럼)는 경험 중심의 것이 되어야 하며, 방법은 실험을 통한 것이 되어야 한다는 이론을 빌려온 것이었다. 그러므로 코우에게는 사람들이 함께 실험하고 연구하는 '실험실'(laboratory)이야말로 교육의 상징이었다.[52] 코

---

47) 이 연설은 1903년에 종교교육협회(Religious Education Association)의 창립 연설이었다. Rood, *Understanding Christian Education*, 181을 보라.

48) Coe, *A Social Theory of Religious Education*, 10 & 13.

49) *Ibid.*, 6.

50) *Ibid.*

51) 코우는 하나님의 나라(Kingdom of God)라는 용어보다는 하나님의 민주주의(Democracy of God)라는 용어를 더 좋아했다. 이는 하나님의 나라라는 말이 하나님과 사람들 사이에 수직적인 계급(hierarchy of ranks)을 은연중 나타내며, 상호 간의 참여가 덜 강조되었기 때문이라는 것이었다.

우에게 사회는 주요 교육자이며, 학습자는 사회 안의 참여자들이다. 그러므로 교육의 내용은 각 개인들 간의 상호관계 안에서 발견되는 것이다.[53]


## IV. 코우의 종교사회교육론
## : 필요에 대한 응답으로서의 과정과 목표

비록 코우가 '새로운 세계 창조'를 종교교육의 목표로 선택했다고 해도, 우리는 그의 교육 이론을 판단할 때 주의해야 할 것이다. 코우가 종교를 단순히 전수하는 것은 부정했지만, 그 자신이 종교적인 공동체 형성을 부정한 것은 아니었다. 코우는 오히려 그의 글에서 전통과 변혁 간의 긴장 사이에서 균형을 유지하려 했다. 그러나 그는 종교교육의 목적으로서의 '전통'을 희생하는 대가로 변혁을 강조하면서도, 종교교육의 과정으로서의 사회화와 의도적인 가르침과의 균형은 유지하려 했던 것이다. 이 섹션에서, 우리는 코우의 종교사회교육론을 한편으로는 전통과 변혁이라는 관계로 조명해 보면서, 다른 한편으로는 사회화와 의도적인 가르침과의 관계 가운데서 살펴보고자 한다.

이미 언급한 것처럼, 코우에게 각 개인은 서로 동떨어진 가운데 존재하는 것이 아니라, 오히려 각 개인은 서로 밀접하게 연결되어 있으며, 철저하게 사회적인 존재―거의 집단적인(collective) 의미에서―인 것이다.

코우에게 '사회적'(social)이라는 형용사는 모든 사람들의 현상을 이

---

52) Rood, *Understanding Christian Education*, 169.
53) Coe, *A Social Theory of Religious Education*, 102. 이 말은 상호 간의 경험 자체가 교육의 내용이 된다는 것이다.

해하는 데에 필수적인 것이다. 마치 '사회적'이라는 단어가 '개인적'이라는 단어와 반대 의미인양, 코우는 모든 인류를 위한 공동체의 중요성을 새삼 강조했다.[54] 그러므로 인간의 존재는 사람들이 함께 사회의 재건설과 향상을 위해 협력할 때만이 의미가 있다는 말이다.

코우에게는 사람들은 사회에서 다른 이들과 계속적인 관계 속에 살고 있으며, 이 사회 관계가 사회의 기류 또는 풍조를 만든다. 코우는 "교육의 과정 가운데 중심 되는 사실은 학습자의 사회관계 속에서 성장하는 기독교인의 경험이다"라고 주장했다.[55] 사회적 현실(social reality)을 강조함으로써, 코우는 사회화 과정 인식의 중요성을 역설했다.

그러나 코우는 사회 재건설은 종교교육을 통해서 이루어져야 하며, 종교교육의 목표는 하나님의 민주주의의 실현에 있으며, 이 목표는 전달 위주의 과정보다는 창조적인 교육에 의해서만 이루어질 수 있음을 주장했다. 우리가 의도적인 수단, 즉 의도적 가르침을 수단으로 도입하기 전에는 사회에 하나님의 민주주의를 가져오는 것이 불가능하다는 것이다. 그러므로 코우에게 가르침이라는 것은 교육에 과학적인 방법을 도입하는 것이다. '의도적인' 가르침은 우리의 사회화된 경험 속에서 정선한 경험을 교실 안으로 들여와서 변혁이라는 목표와 동일한 선에서 재구성하는 것이다.

---

54) 용어 설명의 더 자세한 설명을 위하여, Coe, *A Social Theory of Religious Education*, 38을 보라. 이 책은 본래 1917년 처음 출간되었다. '사회적'이라는 개념은 사실 동양 문화사에는 이미 널리 알려지고 사용되는 것이었다. 상형문자인 중국어에 '人'이라는 단어는 두 사람이 서로를 의지하고 있는 모습이다. 우리 한국의 문화에는 자신의 가족 상황을 표현하는 데도 '나의'라는 말보다도 '우리의'라는 말을 습관적으로 더 많이 쓴다. 이는 우리의 자녀가 한 가족에게만 국한된 것이 아니라, 공동체(씨족)에 속한 것임을 표현하는 말이며, 또한 이는 모든 공동체의 식구가 자녀들을 함께 양육할 책임을 지고 있다는 말이다.

55) *Ibid.*, 80.

이런 맥락에서 코우가 얘기하는 교실 안에서의 경험을 사회적으로 경험화하는 것을 실천했던 코우의 실제적인 삶에서의 예를 들어 보면 이해가 쉽게 갈 것이다. 우리는 코우가 그의 부인 사라(Sarah)와 시카고에서 지내던 삶을 살펴볼 필요가 있다. 1893년에 코우의 아내 사라가 베를린에서 피아노 공부를 하고 있을 때, 코우는 미국 노스웨스턴대학(North-western University)의 교수 청빙을 수락하게 된다. 후에 사라도 같은 학교의 음악대학에 교수로 초빙을 받게 된다. 그들은 시카고의 자택에서 학생들과 친구들을 위한 '개방 살롱'(open-salon)을 연다.[56] 이 살롱, 즉 *Conversazione*에서 코우는 손님들을 위해 짧은 강의도 했으며, 그 작은 방으로 많은 사람들의 삶의 경험을 끌어들이려는 노력을 했다. 이 살롱에서, 그는 의도적 가르침과 함께 창조적 탐구와 자기비판 등을 도입하여 과학적 방법의 교육을 적용하였던 것이다.

그의 저서를 통하여 코우는 가르침의 중요성을 항상 강조하였다. 그러나 그의 가르침은 후일 웨스터호프가 비난했던 '학교식-교수' 모델과 동일시해서는 안 된다. 이 점은 실로 중요한 것인데, 왜냐하면 우리가 만일 코우의 의도적 가르침을 '학교식-교수' 모델과 동일시하는 실수를 범하게 되면, 웨스터호프의 사회화 이론을 분석할 근거를 잃어버리기 때문이다. 이런 이유에 의거해서 토마스 그룹(Thomas H. Groome)의 견해, 즉 "코우의 책 *A Social Theory of Religious Education*은 그를 사회화 모델의 주창자 중의 하나로 자리 잡게 한다."라는 생각은 오직 부분적으로만 사실인 것이다.[57] 필자의 판단에 그룹은 코우의 사회화 이론 적용

---

56) Rood, *Understanding Christian Education*, 185. 코우는 그 방을 *Conversazione*라고 명명하고, 매주일 오후에는 사람들을 자유롭게 오게 하고 사라는 작은 음악회를 위해 피아노를 연주하였다. 그 후에 코우가 나와서 대화를 주관했는데, 여기에서 사람들은 자유롭게 토론도 하고 질문도 던지곤 하였다.

57) Thomas H. Groome, *Christian Religious Education* (San Francisco: Harper Collins,

을 너무 많이 강조한 듯싶다. 코우의 사회화 이론은 사회화와 의도적 가르침을 다 포함하는 것으로 사회생활(social living)을 강조한 이론이다. 한편 사회화의 형성력(formative power)을 인지하는 가운데, 코우는 의도적 가르침을 걷어치우지 않았다. 물론 코우가 말하는 변혁은 개인적인 변혁이라기보다는 사회의 변혁이었다. 그에게는 사회의 변혁을 성취하기 위해서 의도적 가르침이 활용되어야만 했던 것이다.

코우의 사회교육론은 코우의 '경험'에 관한 사용에 근거해서 이해해야 한다. 코우와 듀이는 자신들의 이론의 전 영역에서 경험이 절대적으로 근본적인 것이었다. 우리는 경험하고 숙고한 것을 배운다. 우리는 경험의 의미 탐구와 구체화(embodiment)를 통해서 인지 구조를 탐구하게 된다.[58] 듀이와 코우에게는 사회화가 중요한데, 이는 경험한 것에 대해 주의를 환기시키기에 그러하며, 결국은 '학습'으로 이끄는 시발점이 되기 때문이다. 우리의 사회 경험은 필수적이며, 또한 교육 중에 비판적인 숙고를 필요로 하는 자료가 된다. 그러므로 사회화와 가르침은 결코 분리될 수 없으며 경험으로서의 사회화는 항상 교육의 중심이 된다. 결과적으로 코우는 사회화와 가르침의 두 이론에 다 속하는 학자라고 할 수 있다. 그러나 혹자는 코우가 비록 가르침의 역할을 사람의 경험을 분석하는 것으로 보았으며, 그것을 통해서 의도적으로 새롭고 향상된 사회를 건설코자 한다고 할지라도, 그가 사회화를 중요시하는 학자라고 말할 수도 있을 것이다.[59]

자신의 기독교교육에 대한 목적으로 코우가 사회화와 가르침을 다 종

---

1980), 117.

58) 특히 듀이의 이론에서 이 점이 두드러지게 나타난다.

59) 우리는 코우 자신이 자신의 이론을 사회화와 가르침이라는 구도로 설명하지 않았음을 기억해야 할 것이다.

교교육의 방법으로 주창한 것은 분명한 사실이다. 그리고 그의 이 이중적 주장(dual advocacy)은 우리가 그의 목적을 분석하는 가운데 잘 드러나게 될 것이다. 그가 내린 기독교교육의 목적은 다음과 같다: "기독교교육의 목적은 젊은이들의 성장인데, 이는 하나님의 민주주의에로의 성숙하고 효과적인 헌신이며, 그 안에서의 행복한 자아 발견이다."[60] 한눈에 그의 목적을 읽어 보면 코우가 개인의 변혁을 주창한 것 같으나, 그 변혁은 아주 의도적인 공동체에 참여함으로 발전을 이루어서 일어나는 것임을 알 수 있다. 결국 그의 이론은 사회의 변혁에 초점을 맞춘 것이다.

그의 목적을 자세히 살펴보라. 코우의 목적은 "어떤 위상에 도달하는 것이 아니라, 원인에 대한 헌신이기에",[61] 그는 진보주의적 뉘앙스인 성장이라는 용어를 사용했다. 그에게 기독교교육은 어떤 목적을 성취하는 것이라기보다 차라리 과정이었다. 그는 "기독교교육은 일단(一團)의 아이디어(a set of ideas)를 한 세대에서 다른 세대로 전이(轉移: trans- ference)하는 것을 '주로 하는' 것이 아니다"라고 말했다.[62] 여기서 코우는 주입식 교육과 전달 위주의 '학교식-교수' 개념을 부정하였다. 오히려 코우가 말한 '일단의 아이디어의 전이'란 공동체의 가치와 헌신 그리고 우선순위를 의미하는 것이라 할 수 있다. 그러므로 코우는 사회화의 역할을 일단은 내쫓고 있는 듯하다. 그러나 우리는 코우의 말 가운데 '주

---

60) 본문의 원문은 다음과 같다. "The aim of the Christian education is growth of the young toward and into mature and efficient devotion to the democracy of God, and happy self-realization therein." Coe, *A Social Theory of Religious Education*, 55. 티픈 (Brian A. Tippen)이 분석했듯이, 코우는 사적이고 개인적인 삶의 양태에 대해 극단적으로 반대하는 입장이었다. "A Historical Look at the Succession of Major Professors of Religious Education at Union Theological Seminary in New York," *Religious Education*, 88:4 (Fall 1993): 506.

61) Coe, *A Social Theory of Religious Education*, 56.

62) *Ibid.*

로 하는'이라는 단어에 주의를 기울일 필요가 있다. 결국 그는 사회화의 역할을 완전히 저버린 것이 아니라, 기독교교육에서의 우선순위를 바로 잡고 있는 것이다. 코우에게, 전통을 전수하는 것은 이차적인 일이다. 왜냐하면 전통이란 그것이 사회의 재건설을 위한 도약대가 될 때에만 오직 유용한 것이기 때문이다.

코우는 기독교교육은 "지성적인 의지를 위한 개인의 기경(cultivation) 혹은 개인의 변혁"으로 구성되어 있다고 주장했다.[63] 이 점은 코우가 의도적인 가르침을 강조한 표시라고 할 수 있는데, 왜냐하면 지성적인 의지의 경작(또는 계발)은 단순한 사회화의 과정만을 통해서는 일어날 수 없기 때문이다. 농사의 이미지를 떠올려 볼 때, 그저 들판에 잡초와 야생화가 자라나게 두는 것과 정원을 '가꾸는' 것과는 큰 차이가 있다. '가꾼다'는 말은 목적을 가지고 개입하는 것을 의미한다. 만일 코우가 '기경하다'라는 단어를 사용치 않았다면, 우리는 신앙공동체 안에서 사회화를 통해 사람들의 지성적인 의지가 개발될 수 있다고 얘기할 수도 있었을 것이다. 이 글의 앞에서 이미 정의한 바와 같이 가르침이란 의도적인 것이고, 철저한 숙고와 의미 분석을 통해 희망하는 결과를 얻기 위해 주어진 학습내용의 계획된 취급인 것이다. 이런 맥락에서 코우가 희망하는 결과는 지성적인 의지의 계발(啓發)이며, 바로 그것이 코우가 철저하고 비판적인 숙고인 가르침을 사용하는 목적이다. 분명히 표현하자면, 이 '희망하는 결과'란 어떤 지위나 위상을 획득하는 것이 아니라 성장이라는 연속선(continuum of growth)의 상태나 경험의 만족을 의미하는 것이다. 지성적인 의지를 계발함으로써 코우는 학습자가 하나님의 민주주의에 성숙하고 효율적으로 헌신하게 될 것을 의도했던 것이다. 그의 과학적인 방

---

63) *Ibid.*

법과 동일한 맥락에서, 코우는 이 헌신에 대해서 다음과 같이 설명했다. 헌신은 "현실적으로 구체적인 증거들로써 측정되어야 한다. 예컨대, 건강, 가정, 학교, 동네, 행복한 아이들 그리고 행복한 남편과 아내 등이 삶의 그림으로 나타나야 하는데, 바로 이것이 내가 이야기하는 행복한 자아의 깨달음이라는 것"이다.[64] 이 모든 것이 하나님의 민주주의에 대한 헌신의 결과로 나타나는 것이며, 그것은 지성적인 의지 계발의 결과인 것이다.

코우는 종교교육을 수행할 때 아주 철저하게 의도성의 역할을 강조하면서 다음과 같이 자신의 소신을 밝힌다. 종교교육은 "〔사회에서 자세한 검증 없이 받아들여 왔던〕 가정들과 기준들은 공격하고, 깎아내리며 심지어는 신용할 필요조차 없다"라고 하였으며, "종교교육은 사회 체계를 재창조하여야만 한다"라고 주장했다.[65] 그러나 코우는 다른 한편 사회화의 엄청난 위력, 즉 형성하는 힘(formative power)을 인정하였는데, 이에 대해서 이렇게 표현했다: "학습자는 자신의 유아기로부터 사회의 질서와 밀접한 접촉을 해왔다. 이 접촉을 통해 그는 습관들을 형성하게 되며, 습관들뿐만 아니라 사람들과 사회에 관계된 그의 생각의 예상하는 느낌까지 형성하게 된다."[66] 코우는 바로 이 습관들과 사회 경험이 사회 체계를 재창조하기 위하여 비판적으로 숙고됨과 동시에 가르침에 도입되어야 한다고 주장한다.

그리고 코우는 사회질서의 변혁을 야기하기 위해 교육에서 계획의 필수적인 면을 강조한다.[67] 그는 다시 한번 교수의 목적은 "진리를 강요하

---

64) *Ibid.*
65) *Ibid.*, 58.
66) *Ibid.*, 60.
67) Coe, *A Social Theory of Religious Education*, chapter VI을 보라.

는 것이 아니라 성장을 촉진하는 것이다."[68]라고 말한다. 왜냐하면 강요
는 인격의 침해이기 때문이다. 그는 교수의 목적이 참된 사고를 장려하
는 것이 되어야 하며, 학습자가 사고하는 능력이 성장되어야 한다고 주장
했다.[69] 학생들이 자기 자신의 참된 사고를 하기 위해서 "기독교적 교수
는 학생들의 주의를 형제애에 직접적으로 위반되는 경제적, 정치적 그리
고 여러 가지 사회적인 상황에 돌리게 해야 한다. 그리고 그들의 주의가
개혁과 이상향에 손을 뻗치는 것과 성공적인 사회생활에 돌려지도록 애
를 써야 한다."[70]

　요약하자면, 코우에게 의도적인 가르침이란 원하는 결과에 도달케
하기 위해 사회화의 과정에 개입하는 것이다. 비록 의도적 가르침이 사
회화 안에 속한 것처럼 보여도(오른쪽의 도형을 보라), 가르침은 변혁을
촉진하는 개입인 것이다. 오른쪽의 도형은 삼차원적인 것이다. 우리가
이 도형을 아래에서 본다면, 의도적 가르침이 마치 사회화의 부분 집합인
것처럼 보일 것이다. 그러나 실제적으로는 의도적 가르침이 사회화와는
다른 차원에 위치하고 있는 것이다. '의도적' 가르침은 사회화의 영역을
관통(penetrate)하며 개입하는 것이다.

　종교는 가르칠 수 있는 것이 아니라는 의견(Religion can't be taught)
에 대해서, 코우는 목소리를 한껏 높여서 종교는 진실로 가르칠 수 있는

---

68) *Ibid.*, 65.
69) *Ibid.*, 66.
70) *Ibid.*, 68. 만일 우리가 코우식의 가르침을 현실의 환경(setting)에서 적용한다면, 우리
　 의 가르침은 어쩌면 프레리(Paulo Freire)의 실존적인 시도, 즉 문맹자들에게 읽을 수
　 있는 능력을 야기하게 하는 그런 시도일 것이다. 프레리는 남미에서 사람들이 참된 사
　 고를 할 수 있게 하기 위하여, 사람들의 의식(awareness)을 일깨우고자 노력했는데,
　 이 과정 가운데서 그들이 당면한 경제적, 정치적 그리고 사회적 상황과 문제점들을 직
　 시하도록 가르쳤다. 이것이 바로 코우가 새로운 세계를 재창조하자고 제안했던 것의
　 실례가 될 것이다.

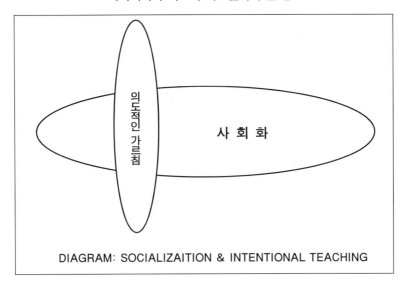

〈사회화와 의도적 가르침과의 관계〉

의도적인 가르침

사 회 화

DIAGRAM: SOCIALIZAITION & INTENTIONAL TEACHING

것이며, 교육적인 과정 그 자체가 종교적 경험이라고 역설했다.[71] 사실상, 코우에게 배우는 사람의 입장에서 지성적으로 종교를 배운다는 것은 신성한 경험을 의미했다.

코우는 분명하게 당시 유행하던 도그마틱한 생각, 즉 종교는 오직〔종교를 통해 우리가〕붙잡히는 것이지, 배울 수 있는 것이 아니라는 관념에 쐐기를 박았다.[72] 그는 논쟁하기를 사람들은 그 당시에 단지 종교에 대해 이야기만 하고 사회화에 의존만 했지, 그 종교의 영향을 조직화하려는 시도는 하지 않았다고 하였다.[73] 그는 "종교는 전염되는 것과 같은 단순

---

71) *Ibid.*, Chapter VII.
72) 이해를 돕기 위하여 이 문장을 영어 본문으로 보면 다음과 같다. Coe did, certainly, repudiate the prevalent dogmatic insistence that religion is only caught, not taught.
73) *Ibid.*, 76.

한 과정을 통해 펴져 나가지 않는다"라고 주장했다.[74] 이런 맥락에서 그는 과학적인 종교교육의 연구와 가르침을 증진시켜야 한다고 자신의 주장을 피력했다.

코우는 크리스천의 삶에 대해 "교리적인 구조나 심오하고 난해하며 (esoteric), 전달 불가능한(incommunicable) 구원"으로 설명되기보다는 '객관적인 사회관계로' 설명되어야 할 것이라고 말했다.[75] 또한 코우는 교육적 과정의 중심 되는 사실은 학습자의 사회 왕래 가운데서 성장하는 크리스천의 경험이라고 말했다.[76] 그러므로 코우에게 의도적인 가르침이란 학습자의 사회 경험을 집어내고, 사용하며 그리고 비판적으로 고려하는(선별하는) 것인데, 이는 학생의 의지를 변혁적인 목적을 가진 신앙으로 향하도록 가꾸는 작업인 것이다. 예컨대, 만일 학생들이 마태복음 25장 40절에 나오는 예수님의 교훈, 즉 "내가 진실로 너희에게 이르노니 너희가 여기 내 형제 중에 지극히 작은 자 하나에게 한 것이 곧 내게 한 것이니라."라는 말씀을 배우면서 실제로 거리의 골목으로 나가 집 없는 걸인들과 불쌍한 이들을 돕는 경험을 체득하게 된다면, 이 경험을 통한 가르침은 살아 있는 학습이 됨은 물론이고, 학생들의 생각과 행동에 변혁적인 결과를 초래하는 교육이 될 것이다.

교회는 사회적인 교류(왕래)가 일어나는 곳인데, 왜냐하면 "교회의 존재가 많은 사람들의 마음속에 사회적인 사고의 예상들을 양산케 하며 그저 당연하게 여겨지는 일단의 기준들을 유지하게 하기 때문이다."[77] 교회에서 이런 사회적인 접촉이 일어나기 때문에, 교회 안에서 '젊은이

---

74) *Ibid.*, 78.
75) *Ibid.*, 79.
76) *Ibid.*, 80.
77) *Ibid.*, 87.

와 노인들'을 위한 좋은 친교와 가르침과 예배는 '기독교교육 과정'의 필수적인 요소라는 것이다.[78] 그는 자신의 저서에서 의도적 가르침과 사회화라는 용어를 드러나게 사용하지는 않았지만 이 두 과정을 똑같은 비중으로 강조했으며 양분할 수 없는 것임을 나타내었다. 그러나 코우는 전통을 내버리는 대가를 치르면서 변혁을 강조했다. 앞에서 다룬 코우의 종교사회교육이론의 분석은 우리에게 사회화와 의도적 가르침의 역할에 대해 토론하는 틀을 제공할 것이다. 코우의 변혁을 강조한 이론은 사회화와 의도적 가르침을 종교교육의 도구로 사용하는 가운데에 나타났으며, 결국 그의 학문적 통찰력이 후대 종교교육가들의 마음에 안과 밖으로 불을 붙여 놓았다.

다음의 표는 코우의 사상을 한곳에 집약해 놓은 것이다.

---

78) *Ibid.*, 89.

# 코우의 종교사회교육론
## Coe's Social Religious Education

| 분석 범주 | | 연구 결과 |
|---|---|---|
| 1 | 코우에게 영향을 준 세 가지 운동 | 자유주의 신학,<br>사회복음주의,<br>진보주의 |
| 2 | 종교교육의 도구 | 과학적인 방법<br> 1) 창조적 숙고<br> 2) 자기비판<br> 3) 분석과 평가 |
| 3 | 종교교육의 목표 | 새로운 세계의 창조<br>사회의 재건설 |
| 4 | 종교교육의 과정 | 진보/성장 |
| 5 | 신학적 개념 | 하나님 | 다가와 있는 존재<br>역동적 능력 |
| | | 성경 | 경험의 기록<br>많은 자료 중 하나 |
| | | 인간 본성 | 선하고 무한한 가치를 지닌 존재 |
| | | 인격의 본질 | 상호적<br>관계적 |
| | | 죄 | 지식과 통찰력 결핍<br>성장 의지 부족 |
| | | 구원 | 사회질서의 변혁<br>구조의 변화 |
| | | 전통 | 이야기의 전수 |
| | | 변혁 | 사회의 재건설 |
| 6 | 종교교육의 이상/상징 | 실험실 |
| 7 | 사회화와 가르침 사이의 강조점 | 둘 다 |
| 8 | 전통과 변혁 간의 초점 | 변혁 |
| 9 | 변혁의 시발점 | 사회적 존재로서의 개인들 |
| 10 | 변혁적 결과의 채널 | 상호 경험을 통하여 분출됨 |

제3장

# 20세기 중반

: 기독교교육운동, 전통인가 변혁인가?

# I. 쟁점: 전통과 변혁 간의 긴장 관계에서 잊혔던 '전통'의 회복

20세기 초반에 코우는 앞 장에서 언급한 대로 종교사회교육론을 제안하였다. 그의 사회이론에서, 그는 사회화와 의도적 가르침을 연관시키면서 균형 잡기를 시도하였다. 그의 연구를 자세히 살펴보면, 그는 한편 사회화와 가르침 간의 균형을 유지하면서, 또 다른 한편으로는 사회 변혁을 강조하는 데 신경을 쓴 나머지 전통의 가치를 잃어버리는 경향이 있었다. 그의 발자취를 좇아서 전통과 변혁의 문제에 대해 다룬 후일의 종교교육가들은 사회화와 가르침의 긴장은 분극화된 양분(dichotomy)에 종종 빠지곤 하게 되는데, 사람들은 이 긴장 관계를 유지하기보다는 둘 중의 하나를 선택하게 된다.

과정이라는 관점에서 코우의 옹호를 관찰하면 그의 글 가운데 그가 사회화와 가르침 둘 다를 주창했다는 것을 발견하는 것은 그리 어려운 일이 아니다. 사실 그의 책 *Social Theory of Religious Education*에서 그는 사회의 강력히 형성하는 힘과 관련해서 특별한 종류의 가르침을 주장했다. 짧게 말하자면, 그는 두 가지 방법의 균형을 선호했다. 20세기 중반에 종교교육학자들은 코우의 글에서 이 두 방법에 대한 이중 옹호에 알맞은 유의를 하지 못했다. 오히려 그룹과 같은 학자들은 코우가 사회생활을 강조하기 때문에 가르침보다는 사회화를 더 강조했으리라고 단정하는 오류를 범하였다. 그뿐 아니라, 우리는 코우의 글에 대해, 특히 그의 가르침에 대한 견해에 대해 적절한 평가를 내린 20세기 종교교육자를 찾아보기 어렵게 되었다. 종교교육자들은 코우의 사회이론과 사회화를 구분 짓지 못했다. 비록 코우가 사회생활과 상호 교류의 중요성을 강조했다고는 하지만, 종교교육의 과정으로서 의도적 가르침의 역할을 무시한 채 사회화만을 고집한 것이 아니라는 것이다.

종교교육이라는 학문에서 사회화와 전통 사이와 의도성과 변혁 사이에 존재하는 긴장(들)에 대한 적절한 평가가 없었던 것이다. 코우의 사회이론이 분명히 새로운 세계의 창조를 지향했음에도 불구하고, 그가 '사회화'의 대명사로 불리는 것은 참으로 이상하고 얄궂은(ironic) 일이다. 왜냐하면 만일 코우의 이론이 사회화에 속해 있다면 그가 '전통의 전수'를 목적으로 삼아야 하는데도, 그는 '새로운 세계를 창조하는 것'을 목적으로 삼고 있기 때문이다. 일반적으로 이해되는 공식은 다음과 같다: 사회화 = 전통 그리고 의도적 가르침 = 변혁으로 되어야 어울린다고 알려져 왔기 때문이다. 비록 모든 종교교육가가 위의 공식을 단순한 마음으로 그냥 적용해 오지는 않았다고 할지라도, 앞서 계속 언급한 네 가지 용어에 대한 긴장 관계를 심도 깊게 연구하는 것은 우리에게 꼭 필요한 작업일 것이다. 더 나아가서 종교교육에서 사회화와 의도적 가르침 사이에 검증 없는 이분화 경향이 있음은 많은 사람이 주지하고 있는 사실이다. 그러므로 20세기 중반의 관심사는 한편으로 방법 및 과정으로서의 의도적 가르침과 사회화였고, 또 다른 한편으로는 전통과 변혁 사이의 긴장 관계에서 잃었던 전통 요소를 회복하는 것이었다. 그러므로 이 쟁점을 우리의 마음에 두고, 20세기 중반의 시대적 맥락을 살펴보도록 하자. 또한 이 시대는 우리의 관심사인 네 교육학자, 즉 넬슨, 웨스터호프, 리틀과 보이스의 배경이 되기도 한다.

## II. 20세기 중반의 상황

사라 리틀(1919~2009)[1]과 엘리스 넬슨(1916~ )[2]은 거의 동시대에 태어났다. 그러므로 그들의 상황에 대한 해석은 다를지라도, 그들의 객관적인 삶의 맥락은 비슷하다고 할 수 있다. 두 사람 다 전쟁과 경제 공황의 소용돌이 속에서 어린 시절과 청소년 시기를 보냈다. 존 웨스터호프(1933~ )[3]와 메리 보이스(1947~ )[4]는 그들의 시대에 좀 더 적은 공통성

---

1) 리틀은 버지니아 주의 유니온신학교에 전임교수로 임명된 최초의 여자였다. 그녀는 1977년부터 1989년까지 기독교교육학 교수로 봉직했다. 그곳에서 교수로 재직하기 전에, 그녀는 PSCE(Presbyterian School of Christian Education)에서 1951년부터 1976년까지 가르쳤으며 노스캐롤라이나 주 대회(Synod)에서 1944년부터 1950년까지 기독교교육 디렉터로 일했다. Reed and Prevost, *A History of Christian Education*, 353을 보라.

2) 넬슨은 코우와 엘리옷이 거쳐 간 뉴욕의 유니온신학교에서 1957년부터 1974년까지 가르쳤다. 그 후 그는 루이빌 장로교신학교에서 학장으로 재직했다. 그는 이 글이 쓰일 무렵에는 1990년 이후부터 오스틴 장로교신학교에서 연구교수(research professor)로 재직 중이다.

3) 웨스터호프는 1977년부터 듀크대학의 종교와 교육학 교수로 재직함과 동시에 〈Religious Education〉 저널의 편집자로 10년간 일했다. Reed and Prevost, *op. cit.*, 357.

4) 그녀의 출생연도를 알아내는 데에 적지 않은 어려움을 겪었다. 왜냐하면 그녀의 어떤 책에도 힌트가 나와 있지 않았기 때문이다. 그녀의 사무실로 전화를 걸어서 불편한 질문을 할 수밖에 없었다. "출생 연도가 언제입니까?"라는 질문에 보이스는 한치의 망설

을 보여준다. 웨스터호프가 어린아이였을 적에 제2차 세계대전을 겪었다면, 보이스는 전쟁에 대해 간접 경험으로 배웠다. 허나 전체적인 큰 그림으로 볼 때, 그들은 20세기에 벌어진 사회적, 경제적, 정치적, 문화적 그리고 신학적 변화들을 비슷하게 경험했다고 말해도 그리 과장은 아닐 것이다. 한 가지 더 말하자면 소위 현대주의에서 탈현대주의로 전환하는 경험도 그들의 경험에 포함된다고 할 수 있을 것이다. 이 두 가지 용어에 대해서는 앞에서 이미 다룬 바 있다. 더구나, 넬슨, 웨스터호프 그리고 리틀의 책들이 1960년대부터 1980년대 사이의 상황 가운데서 나온 것이므로, 보이스도 다른 세 저자가 다루는 시대적 상황을 살며 경험했다고 말할 수 있는 것이다. 20세기 중반을 획일화하기는 어렵지만 여기서는 1950년대부터 1980년대까지의 기간으로 잡겠다.

코우의 시대로부터 위의 네 학자의 글이 나온 시대 사이에 무슨 일이 일어났는가? 20세기 중반을 시대적으로 이해하기 위하여 우리는 코우가 제창한 과학적인 방법과 종교교육사회론 이후에 무엇이 계속되었는지를 알아야 할 것이다. 엘리옷(Harrison S. Elliott)은 자신의 책 *Can Religious Education Be Christian?*[5]에서 코우의 입장을 활발하게 변호

---

임 없이 대답하기를 "I was born in November 1947."(1947년 11월생입니다.) 하였다. 1995년 9월 26일에 가진 그녀와의 전화 통화에 따르면, 그녀는 통화 당시 뉴욕신학교에서 스키너와 맥알파인 석좌교수(Thomas H. Skinner and David Hunter McAlpin Professor)로 재직하고 있었으며, 그 자리는 바로 코우, 엘리옷, 쉐릴(Lewis J. Sherrill), 넬슨, 린(Robert Wood Lynn) 그리고 케네디(William Bean Kennedy)가 계속 교수로 일하던 자리였다. 그녀는 현재 수녀로 괄호 안에 명시한 수녀원(Sisters of the Holy Names of Jesus and Mary)의 회원이다. Brian Allan, "Intellectual History of the Succession of Five Professor of Religious Education at Union Theological Seminary in New York" (Ed.D. Dissertation, Teachers College, Columbia University, 1989)를 보라. 그의 논문은 린과 케네디에 이르는 유니온신학교의 종교교육 교수들을 비롯한 역사적 흐름을 다루고 있다.

5) Harrison S. Elliott, *Can Religious Education Be Christian?* (New York: The Macmillan

했다. 이 책에서 엘리옷은 코우가 세운 과학적인 방법을 추구하는 전통을 고수하면서 "기독교와 기독교교육이 만일 심리학, 사회학 그리고 교육학의 관점에서 유용되기 위해서는 새로운 재해석이 필요하다"라고 역설했다.[6] 코우가 그랬듯이, 엘리옷은 경고하기를 "어떤 종교 안에서나 다른 분야에서 교육이 교리주의의 시녀가 되는 순간 진정한 교육 과정은 부인되는 것이다"라고 했다.[7] 이런 맥락에서 컬리(Kendig B. Cully)는 엘리옷을 자유주의 신학의 연속선(continuum)에 올려놓았다.[8] 엘리옷은 종교교육의 방법을 사용할 때 코우의 방법을 충실히 따랐다. 한편으로 엘리옷은 내적으로 은근히 강력한 힘을 발휘하여 문화를 형성하는 사회화를 인식하면서, 다른 한편으로는 그룹 내의 문제-해결 방법(group problem-solving)을 도입하는 가르침을 통한 개입(intervention)을 부인하지 않았다.[9]

엘리옷이 코우의 자유주의적 종교교육의 전통, 즉 경험 중심의 교육을 계속해서 추진하는 사이에,[10] 코우의 이론에 반대하는 운동이 발생하였

---

Company, 1940).

6) *Ibid.*, vii.

7) *Ibid.*, 318-319.

8) Kendig B. Cully, *Search for a Christian Education* (Philadelphia: The Westminster Press, 1965), 26 이후.

9) 엘리옷은 다음과 같이 문화가 가진 형성하는 능력을 표현했다. "모든 교육은 교육이 일어나는 특수한 문화적 상황 가운데서 발생하며 또한 그 문화에 의해서 지대한 영향을 받는다." *Ibid.*, 307. 비록 코우와 같이 노골적이지는 않지만 엘리옷도 역시 의도적 가르침의 필요성을 강조했다. 그는 '도움'(help)이라는 단어를 사용함으로써 개입의 역할을 나타내었다. 예컨대, "부모와 교사들은 학생들의 경험을 해석하는 과정에서 그들에게 도움을 줄 수 있다"라고 했다. Elliott, *Can Religious Education Be Christian?*, 312. 같은 맥락에서 엘리옷은 다음과 같이 자신의 의견을 적고 있다. "어린이들과 청소년들의 삶의 상황은 교육 과정의 중심이며 목적은 이런 상황을 대처해 나가는 그들을 돕는 것이다." *Ibid.*, 313.

10) *Ibid.*, 317이후.

다. 사라 리틀은 뉴욕 유니온신학교의 종교교육부(Religious Education Department)의 역사를 기술하며 '개혁을 위한 요청'(A Call to Reform)이라는 말로 표현했다.[11] 제임스 스마트(James Smart)를 비롯한 일단(一團)의 학자들이 형성했던 이 '신학적-심리학적 개혁 학풍'(theological-psychological reform school)은 코우와 엘리웃으로 대표되는 학자들의 과학과 과학적 발견들에 가졌던 확신에 대항하였는데, 그들은 신학과 성경의 역할을 더 강조하기에 이르렀다. 이 전환을 소위 종교교육에서 기독교교육으로 옮겨가는 것으로 보기도 하는데, 그 기간은 어림잡아 1940년대에서부터 1960년대 사이가 될 것이다. 그들이 되찾고자 했던 것은 신학과 성경에 관련해서 잃어버렸던 전통인데, 이것은 한편 그들의 입장에서는 잃어버렸던 권위(authority)를 되찾는 것이었다. 그들의 관점은 코우가 종교교육의 초점으로 여겼던 사회적 관심과 사회 변혁으로부터 신앙공동체 내의 각 개인에게로 옮겨지게 되었다. 스마트 외의 학자들은 성경과 신학의 역할을 강조하는 전통에 강조점을 둠으로써 개인의 변혁을 꾀했던 것이었다.[12]

처음에 진보적인 교육의 견해가 부상되었을 때는, 금세 다가올 개신교 내의 진보적 종교교육의 미래가 꽤 유망해 보였다. 그러나 제1차 세계대전과 제2차 세계대전의 발발 이후에 종교교육의 진보적 터전을 주장하는 사람들의 숫자는 점점 줄어들게 되었다. 무슨 이유였을까? 한마디로

---

11) Sara Little, "The Clue to Religious Education," *Union Theological Seminary Quarterly Review*, 47:3-4 (1993): 9.
12) 이 기독교교육운동을 주도했던 학자들은 교회교육에 초점을 맞추었다. 특별히 제임스 스마트는 복음 선포와 복음 진리에 대한 온전한 가르침 그리고 교회 내에서의 제자 훈련의 중요성을 강조하였다. 그러므로 우리는 그가 각 개인들로 구성된 신앙의 공동체에 자신의 이론의 주안점을 두고 있다고 말할 수 있을 것이다. "The Redefinition of the Goal," in James Smart, *The Teaching Ministry of the Church* (Philadelphia: The Westminster Press, 1954), 84-107을 참고하라.

진보적 꿈과 희망은 전쟁에 대한 증오로 점점 약화되었던 것이다. 코우와 엘리옷 그리고 많은 진보적인 종교교육학자들의 지속적인 공헌에도 불구하고,13) 교회를 비롯한 사회의 전반적인 분위기는 사회주의와 자유주의 신학에 대한 커져 가는 공포심(hysteria)이 지배적이었기 때문이었다.14)

이와 같은 혼돈과 소망이 뒤엉킨 가운데서, 셸톤 스미스(H. Shelton Smith)는 한편으로는 칼 바르트(Karl Barth)의 신학을 표방하며 진보주의에 대항하였고, 다른 한편으로는 진보적/자유주의적인 종교교육을 '완벽하게 해보려는' 시도를 하였다. 어쩌면 스미스 자신의 질문이 새로운 신학적 흐름을 바라보며, 진보주의와 자유주의 신학을 종합해 보려는 시도였을 것이다. 그는 다음과 같이 질문했다. "개신교의 양육이 새로운 기독교의 정신, 즉 신정통주의와 신학적 토대를 재조정(realign)해야 하는가, 아니면 [코우가 주장했던] 자유주의적 전통의 믿음을 그저 재확인 (reaffirm)해야 하는가?"15) 스미스가 밝히려고 했던 것은 "급작스런 회심을 중요시하던 입장과 신앙 성장에서 진보적 자유주의가 좇던 애매모호한 입장"16) 중 하나를 선택하려고 했던 것이다.

우리는 제임스 스마트를 잘 연구해야 한다. 그 이유는 그가 코우와 넬슨/리틀 사이에 위치하는 이론을 갖고 있기 때문이다. 스마트는 전통과 변혁 사이의 균형을 회복하려고 노력했던 사람이었다. 그는 **잃어버렸던** '전통'의 이해와 존중을 되찾고자 시도하였다. 그는 코우의 도덕주의 (moralism)를 공격하면서 '숨 막히게 하는 안개'(suffocating fog)라고 혹

---

13) 예를 들면, 하트숀(Hugh Hartshorne)과 파스(Sophia Lyon Fahs) 같은 학자들이다.

14) Allen J. Moore, "A Social Theory of Religious Education," *Religious Education*, 82:3 (Summer 1987): 420.

15) Smith, *Faith and Nurture* (New York: Charles Scribner's Sons, 1942), vii.

16) Mary C. Boys, *Educating in Faith: Maps and Visions* (San Francisco: Harper & Row, 1989), 71. 보이스는 시스텔스웨이트(Susan Brooks Thistelthwaite)를 인용한 것이다.

평을 서슴지 않았다.[17) 그러면서 그는 다음과 같이 말했다.

그동안 얼마나 열광적으로 성경의 인물들은 희게 회칠되었으며(糊塗: whitewashed) 얼마나 수치스럽게도 성경의 이야기들이 성경 인물들 안에 내재해 있는 죄들을 감추기 위해 개정(revised)되었는가?〔진보적 자유주의자들이 주장하듯이〕 도덕적인 마음을 가진 아이들이 상처받게 하지 않기 위하여 또는 잘못 인도되지 않기 위하여, 이들의 본래 가진〔죄인으로서의〕 인간성을 그저 슬쩍 지나침으로 말이다![18)

이런 종교교육에 의한 희게 회칠함에 맞서기 위하여, 스마트는 다음과 같이 말했다. "성경을 가르친다는 것은 말씀 그 자체의 사역을 감당하는 것이다. 그리고 그것은 우리 자신을 하나님의 무조건적인 사역에 복종하는 것을 의미하며, 우리의 말과 행실을 통하여 하나님이 말씀하시게 하는 것을 의미한다"라고 하였다.[19) 그것은 바로 우리의 성경적 전통을 가르치는 것을 의미한다. 스마트에게 교회와 회중은 교육 프로그램이 지향하는 초점이 되는 것이다.[20) 그러므로 교회는 교육을 위한 책임을 져야하는 것이며, 이것은 "선택받은 몇몇 교사만의 책임이 아닌 교회 전체의 책임"이라고 주장했다.[21) 교회는 기독교교육(Christian Education)을 가르쳐야 할 뿐만 아니라, 교육은 '성경' 안에서 이루어져야 한다고 주장했다.[22) 그의 책제목을 주시하여 보라. 그것은 **교회**의 **가르침**에 관한 책

---

17) Smart, *Teaching Ministry of the Church*, 77.
18) *Ibid*. (강조는 필자 강조)
19) *Ibid*., 152.
20) *Ibid*., 108.
21) *Ibid*., 113.
22) *Ibid*., 116.

이다. 그에게 가르침의 내용은 **성경**이며, 사회화와 가르침의 중심(locus)
은 회중이다. 스마트에게 교육의 장은 성경의 전통이 사회화와 가르침의
발전을 통해 회복될 회중인 것이다.[23]

　　랜돌프 크럼프 밀러(Randolph Crump Miller), 예일대학(신학대학)
의 기독교양육 부쉬넬 명예(Emeritus) 석좌교수였던 그는 1950년에 자신
의 유명한 책 *The Clue to Christian Education*을 출판했다.[24] 밀러는
"기독교교육의 실마리는(clue) 교수 내용(content)과 방법(method) 사
이의 간격을 매워 줄 적절한 신학의 재발견"이라고 제안하였다.[25] 그러
면 밀러의 '신학'이란 무엇인가? 그에게 신학이란 '인간과 관련된 하나님
에 관한 진리'(truth-about-God-in-relation-to-man)이다. 다른 말로 하자
면 이 정의는 곧 하나님 중심이자 (사람의) 경험 중심이다. 그는 버클리
에서 신학을 가르쳤다. 그리고 그가 성공회의 시베리 시리즈 교재
(Seabury Series)를 개발할 당시 기독교교육에 알맞은 신학을 찾아내려
시도했던 것이다. 밀러는 한마디로 코우의 종교교육에서 맞춰진 사회과
학에의 강조점과 신학에의 강조점 사이의 균형을 모색했던 것이다.

　　1960년대 초기 당시에는, 세속주의[26]가 미국 사회를 지배하고 있었

---

23) 그의 저서를 자세히 읽어 보면, '경험'의 중요성이 무시되지 않은 것을 알 수 있다. 그
　　는 말하기를: "교사는 교육의 현장에서 일어나는 최선으로 보이는 일은 단지 어린이의
　　전 종교교육이라는 맥락에서 볼 때 극히 작은 일부분의 파편에 지나지 않음을 알게 될
　　것이다. 어린이의 삶에서 첫 교육은 어린이가 체험하는 인생의 의미에 관한 처음 경험
　　과 밀접한 관계가 있다. 무한정의 요소가 어린이의 경험에 포함될 수 있다. 예를 들면,
　　사람들, 사건들, 가정의 분위기… 한 마리 새의 주검이 어쩌면 어린이의 마음을 죽음
　　의 의미/신비에 대한 혼란으로 이끌 수도 있다." *Ibid.*, 168.

24) Miller, *The Clue to Christian Education* (New York: Scribner, 1950).

25) *Ibid.*, 15.

26) 세속주의(Secularism)란 "현대인들이 세상을 살아갈 때 영적인 가치에 비중을 두기보
　　다는 일시적인 가치에 기준을 두는 광범위한 경향들과 생각의 패턴 내지는 삶의 활동
　　의 제반 현상을 일컫는다. … 많은 현대인들은 마치 하나님이 존재하지 않는 것처럼

다. 이런 상황은 세월이 흐르면서 더욱 가시화되어서, 갤럽의 통계에 따르면, 비록 미국 성인의 94%가 하나님 내지는 우주적인 조물주(universal spirit)를 믿는다고는 말하면서도, 그들 중의 단 11%만 매일 성경을 읽고 있으며, 58%나 되는 성인들이 산상수훈(Sermon on the Mount)을 누가 얘기한 것인지를 알지 못하는 현실에까지 이르게 된다.[27] 이 갤럽 조사에 의하면 1950대 이후부터 미국인들에게 종교의 중요성이 하향추세를 띠게 되는데, 그 내용은 다음과 같다. 1952년에는 75%의 성인이 그들의 삶에 가장 중요한 것이 종교라고 응답한 반면에, 1988년에는 단 53%의 성인만이 같은 질문에 그렇다고 대답한 것을 보면 알 수 있다.[28] 이런 하향추세는 청소년들에게는 더욱 심각하게 나타난다. 1988년의 통계에는 단 36%의 청소년만이 "종교가 당신의 삶에 중요한 영향을 미치고 있다고 생각하는가?"라는 질문에 "예"라고 대답했다.[29] 이와 동시에 TV는 한때 교회가 차지했던 자리를 휩쓸고 있다. 대중매체는 어느새 기독교 대신 미국의 국가 종교가 되었다는 느낌이다. 넬슨이 지적했듯이, TV로 대표되는 대중매체는 수익 위주의 사업으로 자리를 확고히 잡아가고, 이 엄청난 재력의 힘을 바탕으로 어떤 세대의 사람들도 간단하게 유혹하는 실정이다.[30] 이제는 교회가 아닌 TV가 사람들의 가치관을 형성하기 시작했다.

---

살아가고 있으며 자신이 만들어 놓은 문명 외에는 아무 것도 존재하지 않는다는 가정 아래 살아간다." W. H. Willimon, "Secularism," in *Harper's Encyclopedia of Religious Education*, 574-575.

27) George Gallup, Jr. and Sarah Jones, *100 Questions and Answers: Religion in America* (Princeton: Princeton Religious Research Center, 1989), 2, 40 & 42. 2020년의 데이터는 프린스턴대학의 자료를 csr.prinston.edu에서 참고하라.

28) *Ibid.*, 208-209.

29) *Ibid.*, 210.

30) C. Ellis Nelson, "Christian Education in a Secular Society," *The Presbyterian Outlook*, 176:16 (April 25, 1994): 6.

민족/종족 간의 인구 분포(demographics)도 역시 극적인 변화를 겪고 있다. 미국 안에서의 일이지만, 1965년에 발표된 소위 케네디 법령(Act)의 영향으로 이민자의 숫자가 현저하게 증가되었다. 이민을 들어오는 각 종족은 자신들의 사상, 철학 그리고 삶의 양태까지 함께 가져오기 마련이다. 각자가 서로 다른 민족적 배경을 가진 세계 각 민족이 미국으로 쏟아져 들어오게 됨에 따라, 미리 와서 살고 있던 사람들은 어쩔 수 없이 새로운 현실에 자신들을 맞추어 나가지 않으면 안 되었다. 사회 안에 자연적으로 존재하게 된 다중문화(multi-cultural)의 현실은 강력하게 사람들에게 영향을 주었다. 이 문화다원주의는 어느새 현 미국 사회 특성 중의 하나가 되어버린 것이다. 또한 개인주의가 사회에 점점 더 팽배하게 되었다. 사회가 점점 더 산업화되어 감에 따라, 사람들이 서로서로 경쟁 관계에 놓이는 현상이 벌어지게 된 것이다. 그뿐만 아니라, 우리 문화에 내재해 있는 공리주의(功利主義: utilitarianism) 내지는 지나친 실용주의의 영향으로 사람들은 다음과 같은 질문을 던지게 되었다: "거기에 나를 위한 것이 무엇인가?"(What's in it for me?)[31] 더구나 다윈의 진화론적인 강조점, 즉 '적자생존'(survival of the fittest)의 원리는 많은 이들로 하여금 개인주의에 영향을 받지 않을 수 없게 하였다. 그러므로 오늘의 문화는 '우리 세대'(We Generation)라기보다는 '나의 세대'(Me Generation)로 전락하게 되었다.[32]

세속주의, 다원주의 그리고 개인주의는 교회와 교회 안의 사람들에게 충격을 주었다. 1970년대 이후로부터, 대중매체는 다원주의와 다양성이 현 문화에 조용히 스며드는 사이에, 감각과 흥미 위주의 문화[33]를 내

---

31) Robert Wuthnow, *Christianity in the Twenty First Century* (Oxford: Oxford University Press, 1933), 39.
32) *Ibid.*, 38.

세우며 나라를 휩쓸었다. 더구나 탈현대주의의 충격과 여파로 교회는 많은 교인들을 잃게 되었으며, 특히 청소년들이 많이 빠져나가게 되었다. 그때까지는 주일학교 교실이 도덕적 가치를 배우는 데 결정적인 영향을 미쳤지만,[34] 이제는 미디어가 강력한 힘으로 문화와 가치의 많은 영역을 독차지하게 됨으로써 교회에 속한 사람들까지도 영향을 받게 되는 지경에 이르게 된 것이다. 우리 사회는 예전에는 생각도 못하던 흥미와 쾌락만을 쫓는 사회가 되었다. 이런 사회적인 맥락에서 교회는 날이 가면 갈수록 점점 더 사회의 변두리 기관으로 여겨지게 되었다.

아주 흥미롭게도, 종교생활과 관련해서 오늘날의 문화는 초대 교회 시대의 그것과 정반대의 현상으로 나타나고 있는 것이다. 초대 교회 시대에는 교회와 세속 사회와의 평행적인 상황과 극심한 핍박의 상황은 교회로 하여금 좀 더 교회다운 동질성과 자생적인(homogeneous/ viable) 기관으로 살아남도록 충동하였다. 그러나 오늘날의 교회는 이와는 반대로 세속주의와 다원주의의 파고드는 힘에 기인하여 오히려 신자들을 잃어버리고 있는 실정이다. 외관상으로는 오늘날에도 사회와 교회 사이에 평행 관계가 유지되고 있는 것 같아도, 결과는 아주 다르다는 것을 쉽게 알 수 있다. 이렇게 세속적이고 다원화된 사회에서, 급변하는 사회 상황에 바로 대처하기 위하여, 넬슨과 웨스터호프의 사회화 접근이 제기되었고, 리틀과 보이스의 가르침의 접근이 제기되었던 것이다.

혼돈의 한가운데서 종교교육학자들은 각기 다른 방향에서 현재 교회

---

33) Sensuality-and-fun-oriented culture
34) 우리가 잊지 말아야 할 사실은 비록 주일학교가 영향력 있는 곳이었음에는 의심할 여지가 없으나, 주일학교가 단 하나의 절대적인 교육 기관이 아니었다는 사실이다. 주일학교가 가르쳤던 가치들은 가정, 일반 학교, 사회 공동체와 클럽 같은 곳에서도 가르쳐졌을 뿐 아니라 교회교육이 보강되었다. 사회에는 예전에 꾸준하게 인정되고 실행되어 오던 것과는 달리 다양한 가치들이 존재하게 되었다.

가 겪고 있는 문제들을 풀어나갈 해결책을 제시하기에 이른 것이다. 넬슨과 웨스터호프가 회중과 예전에 관심을 갖고 문제의 해결을 추구했다면, 리틀과 보이스는 의도적인 가르침 안에서 해결을 추구했다고 볼 수 있다. 비록 그들이 다 동시대의 상황을 바라보았지만, 그들이 해석하고 찾아낸 문제가 다른 것이었다면 그것은 우리에게 시사하는 바가 무엇인가? 바로 이 질문이 다음에 우리가 다룰 주제가 된다.


## III. 전통/변혁 그리고 사회화/가르침에 관련된 이슈들

20세기 중반 무렵에 사회는 다양성과 다원주의의 등장으로 홍역을 치렀다. 당시 종교교육에는 정해진 규칙이나 신학이 없었다. 종교교육에 종사하는 사람들은 저마다의 흥미를 좇아 각기 다른 방향으로 나가는 것 같았다. 윌리암 케네디(William Kennedy), 로버트 린(Robert Lynn), 토마스 그룸(Thomas Groome) 그리고 잭 시모어(Jack Seymour) 같은 학자들은 종교교육이 좀 더 삶의 정치적 또는 공공(public)의 영역과 연관되기를 바라는 사람들이었다.[35] 또한 사라 리틀과 메리 보이스 같은 학자는 교회사역에서 교수직(teaching office)의 양질의 권위 회복을 위해 노력하는 사람들이었다.[36] 가령 엘리스 넬슨과 존 웨스터호프와 같은 학

---

35) Stephen Schmidt, *A History of Religious Education Association* (Birmingham, Ala.: Religious Education Press, 1983), 195를 보라.

36) 그러나, 우리는 이런 전통과 변혁의 문제가 매끈하게 잘라 말할 수 있는 것(clear-cut matter)이 아니라는 사실을 기억할 필요가 있다. 예를 들면, 보이스는 이 긴장 관계를 '구체적으로 가톨릭 정체성을 드러나게 해주는 커리큘럼 개발'(필자의 가르침의 정의와 밀접한 관계가 있음)과 '교회 생활의 보이지 않는 커리큘럼'(필자의 사회화의 정의와 연관이 있음)의 영역에서 생각했다. 그녀는 주장하기를 "교회가 교회다운 것이 교회가 가르치는 그 자체보다도 더 강력하게 가르칠 수도 있다"라고 하였다. 그러므로

자는 회중교육을 위해 사회화 접근의 개발에 관심을 기울였다. 상기한 학자들의 접근 방식은 자신들이 설정한 종교교육의 목표를 성취하기 위한 강조점이 서로 다르다. 어찌 되었든 간에 이 시기에 전통과 변혁 사이의 긴장은 비록 복잡하여도 계속된 쟁점이었던 것이 분명하다.

위의 네 학자는 비슷한 시기에 사회적, 문화적 그리고 정치적인 기류를 경험했으며, 자신들이 가지고 있는 학문적 안경(perspective)을 쓰고 그 상황에서 대처하고자 시도했던 사람들이다. 네 학자 모두 자신들의 해석학적 시각의 차이와 그들에게 영향을 미쳤던 자료(sources)의 차이로 말미암아 다 다르게 상황을 분석했다. 또한 그들이 갖고 있던 종교교육의 목표 차이도 학자 간의 차이를 내는 데 일조했다고 볼 수 있다. 비록 겉으로 드러나게 말하지는 않았어도, 위의 네 학자 모두는 우리의 관심사인 전통과 변혁 간의 긴장에 관심을 두고 있으며, 그들이 종교교육의 과정 또는 방법 간에 둔 일차적 강조점을 살펴보면 그들 사이의 차이점이 드러나게 된다. '일차적'이라는 말에 주의를 기울여 주기를 바란다. 왜냐하면 아무도 두 방법 중 하나를 전적으로 버리지는 않았기 때문이다.

당시의 상황에 대한 응답으로써, 넬슨이 교수의 필요성을 인정했다면 웨스터호프는 종교교육의 방법으로써 가르침을 없애버리려고 했던 것이다. 이 두 학자는 다 변혁이 일어나야 할 장(場)을 회중이라고 보았다. 그러나 넬슨은 적은 수의 성인 그룹을 회중교육의 시발점으로 보았다. 한편 웨스터호프는 교회 안에서 예전을 통하여 회중 전체를 사회화하기를 원했다. 또한 넬슨이 전통을 '변혁적 행위'(transformative act)로 보는 반면에, 웨스터호프는 전통을 '과거의 기억'(memories of the past)

---

이런 관점에서 우리는 보이스가 가르침 그 자체만은 추구하는 학자라고 간단히 잘라 말하기는 곤란하다는 점을 기억해야 하겠다. Mary C. Boys, "The Tradition as Teacher: Reparing the World," *Religious Education*, 85:3 (Summer 1990): 349.

으로 보았다. 넬슨은 전통 자체를 변혁적인 것으로 보았으며, 웨스터호프는 '기억' 자체를 변혁적이라고 주장한 것이다. 그들의 차이는 아마도 다음과 같은 것이다. 예컨대, 넬슨은 사람들이 공동체의 사건에 참여하게 될 때 그 커뮤니티가 갖고 있던 전통이 변혁적으로 작용할 것을 기대하는데, 이를 그는 '개인적인 신과의 만남'(theophany)으로 표현한다. 반면에 웨스터호프는 공동체의 전통에 대해 설명하면서 공동체가 세상에서 변혁적인 행위를 하기를 기대한다. 두 사람 다 성도 간의 상호 교류를 강조했으며, 이는 사회화가 신앙공동체 내에서 변혁이 일어나기 위하여 필수불가결한 것임을 역설하는 것이다. 간단히 말하자면, 종교교육의 목적은 변혁이며, 사회화는 그것을 성취하기 위한 주요한 과정이라는 주장이다. 그러므로 휴브너의 질문 "어우러져 사는 것 자체가 변혁적인가?"라는 질문에는 "예."라는 긍정적인 대답으로써 사회화 이론의 중요성을 대변할 것이다.

그렇다면, 사라 리틀과 메리 보이스의 견해는 어떠할까? 그들도 같은 이슈에 대해 넬슨과 웨스터호프처럼 응답할 것인가? 그렇다. 그러면, 그들도 "휴브너의 반쪽 질문인 위의 질문에 긍정적으로 대답할까?" 아니다. 대신에 리틀과 보이스는 교육의 필요성을 주장할 것이다. 이는 휴브너의 다른 반쪽 질문 "신앙공동체 안에서 교육이 필요한가?"에 대한 긍정적인 대답일 것이다. 그들은 신앙적으로 어우러져 사는 것만 가지고는 충분치 않다고 한다. 보이스와 리틀은 가르침의 질을 향상시켜야 하며, 그렇게 함으로써 현 상황에서 우리가 당면한 문제를 풀어나가는 데 실마리를 찾을 수 있다고 주장한다. 후에 우리는 왜 리틀과 보이스가 가르침을 통해 우리가 밝혀낸 현 상황에서의 필요와 문제들을 해결할 수 있다고 생각했으며, 어떻게 그들이 종교교육의 목적으로 전통과 변혁과의 관계에서 가르침의 역할을 다루었는지를 살펴보게 될 것이다.

# 20세기 후반 (1)

: 넬슨과 웨스터호프의 사회화 접근

# I. 넬슨이 사용한 자료와 그 자료들이 그에게 준 영향

앨리스 넬슨(C. Ellis Nelson)은 미국 장로교(Presbyterian Church of U.S.A.)에서 안수를 받은 목사다. 1940년 이래로 그는 오스틴신학교, 뉴욕 유니온신학교 그리고 루이빌신학교에서 종교교육을 가르쳤다. 그는 1940년부터 1942년까지 오스틴의 텍사스대학에서 교목(chaplain)으로 성경을 가르쳤다. 필자가 넬슨이 사회화 이론을 형성하는 과정에 가장 많이 영향을 받았던 사회과학 학자를 말해 달라는 편지를 썼을 때, 그는 자신의 책 *Where Faith Begins*의 213-215쪽과 *Growth in Grace and Knowledge*[1]의 159쪽[2]을 참조하라고 부탁했다. 또한 그는 필자에게 자신이 다루었던 "전통이라는 관점으로 성경 자료와 신앙공동체의 전통 해석"에 주의를 기울여 줄 것을 당부했다.[3] 그러므로 우리는 그가 제안한

---

1) C. Ellis Nelson, *Growth in Grace and Knowledge: Lectures and Speeches on Practical Theology 1949-1992* (Austin: Texas: Nortex Press, 1992).

2) 장로교의 협동 교재 개발 프로젝트(Cooperative Curriculum Project)의 출판기념식 때 발표되었던 연설문, "Innovation for Church Education"이 실린 *The Church's Educational Ministry: A Curriculum Plan*, November 15, 1965 at the National Council of Churches, New York City.

자료를 검토할 것이다.

첫째, 그가 사용한 자료들은 본질상 신학적인 것들이다. 그는 성경 중심의 신학에서 자료들을 끌어들여 사용했다. 넬슨은 자신의 책 *Where Faith Begins*에서 신·구약의 거의 모든 책을 인용한다. 그는 그 책에서 성경에서 성경적 신앙공동체에 속한 사람들이 어떻게 살았고, 어떻게 교류했으며, 어떻게 교육했는지를 보여주고 있다. 넬슨에게는 성경이란 모델을 보여주는 책으로써, 신앙공동체의 모든 사람이 어떻게 특정한 "절기에 같은 주제에 대해 응답하며 함께 공부하며 서로를 도왔는지를 보여준다."[4] 그는 말하기를 "비록 성경이 우리에게 현대를 사는 우리가 가진 모든 질문에 다 대답해 줄 것을 기대해서는 곤란하지만,[5] 성경은 우리가 믿는 하나님에 대해 설명해 주는 결정적인(definitive) 지식의 원천(source)이다"라고 한다. 그는 더 나아가서 말하기를 "우리가 성경을 가진 것은 하나님에 대한 믿음은 공동체적인(communal) 것이라는 사실을 말해 준다. 신구약이 기록되기 이전에 신앙공동체가 먼저 존재했고 그들이 가진 신앙의 기록은 훨씬 후에 존재하게 된 것이다"라고 한다.[6] 그는 재삼 강조하기를 성경은 신앙공동체의 전통을 포함하고 있으며, 이는 전통이 성경 전에 있음을 말해 주는 것이므로 성경이 종교교육의 원천이 되어야 한다고 주장한다.

둘째, 넬슨이 사용한 자료들은 사회적이며, 특히 문화인류학에 관련된 자료들이 많았다. 앞서 언급한 그의 책 *Where Faith Begins*에서 그는 '문화가 갖는 엄청난 형성력'에 관한 그의 견해를 우리에게 제공한다. 이

---

3) 이 인용은 그가 1995년 3월 29일에 필자에게 보내온 편지에서 가져온 것이다.
4) Nelson, *Where Faith Begins*, 198.
5) *Ibid.*, 71.
6) *Ibid.*

책에서 그는 사회의 중요한 세 가지 요소를 정의하는데, 이 세 가지 요소는 문화와 사회 그리고 개인이며, 이 세 요소는 상호 간에 밀접한 관계가 있다고 주장한다. 그는 다음과 같이 위의 세 요소 간의 상호관계성을 요약한다. "문화는 [상황을] 견디어내는 현실이다. 문화는 개인을 가르친다. 문화는 사회의 목표와 방법을 정의해 준다."[7] 우리는 그가 사회에서 사람들을 형성하는 문화와 문화의 위력을 얼마나 많이 강조하는지를 어렵지 않게 볼 수 있다. 그에게는 사회와 문화가 사람을 형성하는 장이며, 물론 사회의 구성원인 사람들은 그들 자신이 사회화되는 대상이기도 하며, 또한 그들도 문화를 사용해서 그들의 자녀를 사회화하는 주체가 되기도 한다. 넬슨은 문화가 사람들의 지각 조직과 자아의 정체성을 훈련함으로써, 그들의 세계관과 가치관을 전달한다고 주장한다.[8] 문화와 사람은 도저히 떼어놓을 수 없는 관계이다; 사람이 없는 곳에 문화도 있을 수 없다. 그러므로 어떻게 문화가 전달되는가를 이해하는 것이 신앙을 전달하는 열쇠가 된다. 다른 말로 표현하면 그의 문화인류학적 자료는 신학에 밀접하게 연결되어 있다.


## II. 넬슨이 본 종교교육의 필요

넬슨은 1970년대로부터 1990년대를 관찰하며 요약하기를 두 가지 흐름/운동이 현대 사회에 뿌리박고 있으며 이것들이 교회가 기독교교육을 행하는 상황을 변화시켰다고 주장한다. 첫째는 미국 사회 내의 세속화이며, 둘째는 학교 또는 교실 내에서의 종교교육의 위치 변동이다.[9] 종교

---

7) *Ibid.*, 40-42.
8) *Ibid.* 42-65.

적이든 아니든 간에 사람들은 더 이상 종교가 사람들의 생활양식과 생각을 지배하지 않는 사회적 분위기 가운데서 영향을 받으며 살고 있다는 것이다. 린(Robert Lynn)은 넬슨과 유사하게 현 상황에 대한 걱정을 다음과 같이 적고 있다. "진보적인 개신교 교육의 앞날은 (극히) 불투명하다…"라고 말이다.10) 우리가 기억해야 할 것은 앞서 언급했던 코우가 살던 시대와 넬슨이 묘사했던 시대는 큰 차이가 있다는 점이다.

첫째, 코우의 시대에는 TV와 같은 강력한 대중매체가 없었음으로, 교회는 아직도 미국의 대부분 사람에게 일차적 기관이었다. 그런 경향은 제2차 세계대전까지 계속되었다. 둘째, 거의 모든 사람은 교회의 가르침이 사람들의 도덕적 가치관을 형성하는 지배 기관이 되어야 한다는 믿음을 가지고 있었던 것이다.

그러나 넬슨이 살던 시대는 코우의 시대와는 엄청난 변화가 있었다. 급변하고 당황스런 상황 가운데서 넬슨은 교육적 필요 또는 문제가 '문화'와 밀접한 관계가 있다고 믿었다. 그는 생각하기를 만일 우리가 당면한 문화가 무엇이며, 어떠한 영향을 미칠 것인지에 대한 적절한 해답을 제시할 수 있다면,11) 우리 상황에 대처할 수 있을 것이라고 생각했다. 그러면 넬슨에게 문화란 무엇인가? 넬슨은 콜롬비아대학의 인류학 교수인 린튼(Ralph Linton)의 생각을 빌려와서 말하기를 "문화를 발견하는 것은 마치 물고기가 자신이 물에서 살고 있다는 것을 발견하는 것과 같다"라고 했다.12) 넬슨이 말하고자 하는 바는 무엇인가? 그는 우리가 문화의 엄

---

9) C. Ellis Nelson, "Christian Education in a Secular Society," *The Presbyterian Outlook*, 176:16 (April 25, 1994): 6.

10) 린(Robert W. Lynn)의 말로서 John H. Westerhoff, *Will Our Children Have Faith?* (San Francisco: Harper & Row, 1976), 1에서 재인용.

11) C. Ellis Nelson, "Introduction," in John Westerhoff and Gwen Neville, *Generation to Generation*, 21.

청난 형성력을 이해하지 않고는 오늘날 기독교인의 삶에 닥쳐오는 문제를 풀 길이 없다고 주장한다. 그래서 그는 우리가 당면한 교육적 문제를 다음과 같이 풀어 적고 있다: "우리는 현재 우리를 둘러싸고 있는 문화가 우리를 어떻게 문화화하고 있는지에 대해서 인지하고 있지 못하거나 무의식 상태에 있는데, 교회의 회중이나 공동체도 예외는 아니다."

그가 파악한 필요의 다른 분야는 신앙 형성의 개념이다. 회심에 대한 복음주의적 강조에 기인하여, "교육은 18세기와 19세기에 성경구절이나 찬송을 단순하게 외우는, 엄격하게 설교적이거나 전달위주적인 것으로 비쳐지게 되었다."[13] 주일학교는 복음주의적인 경향 내지는 전통, 즉 전달 중심(transmissive)의 교육 방식을 받아들였다. 넬슨은 이런 주일학교의 교육 방식에 대해 "미국 전역이 기독교적인 문화로 둘러싸여 있을 때, 즉 목사들이 자신들이 있는 커뮤니티에서 인도자로서 인식되고 있을 때 그리고 가정이 하루 종일 자녀들의 생활을 주의 깊게 기독교적으로 지도할 수만 있다면" 효과적인 것이라고 할 수 있다고 말한다.[14] 넬슨은 주장하기를 위에서 언급한 후원 체계(support system)는 이미 붕괴되었으나 주일학교는 회중교육의 수단으로 여전히 남아 있다는 것이다. 더구나 탈현대주의 문화의 영향으로 신앙을 가진 사람들마저 신학적으로나 성경적으로 문맹자(illiterate)들이 되었다는 것이다. 넬슨은 이 풍조를 '평신도 자유주의'(lay-liberalism)로 부른다. 이제 장로교인의 거의 68%가 전통적 혹은 정통적(orthodox) 기독교 신앙을 갖고 있지 않다는 것이 드러났다. 그는 이런 증상(symptom)을 "토속적인 생산품, 즉 현대적인 의미

---

12) *Ibid.*, 22.

13) Boys, *Educating in Faith*, 31.

14) C. Ellis Nelson, "Formation and Transformation," in *Growth in Grace and Knowledge: Lectures and Speeches on Practical Theology* (Austin: Nortex Press, 1992), 237-238.

의 토속 종교"라고 꼬집어 말했다.[15]

잘라 말하면, 넬슨의 주장은 주일학교 중심의 교회교육은 재고려되어야 한다는 것이다. 그는 그 대신에 회중 중심의 교육을 제안하고 있으며, 즉 사회화 이론이 고려되어야 한다고 주장한다. 이야기의 요점을 정리하면 주일학교는 기독교를 교수-가르침적(instructional-teaching)으로 만드는 경향이 있다는 것이다. 넬슨의 생각에 교수는 필요한 것이지만 전체의 일부분과 같은 것이기에, 그 일부분으로 전체를 담당하게 하는 것은 무리가 있다는 말이다. 주일학교가 교수적(instructional)이어야 한다는 것에는 의심의 여지가 없지만, 그 교수가 모든 것을 다 감당할 수는 없다는 것이 그의 논리이다. 그러므로 넬슨은 한편으로 주일학교를 지나치게 강조하는 것에 경종을 울리면서도 주일학교를 완전히 없애자고 주장하는 것은 아니며, 오히려 주일학교의 역할과 우리의 기대를 제한하는 것이 옳다고 주장한다. 주일학교가 감당할 수 없는 부분에 대한 대안으로써 넬슨은 회중 중심의 교육을 이야기하는 것이다.

주일학교와 관련된 신앙 형성에 관한 이슈로 되돌아가서 생각해 볼 때, 넬슨은 신앙이라는 것이 신앙공동체에서의 참여를 통해 역사적으로 공동체적으로 형성되는 것이라고 생각한다. 그러므로 신앙 형성은 공동체의 존재를 전제로 한다.[16] 넬슨에게는 신앙이란 **오직** 신앙공동체 안에서만 형성되는 것이다. 회중의 역할을 강조함에 있어서, 넬슨은 말하기를 "크리스천의 신앙은 회중 안에서 형성되고 지탱되며, 풍요롭게 되고 때로는 교정되는 것이기 때문에, 교육은 반드시 회중 중심이 되어야 한다"라고 했다.[17] 넬슨에게 신앙은 신앙공동체 안에서 다른 이들과의 교

---

15) Nelson, "Christian Education in a Secular Society," *The Presbyterian Outlook*, 6.

16) *Ibid.*, 239. 또한 Westerhoff and Neville, *Generation to Generation*, 8에서도 같은 주제가 다루어졌다.

류를 통해서 형성되는 것이며, 이 교류는 예전과 의식(ritual) 그리고 심벌 등을 포함한다는 것이다.

요약하면, 넬슨은 세 가지의 교육적 문제를 제기했다: 1) 우리는 신앙 공동체의 문화화(사회화)하는 힘을 의식적으로 사용치 않는다; 2) 우리는 주일학교가 가르치는 것 이상을 해주기를 바라고 있다; 3) 우리는 신앙을 형성하는 데 공동체가 얼마나 필수적인지를 인식하지 못하고 있다. 다음 섹션에서 우리는 넬슨이 어떻게 전통과 변혁과 관련해서 신앙 형성의 제 문제를 다루고 있는지 다루게 될 것이다.


## III. 넬슨의 사회화 이론: 필요에 대한 목표 설정과 과정

넬슨은 사회화 과정을 회중의 삶에(또는 삶으로부터) 도입하고자 시도했다. 필자가 부쉬넬 이후의 중요한 교육학자로 넬슨을 선택한 이유는 그의 전임자들[18]과 같이 '양육의 전통'에 서 있는 학자라는 생각을 했기 때문이다. 넬슨은 말하기를, "나의 주된 주장은 깊은 내면적 의미에서 종교는 사람의 정서(情緒: sentiment)에 존재하는 것이며 그것은 어렸을 때부터 그 사람을 진정으로 보살펴 준 성인들(주로 부모)에 의해서 은근히 사회화된 결과로 볼 수 있다"라고 했다.[19]

넬슨은 그의 광범위하며 조심스런 사회과학 연구를 통해 코우와 부쉬넬의 사회화를 적용하려고 시도했다. 다른 말로 하자면, 부쉬넬이 "가정

---

17) Nelson, "Formation and Transformation," in *Growth and Grace in Knowledge*, 241.
18) 넬슨은 그의 선임자였던 코우(1909~1922)와 엘리옷(1922~1950)이 봉직했던 뉴욕 유니온신학교의 종교와 교육 부서(Department of Religion and Education)의 장으로 있었다. 넬슨은 이 자리에서 1957년부터 1974까지 교수로 재직했다.
19) *Ibid.*

의 역할에 우리의 관심을 촉구했고", 코우가 "좀 더 넓은 사회의 분위기에 우리의 관심을 불러 일으켰다면", 넬슨은 기독교 공동체의 형성력을 강조하였다.[20] 넬슨은 그의 사회화 이론을 문화인류학과 사회학의 연구를 통해 형성했으며, 그는 그 과정 가운데서 "사회과학자들이 묘사한 문화화(acculturation process)라는 것이 신앙공동체에서 신앙이 전달되는 과정과 관계가 있음"을 발견하기에 이르렀다.[21]

넬슨이 지은 책 *Where Faith Begins*의 서문에 쓰인 그의 논제(thesis)를 숙고해 보면, 우리는 넬슨이 공동체를 무던히도 강조했음을 알게 된다. 그의 논제는 다음과 같다. 즉, "신앙은 신앙인의 공동체에 의해서 전달되며, 신앙의 의미는 역사의 흐름 가운데서 그 구성원들과 상호교류를 통해서, 또한 그들의 삶 가운데서 벌어지는 사건들과의 관계 속에서 발전된다."라는 것이다.[22] 이 논제는 자신이 던진 질문에 대한 응답으로 주어진 것인데, 그 질문은 다음과 같다. "어떻게 사람들은 성경에 계시된 하나님에 대한 신뢰를 발전시켜 나갈 수 있는가—특히, 예수 그리스도 안에서 말이다—우리의 삶에서 믿음의 의미는 무엇인가?"[23] 그러므로 그의 논제는 자신이 품고 있던 의문에 대해 아주 정확하고 함축적인 대답이었다. 그의 논제에서, 넬슨에게 신앙이란 신앙공동체에 의해서 전수되는 것이고 신앙공동체는 역사 안에서 사람들 간의 사건과 상호관계를 통하여 형성되는 것이며, 이것이 바로 그에게는 교회교육을 위한 **전통**인 것이다.

넬슨은 자신의 사회화에 대한 이해를 인류학과 사회학으로부터 얻어

---

20) Groome, *Christian Religious Education*, 119. 필자는 그룸의 의견, 즉 코우가 부쉬넬의 '양육' 전통을 이었다는 견해에 동의하며 이 글을 인용한다.
21) Nelson, *Where Faith Begins* (Richmond, Va.; John Knox Press, 1971), 10-11.
22) *Ibid.*, 10.
23) *Ibid.*, 9.

온 것은 물론이고, 자신의 논지의 기반을 역사-비평적 해석학(historical-critical hermeneutics)에 두고 있다. 그러므로 그는 기독교교육운동의 강조점인 성경과 신학과 종교교육운동의 강조점인 사회과학 사이의 다리를 놓으려고 시도했다고 볼 수 있다. 넬슨은 성경에 대해 언급하기를 "성경은 믿음으로 자신들을 향하신 하나님의 메시지를 분간할 수 있는 신앙인들의 삶을 묘사함과 동시에 그들의 삶에서 하나님의 뜻을 현실화시켰던 신앙공동체를 묘사한 책"이라고 했다.24) 그래서 성경은 어떻게 신앙이 신앙공동체 안에서 사회화를 통하여 형성되는가에 대한 책이라는 것이다. 이런 면에서, 성경은 그 자체가 '전통'이다.

넬슨의 성경에 대한 견해는 쉐릴(Lewis Sherrill)과 유사하다고 볼 수 있다. 두 사람은 다 성경과 신앙공동체 사이의 떨어질 수 없는 본질을 강조했다. 넬슨은 성경의 중심 주제가 신앙이며,25) 성경은 신앙과 관계된 제반 문제들26)과 역사를 포함한 신앙공동체에 관한 책이라고 주장하였다. 쉐릴의 주장은 이러하다. 즉, 성경은 하나님을 만나기 위한 길을 준비해 주기 위해서 사용되는 책이라고 믿는다. 쉐릴의 성경의 역할에 대한 아이디어는 넬슨이 좇던 하나님이 인간을 만나 주시는 현현(顯現: theo-phany; 이 점에 대해서는 뒤에 자세히 다루게 된다.)에 대한 생각과 유사하다고 볼 수 있다. 히브리서 12장을 자신의 토론을 펼치는 근거로 사용하면서, 넬슨은 "믿음은 신자들의 공동체에 의해서 전달된다"라고 주장하였다.27) 위의 두 학자에게, 성경은 신앙에 관한 책이며 두 학자는 성경으로부터 우리가 배우는 신앙은 신앙공동체에 의해 전달된다는 점에 동

---

24) *Ibid.*, 10.
25) *Ibid.*, 30.
26) *Ibid.*
27) *Ibid.*, 31.

의한다.[28]

구체적으로 성경의 역할에 관해서, 넬슨의 성경에 대한 견해를 언뜻 보면 코우의 주장과 비슷해 보인다. 앞서 언급한 것처럼 코우는 성경을 "우리가 배워야 할 책으로서, 종교적이거나 도덕적인 교훈들이 그 책으로부터 적용되어야 하는 것이 아니라, 피교육자의 구체적인 삶과 밀접하게 연결되어 있는 사람들의 경험에 관한 설명 내지는 평가가 담겨 있는 책"으로 보는 것이다.[29] 그러나 넬슨은 성경의 내용이 내포하고 있는 의미를 찾는 데 코우보다는 훨씬 더 심각하게 고려하고 있다.[30] 보이스가 정확하게 지적했듯이, 넬슨에게 "성경은 중심적인 역할을 하는 것이다."[31] 그의 책 *Where Faith Begins*에서 넬슨은 자신이 지니고 있는 문화의 형성력과 신앙과 정체성 그리고 신앙과 인지력과 가치 형성에 관한 해박한 지식을 보여줌은 물론이고, 성경 해석에 관한 놀라운 통찰력과 성경을 어떻게 성도들의 삶에 적용할 수 있을지에 대한 광범위하면서도 구체적인 학자적인 식견을 보여주고 있다. 넬슨은 자신의 사회학적인 견해가 성경적인 증거에 깊숙이 기인한 것이며, 자신이 얘기하는 성경적인 증거(biblical witness)는 공동체의 신앙적인 형성에 결정적인 공급원이 됨을 보여준다. 그러므로 성경이 기독교의 회중교육을 위해 원초적인 자료로서 공헌하는데, 그의 교육적 모델은 성경 자체와 사회화 간의 연계성에 있음을 보여준다.

넬슨은 문화적 인류학에 근거해서, 문화에 대한 이해가 신앙 형성에

---

28) 쉐릴은 심리학과 신학에 관한 깊은 관심을 가지고 *Guilt and Redemption*이라는 책을 썼다. Lewis Joseph Sherrill, *Guilt and Shame* (Richmond, Va.: John Knox Press, 1957).
29) Moore, "A Social Theory of Religious Education," 423.
30) 넬슨은 한편 코우의 진보적 전통, 즉 과학적 숙고를 도입한다. 이런 면이 두드러진 것은 넬슨이 도입한 사회화에 대한 사회학적이고 인류학적인 접근에서 찾아볼 수 있다.
31) Mary C. Boys, *Educating in Faith* (San Francisco: Harper & Row, 1989), 129.

대한 이해의 첫 걸음임을 주장한다. *Generation to Generation*[32]이라는 웨스터호프와 네빌의 책 서문에서, 넬슨은 독자들에게 다음과 같이 경고한다. 즉, 문화의 형성력을 이해하는 것은 사회화가 우리의 삶에 얼마나 지대한 영향을 주는지를 이해하는 첫 관문이 되므로 문화에 대한 이해의 중요성을 강조했다. 따라서 넬슨은 사회화와 문화화를 교환하며 사용한다. 문화의 형성력을 강조하는 가운데, 넬슨은 다음과 같이 강조한다. "크리스천은 문화 가운데서 살아가며, 문화의 산물이다."[33]

그러나 넬슨은 인간은 누구나 수동적으로 앉아서 문화가 그들을 만들어 주기를 기다려서는 안 된다는 사실을 잊지 않고 있다. 그는 그의 독자들이 자신들의 문화에 대한 관계에 대해서 비판적인 질문을 던져야 할 책임적인 존재라고 말하면서 도전하고 있다. 현 세대를 진단하면서 넬슨은 우리가 당면한 문제를 다음과 같이 적고 있다: "많은 크리스천들은 그들을 양산해낸 문화와 자신들과의 관계를 분석조차 하지 않고 있다. … 왜냐하면 우리의 논쟁되지 않은 가정들은 곧 터질 것 같은 팽배된 감정으로 둘러싸여 있기 때문일 것이다. 즉 그 문화에 대한 가정들을 비판적으로 검토한다는 것은 우리가 보통 피하고 싶은 아주 위협적인 경험이기 때문이다."[34]

문화가 개인의 삶의 정황을 인식함으로서 그리고 왜 그리고 어떻게 사회화 과정이 개인의 삶에 일어나는지에 대한 비판적인 질문 던지기를 배움으로써, 각 개인은 문화에 대한 해석자가 될 수 있는 것이다. 이에 대해 그는 다음과 같은 두 겹의(two-layered) 문화에 대한 이해를 제안한

---

32) John H. Westerhoff and Gwen Kennedy Neville, *Generation to Generation* (New York: The Pilgrim Press, 1979).
33) Nelson, *Where Faith Begins*, 11.
34) *Ibid.*

다: 1) 신앙공동체 자체가 문화인데, 이는 사회화 과정을 통해서 공동체의 구성원을 만들어 간다. 그리고 2) 신앙공동체는 넓은 의미의 문화(비신앙적인 문화까지도 포함하는) 형성을 가능케 하는 중개인이 되기도 한다. 이는 광범위한 문화와의 관계에서 중요한 역할을 할 수도 있고 또 해야만 하는 것이다. 그의 문화에 대한 정의는 전통과 변혁의 관계를 이해하는 데 필수적이 된다. 그는 신앙이 신앙공동체의 전통을 사회화하는 힘을 통해 형성된다고 제안하고 있다. 그리고 나면 전통은 공동체 내의 사람들과 공동체 자체 그리고 광범위한 문화를 자성적이고 변혁적으로 인도하게 된다는 것이다.[35] 전통은 정적인 것이 아니며 과거와 현재를 이어주는 가교(架橋) 역할을 한다는 것이다. 이러한 전통에 대한 이해를 바탕으로 넬슨은 전통과 변혁 사이에 이분(二分: dichotomy)은 있을 수 없다고 말한다.[36]

　　신앙인들은 신앙공동체를 함께 형성하게 된다. 회중은 "공동체 내의 다른 구성원들과 얼굴을 맞대고 다양한 상황 가운데서 살아나가며, 공동체 내에서 함께 개발되고 계획된 활동을 협력해서 수행해나가는 자신을 발견한 성도들"로 구성되어 있다.[37] 그룹은 이런 넬슨의 견해를 요약하면서 신앙공동체 내에서 "예배는 믿음을 배양하고(incubates) … 교제는 관계를 만들며 … 탐구는 신앙을 의미 있게 하며 … 대결(confronting)의 쟁점들은 신앙을 윤리적으로 살아 있게 만든다"라고 하였다.[38] 따라서

---

35) *Ibid.*, 69, 70을 보라. 넬슨은 아우틀러(Albert Outler)의 전통에 관한 개념을 사용하고 있다. 그는 "전통의 원의미는 능동적으로 옮겨간다(transitive)."라는 의미가 있다고 적고 있다.

36) *Ibid.*, 79 이후를 보라. 넬슨은 "전통이란 각 사람이 자신의 전통을 수정하거나 비판적으로 평가하는 감성적이고 지적인 능력을 갖기 이전에 경험되고 유용되는 기본적인 인간의 현실"이라고 정의한다. *Ibid.*, 83.

37) *Ibid.*, 98.

38) Groome, *Christian Religious Education*, 119. 그룹은 넬슨이 *Where Faith Begins*의 102-120

넬슨은 회중, 즉 신앙공동체가 교육자가 된다는 논지를 펴 나갔다. 넬슨은 인간 정체성의 상호관계성을 강조한 것이다.

앞서 언급한 바와 같이 넬슨은 신앙공동체의 필요성을 재삼 강조한다. 이는 신앙이란 교리 가운데서 찾을 수 있는 것이 아니며, 신앙공동체내에서의 사회화의 산물이라는 것이다. 그러므로 한 개인의 신앙은 다른이의 삶과 밀접한 관계가 있다. 넬슨의 말로 하면 "신앙은 인간 조직에서동반적으로 수반하는(concomitant) 것이다."39) 한 인간이 어린애이든지 어른이든지 간에 자기 혼자 자율적으로(autonomous) 설 수 있는 사람은 없으며, 그 사람이 속해 있는 그룹에서 다른 이들에 의해 "지탱되고 만들어져 간다."는 것이다.40) 넬슨은 바로 회중이 교회 안에서 참여를 통해 크리스천으로서의 정체성을 발견하는 개인들에게 신앙의 현대적 의미를 발전시킬 수 있게 해주는 것이라고 주장한다.

그러나 "어떻게 우리가 신앙을 형성하고 만들어 주는가?"라는 질문은 아직 남게 된다. 넬슨은 조심스러우면서도 확신 있게 위의 질문에 대한 해답, 즉 기독교가 세속 사회에서 설자리를 잃어버리고 있는 상황에서 발버둥치는 교회들에게 다음과 같이 제안한다. 넬슨은 교회가 현재의 상황을 현실적으로 파악하고 분석해야 한다고 주장한다. 예컨대, 교회가 오늘날 사회와 어떤 관계에 놓여 있는지를 파악해야 하며, 오늘날의 기독교교육 전략은 양육을 위한 기관으로서 주일학교 중심으로부터 회중 중심으로 바뀌어야 한다고 주장한다.41) 가정도 신앙공동체에 의해서 양육되어야 하며, 그럼으로써 가정은 도덕적 훈련을 위해 온전히 책임을 수행

에 한 말을 요약한 것이다.

39) Nelson, *Where Faith Begins*, 101.
40) *Ibid.*, 96.
41) Nelson, "Christian Education in a Secular Society," 6-8. *How Faith Matures*, 204-213을 참조하라.

하는 역할을 감당할 수 있을 것이다.[42] 그는 담대히 주장하기를 "우리는 각 사람이 자신이 속해 있는 문화적 그룹의 산물이라는 성경적 견해로 돌아가야 하며, 회중이야말로 크리스천의 삶을 연습하는 일차적 사회이며, '더불어 사는 삶'이라는 방법을 통하여 신앙이 전달되는 것이다"라고 했다.[43]

그러나 다음과 같은 질문이 계속 남게 된다: "어떻게 각 지역의 회중이 역동적인 신앙공동체가 될 수 있으며, 어떻게 그 회중이 [그리스도에 대한] 신앙을 그 삶 가운데서 전달할 수 있을 것인가?" 이 질문에 대한 응답으로써, 넬슨은 소위 중앙연구그룹(Central Study Group)이라는 조직을 소개하는데, 이는 목사들과 회중 내의 다른 인도자들로 구성된 조직이다. 이 그룹들은 강력한 예와 '활동 프로그램'[44]의 결합이라는 쌍둥이 같은 과정을 통해서 작동하게 된다. 여기서 우리가 짚고 넘어가야 할 것은 위에서 넬슨이 소개한 C.S.G. 모델에는 명확한 가르침의 요소가 포함되어 있다는 것이다. 가르침의 요소는 앞서 언급한 하나님의 현현 모델을 따른 것인데, 이것은 사회화하는 **신앙공동체 내에서** 공동체의 변혁이 가능케 하는 것이라고 넬슨은 믿고 있다. 그러므로 넬슨은 그저 단순히 '사회화하는' 과정만을 고집한 것이 아니라 가르침과의 균형을 의도했던 것을 알 수 있다.

위의 넬슨의 제안은 그가 자신의 책 *Where Faith Begins*의 연재작 *How Faith Matures*에서 밝힌 것이다. 넬슨은 특히 3부에서 실용적이고 도움이 될 만한 제안들을 하고 있다. 그 소제목들은 다음과 같다: '더불어 사는 삶'(Life Together), '신앙 성숙을 위한 전략'(Strategy for Faith

---

42) Nelson, *Where Faith Begins*, 116.
43) *Ibid.*, 183.
44) Nelson, *How Faith Matures*, 210-213.

Maturation) 그리고 '회중 세우기'(Congregation Edification)와 같은 주제들이다. 그는 *How Faith Matures*에서 종교적인 체험에 대해 포괄적으로 다루고 있으며, 어떻게 우리가 신앙공동체의 일원으로써 사람들의 삶에 진정한 종교적 체험을 촉발시킬 수 있는지를 다루었다. 넬슨이 주장하는 종교적 체험이란 성경에 나오는 하나님이 사람을 만나 주시는 현현이라는 모델(theophany model)을 말하는 것이며, 이는 변혁적인 것이다.[45] 넬슨은 그의 책 *Where Faith Begins*에서 과정으로서 전통을 묘사해(delineates) 냈으며, 그의 다음 책 *How Faith Begins*에서는 (전통 안에서의) 변혁을 아주 강하게 강조했다. 그에게 현현의 모델은 기독교교육의 전(全) 구조에서 가장 중심적인 것이다. 이것이야말로 그의 이론이 **단순한** 사회화를 초월하게 하는 것이며, 기독교교육의 새로운 모델이 되는 것이다. 넬슨은 다음의 글에서 현현(theophany)에 대해서 설명하고 있다.

> 만일 우리가 현현을 인간의 관점에서 살펴본다면, 우리는 거기에 네 가지 중요한 점이 있음을 발견할 것이다. 계시적인(revelatory) 종교적 경험은 (1) 사람에게, (2) 상황 가운데서, (3) 발생하는 사건에 관해서, (4) 세상을 향하신 하나님의 목적을 향한 방향으로 진행되는 것이다.[46]

이쯤에서 넬슨의 사회화에 대한 함축적인 이해를 분석해 보면 우리의 연구에 도움을 받을 것이다. 다음의 주제들이 넬슨의 사회화 과정을 이해하는 데 기초적인 것이 될 것으로 보인다: 문화는 형성력을 지녔으

---

45) *Ibid.*, 76-77.
46) Nelson, "Our Oldest Problem," in Padraic O'Hare, ed., *Tradition and Transformation in Religious Education*, 62.

128

며;47) 실제로 사회화의 역할을 담당하는 사람들(기관)은 부모들, 작은 일 차적 사회 그리고 놀이 그룹이나 비공식적인 그룹이다;48) 위에 언급한 그룹에 의한 사회화 과정의 작업을 통해, 개인(들)은 지각력이 있는 조직 과 양심 그리고 자아 정체성을 발전시키게 된다.49) 일반적인 사회화 과 정은 각자의 종교적 전통 내에서 작동하게 되며, 우리의 기독교적 전통을 전달하려는 노력은 이 자연스럽고 강력한 과정이 잘 사용되도록 좀 더 의 도적으로 잘 계획되어야 한다;50) 이 사회화 과정을 기독교 신앙을 전달 하는 데에 적용하기 위해서, 우리는 일단(一團)의 성인 신자들로부터 이 일을 시작해야 한다.51) 사실상, 넬슨은 코우와 같은 20세기 초의 종교교 육학자들을 비판했는데, 그 이유는 그들이 너무 어린이 교육에 치중하였 기 때문이다. 넬슨은 성인(또는 부모)을 먼저 교육해야 한다고 주장한다.

요약하자면, 넬슨은 전통이 정적이지 않고, 역동적이며 변혁적이라 는 개념을 갖고 있다. 믿음이란 '하나님과의 경험'(theophany)의 잔재 (residue)이지만 셀 수 있는 물건은 아니며, 다른 성도들과의 삶에서 새 롭게 되어야 한다는 필요를 역설한 것이다.52) 그는 중앙연구그룹과 예배

---

47) Nelson, *Where Faith Begins*, 46: "문화의 세계관은 어린이들의 사회화를 주관하는 사람 들(주로 부모들)에 의해 중간에서 전달된다(mediate). …"

48) *Ibid.*, 58.

49) 위에 언급한 기관들에 의해 발생되는 세 과정은 다음과 같다: (1) 세계에 관해서 어린 이에게 설명하는 과정은 지각력 있는 구조를 어린이의 마음속에 고정시켜 주고, (2) 상벌에 의해 어린이를 자신의 문화적 가치에 따라 생각하고 행동하도록 훈련시키는 과정은 그 어린이가 만일 도덕적인 규정(code)을 어겼을 때는 그 어린이를 평생토록 괴롭히기도 하고, 또한 그 어린이가 자신의 문화적 가치관에 따라 성공적으로 살았을 때는 확신과 행복감을 주기도 하며, (3) 자기의 가정과 일차적 사회(학교, 교회 등)에 서 자의식(consciousness)을 가져다주는 과정은 인간관계를 향한 그 어린이의 모든 태도를 색칠해 주는(colors: 결정지어 주는) 자아 정체성으로 발전하게 한다. *Ibid.*, 59.

50) *Ibid.*, 67.

51) *Ibid.*

그리고 예전을 통해서 성인들을 교육하기 원하며, 동시에 교육을 받은 성인들은 다른 성인들과의 교제(교류)를 나누게 된다. 결국, 사회화가 발생하여 그들도 영향을 받게 된다. 그 성인들을 통해서, 어린이들은 그들의 가정과 신앙공동체에서 사회화되는 것이다. 신앙공동체는 전략에 근거해서 회중을 통해 형성되는 것이다. 넬슨의 사회화 모델에는 조용한 의도적인 측면이 있는 것이다.


## IV. 웨스터호프의 자료와 그에게 미친 영향

존 웨스터호프(John H. Westerhoff III)가 사용한 자료들은 사회학, 인류학 그리고 자유주의 신학이다. 그러나 그가 사용한 자료들 가운데서 어떤 일관성(consistency)을 찾아내기란 쉬운 일이 아니다. 왜냐하면, 그 자신이 밝힌 것처럼 그는 일관된 학문적 이론을 정립해 나가는 입장에서 글을 썼다기보다는 작은 책자들을 써내려 가는 사람이기에(tractarian), 온갖 자료를 이곳저곳에서 가져다 썼기 때문에 그렇다. 이미 언급한 대로, 그는 현재 애틀랜타의 한 교회에서 운영하는 영성 형성과 훈련을 위한 기관에서 봉사하고 있다.[53]

첫째, 그가 공저한 책 *Generation to Generation*의 서문에서 웨스터

---

52) 전통과 관련된 성도들의 새롭게 됨에 관해서, 넬슨은 "사람들이 갖는 하나님과 경험은 〔당시 존재하는〕 전통의 개혁을 받아들일 사람들(receiver)을 필요로 한다"라고 역설했다. *How Faith Matures*, 95.

53) 그의 최근의 글을 보라. *Spiritual Life: The Foundation for Preaching and Teaching* (Louisville, Kentucky: Westminster John Knox Press, 1994). 이 글만 읽어 보아도 웨스터호프가 상황이 바뀌고 학문적 갈증이 생길 때마다 얼마나 자주 자신의 흥미와 논지가 바뀌는지를 알 수 있게 된다.

호프는 자신이 넬슨을 비롯한 일단(一團)의 학자들에게 영향을 받았음을 밝히고 있다.[54] 그는 자신의 생각에 지대한 영향을 미친 학문의 장르는 인류학이었다고 고백하고 있으며, 그의 친구이자 멘토이며 에모리대학의 인류학/종교학과의 교수인 네빌(Gwen Kennedy Neville)이 특별히 그가 사회화 이론을 형성할 수 있도록 도와준 장본인이었음을 밝히고 있다. 그의 사회화 이론은 입문자 세례교육(catechesis)으로서 실행된다. 세례교육에 대해 그는 말하기를 "세례교육은 변론(apology)이나 가치로 점철된 것이 아니라, 기독교로 입문하기를 원하는 사람들을 자연스럽게 끌어들여 기독교의 도(道)와 가치관을 이해하게 하고, 기독교를 자신들의 삶으로 받아들이게 유도하는 과정인데, 그 과정 속에서 입문자들이 공동체의 전통을 내면화하고 적용할 수 있도록 돕는 것이다."[55]

웨스터호프에게 영향을 미친 두 번째 중요한 자료는 그의 예전에 관한 연구에서 찾아볼 수 있다. 이 점에서도 역시 네빌과 동의하면서, 그는 예전을 그의 이론에 도입한다. 그의 사회화 이론에서 예전은 "규칙적이고 반복적인 인간 행위의 형태인데 이는 의식적인(ritual and cere-monial) 삶의 범주로써 문화에 의해서 규정되는 비형식적인 삶의 패턴이다."[56] 예전은 역시 인류학과 관계가 있는데 왜냐하면 예전이 사람들의 삶과 밀접한 관계가 있기 때문이다. 웨스터호프는 "어떻게 사람들이 신앙공동체 안에서 예전적인 삶을 통하여 배우고 만들어지는지를" 연구하는 데 흥미를 가지고 있었던 것이다.[57] 예전을 사용하는 그의 이론적 근거는 다음과 같다. 즉, '하나님께 예배하는 것'은 '사람을 교육하는 교육

---

54) Westerhoff and Neville, *Generation to Generation*, 7.

55) *Ibid.*, 8.

56) Westerhoff and Neville, *Learning Through Liturgy*, 3.

57) Westerhoff and Willimon, *Liturgy and Learning Through the Life Cycle*, 1.

적 도구(pedagogical tool)'이기 때문이다.[58] 그에게 예전은 수단으로만 존재하는 것이 아니라 목적인 것이다.[59]

그에게 영향을 미친 세 번째 자료는 신학이다. 특히, 프레리(Paulo Freire)에 의해 삶의 현장에서 실행되었던 해방신학(liberation theology) 이다. 웨스터호프는 해방신학이 현 상황의 제반 문제를 풀어나가는 데 가장 적합하며 신학적 토대를 제공해 준다고 믿었다. 짧게 말해서 그는 해방신학이 세상에 존재하는 크리스천의 역할을 정의해 준다고 생각했다. 그는 또한 해방은 성경적 약속이며 사회에서 억눌린 자들을 위한 교육 이론인데 이는 신앙적 사회화 이론 형성을 위한 중요한 자료가 된다고 주장했다.

요약하자면, 웨스터호프는 앞서 언급한 네빌의 예전에 관한 인류학적인 생각과 사회인류학을 자신의 사회화 이론을 정립해 나가는 자료로 사용하였다. 또한 넬슨의 후학도로서 넬슨이 시작해 놓았던 사회화 이론을 퍼뜨리는 역할을 하는 가운데, 프레리의 해방-교육론과 해방신학을 자신의 이론에 맞게 고쳐서 사용하였다.

## V. 종교교육의 필요에 대한 웨스터호프의 견해

웨스터호프에 따르면 1960년대와 1970대는 '과도기'(age of tran-sition)[60]로 점철된 시기였다한다. 제2차 세계대전 이후 교회는 잠시 동

---

58) *Ibid.*, 2.
59) *Ibid.*
60) John Westerhoff, *A Colloquy on Christian Education* (Philadelphia: A Pilgrim Press Book, 1972), 11 이후를 보라.

안 발전의 세월을 즐길 수 있었으나, 1960년대 후반부터 1970년대 초에 상황은 급변하였다. 웨스터호프는 이를 '3차원적인 위기'(three-dimensional crisis)[61]라고 불렀는데, 이는 신앙과 교회와 기독교교육의 위기를 의미하였다.[62]

넬슨이 *Where Faith Begins*라는 책을 1971년에 출판할 즈음에, 웨스터호프는 "종교 신앙 교육의 목적을 달성하려 할 때 학교식 교육의 적합성에 대해 의구심을 표현하기" 시작하였다.[63] 그는 독자들이 종교의 사회화에 주의를 기울여 줄 것을 원했으나, 이는 그가 교육 자체를 중요치 않게 여겼기 때문이 아니라 그 자신이 "사회화의 감춰진 차원을 드러나게 하고 사회화를 교육적 활동/이론으로 포함시켜야 한다"고 믿었기 때문이었다.[64] 1980년대에 들어서서, 웨스터호프는 사회화라는 용어보다는 문화화(enculturation)라는 용어를 더 즐겨 쓴다.[65] 그의 생각에는 사회화하는 사람(socializer: 교사)과 사회화당하는 사람(socializee: 학생)으로 나누는 생각은 효과적이지 못하며, '어떤 이가 다른 이에게 무엇을 한다'는 인상을 주기 때문에 사회화라는 용어 사용을 꺼리게 되었다.[66]

---

61) 웨스터호프는 이 세 위기의 관계에 대해서 다음과 같이 기술하고 있다: "… 우리는 신앙과 교회의 위기를 이야기하지 않으면서 기독교교육의 위기에 대해서 언급할 수 없다. 왜냐하면 만일 우리가 신앙에 대한 명확한 자리매김과 헌신이 없이는 우리의 교육적 노력을 기초할 근거를 잃어버리기 때문이다. 그리고 만일 우리가 생명력 있는 신앙 공동체를 잃는다면 우리는 그 신앙 안에서 사람들을 양육할 자리를 잃어버리기 때문이다." *Ibid.*, 11.

62) *Ibid.*, 11-12.

63) Westerhoff, *Values for Tomorrow's Children* (Philadelphia: United Church Press, 1970); John Patrick Nicholson, "A Critical Analysis of the Theological, Sociological, Educational, and Organization Dimensions of Westerhoff's Socialization," Ph.D. Diss., Fordham University, 1981, 11에서 재인용.

64) Westerhoff, "A Changing Focus, Toward an Understanding of Religious Socialization," *Andover Newton Quarterly* 14 (1973): 123.

65) Westerhoff, *Will Our Children Have Faith?* (San Francisco: Harper & Row, 1976), 79.

그러므로 그는 문화화라는 용어를 더 즐겨 사용한다.

웨스터호프는 학교식-교수 모델의 대안으로 사회화 이론을 제안한다. 그의 이론에서 그는 의도적 가르침을 '학교식 교육'(schooling)과 동일시한다. 우리가 기억해야 할 것은 웨스터호프는 'schooling'(예: 주일학교)을 온통 없애버리기를 원한다는 것이다. 반면에 넬슨은 주일학교의 교수적인 역할을 제한하고 불완전성을 채우려는 의도를 가지고 있었다. 두 학자 모두 주일학교가 모든 것을 할 수 없다는 것에 동의했으나, 웨스터호프는 가르치는 요소 자체가 필요 없다고 생각했다. 그는 학교식-교수의 패러다임(schooling-instruction paradigm)을 새로운 패러다임으로 교체해야 한다는 필요성을 역설하고 있다.

넬슨의 경우와 마찬가지로, 웨스터호프는 신앙공동체가 종교교육을 수행하는 기관이 되어야 한다고 믿었으며, 또 실제 그렇게 할 수 있다고 믿었다. 그러나 넬슨이 성인교육을 강조한 반면, 웨스터호프는 예전(liturgies)과 세례자 입문교육(catechesis)를 강조하였다.

전통과 변혁 사이의 긴장이라는 면에서 볼 때, 웨스터호프의 경우는 아주 흥미롭다. 그는 코우가 사회의 변혁을 강조함으로써 잃어버렸던 전통과 변혁 간의 균형을 되찾았다. 웨스터호프에게 전통에 완전히 잠기는 것(immersion)은 변혁적인 공동체의 삶에 잠기는 것을 의미하지만, 그 전통에 잠기는 것은 코우가 유지했던 사회화와 의도적 가르침 간의 균형을 '잃어버리는 것'을 의미한다. 웨스터호프는 가르침이라는 대가를 치르면서도 결국 사회화를 대변하는데, 이는 그가 가르침을 '학교식-교수'와 동일시하기 때문이다.

---

66) *Ibid.* 79-80.

# VI. 종교교육의 목적과 과정, 웨스터호프의 사회화 이론

웨스터호프는 넬슨과 함께 사회화 또는 문화화 이론의 주창자이다. 웨스터호프는 자신의 책 *Generation to Generation*에서 독자들에게 이제는 '종교교육'이라는 개념에서 '종교 사회화'의 개념으로 관심을 바꿔주기를 요청한다.[67]

그는 다음과 같이 사회화를 묘사한다. 광범위한 의미로는 사회화가 인간의 문화가 전수되는 인생의 전 과정(total lifelong process)을 의미하며, 좁은 의미로는 사회화가 "인류의 초창기에 그랬던 것처럼 특정한 사회적 역할 수행을 위해 필요한 기술이나 태도 등이 부모나 공동체에 의해서 어린이들에게 터득시키는 것(inculcation)"을 의미하는 것이다.[68] 사회화의 기관으로서, 넬슨이 성인인 부모가 신앙공동체 안에서 먼저 교육되어야 한다고 생각했던 것에 반해서, 웨스터호프는 부모가—교육을 받지 않고도—할 수 있다고 생각했다.[69] 이러한 이유로, 넬슨은 성인을 위한 가르침을 원하고, 웨스터호프는 교회 내에서 예전과 매일의 종교적인(ritual) 삶을 통하여 어린이와 성인을 포함한 모든 회중을 사회화하기를 원하는 것이다. 두 학자가 극단적으로 서로 대립하는 것은 아니지만, 강조점의 차이는 분명하다. 넬슨이 성인교육을 위한 비판적인 성찰의 결과로 제안한 중앙연구그룹(C.S.G.)을 제안했다면, 웨스터호프는 교회 안에서 여러 세대의 교류를 통한 비형식적인 사회화를 강조했다.

웨스터호프는 자신이 비록 세례자 입문교육(catechesis)을 통해서 교

---

67) Neville and Westerhoff, *Generation to Generation*, 42.
68) Westerhoff, "A Changing Focus," 118.
69) 넬슨의 경우에 성인교육과 회중의 사회화는 항상 동시에 일어나는 것이다. 그는 삶의 질을 향상시키는 개입(intervention)의 의미로 성인교육을 제안한다.

제4장_ 20세기 후반 (1): 넬슨과 웨스터호프의 사회화 접근  135

회 내의 회중들을 교육시키기를 원할지라도, 끝내 교수(instruction)라는 용어 사용을 거부한다. 그는 카테키시스를 "사람들을 공동체 내의 종교적 생활에 진지하고 능동적이며 의식적으로 참여할 수 있는 준비를 시키는 것"으로 규정한다.[70] 그런 맥락에서 카테키시스란 "사람들을 기독교 공동체의 신앙과 계시 그리고 사명감(sense of vocation)으로 이끌어 들이는 것으로, 이는 공동체 삶의 전통 안에서 그리고 그 전통에 의해서 계속적으로 형성되고 변혁되는 사람들의 삶을 통해서 전달되는 〔변화의〕 과정"인 것이다.[71] 카테키시스의 목적은 신앙인들을 "그들의 종교적이고 일상적인 삶 가운데서 좀 더 의미 있고 성실한 삶으로" 인도하는 것이다.[72] 초대 교회 시대에는 그 목적이 입문자들(catechumen)의 세례를 준비시켜 주기 위한 것이었지만, 웨스터호프는 좀 더 넓은 범위에서 이를 사용한다. 웨스터호프에게는 카테키시스란 예전으로부터 흘러나오는 것이다.[73] 그러므로 넬슨이 신앙공동체 내에서 중심(core) 성인(成人)들을 가르치는 반면에, 그는 예전과 예전의 사회화하는 힘(socializing power)을 강조한다.

그렇다면 웨스터호프가 생각하는 사회화에 대한 교육의 관계는 무엇일까? 웨스터호프에게 사회화는 교육을 포함하는 것이다. 그는 "교육이란 사회화의 특수한 분야(혹은 면)"라고 한다.[74] 교육이 모든 외적이고 의도적인 노력을 의미한다면, 사회화는 "사람들이 삶의 도리와 이해를 얻고 지탱하는 형식적이거나 비형식적(혹은 내적인 것까지)인 수단"을

---

70) John Westerhoff and William H. Willimon, *Liturgy and Learning Through the Life Cycle* (New York: The Seabury Press, 1980), 17.

71) *Ibid.*, 17.

72) *Ibid.*

73) Westerhoff, "A Changing Focus," 17.

74) *Ibid.*

포함한다는 것이다.75) 그러면 무엇이 교육을 사회화로부터 구분시키는가? 무엇이 종교교육을 실제 교재로 보이게 만드는가? 웨스터호프는 다음과 같이 종교교육사에서 예를 들고 있다: "종교교육사는 가족과 공립학교, 사회의 분위기 그리고 종교 서적들과 교회 등을 포함해야 한다."76) 크레민(Cremin)의 정의를 사용하면서, 웨스터호프는, 교육은 "지식과 태도, 가치관과 행위 또는 민감성 등을 계발하거나 전달하기 위한 의도적이고 조직적이며 꾸준한 노력"을 포함한다고 말한다.77) 반면에 사회화는 교육을 통해서는 가르칠 수 없는 '감추어진 교재'와 모든 교육적인 노력까지도 포함한다는 것이다.

웨스터호프는 일반 사회화와 종교적 사회화 간의 차이를 두기 때문에, 그가 '종교적'이라는 용어와 '종교'의 정의를 내리는 것은 자연스러운 일이다. 그는 종교를 "역사 속의 개인들과 공동체의 삶과 행위 안에서 세계관과 가치관을 이루는 제도적인(institutional) 믿음의 공동체적 표현"이라고 정의한다.78) 그는 종교와 신앙 사이에 날카로운 차이를 둔다: "신앙은 지극히 개인적이고 역동적이며 궁극적이다. 그러나 종교는 신앙의 표현이다. … 종교는 수단이지 목적이 아니다; 신앙만이 목적이다. 우리는 종교에 관해서 가르칠 수 있지만 신앙을 사람들에게 가르칠 수는 없다."79) 그러나 웨스터호프는 신앙과 종교 간의 관계에 대해 설명하기를 보류하는 듯하다. 그러면 우리의 질문은 이것일 것이다: "종교는 한 사람의 신앙에 어떤 영향을 미치는가?"

그가 앞서서 사회화를 "사람들이 삶의 도리와 이해를 얻고 지탱하는

---

75) *Ibid.*, 119. 이와 동일한 문장이 그의 책 *Will Our Children Have Faith?*, 16에도 나온다.
76) *Ibid.*, 17.
77) *Ibid.*
78) Westerhoff, "A Changing Focus," 120.
79) Westerhoff, *Will Our Children Have Faith?*, 21-22.

형식적이거나 비형식적(혹은 내적인 것까지)인 수단"으로 정의했기에,[80) 웨스터호프는 '종교적'이라는 말과 '사회화'의 두 개념을 종합한 것이다. 종교적 사회화란 "사람들의 신앙(세계관/가치관)과 삶의 스타일을 지탱하고 전수함을 통하여 형식적/비형식적인 구조로 점철된 평생의 과정(process)"이라고 정의할 수 있다.[81) 그는 다음과 같이 제안한다. "종교적 사회화는 전통을 짊어지는 공동체에 참여를 통하여 이루어지는데, 〔그 수단은〕종교 생활과 의식, 심벌과 신앙의 표현 그리고 행위와 조직의 패턴과 태도와 가치 등을 포함하는 것이다."[82)

종교적 사회화를 설명하기 위하여, 우리는 다음과 같은 질문을 던져야 한다: 무엇이 웨스터호프로 하여금 패러다임의 전환을 하도록 했는가? 그는 교회가 어떤 문제들에 봉착했다고 보는가? 그는 기독교교육이 회중의 삶에 변화를 일으킬 만하지 않다고 보고 있는가? 웨스터호프는 밝히기를 자신은 이 문제를 다룰 때에 "학문적인 이유에서라기보다는" "주류 교회들의(예: 장로교, 감리교 등) 교육의 어지러운 상태를 감지했기 때문"이라고 한다.[83) 한마디로 그는 학교식-교수라는 패러다임은 이미 몰락(bankrupt)했다고 생각한다.[84) 그러나 역설적이게도 그가 주장하는 학교식-교수 패러다임이 몰락했다는 주장을 살펴볼 때는, 우리는 그 자신이 '교수'(instruction)를 거절하면서도, 카테키시스를 사용하는 내용과 흡사하다는 사실을 염두에 두어야 할 것이다. 그가 비록 교수라는 단어를 사용하지는 않았지만, 여전히 의도적 가르침의 방법을 자신의 목적을 달성하기 위하여 사용하고 있다. 단지 다른 이름인 '카테키시스'

---

80) Westerhoff, "A Changing Focus," 119.

81) Westerhoff, *Generation to Generation*, 41.

82) *Ibid.*

83) *Ibid.*, 37.

84) Westerhoff, *Will Our Children Have Faith?*, 23.

로 말이다. 본질적으로는 카테키시스와 의도적인 가르침 사이에는 차이가 있는데, 그것은 다음과 같다: 카테키시스는 신앙공동체 안에서의 참여를 통해서 비조직적이고 암시적인(내적인) 학습이 일어나는 반면에, 의도적인 가르침은 형식적이고 조직적인 학습을 강조하는 경향이 있는 것이다.[85] 웨스터호프의 카테키시스가 의도적이고 조직적인 교수 프로그램을 도입하고는 있지만, 그는 카테키시스의 의도적인 전달에 초점을 맞추고 있지 않다. 그러나 비록 그가 신앙공동체의 삶을 통하여 전달되는 크리스천 삶의 '감춰진 교재'[86]에 더 많은 관심을 기울인다고는 해도, 그의 사회화 이론 가운데 카테키시스라는 이름으로 의도적인 교수의 역할을 도입해야 했음을 부인하지는 못할 것이다.

또한 웨스터호프가 신앙-문화화 패러다임의 필요를 역설하는 이유는, 의도적이고 형식적인 종교교육은 교회 생활에서 잔잔하게 계속적으로 흐르는 '잠재적인 교재'의 물결 같이 강력하지 못하기 때문이라 한다. 종교교육은 삶의 감춰져 있는 차원을 다룰 만큼 강력하지 못할 뿐더러, 그것은 오직 우리가 가르치는 것과 우리의 존재 그리고 우리가 사는 모습과 우리가 설교하는 것 사이의 격차(gap)만 양산한다는 것이다. 종교교육을 받은 이후에라도 학습자는 그들의 신앙과 그들이 속한 신앙공동체 간의 불일치(dissonance)에 대해 대처할 능력이 없다는 것이다. 왜 그럴까? 그 이유는 우리의 제한된 의도적인 노력보다도 우리를 교회 안에서 사회화시키는 비의도적인 힘이 훨씬 더 강하기 때문인 것이다. 이런 이

---

85) David Heywood, "Christian Education as Enculturation," *British Journal of Religious Education*, 10 (Spring 1988): 65-71. 헤이우드(Heywood)는 웨스터호프가 사용한 신앙공동체와 교육 사이의 차이를 밝히고 있다.

86) 웨스터호프의 감춰진 교재는 아이스너(Eisner)의 내재된 교재(implicit curriculum)의 개념과 흡사하다. Elliot Eisner, *The Educational Imagination* (New York: Macmillan, 1979), 74-92.

유로 웨스터호프는 사회화의 감춰진 차원을 우리가 고려할 수 있는 교육적인 차원으로 드러나게 해야 한다고 말한다.[87] 그러므로 그의 주장은 학교식-교수 패러다임에 대한 새로운 패러다임이 필요하다는 것이다.

웨스터호프의 신학적 동향을 탐색하기 위해서는,[88] 그가 이해한 기독교교육과 신학과의 관계를 살펴보는 것이 필수다. 웨스터호프가 주장한 기독교교육이란 "신학적 토대에 의존적이다."[89]라는 것이다. 그러나 그의 이런 주장은 이전의 스미스(Shelton Smith)나 넬슨의 의견과는 차이가 있음을 알아야 한다. 스미스와 그 무렵 신정통주의의 전통을 따랐던 사람들에게 신학이란 기독교교육의 방법과 내용 그리고 목적을 결정하는 뿌리 내지는 근본(foundation)과도 같은 것이었다. 웨스터호프에게 신학이란 **2차적인** 토대인 것이다. 그의 사회과학적인 연구에 의거해서 그는 신학이 무엇을 채워야 할 것인지를 알고 있었다. "종교교육자들은 좀 더 역동적인 신학을 찾아내든지, 아니면 불가피하게 실추하는 미국교회의 현장에서 물러나야 한다."[90]는 스미스(Shelton Smith)의 주장에서 배워 온 그는 종교교육 학자들이 해방신학과 신정통주의 간의 통합(synthesis) 점을 찾아야 한다고 주장했다.[91] 웨스터호프는 스미스가 자유주의 신학과 신정통주의의 성격에 대한 바른 평가를 내릴 수 있는 사람이라고 생각했다. 왜냐하면 스미스의 평가는 곧 자유주의 신학의 사회 질

---

87) Westerhoff, "A Changing Focus," 122-123.

88) 필자는 웨스터호프의 신학적 동향이 꼭 그의 사회화 이론 형성에 큰 영향을 준 것은 아니라는 것을 명시하고 싶다. 그보다는 차라리, 그의 신학은 교회의 본질과 사명에 대한 그의 이해가 단어 사용에 반영된 것이라는 편이 낫겠다. 이러한 맥락에서 해방신학에서 받은 영향이 그의 이론에서 드러난다고 이해할 수 있다.

89) Westerhoff, *Will Our Children Have Faith?*, 24.

90) *Ibid.*, 26.

91) 웨스터호프는 스미스의 *Faith and Nurture* (New York: Charles Scribner's Sons, 1942)에서 이 아이디어를 빌려온 것으로 추정된다.

서에 대한 관심과 신정통주의의 전통에 대한 관심에 대한 것이라고 생각했기 때문이다.[92] 이 두 신학적 경향의 통합에 대한 관심에서, 웨스터호프는 이 두 신학의 통합뿐만이 아니라 "가톨릭과 개신교 그리고 자유주의자들과 보수주의자들 … 다수세력(majorities)과 소수집단(minorities) 사이의 가능한 연합(coalitions)"을 시도했다.[93]

더 나아가서 웨스터호프는 해방신학을 이용해서 교회가 세상에서 담당해야 할 역할을 정의한다. 그는 교회는 보다 넓은 문화의 변혁을 위한 기관으로서, 또는 증거자로서 부르심을 받았다고 생각한다. 그에 더해, 웨스터호프는 해방신학을 선택한 이유는 이 신학이야말로 현세대에 세상에서 기독교의 역할을 규정지어 주는 데에 적합하다고 생각했기 때문이며, 해방신학이 교회 내에서 사람들을 사회화하는 데 실용적이라고 여겼기 때문이다.

그가 말하는 해방신학의 주제는 '사람들과 기관들의 인간화'이다.[94] 그는 해방신학에 세 가지 중요한 관점이 있다고 말한다: 첫째는 해방의 성경적 약속이며; 둘째는 삶이란 항상 변하고 변할 수 있는 역사를 중심으로 이해되며; 셋째로 구원은 현재의 사회적인 사건이며, 역사 안에서의 참여이지 역사로부터의 탈출이 아니라는 것이다.[95] 웨스터호프는 "해방신학은 우리에게 역사를 만들어 갈 책임이 있으며 우리가 하나님의 역사-만드심에 협력해야 한다"라고 주장한다.[96] 교회와 그 모든 조직은 오직 신앙공동체가 억눌린 사회의 해방에 동참할 때만이 정당화될 수 있다는 것이다.[97] 그러므로 웨스터호프는 인간의 타락과 '하나님의 초월

---

92) Westerhoff, *Will Our Children Have Faith?*, 30.
93) *Ibid.*
94) *Ibid.*, 32.
95) *Ibid.*, 31-32.
96) *Ibid.*

성'(God's transcendence)에 대한 자신의 이해를 해방신학에 첨가시켜 강화시키려 한다.[98]

후일 니콜슨(John P. Nicholson)은 웨스터호프가 그의 신학체계와 교육 이론 형성에 받은 중요한 영향에 대해 다음과 기술하고 있다. 한 가지 영향은 프레리(Paulo Freire)로부터 받은 것이다. 프레리와 웨스터호프는 남아메리카에서 잠시 같이 지낸 적이 있다. 니콜슨은 다음과 같이 적고 있다: "프레리는 웨스터호프에게 학교식 교육에 대한 비판으로 영향을 미쳤고 틸리히(Paul Tillich)에게도 그랬던 라이머(Riemer)와 함께 그의 교육 이론 형성에 영향을 미쳤다."[99] 니콜슨은 계속해서, "로너간(Lonergan)과 같은 신학자들은 그의〔웨스터호프〕신학적 틀 형성에 영향을 주었으며, 듀크(Duke)대학의 신학부 교수였던 헐족(Herzog)은 그의 해방신학적 요소 도입에 영향을 주었다. 파울러(Jame Fowler)는 웨스터호프 이론의 발달적인 측면에 영향을 끼쳤으며, 터너(Victor Turner)의 상상력과 언어는 그의 상징적인 단어 사용에 영향을 주었다."[100]라고 한다.

매우 흥미롭게도, 이런 웨스터호프의 이론 형성의 뒷배경에 관한 정보는 우리로 하여금 학교식 공부나 교수(instruction)의 필요성을 재삼 일깨워 주는 것이다. 그가 만일 의도적으로 또는 계획적으로 이런 이론들을 배우려고 하지 않았다면, 그는 상기(上記)한 여러 학자들의 생각을 도

---

97) Westerhoff, *Generation to Generation*, 156.
98) *Ibid*. 그의 해방신학에 대한 주장에 대해서 필자는 공감할 수 없는 부분이 있다. 그것은 아마 다음의 질문으로 표현될 수 있을 것이다: "어떻게 해방신학이 신정통주의와 자유주의 신학의 통합(synthesis)이 될 수 있다는 것인가?"
99) John P. Nicholson, "A Critical Analysis of the theological, Sociological, educational, and Organizational Dimensions of Westerhoff's Socialization," 32.
100) *Ibid*.

입할 수도 없었을 것이다. 그가 위의 학자들의 영향으로 사회화되었을 뿐 아니라 그들에게 이모저모로 배웠다는 점을 기억해야 할 것이다. 웨스터호프에게는 교회 내에서 네 면의 사회화가 있다. 첫째 면은 환경이다: 교회 건물 외부와 내부의 구조 및 장식 그리고 교회의 위치와 이웃 공동체들에 의한 사용 여부이다. 왜 이 환경이 중요한가? 왜냐하면 사람들은 자신들이 살고 있는 공간과 생태(ecology)에 영향을 받기 때문이다. 둘째 면은 교회의 역할과 위치인데, 이는 교인들의 행위가 연결되는 홈(groove)이 되기 때문이다. 교회 내 사회화의 셋째 면은 사람들의 신앙을 배양하는(incubate) 종교생활과 예전 등을 포함한다. 종교 의식에 참여하므로 사람들은 인생의 가치와 의미에 대해 인식하게 되며, 자신들의 행위에 대한 동기와 삶의 이유를 발견하게 된다. 넷째 면은 가정과 또래 집단(peer groups)이다. 가정에서 어린이는 가치관과 정서(sentiments) 그리고 자신의 역할에 대한 기대를 배우게 된다. 또한 또래 집단은 사람들을 새로운 가치들로 사회화한다. 부연하면, 신앙공동체는 그 안의 사람들의 신앙과 가치들을 부축해 주고(supporting), 지탱해 주며(sustaining), 전수해 주는(transmitting) 역할을 하게 된다.[101] 웨스터호프는 부모의 생활양식이 확실하게 가정의 어린들을 사회화한다고 가정한다.

웨스터호프의 신앙-문화화 패러다임은 그의 크리스천의 삶과 사회의 문화 가운데서 크리스천의 역할에서 비롯된 것이다. 그는 문화가 사람들로 하여금 사회의 현재 모습을 받아들일 것을 요구한고 주장한다. 의식—종교적이거나 일상적인 것을 포함하는—에 대해 다루면서, 그는 "우리의 의식들은 위험할 수도 있다. 그것들은 세상에 있는 것들을—비판 없이—찬양하거나 지탱할 수도 있다. 그것들은 사회를 있는 모습 그

---

101) Westerhoff, *Generation to Generation*, 42-45.

대로 받아들이도록 인도할 수 있다. 실로 그것은 모든 문화가 종교 기관에 요구하는 것이며 기대하는 것이다."[102] 니콜슨이 날카롭게 지적했듯이, 웨스터호프에게는 크리스천의 삶이 본질적으로 '현상유지(status quo)에서 〔탈출을〕 위한' 그리고 장차 다가올 사회 문화이며 오직 우리가 꼭 수용해야 할 '하나님의 공동체'라는 것이다.[103] 그러나 웨스터호프는 다음과 같은 진퇴양난의 딜레마를 인식한다: "만일 종교가 사회 질서와 밀접하게 연관되어 있다면, 그것은 영적인 성격을 잃게 된다. 만일 종교가 사회 질서에서 너무 동떨어져 있다면, 초월적인(transcendent) 능력을 상실하게 된다."[104] 그러므로 그는 크리스천 삶의 사명의 영적이며 동시에 사회적인 것의 균형을 이루고자 노력하게 된다. 한마디로 말해서, 그는 만일 의식들이 현명하게만 사용된다면 그것들이 바로 변혁적이라는 말을 하고 싶은 것이다.


## VII. 웨스터호프와 넬슨의 비교

넬슨과 웨스터호프는 둘 다 종교교육의 방법과 과정으로 사회화를 제안한다. 비록 그들은 많은 점에서 동의하나, 다음과 같은 차이점도 있다.

1. **주일학교**에 대해서: 웨스터호프는 주일학교가 학교식–교수 패러다임에 입각해서 운영된다는 점을 들어서 주일학교 자체를 없애길 원한

---

102) Gwen Kennedy Neville and John H. Westerhoff, *Learning through Liturgy* (New York: The Seabury Press, 1978), 99.

103) *Ibid.*, 100.

104) Westerhoff, *Generation to Generation*, 172.

다. 넬슨은 회중의 역할에 높은 비중을 두는 가운데, 주일학교의 역할을 제한하면서 유지하려고 한다.

2. **문화**에 대해서: 두 사람 다 문화의 형성력이 사회화를 위한 장 (context)이 됨을 인정한다. 그러나 문화 내에서 사역의 초점은 다르다. 넬슨은 회중이 초점이 되는 반면에,[105] 웨스터호프의 초점은 사회에서의 교회에 있다.

3. **변혁과 전통 사이의 이분화**(dichotomy)에 대해서: 넬슨은 아마도 둘 사이의 양분이란 있을 수 없다고 말할 것이고, 웨스터호프는 이분화될 수도 있다고 말할 것이다. 넬슨에게 전통은 그 자체가 변혁적이다. 달리 표현하면, 우리가 전통에 성실하게 주의를 기울이면 변혁이 일어날 수 있다는 것이다. 그러나 웨스터호프에게는 우리가 사회의 변혁에 주의를 기울이게 되면 이분화가 존재하게 될 수도 있는 것이다. 신앙공동체 내의 사람들이 '증거-행동 교육'(witness-action education)[106]에 의해 사회화되고 양육된다면, 그들이 속해 있는 사회에서는 변혁이 일어나게 된다는 것이다. 그러므로 그는 전통보다는 변혁에 더 기대를 건다. 이론적으로 이 점은 흥미로운 것인데, 그 이유는 다음과 같다. 웨스터호프의 사회화 이론은 전통과 변혁 사이의 균형을 향하는 경향을 띠어야 자연스러운데도—아니면, 넬슨의 경우와 같이 전통 전수에 더 강조점을 두어야 하는데도—그의 해방신학에 의존하는 경향 때문에 그는 내적으로 전통보다는 변혁에 더 초점을 맞추고 있는 것이다.

4. **교육자**에 대해서: 앞서 언급한 대로, 코우에게는 사회가 교육자 역

---

105) 그러나 우리는 넬슨의 이론도 역시 교회가 사회에서 역할을 감당해야 한다는 것을 강조하는 데 주의를 기울일 필요가 있다. 여기서, 필자는 그의 이론에 나타나는 우선순위(priority)를 다루는 것이다.

106) Westerhoff, *Will Our Children Have Faith?*, 124.

할을 한다. 넬슨과 웨스터호프에게는, 그 역할을 회중, 즉 신앙공동체가 한다. 넬슨에게, "신앙은 신앙공동체에 의해 전달되는데 신앙의 의미는 역사 속에서 신앙공동체의 구성원들의 상호 간의 교류와 그들의 삶에 일어나는 사건들과의 관계에 의해서 발전되는 것이다."[107] 웨스터호프가 삶의 양식(way of life)을 전달할 때에 예전과 종교 의식 등에 참여함을 강조하는 데 반해서, 넬슨은 회중 간의 교류에 더 초점을 맞춘다.

5. **회중의 역동성**(dynamic)을 **유지**하는 것에 대해서: 중앙연구그룹이 넬슨에게는 필수적이다. 웨스터호프는 카테키시스를 교육적 도구로 사용해서 같은 목표에 도달하고자 한다. 그도 역시 교회력을 통하여 성실하고 신중하게 예전에 참여해야 함을 강조한다.

성도들 삶의 이슈들과 사건들 그리고 질문들에 관해서, 넬슨은 웨스터호프보다는 코우에 더 가깝다고 볼 수 있다; 넬슨은 실천신학의 초점으로서 성인교육을 중심으로 하는 비전을 품고 있다. 다른 말로, 웨스터호프는 사회화와 예전적인 삶을 연결시키는 데 비해, 넬슨은 사회화를 실천신학과 연결시키고 있다. 신앙에 대해서, 넬슨은 '하나님과의 경험의 잔재(residue)'[108]로 보고 있지만, 웨스터호프에게 신앙이란 사람들의 세계관과 가치관을 표현하는 것으로 본다. 그러므로 그들의 신앙에 대한 견해는 서로 다른 것을 알 수 있다.

앞서 살펴본 대로, 넬슨이 교수(instruction)의 필요를 인정한다면, 웨스터호프는 교수를 없애려고 한다. 두 사람 다 회중을 변혁이 일어나는 장으로 생각하지만, 넬슨은 성인들이 모인 작은 그룹이 회중교육을 위한 시발점이 되어야 한다고 주장하는 반면에, 웨스터호프는 교회 내에서 예전과 의식들을 통해서 전(全: whole) 회중을 사회화하려는 것이다.

---

107) Nelson, *Where Faith Begins*, 10.
108) Nelson, *How Faith Matures*, 127.

넬슨이 전통을 '변혁적인 행위'로 본다면, 웨스터호프는 '과거의 기억'으로 본다. 넬슨에게는 전통 그 자체가 변혁적인 것을 의미하며, 웨스터호프에게는 이 '기억'이 변혁적이라고 말할 수 있을 것이다. 부분적인 차이점들이 시사하는 바는 다음과 같다. 넬슨의 주장을 사람들이 공동체의 장과 사건에 참여함으로써(개인적 theophany) 전통이 변혁적으로 된다는 말이고, 웨스터호프의 주장을 전통이 공동체를 세상 속에서 변혁적인 행동을 할 수 있도록 해야 한다는 것을 의미할 것이다. 두 사람 다 성도들 간의 교류의 중요성을 강조한다. 그렇기에 그들에게 사회화는 신앙공동체에서 변혁을 일으키는 중요한 방법 내지는 과정이 된다.

요약하자면, 넬슨과 웨스터호프는 둘 다 종교교육의 목적이 신앙공동체 내의 신자들을 사회화하는 것이고, 그렇게 함으로써 변혁이 공동체 삶의 한가운데에 일어나게 되는 것이다. 그러므로 두 학자는 휴브너의 "종교적으로 함께 어우러져 사는 것 자체가 교육적인가?"라는 질문에 대해 틀림없는(울려 퍼지는: resounding) "예."로써 대답할 것이 분명하다.[109]

---

109) 그러나, 각 학자에게 가르침(teaching)은 어디엔가 존재하는 것이다. 넬슨에게는 개인적 theophany(예: 신앙공동체의 예전과 삶에 참여하는 것)에 의거해서 C.S.G. 모델이 존재하는 것이며, 이는 함께 실천신학적 숙고(reflection)를 하는 것을 포함한다. 이것은 변혁과 사회화를 연결시켜 주는 것이다. 웨스터호프에게는 가르침이 예식적인 카테키시스(ritual catechesis)에서 등장하게 되며, 우리의 종교 생활(rituals)의 비판적인 숙고와 변혁을 포함하는 것이다. 이것은 공동체의 변혁적 능력을 지탱하는 것이다. 그러므로 두 사람이 다 사회화를 강조하고는 있지만, 그들의 이론 중 어딘가에 가르침의 요소를 포함하고 있음을 알 수 있다.

## 넬슨과 웨스터호프의 이론 비교
### Comparison Between Nelson and Westerhoff

| 쟁점 | C. 엘리스 넬슨 | 존 웨스터호프 III |
|---|---|---|
| 교수의 필요성 | 예 | 아니오 |
| 주일학교의 역할 | 제한되어야 한다. | 전혀 필요 없다. |
| 사회화의 시발점 | 회중과 소수의 성인과 교류 | 전체 회중 |
| 변혁으로 이끄는 사회화의 수단 | C.S.G.와 성도들 간의 교류 | 교리문답과 예전에 참여 |
| 전 통 | 변혁적 유산 | 과거의 기억들 |
| 신 앙 | 하나님과 만남의 경험의 잔재 / 세계관과 가치관 | 하나님과 성도의 신뢰의 관계 |
| 신 학 | 개혁전통 | 꿰어 맞춘 해방신학 |
| 가 정 의 역 할 | 필수적이나 부모를 교육하는 조건에서 필수적 | 가정보다는 회중을 더 강조 |

# 제5장

# 20세기 후반 (2)

: 리틀과 보이스의 가르침을 통한 접근

# I. 리틀의 자료와 그 자료가 미친 영향

평생 장로교인으로 자신의 신앙유산에 지대한 자부심을 지니고 살았던 사라 리틀은 그녀의 전 생애 동안 한 번도 교사가 아닌 적이 없었다. 그녀는 자신의 가르치는 업을 노스캐롤라이나(North Carolina) 주의 한 고등학교에서 시작하였다. 리틀은 고등학교 선생님을 시작으로 오늘날까지 종교교육과 관련한 가르침에 대해서 계속적으로 가르치고 강연하고 저술 활동을 펴나가고 있다. 자신의 개혁 신앙과 일관성 있게 그녀는 학생들의 자유를 지지하고 존중하는 가운데 신앙 고백적인 입장을 고수하고 있다.[1] 교사로서 신앙 고백적이라는 말은 개인의 영적인 차원에 관심을 갖는다는 말인데, 이 점은 리틀의 경우에 명백히 드러난다. 더 나가서 가르침에서 '고백적'이라는 의미는 교사가 자신이 '가진' 신앙을 고백하고(confess) 인정하는(profess) 것─학생과 함께 자신의 신앙 체계를

---

1) Reed and Prevost, *A History of Christian Education*, 354. 리틀에 따르면 "나는 학생이 합리적인 믿음을 추구할 때 행하는 모든 노력을 파괴하지(subvert) 않는 범위에서 가르침에 대해 신앙 고백적인 접근을 인정한다"라고 한다. "Religious Instruction," *Contemporary Approaches to Christian Education*, eds., Jack L. Seymour and Donald E. Miller (Nashville: Abingdon Press, 1982), 42.

기꺼이 나눈다는 것을 의미한다―은 자신이 학생의 신앙에 너무 지나친 영향을 주지 않으려는 시도로, 가르치는 내용과 신앙을 이분법적으로 격리시키는 교사와는 상반된 것이다. 고백적인 교사로서 리틀은 학습자의 신앙 체계에 관심을 많이 기울인다. 학생 자신들의 신앙 체계를 명확히 세워 가는 가운데 그녀의 신앙을 길잡이로써 고백한다. 그러므로 그녀의 고백적인 접근은 그녀의 가르침이 세뇌나 주입식 교육이 아니라는 견지에서 중요한 것이다.

종교교육자로서의 리틀은 1951년에 P.S.C.E.의 교수로서 시작한 것이라고 할 수 있다. 1951년이라는 해를 주목하라! 이해는 바로 코우가 별세한 해이다.[2] 그 시점에 쉐릴은 뉴욕 유니온신학교 실천신학부의 주임교수로 있었는데 그 자리는 바로 코우의 후계자였던 엘리옷이 재직하던 자리였다. 다른 말로 하자면, 그때는 기독교교육운동이 활발하게 전개되고 있던 시기였다.

여기서 우리는 리틀에게 직·간접으로 영향을 끼쳤던 몇몇 자료를 고려할 수 있다. 첫째, 쉐릴의 성경과 공동체 그리고 자아(self)에 관한 견해가 리틀을 '자극'한 것이다. 컬리(Kendig Brubaker Cully)에 따르면 쉐릴의 심리학적인 교육은 현대 심리학의 선구자였던―어떻게 인간의 마음에 아이디어가 형성되는가를 연구했던―허바트(Johann Friedrich Herbart, 1776~1841)에 그 뿌리를 두고 있다.[3] 뒤에 더 자세히 살펴보겠지만, 리틀의 저서에는 이 심리학적인 관심, 특히 '자아'에 관한 견해가 등장하게 된다. *The Gift of Power*라는 책에서 쉐릴은 자신이 가졌던 정

---

2) "What We Should not Forget," *PACE* 24 (Feb. 1995): 8-12를 참고하라. 이 글에서 리틀은 그녀가 어떻게 코우와 밀러(Randolph Crump Miller) 그리고 쉐릴(Lewis Sherrill) 등을 알게 되었는지를 설명한다. 그녀는 밀러나 쉐릴을 개인적으로 알았던 반면에, 코우는 그의 저서들을 통해서 알게 되었다.

3) Cully, *The Search For a Christian Education Since 1940*, 41.

신분석학적4)인 동기로 전환하게 되는 학문적 명분을 다음과 같이 소개하고 있다.

진정한 의미에서 나의 책의 근본은 35년 전에 시작했던 목회의 초창기 각성에 그 뿌리를 박고 있다. … 나는 나의 사역에 심각한 결핍을 느끼게 되었다. … 나는 목회 현장에서 사람들이 당면한 실제적인 문제를 다룰 수가 없었던 것이다. 공동체의 몇 젊은이는 심각할 정도로 무책임했고 다루기가 불가능하였으며, 몇 사람의 자살 사건보다도 더 심각한 현실의 문제에 직면해 있었다. 내가 갖고 있던 심리학이나 신학은 이런 환경을 극복하는 데 부적당하였으며 … 내게 떠오른 것은 '좀 더 깊은 탐구'가 성경과 신학 그리고 인간의 의미를 가장 효과적으로 가르치고 설교할 수 있도록 이루어져야 한다는 것이었다.5)

깊이 있는 심리학과 관련해서 '깊이 있는' 신학의 추구—계시의 깊은 차원—'인간의 곤경'(predicament) 등의 여러 문제를 해결할 수 있는 깊이 있는 신학과 심리학을 추구함에 있어서,6) 쉐릴은 기독교교육을 "기독

---

4) 컬리는 쉐릴이 정신분석학(psychoanalysis)을 자신의 학문으로 취한다는 개념을 설명하면서 페어차일드(Fairchild)의 관점을 다음과 같이 도입한다: "쉐릴은 한편으로는 자신의 기독교적 양육과 심리학 간의 연결의 근거로 실험적 심리학자들(experimental psychologists)의 저술들을 거부하면서, 또 다른 한편으로는 인생의 각기 다른 뼈를 깎는 묘사에 큰 관심을 가졌던 발달심리학자들의 이론에 특별히 관심을 가진 것도 아니었다. 오히려, 이러한 학문들을 무시하지는 않으면서도 쉐릴은 인간 본성(nature)의 통찰력에 관한 주요 자료로써 정신분석학에 관심을 돌린 것이다. … 정신분석학은 복음이 말하는 인간 본성을 묘사하는—인간 행위에 대한 수학적 공식에 관한 묘사가 아닌 관계(relationships)에 관한 언어로서의—학문이다." *Ibid.*, 52-53.

5) Cully, *op. cit.*, 55; Roy W. Fairchild, "The Contribution of Lewis J. Sherrill to Christian Education," *Religious Education*, LIII:5 (Sept.-Oct. 1958): 403-411에서 재인용.

6) Cully, *op. cit.*, 55.

교 공동체의 구성원에 의한 공동체 생활에의 참여와 하나님과 교회 그리고 사람들과의 관계와 자기와의 관계 가운데서 일어나는 변화[7]를 조절하려는 시도"[8]로 정의했다. 비록 이 과정은 성경의 도움과 함께 전달되지만, 성경은 단순히 과거의 역사에 대한 기록이 아니다.[9] 오히려 성경은 부단한 대결(confrontation; encounter – 도전)과 채택(adoption; response – 응전)의 과정이다. 그러므로 쉐릴에게 성경은 전통과 변혁 사이의 끊임없는 긴장의 결과로, 사람들의 경험을 기록한 책이다.

쉐릴의 글을 대하노라면, 우리는 바르트(Karl Barth) 신학의 영향, 즉 말씀을 통해 '지금, 여기에서' 하나님을 만나는 것이라는 주장을 눈치 채게 된다. 또한 우리는 넬슨의 *Where Faith Begins*에서 나타난 계시의 개념과 유사한 것을 볼 수 있게 된다. 이 '현재 하나님을 만나고 반응하는 것'은 후(後)바르트 시대의 개신교 교육학자들의 주제로 나타나—사회화와 의도적 가르침 가운데에도—보이는 듯하다. 전통과 변혁이라는 주제는 모든 학자의 이론에 깊이 각인(刻印: rooted in)되어 있는 듯이 보이는 것이다.

그러면 쉐릴에게 성경을 사용하는 목적은 무엇인가? 쉐릴은 말하기를: "기독교교육에서 성경을 사용하는 주된 목적은 현재의 삶 가운데서 하나님을 느끼고 반응할 수 있도록 사람들을 준비시키는 데 있다. 우리는 이것을 계속적인 만남(encounter)을 위한 목적이라고 부를 수 있다.[10] 기독교 공동체는 모든 장을 초월한—그 위에 존재하는—**장**(scene)이며,

---

7) 변화(change)라는 단어와 연관해서 쉐릴이 의미하는 바는 다음과 같다. 즉, 기독교교육을 통하여 변화 가운데서 변혁이 **가능한** 길을 모색하는 것이다.

8) Lewis Joseph Sherrill, *The Gift of Power* (Philadelphia: The Macmillan Company, 1955), 77. Cully, *The Search For a Christian Education Since 1940*, 56.

9) Cully, *op. cit.*, 56.

10) Sherrill, *The Gift of Power*, 95.

그곳에서 성경을 교육에서 사용하게 되는데, 이는 하나님의 계시의 본질과 성경 자체의 본질과 일관되는 것이다."[11] 그는 기독교공동체 밖에서의 성경 사용 결과에 대해서 다음과 같이 언급했다: "예배의 거룩한 무드 가운데서의 만남과 관련해서 성경이 빠진다면, 성경은 생명력 없는(life-less) 것으로 전락하기 쉽다."[12] 그러므로 쉐릴에게는 '삶 가운데의 하나님과의 만남'이 〔가르침의〕 내용이 되며, 성경은 신앙공동체라는 장에서 그 만남을 위한 수단이 되는 것이다.

신앙공동체의 강조는 리틀의 저서에서도 가정된 점이었다. 그녀는 "신앙공동체를 떠난 신앙 전수란 생각하기조차 불가능한 것"이라고 쓰고 있다.[13] 그녀에게 신앙공동체는 전수하는 기관으로써 기능한다. 그녀는 말하기를, "공동체는―신앙공동체를 포함하여―공동체 자체의 신념들과 가치를 전달한다."[14] 이 점에 대해서 리틀은 "〔공동체가 신앙을 전수한다는〕 점은 처음부터 가정된 것이다"라고 말한다.[15] 그러므로 우리는 쉐릴에서 리틀에게 이르는 신앙공동체에 관한 끊임없는 관심을 볼 수 있게 된다. 이것이 바로 사회화이다. 이 점에 대해서 리틀은 넬슨의 견해에 대해 동의하는데, 이는 신앙공동체가 일차적인 사회화 기관(socializer)이라는 것이다.

쉐릴은 '자아의 성장'에 대하여 기술했다. 신앙공동체와 관련해서 자아는 "다른 이들과의 관계 속에서 형성된다. 만약 자아가 볼품없이 불구(de-formed)가 된다면, 관계 속에서도 그렇게 될 것이다. 만약 자아가 개형(改形: re-formed)되거나 변혁(變革: trans-formed)된다면 다른 이들

---

11) *Ibid.*, 97.
12) *Ibid.*
13) Little, *To Set One' Heart*, 2.
14) *Ibid.*, 86.
15) *Ibid.*

과의 관계 속에서도 그렇게 될 것이다."16) 그가 주장한 자아와 다른 이들과의 관계에서 떼어놓을 수 없는 성장은 넬슨이 주장한 그것과 유사하다. 이 점은 리틀의 경우에도 역시 사실이다. 자아의 성장에 관해서 리틀은 다음과 같이 피력하고 있다: "자아의 성장과 신앙 발달에 관한 판단의 전거는 신앙공동체이다."17)

쉐릴은 자아에 대해서 다음과 같이 적고 있다: "자아를 이해하는 데는 세 가지 개념을 알아야 하는데, 그것은 잠재적 자아(potential self)와 존재적 자아(existing self) 그리고 자아의 이미지(the image of the self)이다."18) 잠재적 자아란 "한 사람이 되어 가는(becoming) 자아이다."19) 그에게서 자아는 총체(wholeness)적 존재로서 가능성, 즉 총체성(wholth)을 갖고 있는데, 이것을 쉐릴은 건강, 즉 'health'라는 단어와 같이 취급했다.20) 존재적 자아란 "어떤 특정한 순간 가운데 존재하는 자아를 가리킨다."21) 이 자아는 삶의 걱정과 위험에 당면하고 있다. 그런 의미에서 이 (존재적) 자아는 '위협 아래' 있는 것이다.22) 마지막으로, 자아의 이미지는 다음과 같은 질문, 즉 "자아는 자신을 생각할 때 무엇을 보는가?"와 연관이 있다.23) 그러므로 자아의 이미지는 자신의 몸 이미지와 많은 관계가 있으며 "그 자아가 바라보는 자신의 이미지와 객관적인 자아"의 이미지 간에 차이가 있을 때 큰 충격을 받게 된다.24)

---

16) Sherrill, *The Gift of Power*, 45.
17) Little, *To Set One's Heart*, 25.
18) Sherrill, *The Gift of Power*, 19.
19) *Ibid.*
20) *Ibid.*, 21-22.
21) *Ibid.*, 25.
22) *Ibid.*, 27.
23) *Ibid.*, 35.
24) *Ibid.*, 38.

요약하면, 쉐릴은 심리학적인 견지에서 자아와 기독교 공동체의 관계를 살펴보는 가운데 자아의 성장에 대해 많은 관심을 갖고 있다. 리틀은 쉐릴을 다음과 같이 분석한다: "쉐릴은 자아에 대한 지식과 하나님에 대한 지식이 상호 의존적인 관계라고 보고 있기에 다분히 칼뱅적이다."[25] 리틀이 분석한 점은 이런 것으로 볼 수 있다. 즉, 우리는 그저 심리학적으로 자아를 보살핀다고 해서 성장이 촉진되는 것은 아니라는 것이다. 그보다도 우리는 사람의 심리학적이고 신학적이며 철학적인 모든 면을 고려하면서 성장을 꾀해야 한다는 것이다.[26] 리틀은 여기서 사람의 신념 형성(belief formation)에 대해서 언급하고 있다. 뒷장에서 이 점에 대하여 더욱 자세히 다룰 것이다. 앞서 언급한 패턴으로 리틀은 개인과 신앙 공동체와의 관계에 대한 쉐릴의 관심을 읽고, 분석하며, 때로는 받아들이기도 하면서 사용하고 있다.

둘째, 리틀의 저서에 배후에서 영향을 준 자료는 마틴 부버(Martin Buber)의 '관계'에 관한 견해일 것이다. 리틀의 저작을 살펴보면 우리는 부버의 나와 너(I-Thou)의 접근 방식의 자취를 찾을 수 있다. 마치 코우가 가졌던 인간 존재에 관한 사회적 본질(social nature)에 대한 생각과도 유사하게, 부버에게도 인간의 상호관계를 떠난 존재란 있을 수 없다. 부버는 관계 유지에서 '대화'(dialogue)의 역할을 강조한다. 대화는 실로 필수적인 것이며, 대화가 없이는 진정한 관계도 없다는 것이다. 대화는 서로 간의 민감한 상호작용(reciprocity)이 있을 때만 시작되는 것인데, 이 상호작용은 다른 사람이 말하는 것을 기꺼이 듣기도 하고 상대방에게

---

25) Little, *To Set One's Heart*, 67. 또한 쉐릴의 *The Gift of Power*, 17을 보라. 그는 다음과 같이 적고 있다: "인간은 만일 그가 하나님을 알려고 한다면 자신을 알아야 한다. 그리고 자신을 진실로 알기 원한다면 하나님을 알아야만 한다."
26) Little, *To Set One's Heart*, 69.

말하려고도 하는 자세가 수반되어야 한다. 이 부버의 관계에 관한 아이디어는 부분적으로 리틀의 '하나님과의 만남'이라는 생각에 기초가 된 것이다.

　부버의 사상을 좀 더 깊이 생각해 보면, 부버는 집단성(collectivity: 함께 묶어버리려는 경향)을 거부하는데, 이는 사람들을 엮어 주기보다는 꾸러미로 묶어버리기(bundling) 때문이라는 것이다.[27] 부버는 다음과 같이 설명한다: "공동체, 즉 성장하는 공동체는 … 그저〔의미 없이〕옆에서 있는 것이 아니라 군중 가운데서 함께하는 공동체이다. 그리고 이 군중은 함께 한 가지 목표를 향해 나아간다고 할지라도 모든 장소에서 서로를 향하고(turning to) 역동적으로 서로를 대면하는데(dynamic facing of), 이것은 나와 너의 관계로부터 흘러나오는 것이다."[28] 부버의 글에서 보이는 관계의 핵심적인 개념이란 나는 너를 통해서 만들어진다는 것이다. 간략하게 표현하자면, 상호관계(mutual relationship)가 없이는 존재란 없다는 것이다. 리틀은 부버의 상호성 내지는 연결성(relatedness)의 개념을 그녀의 가르침의 이해에서 사용하고 있다. 그녀에게 상호성은 사람들 사이에(예: 교사와 학생) 존재하는 것으로 진리(또는 하나님)의 관계에 대한 또한 진리를 섬기고자 시도하는 가운데 존재하는 것이다. 그녀에게 학생과 함께하는 교사의 존재는 필수적인 것이다.[29] 리틀은 '방법'으로써 부버의 대화를 사용하고 있는 것이 아니라, 교사와 학생 간의 기본적인 신뢰를 촉진시키기 위한 '태도'로써 사용하고 있다.[30]

　부버에게 교육이란 지극히 의도적인 기획(enterprise)인 것이다. 이

---

27) Martin Buber, *Between Man and Man*, Tr. by Ronald Gregor Smith (New York: Macmillan, 1969), 31.

28) *Ibid.*, 31 이후.

29) Little, *To Set One's Heart*, 89.

30) *Ibid.*

점에 대해서 부버는 다음과 같이 언급한다: "우리는 교육을 의식적이고 의지적인 것으로 규정짓는데, 이 말은 사람에 의한 효과적인 세계를 위한 선정을 의미한다. 부연하자면, 이 말은 교육자에게 집중적으로 나타난 세계의 선정에 대한 결정적으로 효과적인 능력을 부여하는 것을 의미한다."[31] 이러한 부버의 인간 이해 및 관계와 교육의 의도적인 면 그리고 대화에 관한 생각은 리틀에게 영향을 주었다.

셋째, 우리는 신념 형성과 가르침에 대해서 다루면서 토마스 그린 (Thomas Green)의 철학과 개념 분석의 영향을 또한 지적해야 할 것이다.[32] 리틀은 신념 형성과 관계해서 그린의 교수(instruction)와 가르침 (teaching)에 대한 정의를 끌어내었다.[33] 그린의 이론을 설명한 아래의 도형을 보면서 이 글을 읽어내려 가면 도움이 될 것이다.

〈토마스 그린의 가르침의 범위(The Scope of Teaching)〉

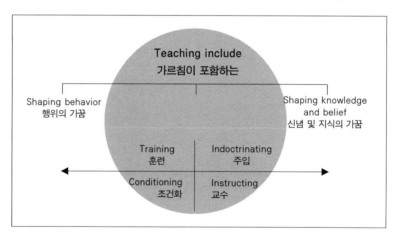

---

31) Buber, "Education," in *Between Man and Man*, 89.
32) 주로 Thomas Green의 *The Activities of Teaching* (New York: McGraw-Hill Book, 1971)을 참고하라.
33) *Ibid.*, 34.

그린은 가르침이 '행위를 가꾸는 것'과 '지식을 전달하는 것'과 '신념을 가꾸는 것'이라고 주장했다.[34] 그러므로 가르침은 한편으로 피교육자의 행위를 가꾸어 나갈 목적으로 조건화(conditioning)와 훈련(training)을 포함하며, 또한 신념과 지식을 가꾸는 목적으로 행하는 교수와 주입(indoctrinating)을 포함한다.[35] 그린에게 훈련은 "행위를 가꾸어 나가는 방법이며 교육 대상에게 행위 변화에 필요한 지식을 전하는 것이며", 반면에 조건화는 "지적으로 표현되지 않는(not expressive of intelligence) 행위를 가꾸어 나가는 것을 의미한다."[36] 유사한 논리로, 교수와 주입은 서로 다른 목적을 가지고 있다. 교수의 목표가 '신념의 토대'(grounds of belief)를 달성하는 것이라면, 주입의 목표는 '신념의 내용'(contents of belief)을 달성하는 것에 초점을 맞춘다.[37] 리틀은 그린의 교사의 역할에 대한 주장을 인준하면서 다음과 같이 말했다: "교사의 역할에 대해 말한다면, 교사는 자신이 개방성과 확신의 태도를 극대화하는 기회를 갖고 있는 사람이다. 어떤 점에서, 교사는 그런 태도를 가꾸어 나가는 모델과도 같은 입장을 지닌 사람이다."[38] 더욱이, 그녀는 교수(instruction)라는 단어를 사용하는 이유를 밝히는데, 이는 교수가 '왜'라는 질의응답과 관련이 있는 용어이기 때문이라는 것이다.[39]

리틀이 P.S.C.E.에서 자신의 교직 생활을 시작할 무렵은, 스마트(James Smart)와 스미스(Shelton Smith)가 칼 바르트의 신학(Barthianism)

---

34) *Ibid.*, 23.
35) 앞의 책에 나오는 도식(diagram)을 참고하라. *Ibid.*, 33.
36) *Ibid.*, 26. 위의 도식에서 보는 것과 같이 조건화는 훈련보다는 더 행위 가꿈에 치우친 의도적 행위(activity)이다.
37) *Ibid.*, 58.
38) *Ibid.*
39) Little, "Religious Instruction," 39, 43-44.

을 종교교육으로 도입한 시기였다. 스마트는 주장하기를 종교교육에 신학을 회복하는 것은 무엇보다도 시급한 일이며, 그가 말하는 신학이란 신정통주의적(Neo-orthodox)이며 그리스도 중심적(Christocentric)이어야 한다는 것이다. 그는 기독교교육의 목표에 대해서 다음과 같이 말한다.

> 기독교교육의 목표는 항상 새롭게 하는(ever afresh) 인류 구원의 생명의 세계가 그리스도와의 교제를 통하여 풍요로워지고 성장케 하도록 돕는 인간의 채널을 넓히고 깊게 하는 것이다. 그러므로 프로그램은 초신자로 부터 성숙한 신자까지 인도하는 폭 넓은 것이어야 하며, 예수 그리스도 교회에서의 신앙과 생명으로의 확실한 길로 안내하는 것이다.[40]

기독교교육운동은 1950년대 초반에 그 절정을 이루었으며, 이것은 양육에 관한 심리학적이고 신학적인 강조를 둔 것이었다. 이런 운동의 와중에서 리틀은 종교교육의 교수로서 자신의 소명적인 일을 시작하였는데, 잠시 동안 그녀는 바르트의 신학에 영향을 받게 된다. 그러나 리틀은 나중에 인정하기를 신정통주의는 개혁 전통의 '일시적인 발현'(momentary manifestation)이었다고 하며,[41] 신학사라는 입장에서 볼 때 일시적인 현상이라고 이야기한다. 어떤 면에서 신정통주의는 개혁 과정(reforming process)의 일부분으로 볼 수 있기 때문에 개혁신학의 큰 우산 아래 있다고 볼 수 있다는 것이다. 그러나 리틀을 신정통주의의 학자로 보는 것은 또 다른 문제이다. 그녀는 신정통주의를 '자유주의에 대한

---

40) James Smart, *The Teaching Ministry of the Church* (Philadelphia: Westminster, 1954), 108.
41) Sara Little, "Reformed Theology and Religious Education," 11-34, ed., Randolph Crump Miller, *Theologies of Religious Education* (Birmingham, Ala.: Religious Education Press, 1995), 14.

반발'로 보는 것이다.42) 달리 말하자면, 소위 '성서적 신학'으로 이끌어낸 '위기의 신학' 또는 '변증법적 신학'은 그녀의 신학적 추구를 묘사하기에 는 적합지 않다는 것이다. 신정통주의와 함께 나눌 수 있는 생각은 단지 기독교교육의 과제를 생각할 때 그 토대로서 신학을 되찾아야 한다는 것 이다.

넷째, 아마도 그녀에게 가장 영향을 미쳤던 인물로 니버(H. Richard Niebuhr)를 들 수 있을 것이다. 니버의 개혁신학적 통찰력은 리틀의 생 각 형성에 결정적인 영향을 미쳤다고 할 수 있다. 인간의 딜레마에 대해 서 그는 다음과 같이 말한다: "우리는 신앙에 의해서 살아가지만 우리의 신앙은 비뚤어진 신앙과 함께 살아가고 있다."43) 니버는 계속하기를, 우 리의 신앙이 비뚤어져 있기 때문이라고 이유를 밝힌다.

기독교신학은 계시와 함께 시작되어야 한다. … 왜냐하면 우리는 하나님 이 우리를 믿는 자들로서 역사적이고 공동체적인 존재들로서 구원하실 것이라는 것에 대해 생각하기가 불가능해졌기 때문이다. 〔그러므로〕 신 학은 신학이 어디에서나 항상 모든 인류에게 어떤 의미를 주는지를 생각 하기보다는 하나님의 계시가 크리스천들에게 어떤 의미가 있는지를 물 어봐야 한다.44)

---

42) *Ibid.*, 16.

43) H. Richard Niebuhr, *Faith on Earth: An Inquiry into the Structure of Human Faith* (New Haven: Yale University Press, 1989), 83. 니버가 자신의 문장을 인간(human)으로 시 작하고 있음에 유의하라. 반면에 '신정통주의' 신학자인 바르트와 같은 사람은 인간 으로 문제의 해결을 위한 시도를 하지도 않을뿐더러, 그렇게 할 수도 없다는 것이다.

44) H. Richard Niebuhr, *The Meaning of Revelation* (New York: The Macmillan Company, 1941), 42.

'나와 너'라는 관계에 대해서, 특히 학생과 교사와의 관계에 대해서, 니버는 이렇게 말한다. "학생과 교사가 서로를 신뢰하고 인격체로 깊이 존중하는 성숙한 존재로 연관되어 있을 때, 그들은 동시에 서로 한 몸으로써 그 둘의 경지를 뛰어넘게 되는 것이다."[45] 니버에게, 교사와 학생 간의 관계는 상호 간의 '언약적이고' '약속을 만들어 가는' 이해 위에서 성립되어야 한다.[46] 니버에게 신앙은 신뢰 그리고 신념과 충성을 포함하는 것이다. 그것은 하나님 안에서의 인격적인 신앙과 신실함으로 엮어진 관계이다. 그의 진리(truth)에 관한 개념 또한 중요하다고 본다. 그는 다음과 같이 말한다.

'진리'라는 용어는 진리를 추구하는 사람들의 공동체 안에서 각자의 개인적인 가치를 추구할 때에 서로에게 진실을 말하고자 맺은 약속 이상의 것이다; 진리는 공동체 내에서 각자가 진리를 추구하는 과정에서 자신이 대하는 모든 이에게 충성의 약속을 함으로써 진리 추구자들(truth-seekers)이 신앙으로 서로 연결되는 것을 의미한다.[47]

이러한 니버의 신학적 개념들이 리틀의 글을 형성하는 바탕이 되었다고 얘기하는 것이 지나친 과장은 아닐 것이다. 이렇게 니버의 영향은 그녀의 계시와 관계 그리고 진리를 다루는 부분에서 두드러지게 나타난다. 비록 본 연구에서 아주 자세하게 다루지는 않았지만 그녀는 신학적인 영향들을 종교교육학자들에게보다는 니버나 폴 틸리히와 같은 이들에게서 더 받았다고 말할 수 있다.

---

45) Niebuhr, *Faith on Earth*, 51.
46) *Ibid.*, 50.
47) *Ibid.*, 50-51.

다섯째, 리틀은 신학적으로 철저하게 개혁 전통(reformed tradition)에 뿌리를 박고 있다. 리틀은 자신의 저서 *The Language of the Christian Community*에서 개혁 전통이 무엇인가에 대해 요약하고 있다. 그것은 바로 예수 그리스도는 우리 가운데 계신 분이며 우리의 필요를 채워 주시는 분이며, 우리는 그분을 섬기도록 부르심 받았다는 것이다. 이 전통은 인간의 자유와 책임을 동시에 강조하는 것이다.[48] 이 개혁 전통에 따르면 인간의 삶은 '하나님 영광의 극장(theatre)'[49]이며 인간 존재의 최대 목적은 하나님을 영화롭게 하는 것이다.[50] 그녀는 이렇게 덧붙인다: "개혁교회는 교회의 정치 형태(교회 조직을 말함)가 교회의 본질(essence)이라 믿지 않으며, 단지 실제 교회의 교리를 표현함에 있어서 존재할 수 있는 한, 최대한도로 가능한 반사체(reflection)이다. 교회가 이렇게 힘을 효과적으로 조직함으로써 세상에서 교회의 일을 수행해 나가는 방법인 것이다."[51] 이 개혁적인 전통 안에는 고백주의(confessionalism)와 에큐메니즘(ecumenism)이 존재한다. 이 점에 대해서, 그녀는 다음과 같이 말한다: "그러면 고백적인 통일체(unity)로서 개혁교회에서는 무슨 일이든지 보편적인 교회라는 맥락에서 해야 한다. … 칼뱅은 자신 삶의 마지막 날까지 대화와 서신왕래(correspondence)를 통해 갈기갈기 찢어진 교회를 연합하려고 모든 수단을 강구했던 것이다."[52]

리틀은 아래에 자신의 개혁신학의 이해에 근거해서 교육의 8가지 개

---

48) Little, *The Language of the Christian Community* (Richmond, Va.: The Covenant Life Curriculum, 1965), 202.

49) *Ibid.*

50) Little, "Reformed Theology and Religious Education," 26.

51) Little, *The Language of the Christian Community*, 202-203.

52) *Ibid.*, 203-204.

념들을 나열하고 있다: (1) 교회사역의 목표와 교육은 웨스트민스터 소요리 문답의 첫 번째 질문과 대답에서 찾아볼 수 있다[53]; (2) '이해를 추구하는 신앙'은 개혁교회 교육을 수행할 때에 준거의 틀이 된다[54]; (3) 크리스천의 삶은 경건의 삶으로 묘사될 수 있다[55]; (4) 삶은 하나님의 목표를 향하여 맞추어져야 한다[56]; (5) 공동체 내의 각 개인들은 신학적 성찰의 과제로 모두 초대되어야 한다….[57]; (7) 가르침의 사역은 교회의 사명을 수행할 때에 필수적인 것이다[58]; (8) 신앙공동체는 현대 교육의 생태(ecology)를 다시 생각해야만 한다—옛 패턴이 아직 유용한지를 판단해보고, 교회의 전통적이고 변혁적인 사명을 보완적인(complementary) 역할을 통해 새로운 기관들을 계획해야 한다.[59]

앞서 언급한 바와 같이 그녀는 스마트와 같은 학자들이 종교교육에 '성경의 재발견'을 중심으로 한 신학을 재발견해야 한다고 할 무렵에 교직 생활을 시작했다.[60] 그녀가 1958년에 쓴 예일대학교에서의 박사학위 논문은 1961년에 책으로 발간되었는데,[61] 이 책은 당시에 유행하던 이슈

---

53) Little, "Reformed Theology and Religious Education," 26.

54) *Ibid.*, 26-27.

55) *Ibid.*, 27-28.

56) *Ibid.*, 29.

57) 어떤 이유에서인지 리틀은 여섯 번째 목록을 기술하고 있지 않다.(훗날 본인과 확인한 바로는 기계적인 누락이었다.) 아마도, 다섯 번째 목록이 그 자체에 두 가지를 포함하고 있는 것 같다: 첫 번째 포인트는 "신앙공동체의 모든 참여자가 우리의 삶을 향한 하나님의 목적을 찾는 것이며, 우리 모두는 '신학을 하여야 한다.'(All are to do theology)"는 것이다. 두 번째 포인트는 "전통을 해석해 나가는 과정과 그 전통을 오늘날의 삶과 연관시켜 생각하는 것은 그 전통이 유용되고 재해석되어 가는 과정"이라고 그녀는 역설한다. 이렇게 "개인 자신이 공동체 안에서 전통을 바로 이해하는 것은 그 자신이 교육되는 과정이다"라고 설명한다. *Ibid.*, 29.

58) *Ibid.*, 30.

59) *Ibid.*, 30-34.

60) Sara Little, "Theology and Education," *Harper's Encyclopaedia of Religious Education*, eds., Iris and Kendig Cully, 651.

를 다룬 것이었다. 이 책에서 그녀는 기독교교육에서 성경의 역할에 대한 자신의 이해를 다음과 같이 조리 있게 다룬다.

성경은 현대적인 정당성을 지닌 '의미'를 우리에게 주는 것이며, 우리가 하나님께 '예배와 헌신'을 하도록 반응하는 것을 도와주는 책이다.[62] 더 나아가서, 우리가 믿는 자로서 세상에 살면서 하나님의 구원사역에 동참하며 살아야 하기에, 우리는 성경과 함께 다른 주제들도 연구해야 할 것이다.[63] 리틀에게 성경은 (하나님의) 말씀임과 동시에 '기록'(record)이다. 이 점에 대해서 그녀는 다음과 같이 말한다.

'말씀과 기록'으로서의 성경은 독자인 인간이 성경을 해석하고 다른 이들에게 검증을 받아야 하는 노력을 기울일 것을 요구한다. 어떤 의미에서 사람이 성경의 내용을 명확히 깨우치지 못한다면 신앙생활을 올바르게 영위할 수 없는 것이다. 이것이 바로 성경을 연구하고 그것을 배우는 과정에서 참여가 중요한 이유일 것이다. 그리고 또한 통찰력과 지혜의 발견이 신자의 삶에 중요한 자산이 되어 그들의 삶을 움직이는 요인이 되는 이유일 것이다. 우리가 여기서 다루고자 하는 것은 학습의 본질과 또한 성경의 본질에 대한 이슈이다.[64]

여섯째, 리틀에게 영향을 미친 자료는 지식과 앎의 사회학이다. 리틀은 학습의 사회적인 본질을 일찍이 인정하였다. 1956년에 출간한 *Learning Together in the Christian Fellowship*[65]에서 그녀는 다음과

---

61) *Ibid.*, 164.
62) *Ibid.*, 164.
63) *Ibid.*, 165.
64) *Ibid.*, 167.
65) Little, *Learning Together in the Christian Fellowship* (Richmond, Va.: John Knox Press,

같이 적고 있다.

> 과연 변혁적이고 생동감 있는 기독교를 가르친다는 것이 가능한가?—사람들이 살고 있는 그 삶의 현장에서 변화를 일으킬 수 있는 그런 기독교 말이다. 아마도 이런 신앙의 변화를 야기할 수 있는 가장 효과적인 '가르침'은 사람들이 가장 중요하다고 생각하는 진리를 '함께 배우는 것'일 것이다. 그리고 이렇게 서로를 돕고 지탱해 주며 부단히 노력하는 그룹을 통하여 함께 성장하는 것이다.[66]

이 책에서 리틀은 그룹 연구가 지식과 성숙을 촉진하는 길을 닦아 준다고 보았다. 그런 맥락에서 위에 인용한 리틀의 '함께 배운다'는 개념은 마틴 부버의 상호성(mutuality)이라는 개념과 흡사해 보인다. 그녀에게 상호 간의 교류는 학습의 과정에서 필수적인 것이다. 그녀는 '학습과 구원하는 공동체'라는 용어를 자주 사용하고 있지만, 결코 사회화의 의미로 사용하는 것이 아니며 종교를 '가르친다'는 개념으로 사용하고 있는 것이다.[67] 리틀은 공동체가 가지고 있는 사회화의 능력을 강조하기보다는 공동체 내에서 의도적인 가르침을 더 강조하고 있는 것이다. 한편 학습의 사회적인 본질을 인정하는 입장에서는 리틀과 넬슨 사이에 유사점이 있다. 넬슨처럼 그녀는 공동체가 지닌 변혁적인 능력을 인정하며 공동체라는 맥락에서 변혁이 일어나는 것에 대해 많은 주의를 기울인다. 그러나 만일 우리가 위의 인용구를 자세히 분석해 보면 리틀의 의도는 집단적인(collective) 의미에서 학습자들을 사회화하려는 것이 아니라 교수와

---

1956).

66) *Ibid.*, 14.

67) *Ibid.*, 24.

학습의 과정에서 효과를 증진하려는 것임을 알 수 있다. 리틀의 가르침에 대한 이해는 코우의 질문, 즉 "종교를 배울 수 있는가?"에 대해서 다음과 같이 대답할 것이다. "물론, 가르칠 수(배울 수) 있고말고. 만일 우리가 종교와 신념 및 신앙의 이해를 도울 수 있다면 말이다. 그러면, 이러한 이해에 기초해서 학습자들은 자신들이 선택하고 내면화할 수 있다." 리틀은 넬슨보다는 더 명확하게 '의도적으로 가르친다'는 것에 대해서 적고 있는 것이다.

리틀의 생각과 글은 종교교육운동과 기독교교육운동에 대한 그녀의 날카로운 이해와 인지에서 비롯된 것임을 알 수 있다. 여기까지 다룬 것을 종합해 보면 리틀에게 직·간접으로 영향을 준 자료들은 쉐릴의 심리학적인 교육학과 부버의 너와 나에 근거한 관계와 대화, 가르침에 대한 철학적이며 개념적인 분석이며, 하나님과의 관계에서 우리 자신과 다른 이들을 알게 되는 개혁신학 그리고 앎의 사회적인 본질과 상호성의 사회학으로 요약해 볼 수 있겠다.


## II. 리틀이 본 종교교육의 필요와 상황에 대한 해석

리틀의 상황에 대한 견해를 밝히려면, 다음의 질문이 우리에게 도움을 줄 것이다. 리틀은 어떻게 현재의 분위기(ethos)를 묘사하는가? 리틀은 20세기 중반과 후반의 특성을 무엇으로 규정하는가? 만일 한 구절을 선택한다면 리틀은 현재 문화를 무엇으로 요약할까? 이런 질문들은 그녀가 사는 상황을 이해하는 열쇳말들이 될 것이다. 그녀가 현대의 상황 분석을 요약해 주는 구절은 '마음의 실향(失鄕)'(homelessness of mind)이다.[68] 그녀는 이 현상을 '신념의 진공 상태'(the vacuum in belief)와 '신넘에 대한 혼돈'으로 표현했다.[69] 여기에서 두 단어, 즉 '마음'과 '신념'이 우리에게 리틀과 넬슨이 해석한 똑같은 상황을 표현한 것의 차이를 알게 해주는 실마리가 된다. 리틀의 '마음의 실향'이라는 개념은 자신의 것이라기보다는 버거(Peter Berger 및 Brigitte Berger)와 켈너(Hansfried Kellner)와 같은 사회학자들이 묘사한 "현대화의 과정에서 사람들의 마음에서 일어나는 현상"을 빌려온 것이다.[70] 위의 세 학자는 '마음의 실향'을 다음과 같이 설명한다: "현대인들이 가지고 있는 자신들의 방랑벽이 깊은 마음은 형이상학적으로 '고향'을 잃어버린 것으로 불릴 수 있다."[71] 버거를 비롯한 저자들은 자신들의 책에서 현대화는 "기술을 도구로 하여 변혁을 자아내어 조직의 확산과 성장을 이루어냈지만,[72] 인간 의식의 붕괴를 초래했으며 그 붕괴는 허탈감과 좌절감 그리고 격리감 등을 포함하는 감정을 낳았다. 이 정신세계의 실향 현상은 인간 '존재를 조각'내는 것으로 특징된다. 이런 조각난 정신세계에 있는 인간은 사물을 조합하거나 다른 이를 지탱해 줄 수 있는 여력을 잃게 되는 것이다.[73] 그러면 이 '마음의 실향'은 신념과 무슨 관계가 있다는 말인가? 리틀에게 신념이란 "진실로 드러나거나 경험된 아이디어나 생각인데",[74] 신념은 우리가 우리 정신세계의 고향을 찾을 수 있는 필수불가결한 채널이나 '안경'이 되는 것이다. 신념에 관한 리틀의 관심은 현 상황에 대한 그녀의 진단에 따른 것인데, 바로 그녀의 진단 결과는 실향인 것이다.

---

68) Little, *To Set One's Heart* (Atlanta, Ga.: John Knox press, 1981), 5 이후.

69) *Ibid.*

70) *Ibid.*, 5.

71) Peter Berger, Brigitte Berger, and Hansfried Kellner, *The Homeless Mind* (New York: Random House, 1973), 82.

72) *Ibid.*, 9.

73) *Ibid.*, 6.

74) *Ibid.*, 16.

20세기 사람들은 앞서 언급한 것처럼 다원주의라는 덫에 빠지게 되었다. 급속한 현대화로 인한 너무 많은 선택거리들이 있을 때, 우리는 무엇을 골라야 할지 몰라 헤매는 경향이 있다. 이것은 마치 맥도날드 햄버거 가게의 메뉴 앞에서 방황하는 것과 유사하다. 만약 당신이 맥도날드와 같은 햄버거 가게가 없는 시골에서 상경한 사람이라고 가정해 보자. 점원이 당신에게 묻기를, "무슨 햄버거를 주문하시겠습니까?" 한다면, 분명 당신은 "어, 어…" 하면서 머뭇거릴 수밖에 없을 것이다. 리틀은 이와 비슷하게 현대인들의 고민을 묘사하면서 다음과 같이 말한다: "현대화의 과정 가운데에 무슨 일이 일어나는가 … 사람들은 너무나 많은 문화와 조직 그리고 체계에 둘러싸여 있으며, 상호 간에 상충하며 (contradic- ting), 방랑하며, 한없이 변화하는 세상을 경험하며 살아가고 있다."[75] 이렇게 끊임없이 경험하는 가운데, 사람들은 현실의 일들을 묶어 주거나 지탱해 줄 '고향'을 상실했다는 것이다.[76]

리틀이 가진 신념에 관한 관심이 어떤 자료에서 나왔는가를 밝혀 줄 한 가지 자료를 따로 분리하려는 시도는 매우 어려운 것이다. 그녀는 수많은 학문적 이론들, 즉 피터 버거의 사회학과 로버트 벨라(캘리포니아주 버클리대학의 사회학자), 루이스 쉐릴의 자아 성장에 관한 심리학/신학, 마틴 부버의 만남과 대화의 철학 그리고 토마스 그린의 신념 가꾸기를 포함한 가르침에 대한 개념 분석 등을 인용한다.

그러면 넬슨은 리틀이 사용한 버거의 '마음의 실향'을 유용한 것에 대해서 어떻게 반응할 것인가? 아마도 그는 인간의 마음에 대한 리틀의 언급에 동의할 것이다. 그러나 넬슨은 현 사회의 상태를 오늘날의 흐름을 묘사함으로써 시도했던 것이다. 앞서 언급한 바와 같이 넬슨이 오늘날

---

75) Little, *To Set One's Heart*, 5.
76) *Ibid.*, 6.

문화의 문제들을 세속주의와 개인주의 그리고 평신도 자유주의로 규정한다면, 리틀은 사람들의 마음 가운데에 일어나는 현상에 초점을 맞추고 있다. 리틀이 인간의 마음과 신념 형성에 초점을 맞추고 있다면, 넬슨은 우리 사회와 공동체 내에서 벌어지는 일들에 초점을 맞추었다고 볼 수 있다. 두 학자가 다 사회학 이론을 사용하고 있지만 넬슨이 리틀보다 인류학 이론을 더 사용하는 반면에 리틀은 넬슨보다 철학과 신학 이론을 두드러지게 사용한다. 리틀은 개인의 마음과 신념 형성에 더 많은 관심을 쏟는 반면에, 넬슨은 어떤 특정한 문화 가운데서 사회나 신앙공동체 안에서 무슨 일이 진행되는가에 더 많은 관심을 갖고 있다. 두 학자가 다 사회학 이론을 저술에 사용하고 있으나, 넬슨은 리틀보다 많이 인류학 이론에서 자신의 이론을 도출해내는 반면에 리틀은 넬슨보다 드러나게 철학과 신학 이론을 사용하는 것으로 밝혀졌다. 데카르트(Cartesian)식의 표현을 빌리자면, 리틀은 아마도 이렇게 표현할 것이다: "나는 믿는다, 그러므로 나는 존재한다."[77] 또한 아마도 넬슨은 다음과 같이 표현할 것이다: "내가 공동체 안에 있으므로, 나는 존재한다."[78] 이렇게 그들의 출발점이 되는 학문적 배경이 인류학이냐 철학이냐에 따라 그들의 논쟁점에 차이를

---

[77] 리틀에게, 핵심적 신념들은 개인의 존재에 핵심적인 요소가 된다. 리틀의 저서 *To Set One's Heart*, 14를 보라. 그녀는 다음과 같은 글을 인용한다: "철학자 토마스 그린은 핵심적인 신념을 개인의 존재를 형성하는 본질적인(intrinsic) 것으로 본다…." 리틀에게는 개인에 대해 세심한 주의를 하지 않으면서 바로 공동체에 대해서 논한다는 것은 아주 불가능한 일인 것이다. 그녀는 이렇게 자신의 이론을 전개해 나갈 때 단계가 있음을 주장한 듯이 보인다. 예컨대, 리틀은 신념체계(belief system)의 역할에 대해 논쟁하면서 "[첫째는] 개인들의 삶과 연결하고, [둘째는] 더 넓은 공동체와 연결한 후, [셋째], 궁극적인 현실과 목표를 설정해야 한다"라고 주장했다. *Ibid.*, 21.

[78] 리틀에게 신념이 개인의 삶에 밀접하게 연관되어 있다면, 넬슨에게 신념은 사회의 건설(construction)과 관계가 있다고 말할 수 있다. 넬슨의 *How Faith Matures*의 제1장을 보라. 그리고 이 점은—우리가 보통 사용하는 표현으로 하자면—넬슨이 '숲'에 초점을 맞추는 반면, 리틀은 숲속에 있는 '나무'에 초점을 맞춘다고 할 수 있을 것이다.

양산하는 결과를 초래하였다는 것을 알 수 있다.

'마음의 실향'이라는 통찰력에 덧붙여서, 리틀은 현재 우리 사회에는 '사려 깊은 지도자의 공백'이 있다고 주장한다. 그러므로 현 상황은 기꺼이 생각하고자 노력하는 사람들을 요구한다는 것이다.[79] 생각은 "신념 형성의 요소이며, 계속적으로 복잡다단해지고 있는 사회에서 도덕적인 결정을 내리는 응답"이라는 것이다.[80] 그러나 "신념을 갖는 것은 생각 (thought)이나 생각하는 것(thinking)과 동일시될 수 있는 것이 아니다. 그러나 생각은 물론 신념의 중요한 요소이며 … 신념은 느낌의(feeling) 요소와 의지적인(willing) 요소 그리고 행동케 하는(acting) 요소를 포함하며, 또한 인지적인(thinking) 요소도 포함된다."[81] 그러면 신념과 신앙과의 관계는 무엇인가? 리틀에게 신념이란 신앙의 한 요소이며, 이는 '이해를 추구하는 믿음'에서 볼 수 있듯이 신앙에서 흘러나오는 것일 수도 있고, 신앙에 영양을 공급하고, 깊게 하며, 명확히 해주는 것일 수도 있다.[82] 그녀는 계속해서 "기독교교육의 목적이나 초점에 관한 논쟁에서 신앙이 신념의 위에 존재한다고 단순하게 설정하는 것은 우리의 쟁점 자체를 혼잡하게 하는(obfuscate) 것이다."[83]라고 말한다. 요약해서 말하면 리틀의 현 상황에 관한 분석으로부터, 우리는 '마음의 실향'과 '신자 가운데 지도자의 공백'을 들 수 있다.

리틀은 현 상황을 분석함으로써 종교교육의 필요들을 밝히고 있다. 앞서 언급한 것처럼, 필요를 밝힌다는 것은 문제 해결책을 찾는 것을 의미하는데 이는 항상 상황분석에서 시작하는 것이다. 현재 상황을 잘 분

---

79) *Ibid.*
80) *Ibid.*
81) *Ibid.*, 7.
82) Little, "Religious Instruction," 47.
83) *Ibid.*, 47-48.

석하기 위해서 리틀은 사람들 가운데 팽배하여 있는 두 현상, 즉 '마음의 실향'과 '생각 없음'(thoughtlessness)을 지적하였다. 넬슨의 경우와 마찬가지로, 그녀는 사람의 가치관을 형성하는 문화의 강력한 힘을 인식하였다. 그녀에게 있어서, 문화의 사회화하는 힘은 우리에게 주어진 것이다. 각 개인은 사회에서 이 '의식하지 못하는 영향'을 받으며 살아간다.[84] 더욱이 리틀은 우리가 인식하든 아니하든 사회화가 일어난다고 생각하는 것이다.[85]

그녀는 교육적인 문제점들이 발생하는 이유를 교수(teaching)의 역할과 우리 문화 가운데서 지속적인 힘을 지닌 사회화와의 관계를 올바로 이해하지 못하는 데서 기인한다고 본다. 그녀는 사회화를 주장하는 학자들은 우리의 사회에서 무슨 일이 일어나는지를 해석하고 설명하는 일은 잘했지만 그것만으로는 사회에 변혁을 불러일으키고 개인의 삶을 변화시키는 데는 부족하다고 말한다. 리틀은 개인과 사회를 함께 변혁시키고자 하는 뜻을 품고 있는 것이다. 자신이 가진 이 변혁에 대한 비전을 이루기 위해 그녀는 교육을 통한 개인 신념 형성에 초점을 맞추고 있다. 다른 말로 표현하면 '현상 유지 중심의 사회화'의 약점을 보완하고 극복할 수단이 필요하다는 말이다.[86] 한 발 더 나아가서 표현하자면, 그녀는 교육이라는 의도적인 개입(intervention)의 수단이 필요하며, "개인과 사회의 변혁을 향해 전진해야 한다."라는 말이다.[87]

이러한 생각의 맥락에서 리틀은 다음과 같은 질문을 던진다: "가르침

---

84) Little, *To Set One's Heart*, 5.

85) Little, "From Theory to Practice: Curriculum: Reflective Responses to an Interview between William Bean Kennedy and Dwayne E. Huebner," *Religious Education*, 77:4 (July-August 1982): 376.

86) Little, "From Theory to Practice," 376.

87) *Ibid.*

이 필요한(necessary) 것인가 아니면 바람직한(desirable) 것인가?"[88] 리틀은 가르침은 그저 바람직한 정도가 아니라 꼭 필요하다고 주장한다. 우리는 각 개인의 마음에 신념의 형성을 위해서 기독교 공동체에 의한 의도적인 노력을 기울임으로써, 이 노력의 결과로 깨우친 개인들이 삶의 의미를 찾을 수 있도록 해야 한다는 것이다. 바로 이 개입을 리틀은 교육 또는 가르침이라고 일컫는 것이다.[89] 리틀에게는 가르침에 대해서 적당한 주의를 기울이지 못하는 자체가 문제점이다. 그녀는 아마도 웨스터호프는 가르침에 적당한 주의를 주지 않았다고 주장할 것이며, 그 이유는 가르침이 웨스터호프의 예배와 예전에 대한 주장에 잠식되었다는 것이다. 앞서 살펴본 바와 같이 넬슨도 역시 의도적인 측면을 강조하였지만, 그는 우리가 회중의 한 사람으로 다른 회중과 함께 의도적이어야 함을 주장하였고, 그럼으로써 우리가 다른 이의 삶에 스며드는 사회화의 측면에서 의도적이야 함을 주장하였다.

그러면 리틀의 의도성과 넬슨의 의도성은 어떻게 다른가? 넬슨이 회중 전체의 '신앙'을 강조했다고 말하는 것은 공정할 것이다. 리틀은 우리가 회중이라는 넓은 장에서 개인들의 '신념을 형성'해야 한다고 강조한다. 살펴본 바와 같이 넬슨에게 신앙은 어떤 한 개인이 소유할 수 있는 것이 아니라, 공동체가 전달하고 소유하는 것이다.[90] 넬슨은 신앙공동체에 초점을 맞추었기에 사회화를 강조한다. 리틀의 개인 신념 형성에 대한 일차적 초점이 그녀를 신념 형성에 필수적인 의도적인 가르침으로 인도한 것이다.[91] 리틀에게는 의도적이라는 것은 명확한 목표를 갖고 있는

---

88) *To Set One's Heart*, 1. 위에 번역된 리틀의 글은 우리말로 옮기고 나니 여간 거북하고 어울리지 않는 것이 아니다. 독자들은 번역에서 야기되는 어색함을 이해해 주시기 바란다.
89) *Ibid.*, 3.
90) Nelson, *Where Faith Begins*, 30 이후.

것을 의미하며, 서로서로를 지탱해 주고 교류하는 장의 존재의 선재(先在)를 가정하는 것이다.

그러므로 리틀이 가르침의 대상으로 신앙공동체 내의 개인을 겨냥했던 반면에 넬슨은 공동체 전체를 항상 염두에 두었던 것이다. 예외가 있다면, 넬슨의 현현(顯現: theophany) 개념은 명백하게 개인적인 강조점을 갖고 있다는 점이다. 넬슨에게 공동체는 조개껍질과도 같으며, 이 공동체는 개인들이 하나님을 만나는 경험을 가능케 도와주는 장의 역할을 한다. 이 껍질과도 같은 공동체를 떠나서는 개인의 어떤 종교적인 체험도 큰 의미를 갖지 못하게 되는 것이다. 넬슨은 '경험과 신학'에 대해 이렇게 말한다. "상호 간의 교수(instruction)와 교정(correction)의 상황 안에서 함께 존재하는 것이다."[92] 개인의 경험은 공동체 안에서 소개되고, 숙고되며, 확인되거나 교정되는 것이다. 성경에 우리가 갖고 있는 내용은 "오랜 세월을 통해서 믿는 공동체가 그룹으로 하나님에 대해 진리로서 발견한 사실을 기록한 것이다."[93] 그러므로 신의 현현, 즉 하나님이 인간에게 나타나시는 사건은 공동체를 강조하는 것과 조화를 이루게 된다. 왜냐하면 하나님의 현현도 역시 오랜 세월을 지나오면서 신앙공동체에 의해서 검증되고 교정되어 온 공동의 체험이기 때문이다. 넬슨의 책

---

91) *To Set One's Heart*에서 밝힌 이 책의 논제(thesis)는 다음과 같다: "개인의 사고 능력을 활성화시켜 주는 신념은 신앙공동체에 의해서 태동될 뿐만 아니라, 전수되고 유지되며 개혁되고 구체화되는 것이다. 신념(들)은 삶의 통합과 완전성(내지는 성실성integrity)을 가져다주는 중요한 요소가 된다. 이런 유의 신념 형성에 기여하는 가르침은 여러 가지 유형의 모델[예: 사라 리틀이 자신의 책에서 소개하는 Group Interaction Model, Indirect Communication, 또는 Personal Development와 같은 모델을 말한다.] 선별을 필요로 하게 된다. 또한 이 선정된 모델이 명확한 목적을 갖고 있어야 하는 것은 물론이고, 의도적인 가르침을 지지하고 함께 교류하는 교육의 장이 선행되어야 하는 것에는 의심의 여지가 없다." 9-10.

92) Nelson, *How Faith Matures*, 76.

93) *Ibid.*

*How Faith Matures*을 보면 현현이라는 사건의 해석이 마치 리틀의 가르침의 역할을 담당하고 있는 듯하다.

의도성이라는 측면에서 볼 때, 넬슨의 가르침에 관한 입장은 리틀의 가르침에 대한 사용과 흡사한 일면을 보인다. 리틀은 다음과 같이 넬슨에 대해서 언급한다: "넬슨은 설교와 가르침을 기독교 공동체의 의도적인 노력으로 인식하며 이는 회중의 정신세계를 형성한다."[94] 리틀은 의도적 가르침을 강조하면서 가르침이 "신앙공동체 내의 개인들로 하여금 정신을 바짝 차리게(mindful) 도와준다"라고 주장하는 반면에, 넬슨은 신앙공동체의 또한 신앙공동체에 의한 의도적인 사회화를 강조하고 있다. 넬슨은 공동체가 개인들의 일차적인 울타리(shelter)가 되며, 신앙공동체 안에 참여함으로써 개인의 삶에 영향을 미칠 수 있다고 주장하는 것이다. 그러나 간과하지 말아야 할 것은, 비록 리틀이 의도적인 가르침을 강조하고 있다고 해도, 사회화의 역할을 배제하고 있는 것은 아니라는 점이다. 그녀는 신앙공동체가 사회화를 발생하는 장이라는 점을 인식하며, '신앙의 전수'라는 과업을 위하여 회중이라는 공동체가 꼭 필요하다는 말을 하고 있는 것이다.[95]

그러면 가르침의 목적은 무엇인가? 그것은 조정하려는 것이 아니라 진리에 이르게 하려는 것이다. 리틀에게 진리란 하나님께 속한 것이며, 하나님은 '예수 그리스도 안에 자기 계시'로써 우리에게 알려진 진리이다.[96] 그러므로 교사의 임무(task)는 진리인 하나님(또는 예수님)을 가르

---

94) Little, *To Set One's Heart*, 2.

95) *Ibid.*

96) Sara Little, "Experiments with Truth: Education for Leadership," in *Caring for the Commonweal: Education for Religious and Public Life*, eds., Parker J. Palmer, Barbara G. Wheeler, and James W. Fowler (Macon, Georgia: Mercer University Press, 1990), 175.

치는 것이다. 리틀은 교사가 학생들을 진리로 인도할 때 '진리를 찾는 자' (truth-seeker: 리차드 니버에게서 빌려온 용어로 보인다.)가 되어야 한다고 말할 것이다. 리틀은 말하기를: "이렇게 진리들에 헌신된 자는 그 진리에 의해 붙잡힌 사람이며 그 진리에 의해서 가꾸어진다."97) 가르침은 오직 하나님의 진리에 응답함으로써 또한 그 빛 안에서만 효력을 발휘하게 되는 것이다―또한 앞의 맥락에서만 우리의 의미 추구와 깨어 있음 (mindfulness) 그리고 사려 깊은 신념도 참되다는 것이다.98) 그러므로 가르침은 "의도적인 사역의 한 형태로써 사람들로 하여금 진리를 좇고 진리에 응답하는 삶을 살 수 있도록 도와주는 것"이다.99) 가르침은 사람들이 온갖 '무의식적인 영향들'로 둘러싸여 있는 사회 내에서 진리의 의미에 의식적으로 자각할 수 있도록 도와주는 것이다.100) 리틀은 "우리는 이러한 무의식적으로 우리를 엄습하는 영향들을 해석할 수 있는 분석의 범주를 개발해야 하며, 사람들이 교회와 사회의 문화를 함께 형성하며 재구성할 수 있는 신념을 개발할 수 있도록 도와줌으로써 그런 영향들의 힘을 저지하며 개입할 수 있게 해야 한다"라고 강변하면서101) 가르침을 다음과 같이 정의한다.

가르침이란 일정한 구조 안에서 지정된 교사가 자신을 바치는 과정인데 가르침을 받은 의도적인 학습자는 학습 주제의 통합성에 노출되게 되며, 〔학습자〕 자신을 위해 그 주제의 의미를 이해함으로써 자신을 그 주제에 동화시키려 노력하는 것이다.102)

---

97) *Ibid.*
98) *To Set One's Heart*, 4.
99) *Ibid.*
100) *Ibid.*, 5.
101) *Ibid.*

이 가르침의 정의는 가르치는 교과의 내용에 온전한 지식을 소유하고 있어야 하는 것을 전제하며, 동시에 학생들의 필요에 접근하는 방법을 감당할 수 있어야 한다.[103] 그럼으로써, 교사와 학생들이 (하나님의) 진리 앞에 서게 될 때, 그들은 자신들을 위한 진정한 의미를 발견하게 된다는 것이다.[104] 이러한 가르침은 온전한 판단력과 능력을 요구한다. 그러므로 리틀은 오늘날 문화와 가르침의 영역에서의 문제는 가르친다는 것이 무슨 의미이며 무엇을 요구하는지에 대한 적절한 주의를 기울이지 않는 것이라고 주장한다.

리틀이 주장하는 우리가 주의를 집중해야 할 또 다른 필요는 상호성이다. 이 '함께함'이라는 주제는 리틀의 글 가운데 계속해서 등장하는 주제이다. 예컨대, 이 주제는 리틀의 저서 *Learning Together in the Christian Fellowship*과 소논문 "Reflections on What Happened"에서 재등장하게 된다.[105] 이 주제는 칼뱅의 개혁신학과 일치하는 것인데, 오직 하나님과의 관계에서만 우리 자신과 타인을 알 수 있다는 말과 반대로 오직 우리 자신을 바로 알아야만 하나님을 알 수 있다는 말도 성립하게 되는 것이다. 더욱이 리틀은 상호관계 안에서만이 공동체도 필수적인 것으로 될 수 있다고 말하며 다음과 같이 상호성에 대해서 주장한다: "상호성은 우리가 원하는 미래를 결정지어 준다."[106] 상호성은 그룹을 위한 한 사람의 의견이나 의사(agenda)의 부과(imposition)를 허락하지 않으며 상호 간의 존경과 사랑을 그 바탕으로 한다. 의도적인 가르침은 교사가

---

102) *Ibid.*, 9.
103) *Ibid.*
104) *Ibid.*
105) Sara Little, "Reflections on What Happened," *Religious Education*, 73:4 (July 1978): 448.
106) *Ibid.*

가르치는 가운데 배울 때 상호적이 된다. 리틀은 상호성이란 신념 형성과 깨어 있게 하는 가르침을 위해서 꼭 필요한 구성 요소라고 주장한다.

리틀의 '의도성'에 대한 끊임없는 관심은 우리가 발견한 리틀의 '지각 없음'이라는 문제점 발견과 밀접한 관계가 있음을 알 수 있다. 그녀는 다음과 같이 의미심장한 질문을 던진다: "학습이란 그저 발생하는 현상인가, 아니면 의도적인 가르침의 결과로서 야기되는 것인가?"[107] 리틀은 교육(학습의 과정도 포함하는)이 가끔 의도적인 계획이 없이도 일어날 수 있다는 사실을 인정한다.[108] 그러나 만일 특정한 결과를 원한다면 명확한 전략과 목표를 설정해야 한다고 주장한다. 달리 말하자면, 우리는 가능한 한 의도적이어야 한다는 말이다. 학습은, 아니 좀 더 넓게 말해 교육은 의도성이 있든지 없든지 간에 일어날 수도 있으나 가르침은 의도성 없이는 절대 발생하지 않는다는 것이다.[109]

의도성은 '마음의 실향'의 심연에 빠져 있는 현대의 사람들을 올바르게 하고 의식을 가져다준다는 것이다. 리틀은 교사가 변화를 야기하기 위해서는 의도적이어야 한다고 주장한다.[110] 더 나아가서 의도성은 학습자로 하여금 '왜?'[111]라는 질문을 할 수 있도록 도와주는데, 이는 '전체로서의 삶'을 보는 관점과 관련된 것이다.[112] 이렇게 '왜?'라는 질문을 던지는 정신은 가르침에서 필수적이다. 왜냐하면 '탐구의 정신'(the spirit

---

107) Little, "On the End of an Era," *A Colloquy on Christian Education* (Philadelphia: United Church Press, 1972).
108) "Reflections on What Happened," 445.
109) 수학적인 방법을 빌려서 표현하자면, 아마도 가르침(teaching) 〈 학습(learning) 〈 교육(education)으로 될 수 있겠다.
110) Little, *To Set One's Heart*, 32. 제4장 "Intentionality and Teaching"을 보라.
111) 리틀은 이 아이디어를 토마스 그린에게서 따온 것이다. *Activities of Teaching* (MacGraw-Hill, 1971), 55.
112) *To Set One's Heart*, 34.

of inquiry; 코우가 주장했던 과학적 연구 방법 중의 하나임을 상기하라!)
은 사람들로 하여금 깨어 있게 하고 사려 깊게 한다. 궁극적으로 이 정신
은 사람들로 하여금 자신들의 정신적인 가정(metaphysical home)을 찾
게 해준다. 그러므로 리틀에게는 의도성을 부인하는 것은 개인과 사회의
변혁을 원하지 않는 것과 같은 의미가 된다.

이 의도성에 대해서, 리틀은 찰스 맬처트(사라 리틀과 함께 P.S.C.E.
의 박사학위 프로그램을 디자인한 기독교교육 학자)가 고안한 어떤 이론
이나 프로그램이 교육적인지 아닌지를 진단해 볼 수 있는 6가지 잣대의
범주를 소개한다. 맬처트에 의하면, 교육적이려면 (교사가 행하는 일련
의) 프로그램 내지는 행위가 (1) 우연 발생적(accidental)이 아닌, 의도적
이어야 하고; (2) 가치가 있는 것이어야 하며; (3) (교과 내용에 대해) 깊
고 넓은 앎과 이해를 갖고 있어야 하며; (4) (학습과 가르침에서) 가능하
면 오랜 시간에 걸쳐서 진행되어야 하며; (5) 상호 간의 교류를 수반해야
하는 것이며; (6) 마지막으로, 학습자와 그와 관계된 모든 이의 관계에서
온전함(wholeness)을 추구해야 한다.[113]

리틀이 주장하는 가르침에서 의도적이란 의미는 맬처트가 말한 "교
사가 된다는 것은 의도적이 된다는 말이다."라는 주장과 일치한다.[114]
두 번째 범주인 "가치가 있어야 한다."는 항목에 대해서 리틀은 외적으로
언급하고 있지는 않지만 신념 형성을 도와주는 데 똑바르고 의식적으로
교육에 임하면 학습자에게 의미를 부여할 수 있다고 응수할 것이다. 그
러므로 바르고 의식적인 주의를 주는 것이야말로 개인에게 가치를 줄 수

---

113) Little, "The Educational Question," *Religious Education*, 72:1 (January 1977): 26. 이
    글은 본래 다음의 글에서 리틀이 발췌한 것이다. Charles Melchert, "Do We Really
    Want Religious Education?" *Religious Education*, (January-February 1974).
114) *To Set One's Heart*, 32.

있는 행위이며, 더욱이 오늘날과 같이 '마음의 실향' 가운데서 고통받으며 헤매고 있는 이들에게는 더욱 가치 있는 가르침일 것이다. 가르침의 주제에 대한 앎과 이해의 깊이와 넓이에 관해서, 리틀은 의도적인 교사가 된다는 것은 (자신이 가르치는) "지식의 모든 영역과 수준을 섭렵(涉獵)하는 것"이라고 주장한다.[115] 사실 앞서 밝힌 리틀의 교사로서의 지식에 대한 앎과 이해의 소유는 마음의 실향을 경험하고 있는 학습자들이 경험하기를 원하는 것이다. 오랜 세월을 두고 교육하는 것에 대하여, 신념의 형성이라는 작업 자체가 섬세한 계획과 실행을 위한 인내를 필요로 하는 것이어서 적지 않는 세월을 요구하게 되는 것이다. 밀접한 상호관계에 대해서 리틀은 역시 동의하면서 의도적으로 가르친다는 것은 교사와 학생이 함께 배움에 임하는 것이라고 힘주어 말한다. 그녀의 생각 가운데에 근저에 자리 잡은 생각은 교사와 학생은—진정한 의미에서—함께 학습자라는 것이다.[116] 마지막 항목이었던 모든 관계 속에서 온전함을 추구한다는 것에 대해서, 그녀는 존 리스(John Leith)가 강조한 비판적인 생각(critical thinking)과 관계한 전 존재(whole being)라는 주장에 동의하면서 다음과 같이 자신의 의견을 피력했다: "인간의 온전한 존재에 대한 헌신이 없이는 (어떤 진리도) 비판적으로 생각될 수 없으며 명확성을 갖고 전달될 수 없다."[117]

요약하자면, 리틀에게 교육적 문제들이란 마음의 실향과 함께 사려 깊음의 상실이다. 또한 그녀가 발견한 이 시대의 필요는 '가르침에 적절한 주의를 기울이는 것이고', '가르침-학습에의 열쇠는 상호성이며', '변

---

115) *Ibid.*
116) 리틀의 *The Language of the Christian Community* (Richmond, Va.: The CLC Press, 1965), 5를 보라. 그녀는 학생을 학습자-학생(pupil-student)으로, 교사를 교사-학생(teacher-student)으로 부른다.
117) Little, *To Set One's Heart*, 8.

화와 변혁에의 열쇠는 의도성'이다.


## III. 리틀의 가르침 이론(교수론): 목표와 과정

사라 리틀은 기독교교육에서 가르침을 주창한 학자이다. 부쉬넬의 양육이라는 전통의 선상에서 리틀을 선택한 이유는 그녀 역시 부쉬넬의 전통을 이어받은 코우의 정신—종교교육을 과학적인 방법으로 하는 정신과 사회의 재건설을 추구하는—을 이어받았다고 볼 수 있기 때문이다. 앞에서 우리는 코우의 사회화와 가르침에 대한 이중 옹호를 살펴보았다. 넬슨이 코우의 종교교육사회론 이후에 자신의 사회화 이론을 발전시킨 반면에, 리틀은 코우 이후에 자신의 의도적 가르침의 이론을 발전시켰다.[118] 리틀은 또한 기독교교육의 토대로써 주로 신학에 의존하고 있는 것이다.

그녀의 의도적 가르침의 이론은 자신이 분석한 현 상황의 종교교육적 문제와 필요에 의한 것이다. 앞서 살펴본 것처럼, '가르침에 적절한 주의를 주는 것'과 '교수와 학습의 열쇠는 상호성이며', '변혁의 열쇠는 의도성'이라는 것이 그녀의 분석이다. 한마디로 기독교교육을 수행할 때에 의도성 없이는 변혁을 야기하기란 불가능하다는 것이 리틀의 견해이다. 그녀에게는 "신념 형성은 교회의 가르치는 사역의 센터를 적절하게 조직하는 것을 의미한다."[119] 그러므로 리틀에게 의도적인 가르침이란 기독

---

118) 이 점에 우리가 주의해야 할 것은 이런 이론적 배경을 역사적으로 조명했다고 넬슨과 리틀이 코우의 이론을 모방하거나 추종한 것으로 볼 수는 없다는 사실이다. 차라리, 그들은 코우의 이론으로부터 이론의 핵심을 추출하고(extracted from), 숙고했으며(reflected upon), 궁극적으로 자신들의 고유한 이론을 강조하기 위해 코우의 이론을 사용했음을 기억하도록 하자.

교교육의 수단이요, 신념 형성은 기독교교육의 목표인 것이다. *To Set One's Heart*에서 밝히는 그녀의 논제는 신념 형성과 의도적 가르침 사이의 관계를 다음과 같이 묘사하고 있다.

> 신앙으로부터 나오며 신앙을 다시 체계화해 줄 때 우리로 하여금 사고하는 능력에 참여케 하는 신념(들)은 신앙공동체에 의해서 지탱되고, 개혁되며 구체화된다. 그러므로 신념은 삶의 통전성과 성실성을 가져다주는 중요한 요소가 된다. 이러한 신념의 형성에 기여하는 가르침은 명확한 목표를 가진 다양한 교수 모델 중에서 가장 적절한 것의 선택을 필요로 하며, 의도적 가르침을 받쳐 주고 함께 교류하는 긍정적인 장(공동체)의 존재를 전제로 한다.[120]

위의 논제를 읽을 때, 독자들은 아마도 다음과 같은 질문들을 던질 것이다: (1) 신념이란 무엇인가? (2) 신념과 신앙의 관계는 무엇이며, 신념 체계의 역할은 무엇인가? (3) 왜 의도성이 가르침에 그토록 중요한 것인가?

첫째, 리틀은 신념이 무엇인가에 대한 일반적인 동의가 없다는 사실을 인정하면서도,[121] 자신의 글에서 신념에 대한 실용적인 정의를 내리고 있다: "신념이란 (여러 사람들에 의해서) 진리로 사고되고 경험된 아이디어이다."[122] 만일 신념이 진리로 받아들여지고 취해진 아이디어라면, 그것은 공동체적인 것이라고 볼 수 있다. 한번 예를 들어 생각해 보자. 어떤 이가 어떤 사실을 진리로 발견했다고 치자. 그 사실을 진리로 받

---

119) *To Set One's Heart*, 9.
120) *Ibid.*, 9-10.
121) *Ibid.*, 14.
122) *Ibid.*, 16.

아들이기 위해서는 다른 이들도 역시 그것이 진리라는 것을 인정하고 경험해야만 한다. 그렇지 않으면 한 사람의 신념은 다른 이들에겐 진리가 될 수 없는 것이며, 그 사람의 진리를 다른 이들이 신념으로 받아들일 수가 없는 것이다. 또한 대부분의 신념들은 종교적인데, 왜냐하면 그것들은 의미의 해석을 다루고 있기 때문이다. 그리고 종교는 모든 인간의 경험들 속의 의미와 관계가 있기 때문이다. 리틀은 다음과 같이 주장한다: "신념(들)은 공동체 내의 신앙들의 전(全) 삶의 장 안에서만 의미가 있는 것이다. 그 신념들은 오직 신앙의 현실과의 관계에서만 의미가 있는 것이다."123)

　　둘째, 리틀은 신념과 신앙 간의 차이를 두고 있다. 이 점에 있어서 리틀은 신앙을 '기본적인 방침 또는 태도'로, 신념을 '어떤 신앙의 입장(faith stance)이 개입된 역사적이고, 도덕적이며 인식론적인 주장에 대한 주제적 설명(thematic explication)'으로 설명한 데이비드 트레이시(David Tracy)에 영향을 받았다.124) 리틀은 트레이시가 신앙에 대해 묘사한 기본적 방침이나 태도라는 정의를 '일종의 내적 조건'으로 확장하면서, 이는 "독립적이거나 정적이지(static) 않고 그저 영적이거나 심리학적인 질(quality)뿐이 아닌 항상 신앙의 목적인 하나님과 연관되어 있는 것"을 말한다고 하였다.125) 리틀은 신앙에 대해 설명하기를, "자신을 드러내시는 분으로부터의 선물(gift)이며… 신앙은 하나님과 당신의 백성들 간에 관계로서 세워지는 것이다."126)

　　그러면 신념은 무엇인가? 신념(들)은 "우리가 기독교 신앙의 의미를

---

123) *Ibid.*
124) *Ibid.*
125) *Ibid.*
126) *Ibid.*, 17.

좀 더 깊은 경지에서 재해석하고 재유용(reappropriate)하는 여러 통로"를 말한다.[127] 이 신념에 대한 정의는 신념과 가르침 사이에 연관(link)이 있음을 우리에게 암시해 주는 것이다. 신념과 신앙의 관계는 '상호적(reciprocal or interactive)이며 상관적(correlative)'이라는 것이다.[128] "나는 하나님을 믿는다." 하는 말을 한다는 것은 자신의 헌신과 신뢰를 표현하는 것이다. 그러므로 그 사람의 신앙은 증명되는 것이다. 신념은 신앙으로부터 나오는 동시에 신앙에 (생명을) 불어넣게 된다.[129] 넬슨은 신앙을 "신자와 하나님 간의 신뢰의 관계⋯ (그리고 이 신앙은) 지속적으로 비판적인 검증을 거쳐야 하며 계속해서 재개념화되어야 한다"라고 확언하였다.[130]

리틀은 신념 체계의 네 역할을 다음과 같이 기술한다.

1) 사람들로 하여금 세상을 이해할 수 있도록 도와주며 이해와 돌봄 그리고 행동을 위한 준거의 틀을 제공해 주며,

2) 공동체가—우리의 경우에는, 특별히 교회라고 불리는 종교적인 공동체를 의미한다—정체성을 확립하고 지속성을 유지할 수 있도록 도와주고,

3) 삶의 방향을 제시하고 의미를 내면화하는 해석학적 과정을 통하여 기독교 전통과 각 사람의 경험을 연결해 주며,

4) 각 개인의 삶과 공동체의 삶을 좀 더 넓고 궁극적인 현실과 목표로 연결시켜 준다.[131]

---

127) *Ibid.*

128) *Ibid.*

129) *Ibid.*

130) Nelson, *Where Faith Begins*, 32.

131) Little, *To Set One's Heart*, 18-21.

184

위의 신념 체계가 가진 네 가지 역할은 리틀이 가진 생각의 논리를 보여준다. 그녀의 출발점은 개인이다. 그녀는 개인이 자신의 '정신적 고향(집)'을 찾을 수 있도록 돕는 것에 대해 언급한다.[132] 각 개인을 돕는 것이 선행된 다음에야, 그녀는 신앙공동체로 하여금 자신들이 교회로서의 정체성을 찾는 일을 도와주며 교회의 임무를 돕는 것이다. 이 신앙공동체에서, 사람들은 자신들의 경험과 기독교적 전통을 해석하는 일에 함께 몰두하게 된다. 여기서 리틀은 각자의 삶 속에서 경험하는 가운데 '삶을 이해하는 일'과 기독교의 전통을 연결하며 해석하는 데 공동체적인 면을 재삼 강조하고 있다. 마지막으로, 신념 체계는 개인들의 삶과 신앙공동체의 삶을 더 넓은 사회, 즉 교회 밖의 생활과 연결시켜 준다. 리틀에게는 이러한 순서(연계: sequence)가 중요한데, 이는 각 역할이 다음 역할의 토대가 되기 때문이다. 신앙공동체는 개인의 신념을 '형성'시키지 않고서는 존재할 수 없다. 이러한 신앙공동체라는 장(context)의 협력이 없이는 개인의 신념 형성은 좀처럼 태동될 수 없는 것이다.

셋째, 의도성은 가르침에 가히 필수적이다. 의도적이라는 의미는 "명확한 목적과 전략을 가지고 가르침의 여러 모델과 접근들을 사용하는 것을 말하며 이는 우리에게 선택의 근거를 제공해 준다. 또한 가르침의 행위는 적절한 지식과 기술을 수반해야 하는 것이며 그때 이 지식과 기술은 교사가 지닌 비전과 일맥상통하는 것이어야 한다."[133] 가르침의 모델과 접근 방법들을 선택할 수 있기 위해 교사는 "명확성과 방향감각을 가지고 가르침에 임해야 하며 긴 안목으로 계획을 수립해야 한다."[134] 의도적 가르침의 궁극적인 목표는 신념 형성이며, 이는 "학습자로 하여금 좀 더

---

132) *Ibid.*, 18.
133) *Ibid.*
134) *Ibid.*, 34.

사려 깊게 하고 자신들이 믿는 것과 믿는 이유를 이야기할 수 있도록 도와주는 것이다."135) 더욱이 이러한 의도성을 가지고, 가르침은 "학습자로 하여금 자신의 신념을 '소유'할 수 있도록 도와주는 활동이 되는 것이다."136) 의도적이 되기 위해서 교사는 학습자를 위해 최선의 수단을 강구해야 하며 어떤 수단이 이용가능한지를 파악해야 한다.137) 그러므로 리틀에게 의도성이란 교사가 종교교육을 성공적으로 수행하기 위한 열쇠가 된다.

리틀은 '진정한(authentic) 인간을 위한 그녀의 비전' 가운데서 태어난 신앙공동체에 대한 소망의 비전을 우리와 나눈다.138) '패자와 같이 무기력하게'139) 문화의 홍수에 휩쓸려 세뇌되기보다는 미래를 만들어 나가기를 소망한다. 이 글을 읽는 독자는 강물의 상류를 향하여 온 힘을 다해 헤엄쳐 올라가는 힘찬 연어의 이미지를 떠올릴 수 있을 것이다. 그것은 삶과 죽음의 투쟁이다. 그러나 그 목숨을 건 투쟁은 그들 자신을 위한 것이 아니라, 그들의 자손들을 위한 것이다. 독자들이 리틀의 글을 읽고, 숙고하며, 명상하노라면 여러분은 그녀의 희생적인 비전을 볼 수 있게 된다. 의도적 가르침을 통해서 우리는 직접적으로 학습자들을 돕는 변혁의 차원에 이르지 못할지도 모른다. 어쩌면 그건 우리의 업무가 아닐지도 모른다고 리틀은 말할 것이다. 그러나 우리는 의도적 가르침을 통해서 학습자로 하여금 변혁을 경험할 수 있도록 모든 가능성을 제공하도록 최선을 다해야 한다. 리틀은 주장하기를, 인간이 위로부터 주어지는 변혁을 받을 준비를 하지 않거나 자신의 진정한 '본향'(home)을 찾지 못하면

---

135) *Ibid.*
136) *Ibid.*, 38.
137) *Ibid.*, 39.
138) *Ibid.*, 86.
139) *Ibid.*

변혁은 일어나지 않는다는 것이다. 학습자들이 '하나님의 선물인 변혁'을 인식하여 준비케 하기 위해서 우리는 가능한 한 의도적이 되어야 한다는 것이다. 이것이 바로 리틀이 믿는 가르침에 관한 확신이다.

그러나 여기서 우리가 주의해야 할 것은 리틀의 주장이 가르침 그 자체의 결과로 변혁을 경험할 수 있다고 하는 것은 아니라는 점이다. 그보다 의도적 가르침은 신념 형성을 돕는 도구이며[140] 개형(改形: re-form)을 위해 사용되는 것이지, 마치 닭이 알을 낳는 것처럼 변혁 그 자체를 위한 직접적인 도구로 순진하게 생각지 말자는 것이다. 가르침을 통해서 우리는 사회화의 경계선(boundary)을 부술 수 있으며, 의도적 가르침을 통해서 우리는 신앙공동체에 의해서 보살핌을 받고 지탱되는 사람들의 신념 형성을 할 수 있으며 하나님에 의해서 '변혁되는' 사람들로 하여금 좀 더 깨어 있고 의식적이며 준비될 수 있도록 도울 수 있다는 것이다. '가르침을 통하여' 교사도 역시 변혁될 수도 있다는 것을 암시하는 것이다.

## IV. 보이스의 자료와 그녀에게 미친 영향

필자가 보이스가 사용한 학문적 자료에 대해서 보낸 개인적인 요청에 대해서 그녀는 다음과 같이 응답을 보내왔다.

나는 현대 성서신학과 가톨릭신학의 이해와 실천 그리고 여성신학과 교육적 문학 작품들과 유대인-크리스천들과의 가까운 관계에 의해 깊이 영향을 받았다. 이런 모든 배경은 나의 성서에 관한 흥미에서 비롯되었

---

140) *Ibid.*, 87.

으며, 내가 이스라엘에 있을 때 맺은 많은 유대인 친구들과의 접촉과 사귐에서 또한 비롯된 것이라고 말할 수 있다. …141)

첫째, 그녀의 자료는 현대 성서신학에서 나온 것이다. 이 책이 비록 그녀의 첫 번째 저작, *Biblical Interpretation in Religious Education*142)을 심도 깊게 다루지는 않을지라도, 그녀가 빈번하게 언급하는 몇 가지 중요한 개념을 그녀의 소논문 "Religious Education and Contemporary Biblical Scholarship"143)에서 찾아보는 것은 분명히 우리에게 도움을 줄 것으로 믿는다. 상기한 그녀의 첫 번째 책에서 그녀는 구원사(salvation history: *heilgeschichte*)에서 흥망성쇠의 이유를 성서해석의 해석학적 원리로 묘사한다. 그녀는 구원사를 성서신학과의 관계로 묘사함과 동시에 구원사와 종교교육 간의 연결점을 만들어낸다. 또한 그녀는 종교교육자들은 성서비평학을 사용할 수 있어야 한다고 주장하면서 성서를 적절한 견해로 해석할 수 있어야 한다고 자신의 견해를 밝히고 있다.

보이스는 앞서 소개한 소논문 "Religious Education and Contemporary Biblical Scholarship"에서 다음과 같은 질문을 던진다: "성서 비평이 신자들을 건전한 의미에서 도울 수 있는가?"144) 이 논문에서 그녀는 성서 비평을 순진하게 사용했을 때 아직 미약한 '초신자'들에게 미칠 수 있는

---

141) 이 내용은 1995년 11월 30일에 본인에게 보낸 보이스의 이메일 중 일부이다.

142) Mary C. Boys, *Biblical Interpretation in Religious Education* (Birmingham, Ala.: Religious Education Press, 1980). 이 책은 그녀가 뉴욕 유니온신학교와 컬럼비아 사범대학의 공동학위를 위해 쓴 박사학위 논문을 발전시킨 것이다. 그녀의 지도교수는 브라운(Raymond E. Brown)과 휴브너(Dwayne Huebner)였다.

143) Mary C. Boys, "Religious Education and Contemporary Biblical Scholarship," *Religious Education*, 74:2 (March-April 1979): 182-197.

144) *Ibid.*, 183.

위험에 대해 경고하면서도,[145] 후-비평(혹은 탈-비평: post-critical) 시대로 들어섰으며, 종교교육을 하는 우리는 '성서 비평의 허용과 이 방면에서의 학문적 한계'를 인식하는 자세가 필요하다고 역설하였다.[146] 그녀는 또한 성서 비평을 종교교육에 적절하게 사용하여 연구하는 몇몇 종교교육자가 있음을 지적한다. 그녀가 소개한 학자들은 다음과 같다: 사라 리틀, 제임스 스마트 그리고 엘리스 넬슨 등이다. 그녀는 성서신학이 종교교육에 적절하게 이용되기 위해서는 다음과 같은 요구에 부응해야 한다고 밝힌다. 즉, 성서신학이 모든 믿는 이의 학문적 진보와 성과를 위해서 교육적으로 해결해야 할 문제가 있다는 것이다. 또한 성서신학은 성서신학의 연구에서 발견된 것들을 후-비평의 시대로 이미 접어든 교회와 회당의 삶으로 통합시켜야 한다는 것이다. 나아가서 이 통합은 학문과 교육목회적 관심을 조정해 줄 수 있는 종교교육학자들의 협조가 필요한 작업이라고 주장한다. 이 작업을 위해서는 해석학의 역사를 살펴보는 과정과 여러 세기에 걸쳐 성서 본문이 어떻게 다른 방법으로 해석되었는가를 연구하는 준비가 필요하다고 역설한다. 덧붙여, 보다 적절한 교수의 전략을 위해서 웨일(Marsha Weil)과 조이스(Bruce Joyce)가 공저한 *Models of Teaching*을 추천한다.[147]

보이스의 두 번째 자료는 그녀의 가톨릭신학에 대한 지속적이고 깊은 관여이다. 신학자 길키(Langdon Gilkey)에게 배우고 또한 확장함으로써, 그녀는 가톨릭주의(Catholicism)의 다섯 가지 특성을 다음과 같이 적고 있다: 첫째, 개인주의보다는 공동체성을 부양하고 장려하면서 많은 종족과 문화를 부둥켜안는 인간 존엄성 우선주의. 둘째, 과거의 경험을

---

145) *Ibid.*, 183-184.
146) *Ibid.*, 185.
147) *Ibid.*, 196-197.

중시하고 인간을 형성함에 있어서 지속성을 존중하는 전통 장려 정신. 셋째, 카리타스(caritas), 즉 삶을 사랑하고 인간의 죄를 용서하고 건강한 이생의 삶을 축하하는 정신이 넘쳐흐르는 공동체적 삶에서 인간성과 은혜를 조화시키려는 정신. 넷째, 일상적인 매일의 삶 가운데서 심벌을 통하여 중재되는 하나님의 은혜와 존재에 대한 확신의 표현으로서의 성사주의(sacramentality)를 귀하게 여기는 마음. 다섯째, 가장 날카롭게 정선된 이성적 숙고에 의해서 설명되고, 꿰뚫어지며, 방어될 수 있는 한 성례적 의식과 전통 안에서 나타난 신적 신비의 세계를 주장하는 숙고의 정신과 이를 존중하는 이성주의.148) 이러한 가톨릭주의에 대한 이해 위에 보이스는 종교교육의 이론을 세워 나간 것이다. 그녀에게 교육은 교회의 중심적 사명이며 교회의 삶을 통하여 남녀 신자들은 좀 더 온전한 인간이 되어 간다는 것이다.149) 그녀의 가톨릭 정신은 그녀가 내린 종교교육의 정의에 잘 나타나 있다. "종교교육이란 종교적 공동체의 전통을 우리의 삶에 적용케 해주는 것이며 전통과 변혁 사이의 내적인 연결성을 드러내 주는 것이다."150)

보이스의 이론 형성에 영향을 준 세 번째 자료는 앞서 언급한 바와 같이 그녀가 폭넓게 읽은 여성신학과 교육적 저작들에서 비롯되었다. 그녀는 분명코 아리스토텔레스가 내렸던 여자는 비이성적이라는 다음의 결론을 부정한 것이다: "남자들만이 가장 고귀한 덕목들을 소유하고 있다."151) 그녀는 '감춰진 교재'(hidden curriculum)와 '사회의 기본 조직

---

148) Boys, *Educating in Faith*, 133.

149) *Ibid.*

150) *Ibid.*, 193.

151) Mary C. Boys, "Women as Leaven: Theological Education in the United States and Canada," 112-118, in Elizabeth Schüssler Fiorenza and Mary Collins, eds., *Women: Invisible Church and Theology* (Edinburgh: T. & T. Clark LTD, 1985), 114.

(infrastructure)과 가정들(assumptions) 그리고 권력과 가치들로 조직된 교권주의적 세상과 학문적 네트워크'를 비판한다.[152] 그러나 그녀는 비판의 수준을 넘어서서 "어떻게 우리가 인종차별주의와 성차별주의 그리고 연령차별주의의 한계를 초월하기 위해 좀 더 포용성 있는 방법을 가지고 교육할 수 있을 것인가?"에 초점을 맞추고 있다.[153] 그녀는 또한 남녀 간에 진정으로 생각을 교환해야 한다고 주장한다. 그러므로 그녀는 여성신학의 이론을 전개하며 온전성(wholeness)과 포용성(inclusivity) 그리고 관계를 추구하고 있다.[154]

여성신학 연구에 덧붙여서, 보이스는 종교교육을 할 때에 각 종교 간의 대화를 주창하는데, 특히 기독교와 유대교와의 대화의 필요를 역설하였다.[155] 그녀는 "에큐메니칼 종교교육에 진지하게 지속적으로 참여하는 것은 우리가 속해 있는 특정한 종교 단체의 건강과 생동감 양성을 위해서와 세상의 변혁을 위해 필수불가결한 것이다"라고 주장한다.[156] 그녀는 이해를 추구하는 진정으로 포용성이 넘치는 다원성을 추구하면서, 결과적으로 이 목표에 부합하는 교육과정을 개발한다. 이러한 변혁적인 학습을 성취하기 위한 그녀의 전략은 우리의 견해를 바꿀 수 있도록 해주며 단순한 인지적인 단계를 초월하는 것이어야 한다고 말한다.[157] 이 점

---

152) *Ibid.*, 115.

153) *Ibid.*

154) *Ibid.*, 116.

155) 보다 자세한 연구를 원하면, 다음의 글을 참고하라: Mary C. Boys, "An Educational Perspective on Interreligious Dialogue: A Catholic View," *Religious Education*, 86:2 (Spring 1991): 171-183. 또한 Mary C. Boys, Sara S. Lee and Dorothy C. Bass, "Protestant, Catholic, Jew: The Transformative Possibilities of Educating Across Religious Boundaries," *Religious Education*, 90:2 (Spring 1995): 255-276.

156) Mary C. Boys and et al., "Protestant, Catholic, Jew: The Transformative Possibility of Educating Across the Religious Boundaries," 256.

157) *Ibid.*, 261.

에 대해서 우리는 보이스의 가르침에 관한 섹션에서 자세히 관찰하게 될 것이다.

요약하자면, 보이스의 자료들은 성서신학과 가톨릭신학의 이해와 실천이며, 그녀의 여성신학적 견해와 에큐메니칼한 신학적 견해라고 볼 수 있다. 또한 그녀는 현대 성서비평학을 유용하는 반면에 가톨릭의 유산에 성실하게 남아 있는 것이다. 그리고 그녀는 유대인을 비롯한 크리스천들과의 교류를 통하여 지속적으로 다른 종교와의 신학적 대화를 나누고 있는 것이다.


# V. 보이스가 본 종교교육의 필요와 상황에 대한 해석

종교교육에서 보이스가 감지한 필요는 이미 우리가 다른 이들의 경우에서 본 바와 같이 그녀의 상황에 대한 이해와 해석에서 비롯된 것이다. 첫째, 그녀는 전통과 가르침이라는 분야에서 필요를 감지한다. 전통이란 "과거에 대한 고착(fixation)도 아니고 현상유지(status quo)에 머무는 것도 아니며, 이미 죽은 자들의 살아 있는 신앙(living faith)이다."[158] 보이스는 역사학자 펠리칸(Jaroslav Pelikan)의 글을—"전통주의는 산자들의 죽은 신앙이요 … 전통에 오명(汚名)을 준 것은 전통주의이다."[159] —인용하면서 전통과 전통주의 간의 차이를 명확히 한다. 보이스에게 전통은 "공동체적 경험의 저수지와 같으며 … 그들의 경험과 해석의 이야기(saga)이다."[160] 그녀의 전통에 관한 견해는 넬슨의 성경에 관한 이해

---

158) *Educating in Faith*, 193.
159) *Ibid.*
160) *Ibid.*

와 유사하다.[161] 보이스에게 종교교육자의 역할은 우리로 하여금 전통에 접근할 수 있도록 도와줌으로써 결국 전통이 "공동체로 하여금 갱신할 수 있도록 인도해 준다."[162] 그러므로 종교교육자는 "변혁의 촉매제(catalyst)인 것이다."[163]

전통의 역할에 대해서 보이스는 다음과 같이 말한다: "얼마나 중요하든지 간에 공동체의 전통은 그 자체가 목적이 아니다. 그 전통(들)은 공동체를 갱신으로 이끌어야만 한다."[164] 그녀는 자신의 글에서 변혁과 갱신을 번갈아 가며 사용하고 있으며, 이 점에 관해서는 다음 섹션(보이스의 가르침에 관한 이론)에서 자세히 다루게 될 것이다. 만일 전통(들)이 종교교육자들에 의하여 '밝히 드러나지' 않는다면, 그 전통들은 사람들에게 사용불가능한 것으로 남게 될 것이다. 그러므로 교사의 역할은 사람들에게 전통을 유용(有用)할 수 있게 한다는 면에서 필수적인 것이다.

보이스는 전통 자체가 자연적으로 변혁적이라는 아이디어는 부정한다. 넬슨과 같이 차라리 그녀는 전통은 하나님이 세상에 개입하시는 패턴을 보여주는 것이라고 믿는다. 전통은 어떻게 하나님이 과거에 우리의 실생활에서 신앙공동체와 관계를 가지셨으며 행동하셨는지를 보여주는 것이라는 말이다.(넬슨은 성경이 바로 그런 역할을 한다고 믿는다.) 우리가 이런 전통에 관여(engage)할 때 우리는 그 전통이 묘사하는 그 과정으로 부름받게 된다. 그러므로 전통 자체가 변혁적이지는 않다고 할지라도 우리 가운데서 역사하시는 하나님의 행위는 변혁적인 것이라고 주장한

---

161) Nelson, *Where Faith Begins*, 71을 보라. 그는 다음과 같이 적고 있다: "우리는 하나님에 대한 신앙이 공동체적이기에 성경을 갖고 있다. 신앙인들의 공동체가 먼저 나오고 … 그들의 신앙이 적힌 기록〔성경〕은 그 후에 나온 것이다."
162) Mary C. Boys, *Educating in Faith*, 203.
163) *Ibid.*
164) *Ibid.*, 203.

다. 전통은 이런 하나님의 역사를 보도록 우리를 부르고 있으며, 우리 자신의 삶과 공동체 내에서의 삶으로 우리를 초대하고 있다는 것이다. 더욱이 잊지 말아야 할 것은 이렇게 우리를 부르는 하나님과의 변혁적 관계로의 초대와 그 초대에 대해 행동으로 응답하는 것과는 큰 차이가 있다는 것이다.165) 그러므로 보이스에게 교육적 문제점은 전통과 변혁 사이의 역할에서 발견될 수 있다는 것이다. 전통의 역할을 명확히 이해하고 변혁과의 적절한 관계를 자리매김하는 공동체 안에서 일어나는 변혁을 일으켜야 한다는 것을 의미한다.

둘째, 보이스는 가르침의 영역에서 종교교육의 필요를 역설한다. 앞서 언급한 바와 같이 보이스는 가르침이야말로 전통을 유용 가능케 해주는 기획이라고 한다. 그녀는 지아마티(A. Bartlett Giamatti)의 가르침에 대한 정의를 인용하면서 "가르침은 본능적인 예술이며 잠재력을 염두에 두게 하며, 깨달음을 열망케 하고, 멈춤과 이음새가 없는(seamless) 끊임없는 과정이다. 그 속에서 교사는 행동하는 가운데 항상〔인생을〕연습하며 감독되는 인생의 연극에 관객으로 앉아 있기도 하며, 학생들을 위해 모든 선택권을 개방하고 학생들을 가꾸기 위해 모든 장면에서 최선을 다해 참여한다"166)라고 말한다. 많은 세련된 단어들과 개념들 가운데 보이스는 '예술'이라는 단어를 가려내어 사용한다. 그녀는 다음과 같이 적고 있다: "이 예술의 핵심은 훈련된 상상력이며",167) "이 상상력은 지식뿐만

---

165) Boys, *Educating in Faith*, 203 이후를 보라.
166) Boys, *Educating in Faith*, 207.
167) 가르침이 예술이라는 점과 그러므로 가르침은 창의적인 상상력을 요구한다는 생각은 해리스(Maria Harris)의 *Teaching and Religious Imagination* (San Francisco: Harper & Row, 1987)에서도 볼 수 있다. 이 책에서 해리스는 주장하기를 모든 교사는 창조자(creator)이며, 상상력이 풍부한 사람은 학생으로 하여금 어떠한 사람이 될 수 있다는 가능성으로 인도하며 가꾸어 나갈 수 있다고 말한다.

아니라 지식을 활용하는 방법(know-how)도 가능케 만들어 주는 것을 포함한다.”168) 이렇게 '가능케 만들어 주는' 것은 쉬운 작업이 아니며 뼈를 깎는 준비(painstaking preparation)에 의존하는 것이다.169) 보이스는 교사가 학습자들을 전통(들)의 광대한 저수지(reservoir)로 가는 통로로 인도하기 위해서는 교육의 진정한 전문성(connoisseurship)을 소유해야 하며 '교육적으로 진정 중요한 것을 감상하는 예술'을 아는 사람이어야 한다고 주장한다.170) 더 나아가서 교사는 “자신이 가르치는 사람들의 귓전에서 울려 퍼지는 전통(들)의 소리를 들을 수 있어야만 한다.”171) 교사는 “그저 전통에 대해서 아는 것에 그치지 말고 전통의 의미를 알아 조명해 줄 수 있어야 한다. … 예컨대, 성경을 가르칠 때에 그 교사가 기독교 공동체에 있든지 유대인 공동체에 있든지 어떻게 그 성경이 그 공동체에게 거룩한 책이 되었는지를 나타낼 수 있어야 한다.”172)

교사는 또한 주입식 교육을 피하기 위해 자신의 가르침을 다음의 세 가지 조건에서 명심해야 한다. (1) 새로운 정보를 접할 수 있는 자유. (2) 지식과 신념 그리고 행위에 연관된 문제들을 떠받쳐 줄 수 있는(설명할 수 있는) 정보를 제공할 수 있는 능력. (3) 새롭게 펼쳐진 상황의 눈으로 옛 아이디어와 결정들을 관찰할 수 있는 자유.173) 마지막으로 교사는 자신이 가르치는 티칭의 실습(praxis)에 온전한 주의를 기울일 수 있어야 한다.174) 이 관심은 결국 자신의 상황을 변혁시키는 도화선이 된다. 보이

---

168) Boys, *Educating in Faith*, 207.
169) *Ibid.*, 208.
170) Mary C. Boys, “A Response to Professor Huebner,” *Religious Education*, 77:4 (July-August 1982): 381.
171) *Ibid.*
172) *Ibid.*, 382.
173) *Ibid.*
174) *Ibid.*

스는 '교육적 전문성'을 회복해야 한다고 주장하며, 이 전문성이 없다면 사람들에게 전통을 유용케 하는 시도는 결코 불가능하다는 것을 주장하는 것이다. 그러므로 우리는 보이스의 '교육적 전문성'이 리틀이 주장하는 '의도성'과 유사하다고 말할 수 있다.

## VI. 보이스의 가르침 이론: 그 목적과 과정

메리 보이스의 가르침 이론은 언뜻 보기에는 리틀의 이론보다는 의도적 가르침 이론이라는 측면에서는 덜 연관이 있어 보인다. 왜냐하면 보이스는 의도적 가르침에 관해서 직접적으로 글을 썼다고 보기는 어렵기 때문이다. 그러나 의심할 여지없이 보이스의 글은 가르침 이론에 진정으로 관심을 가졌던 학자로서의 좋은 예가 된다고 생각한다. 그녀의 소논문, 「가르침: 종교교육의 심장」에서 그녀는 가르침이야말로 종교교육의 중심이라고 역설한다.[175] 불행하게도 대부분의 사람이 가르침을 그저 교육의 현장에서 당연히 있어야 할 것으로 여기는 경우가 비일비재하며, 그래서 "종교교육에서는 그저 바닥의 기초(bedrock) 정도로만 여겨서 저개발의 수준에 머무른 것"[176]이었다. 더 나아가서 그녀는 이 소논문을 쓴 목적이 "가르침은 전통을 유용케 하는 최우선적인 수단이며 전통과 변혁 사이의 본질적인 연결"임을 보여주려는 것이라고 한다.[177]

변혁이라는 용어를 설명할 때, 보이스는 '회심'이라는 단어를 사용하

---

175) Boys, "Teaching: The Heart of Religious Education," *Religious Education*, 79:2 (Spring 1984): 253.

176) *Ibid.*

177) *Ibid.*

지만, 이는 보통 선교적 의미로 통용되는 협소하고 축소적(reductionistic) 의미가 아닌 통전적 의미로 쓰였다고 역설한다.[178] 변혁과 회심은 나눌 수 없는 것인데 이는 회심이란 개인에게는 변혁이기 때문이다. 그러나 질문은 여전히 남는데 어떻게 개인의 회심이 공동체의 갱신과 연관될 수 있냐는 것이다. 무엇이 개인에서 공동체로 가는 비약(jump)을 가능케 하는 것일까? 이 비약은 교육자들에 의해서 가능케 되는 것이라는 말이다. 보이스는 말하기를 "전통을 이해할 수 있도록 환히 비춰 주며 공동체로 하여금 전통들을 생각하게 해주는 것은 교육자의 책임이다"라고 한다.[179] 분명히 그녀는 리틀과 같이 가르침을 최고로 보는 견해(high view)를 갖고 있는 것이다. 한 발 더 나아가서 가르침은 '초월적인 특질'을 갖고 있다는 것이다.[180] 그러나 아직도 우리에게 남아 있는 질문은 "어떻게 가르침이 개인적인 회심을 넘어서서 사회의 변혁을 꾀할 수 있을까?"라는 것이다. 그러면 그녀가 말하는 가르침은 현 생활의 주위에 적용할 때 특별한 계획이 있다는 말인가? 보이스는 아마도 "그렇다"라고 대답할 것이다. 더욱이 보이스는 의도적 가르침이나 변혁적인 교육은 "정치적인 목표, 즉 변화하는 사회를 좀 더 정의롭게 만들고자 시도되는 것"이라 한다.[181]

보이스는 교육은 "사회의 생산적인 과정을 더 진척시킬 뿐만 아니라 재생산의 필요까지를 충족시키는 것인데, 예컨대 아이들을 양육하는 일이나 병들고 불편한 이들을 돌보는 일, 또한 가정의 복지를 위해 최선을 다하는 것이어야 한다"라고 주장한다.[182] 간단하게 표현하자면, 보이스

---

178) Mary C. Boys, "Conversion as a Foundation of Religious Education," *Religious Education*, 77:2 (March-April 1982): 217-222.
179) Boys, *Educating in Faith*, 210.
180) *Ibid*.
181) *Ibid*.

의 가르침은 변혁적인 교육을 추구하는 것이며 이 가르침은 개인과 사회의 변혁 사이에서 교량(橋梁) 역할을 모색하고 있는 것이다.

보이스는 축소적(reductionistic) 의미의 가르침의 역할에 대한 주장을 피하고 있으며, 주장하기를 가르침은 기술의 문제가 아니라 한다. 또한 가르침은 행위를 다루는 것으로 국한되어서는 안 된다는 것이다. 가르침은 "궁극적으로 실제 생활에 적용되어 숙고하는 가운데 개입할 때 비로소 그 효력이 드러나게 된다"라고 주장한다.[183]

이러한 실생활에의 적용과 개입은 '의도성'을 요구한다. 가르친다는 것은 "단지 정보를 전해 주는 것을 뛰어넘는 것으로서 지식을 적절히 요리하는 지혜가 필요한 것이며, 학습자에게 적절한 질문의 기술을 활용하여 반응과 평가를 제공할 수 있어야 하는 것"이다. 또한 우리에게 "은혜로 주어지는 생활 속의 작은 행위를 통해서도 인간이 진실로 인간다워질 수 있도록 하는 작업이다."[184] 그러므로 보이스에게 가르침은 의도적인 주의와 탐구를 요구하는 것이며, 그렇기에 가르침은 어떤 주제를 가지고 희망하는 결과를 도출해낼 수 있는 것이다. 보이스가 주장하는 의도성에 관한 이론은 앞서 언급한 것처럼 '교육적 전문성'(educational connoisseurship)이라는 주제 아래서 다루어지고 있음을 기억해야 하겠다. 그녀의 가르침이라는 용어의 사용은 이 연구에서 내린 가르침의 정의와 맞아떨어지는 것이다.

보이스에게는 가르침이란 해석학적인 행위인데, 이는 경험적인 도전(empirical venture)이라기보다는 해석적인(interpretive) 것이라는 의미이다.[185] 이 말의 의미는 가르침의 전략은 연구의 결과들로부터 발전될

---

182) *Ibid.*

183) Boys, "Teaching: The Heart of Religious Education," 253-254.

184) *Ibid.*, 264.

수도 있고 또 그래야 하지만, 그 결과들은 단순히 불변하는(immutable) 법칙들로부터 파생된 재료(recipes)에 불과해서는 안 된다는 것이다. 더욱이 교사들은 그 연구를 이해할 수 있도록 풀어내는 해석자들이며 학습자들의 삶과 연관되도록 해야 한다는 것이다. 이러한 면에서 가르침의 이론들은 학습의 이론에서 흘러나온다고도 할 수 있다는 것이다.[186]

가르침은 지식과 지혜를 접근가능하게 만들어 가는 예술이다.[187] 가르침이 '다리 놓기'나 '은유(metaphor) 만들기'에 도달하는 목표를 달성하게 되면,[188] 학습자로 하여금 변혁적인 학습을 경험하게 만들어 준다. 왜냐하면 교사와 학습자 사이에 다리(bridge)가 놓였기 때문이며,[189] 이 다리는 곧 지식과 지혜 사이의 다리이기 때문에 학습 자체가 변혁적이 되었다는 것을 의미한다. 변혁적 학습은 시각(perspective)의 변화를 촉진하는 것이다; 또한 논리와 논쟁을 포함하는 것이지만, 인지적인 차원을 뛰어넘어 학습자를 긍정적인 경험과 감정으로까지 인도하게 된다.[190] 그러나 여기서 우리는 보이스의 변혁에 대한 개념이 리틀의 개념과 다르다는 것에 주의해야 한다. 리틀의 주장은 비록 교사가 학습자를 준비시키는 노력을 기울였다고 할지라도, 변혁이란 하나님이 일으키는 것으로 묘사하는 반면에 보이스는 가르침의 결과로 각 개인은 변혁에 도달할 수 있다고 말하고 있는 듯하다. 비록 그녀가 의도적 가르침이 할 수 있는 것의 한계를 인정하고 있기는 하지만 말이다. 가르침을 통해서, 하나님이

---

185) *Ibid.*, 265.
186) *Ibid.*, 255.
187) *Ibid.*, 267.
188) *Ibid.*
189) 이 다리(bridge)는 학습자와 전통 사이에 놓인 것이라 볼 수도 있다.
190) Boys, "Protestant, Catholic, Jew: The Transformative Possibilities of Educating Across Religious Boundaries," 261.

변혁의 과정을 주도하실 때, 우리는 학습자를 일깨우며 개인의 변혁을 경험할 수 있도록 도와줄 수 있다고 말할 수 있다.

요약하자면 의도적으로 가르친다는 것은 지식의 완벽한 습득과 창조적 상상력의 계발 그리고 공동체로부터 얻어지는 지혜를 요구한다는 것이다. 보이스는 교사는 공동체의 지혜 전통들을 숙고하는 책임을 부여받았다고 강조한다. 가르침이란 또한 비판적 해석학의 작업이며 학습자로 하여금 창의적 상상에 이르게 하고 건강한 이미지를 일깨우며 문제의식을 갖게 하는 작업이다.[191] 마지막으로 의도적 가르침은 '의미 창출'의 요구에 대한 반응이며 '그저 노-하우와 지식의 부과가 되어서는 안 되며 그 의미 창출을 가능케 해주는 도구로써 사용되어야 한다는 것이다.[192]

보이스는 사회 변혁을 추구하는 가운데 의도적 가르침 사용의 목적을 설명하는 것이다. 그녀는 변혁을 추구하기 위해 가르침을 수행해야 한다고 주장한다. 또한 그녀는 가르침이란 정치적인 목적을 수반하고 있다고 주장한다.


## VII. 리틀과 보이스의 비교

코우가 자신의 종교교육사회론을 발표했을 때, 그는 전통을 희생하는 대가로 사회의 변혁을 추구하면서 사회화와 의도적 가르침 사이의 균형을 유지하려고 애를 썼었다. 그 이후 넬슨과 웨스터호프는 전통과 변혁 사이의 잃어버렸던 균형을 회복하려고 시도했던 반면 두 과정(사회화와 의도적 가르침) 간의 균형을 깨게 되었다. 바로 이 말은 넬슨과 웨스터

---

191) Boys, "Teaching: Heart of Religious Education," 272.
192) *Ibid.*, 271.

호프는 전통과 변혁 간의 균형을 회복하면서 사회화에 초점을 맞추었다는 것이다. 리틀과 보이스 역시 전통과 변혁 사이의 잃어버렸던 균형을 찾는 시도를 했지만, 일차적인 종교교육의 과정으로서 의도적인 가르침을 선택했던 것이다. 여기서는 리틀과 보이스의 이론을 간략하게 비교해 봄으로써 그들이 어떻게 휴브너의 질문에 대답하였는지를 살펴보도록 하자.

리틀과 보이스의 이론을 비교해 보면 두 사람의 생각이 유사하다는 것을 발견하게 된다. 예를 들면, 변혁에 관해서는 두 사람 다 교육자의 역할이 변혁을 야기하는 것이라고 주장하지 않고 변혁은 하나님이 하시는 일(God's doing)이라고 한다. 그러나 일정한 범위 내에서 교육자는 자신들이 가지고 있는 모든 것으로 증거함으로(witnessing), 반응함으로(responding), 또한 지탱함으로(supporting) 학습자들을 도와야 한다는 것이다.

리틀은 필자와 개인적으로 대화하는 중에 특별히 주장하기를 그녀는 가르침-학습의 과정에 능동적이고 성실한 참여에 초점을 맞춤으로써 학습자가 변혁에 대해서 온전히 느끼고 결단하며 변혁을 맞이할 준비를 하게 해야 한다고 말했다.[193] 보이스도 역시 이 점에 대해서 동의할 것이다. 두 학자가 다 가르침은 '의도적'이어야 함에는 이견이 없다. 리틀에게는 교사가 된다는 것이 의도적이 된다는 말이며, 보이스에게 교사가 된다는 의미는 교육적 전문성을 갖고 연습해야 한다는 의미이다. 이 둘은 자신들의 이론을 묘사하는 데 많은 경우에 다른 면을 갖고 있지만 또한 동일한 관심과 목적을 나눈다고 말할 수 있다.

그들의 견해 차이는 전통에 대한 그들의 시각인데, 이는 그들의 신학적 입장의 차이에서 나온 것이다. 리틀에게 신앙공동체에서 축적되고 검

---

193) 이 대화는 사라 리틀과 1995년 12월 5일에 나눈 대화 가운데서 발췌한 것이다.

중된 경험인 전통이란, 깊이 숙고되고 재분석 및 재평가될 때만이 귀중한 것이며, 전통은 그 자체가 완성품(finished entry)은 아니다. '항상 개혁되는 전통의 과정'(ever-reforming process of traditions)과 '항상 전통을 개혁하는 것'이야말로 전통과 관련해서 리틀이 주장할 말인 것이다. 보이스 또한 리틀의 견해를 반대하지는 않을 것이다. 하지만 그녀는 리틀보다는 전통에 더 무게를 두어 생각하리라. 보이스에게 전통은 교회의 권위를 나타내는 것이며 교회에 의해서 지속적으로 갱신되고 재평가되는 것이다. 보이스는 또한 전통 그 자체의 유용을 강조하기보다는 신자들에게 전통에 접근을 가능케 하는 것에 더 초점을 맞춘다.

그들이 비록 균형에 대한 다른 견해를 표현한다고는 해도 전통과 변혁 사이의 균형이 중요하다는 것에는 차이가 없다. 리틀은 필자와 개인적으로 대화를 하는 중에 "전통이나 변혁 중의 어느 하나만을 선택한다는 것은 불가능한 일이다. 나는 균형 자체가 중요하다고 여기기보다는 그 둘 사이의 상호작용이 더 중요하다고 본다"라고 말했다. 이러한 긴장에 대해서 보이스는 다음과 같이 말한다: "나는 종교교육이 전통을 전수하는 것과 새로운 세계를 창조하는 것의 둘 다라고 본다; 전통을 전수하는 것은 사실 재창조와 재구성의 작업이다."194) 그녀에게 전통은 행동을 위한 토대가 되는 것이다.195) 그러므로 그녀는 전통과 변혁을 둘 다 강조하는 것이다. 리틀과 보이스는 이 두 요소를 다 강조하는 것에 동의하며, 종교교육의 목적으로서 조화 가운데 존재해야 한다고 주장한다.

요약해 보자면, 리틀과 보이스는 둘 다 종교교육의 목적이나 초점이 신앙공동체 안에서 의도적으로 가르치는 것이며, 이렇게 함으로써 학습

---

194) Boys, "Access to Tradition and Transformation," 22 in O'Hare, ed., *Tradition and Transformation in Religious Education*.
195) *Ibid.*, 23.

자들이 교육을 통해 변혁을 맞이할 준비를 하게 하는 것이라고 주장한다. 그러므로 이 두 학자에게 휴브너의 질문, 즉 "교육은 필요한가?"를 되묻는다면 낭랑하게 "그렇다"고 대답할 것이다.

# 리틀과 보이스의 이론 비교
## The Comparison Between Little and Boys

| 이슈 | 사라 P. 리틀 | 메리 C. 보이스 |
|---|---|---|
| 종교교육의 열쇠 | 의도성<br>상호교류 | 전문성(connisseurship)<br>전통에 접근을 용이케 함 |
| 전통 | 신앙공동체의 경험들 | 만일 접근/사용할 수 있다면<br>변혁적인 이야기들 |
| 신앙 | 하나님의 선물<br>하나님과 우리와의 관계 | 성(聖)스러운 것의 이해/<br>붙잡음 또는<br>붙잡힘(apprehension) |
| 신념 | 신앙의 의미가<br>드러나게 하는 통로 | 우리의 신앙에 대한 표현 |
| 변혁 | 하나님의 선물 | 하나님의 은혜<br>개인의 통전적인 회심<br>사회 변혁 |
| 교사의 역할 | 의도적으로 또한 상호적인 전통의 재유용; 변혁적 순간을 위해 학습자를 온전히 준비시킴 | 전통을 조명하고 드러나게 하는 변혁의 촉진제(catalyst) |
| 신앙공동체의 필요 여부 | 당연히 주어져야 할 요소 | 꼭 필요한 상황 없으면<br>신앙의 전수가 불가능함 |

# 제6장

# 21세기 기독교교육을 위한
# 제안들

## : 아스머, 포스터, 해리스의 이론

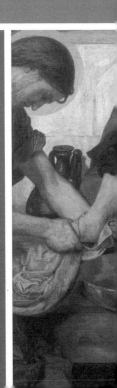

# I. 현 상황의 분석과 우리가 당면한 현대의 도전

프린스턴대학의 종교 연구 전문가인 로버트 우스나우(Robert Wuth-now)가 날카롭게 지적한 바와 같이 우리가 미래에 대해서 생각하는 이유는 미래에 될 일을 예견함으로써 다가올 미래를 조정(control)하려는 것이 아니라,[1] 우리가 현재 무엇을 하고 있는지를 생각하는 생각의 공간을 만들려고 하는 것이다.[2] 우스나우는 우리가 '의식적'으로 현재에 대해 생각해야 한다고 주장하면서, 이렇게 할 때만이 우리가 가진 에너지를 올바른 장소에서 올바른 방향으로 쏟을 수 있다고 강조한다. 이러한 마음의 자세를 가지고 우리는 오늘날 어떠한 일이 일어나고 있는지를 차근하게 묘사해 볼 수 있으며, 그럼으로써 미래가 우리에게 요구하는 것이 무엇인지를 생각해 볼 수 있을 것이다.

---

1) Robert Wuthnow, *Christianity in the 21st Century* (New York: Oxford Univ. Press, 1993), 4
2) *Ibid.*, 213.

## 1. 첫 번째 도전: 왜곡된 개인주의[3]와 분리된 자아

사회학자인 로버트 벨라(Robert Bellah)와 함께 글을 기고한 학자들은 "우리는 누구인가?"라는 자성적인 질문을 통해 우리는 오늘날 사적인 삶과 공적인 삶(private and public life)의 불균형 가운데 살고 있다고 지적했다.[4] 벨라는 오늘날 사람들의 마음에는 사적인 영역이 너무 꽉 차 있어서 공적인 삶의 공간을 마련할 여유가 없다고 주장한다. 그러므로 그는 공적인 삶을 포함(encompass)할 수 있는 개혁의 방법을 모색해야 한다고 이야기한다.[5] 그러므로 그는 자신이 책을 쓰는 주된 목적을 "우리의 전통이 제공하거나 또한 그렇지 못할 우리의 자산에 대한 깊은 이해를 가짐으로써, 미국인 자신들이 당면한 도덕적인 문제들에 대한 생각을 가능케 하려는 것이다"라고 강조한다. 벨라는 미국인들의 가슴속에 자리 잡고 있는 습관(habits of the heart), 즉 우리를 위협하는 도전 가운데 가장 심각한 것이 극심한 개인주의(individualism)라고 하였다. 벨라는 이 개인주의의 문제를 그냥 외면하거나 창문 밖으로 던져버려서는 안 될 문제라고 주장하며 그 이유를 다음과 같이 설명했다. 첫째, 개인주의는 우리의 정체성(identity)을 위해서 꼭 필요하기 때문이며, 둘째, 개인주의라는 용어 자체의 복잡성과 애매모호함 때문이라고 했다. 개인주의라는 용어에는 다음과 같은 의미가 내포되고 있다.

---

3) 벨라(Robert Bellah)와 비슷한 의견을 피력하면서도 철학적인 측면에서 이 개인주의에 관한 의견을 피력하는 보그만(Albert Borgmann)의 글을 보라. 그는 현대의 현상을 묘사하는 글에서 "우리는 공동으로 함께 나눌 수 있는 삶이 없다. 우리를 둘러싸고 있는 것들은 **온통 차갑고 비인간적인 것들뿐이다**"라고 말한다. *Crossing the Postmodern Divide* (Chicago: The University of Chicago, 1992), 3 이후를 보라.

4) Robert N. Bellah, Richard Madsen, William M. Sullivan, Ann Swidler and Steven M. Tipton, *Habits of the Heart: Individualism and Commitment in American Life* (Berkeley: University of California Press, 1985).

5) *Ibid.*, vii.

1) 인간/개인에게 내재한 존엄성(dignity) 내지는 신성함(sacred)에 대한 믿음(belief), 2) 개인은 일차적인 현실(reality)이며 사회는 인공적(artificial)으로 조성된 이차적인 현실이라는 믿음—즉 이 견해는 소위 존재론적인 개인주의이다(ontological individualism). ⋯ 이 견해는 사회가 개인만큼이나 실재적(as real as society)이라는 견해와는 상충된다.[6]

벨라는 위의 첫 번째 의미에 동의하면서, 개인이 자신의 한 인간으로서의 가치만(사적인 영역: private realm) 강조하고, 자신의 사회에서의 위치(공적인 영역: public realm)를 덜 강조할 때, 개인주의는 사회의 조화를 망치게 된다고 주장한다. 벨라는 이런 맥락에서 사적인 삶과 공적인 삶의 균형을 주장한다. 이는 개인의 존엄성과 사회적인 책임이 함께 존중되고 연습되는 것을 의미한다.[7] 그러므로 개인과 사회를 양분하는 것 자체가 잘못된 시도라는 것이다. 마치 교육과 신학, 행동과 사고, 교회와 사회를 양분하려는 우매한 시도와 유사하다는 것이다. 오른쪽의 도형을 참조하면서 읽으면 훨씬 도움이 될 것이다.

벨라는 사적인 삶과 공적인 삶의 균형을 잡아 줄 기관으로 '기억의 공동체'(communities of memory)를 제안한다.[8]

이런 기억의 공동체 안에서, 각 개인들은 다른 이들과 '재연결'할 기회를 갖게 되고, 함께 전통을 만들어 나가며, 각자의 책무를 확인하며, 공

---

6) *Ibid.*, 334.
7) 이런 개인의 정체성과 책임에 관한 토론은 보이스(Mary C. Boys)가 논문 "Discipleship and Citizenship"에서 심도 깊게 다뤘다. 또한 이러한 우매한 이분법적 사고에 대해서 자세히 다룬 다음의 글을 참조하라. Letty M. Russell, "Handing on Traditions and Changing the World," in Padraid O'Hare, ed., *Tradition and Transformation in Religious Education*, 78-84.
8) Bellah, et al., *Habits of the Heart*, 152 이후.

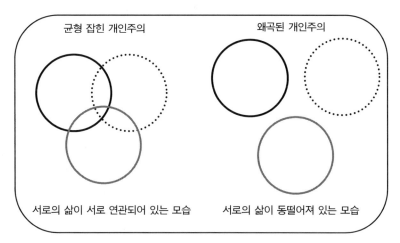

<균형 잡힌 개인주의>　　　　　　<왜곡된 개인주의>

서로의 삶이 서로 연관되어 있는 모습　　　서로의 삶이 동떨어져 있는 모습

〈사적인 삶이 연관되어 있거나 동떨어져 있는 모습〉

동체를 위한 헌신을 하게 된다.[9] 이런 작업은 가능하다. 왜냐하면 "공동체는 모두가 함께 공동의 이야기를 창출해 나가게 되며, 그 과정에서 공동체의 의미를 함께 구성해 나가기 때문이다."[10] 그러므로 '이야기'(story)는 21세기 포스트모던 시대를 사는 우리에게 가장 중요한 요소가 된다. 이야기는 "이야기를 하는 화자와 듣는 이의 정체성을 자극하는 역할을 한다.[11] 그렇지 않으면 이야기는 실제로 말해지지도 들려지지도 않기 때문이다."[12] 공동체를 형성하는 데 이야기의 역할은 근본적인 것이다.[13] 그러므로 이야기는 신앙공동체 안에서 거듭 전달되는 가운데 공동

---

9) *Ibid.*, 153.

10) 보그만(Albert Borgmann)도 역시 이야기를 강조하면서 이야기가 매우 강한 신학적 운동을 형성하고 있다고 주장했다.

11) *Ibid.*, 153.

12) Donald E. Miller, *Story and Context: An Introduction to Christian Education* (Nashville: Abingdon Press, 1987), 118.

체 안의 전통과 변혁을 연결시켜 주는 엄청난 힘을 갖는다. 비록 벨라가 말한 '기억의 공동체'가 회중(congregation)을 지칭하는지는 분명치 않지만, 회중은 이야기 형성의 한 중요한 장이 될 수 있다.

벨라는 미국이 영국의 식민지 시대에는 자신들의 존재론적인 개인주의와 자유를 위해 부단히 노력했다고 주장한다. 결과적으로 사람들은 개인이야말로 단 하나의 확고한 현실이라는 아이디어를 갖게 되었다는 것이다.[14] 이런 존재론적인 개인주의 가운데서, 현대성(modernity)이 '분리의 문화'(culture of separation)를 양산했고, 그 안에 서로 연결되는 전체는 상실한 채, 파편화된 조각 같은 개인들만 남게 되었다.[15] 그는 개인들 간의 분리뿐만 아니라 개인 자신의 분리에 대해서도 언급했다. 오늘날과 같은 탈현대적인 시대에는 사람들은 오직 실리 위주의(utilitarian) 성공과 자기 이익만을 추구할 뿐 통합적인(holistic) 삶을 추구하지는 않는다는 것이다. 벨라가 지나친 분리주의와 개인주의에 대한 응답으로 '기억의 공동체'가 꼭 필요할 것이라고 이야기할 법도 한데, 이는 기억의 공동체 안에서 각 개인들은 '분리된 자아'(separated self)를 발견하게 될 것이기 때문이고, 또한 다른 이들과 자신을 연결시킬 기회를 갖게 될 것이기 때문이다.

## 2. 두 번째 도전: 텔레비전과 대중매체

벨라는 또한 TV의 엄청난 사회화 능력에 대해 우리의 주의를 끌고 있는데, 그는 다음과 같이 표현하고 있다: "TV가 우리에게 설교하고 있지는 않지만, 어떤 명백한 메시지보다도 더 강력한 현실의 그림을 전달한

---

13) *Ibid.*

14) Robert N. Bellah, et al., *Habits of the Heart*, 276.

15) *Ibid.*, 277.

다."16) TV에서 전달하는 삶의 형태는 공적(공동체적) 삶이기보다는 개인적(사적) 삶의 형태이며, 아주 드물게 사회를 하나로 생각하게 하는 요구를 한다는 것이다.17) TV의 사회화 능력에 대해서 우리에게 경고하기 위해 벨라는 TV는 계속 방영되는 프로그램 사이에 철저하게 연결되지 않는 점을 지적하였다.18) 그리고 말하길 "TV는 방영되는 프로그램이 어떤 주제를 다루든지 절대로 복잡한 것은 발표하지 않는다"라고 했다.19) TV의 메시지는 우리의 감정이 사고를 대체했기 때문에, 우리가 좋아하거나 말거나 '분리'의 현대적 챔피언이며, 우리 모두를 '홀로' 살게 하는 것에 성공했다.20) 벨라는 우리가 TV와 기술의 혁명 덕으로 파편화된(fragmented) 사회적 존재로 전락했다고 분석했다.

오늘날 사회적 생태에 대해서 그는 다음과 같은 의견을 피력했다.

… 사회 생태는 전쟁, 대량 학살이나 정치적 억압으로만 파괴된 것이 아니다. 함께 엉기어 살고 있던 사람들의 매인 줄을 파괴함으로써, 그들을 홀로 외로이 겁에 질린 상태로 놔둠으로써도 오늘날의 파괴는 이뤄졌다. 우리가 이 망가진 사회의 생태를 고치지 않는다면 환경적인 재해가 우리에게 느껴지기도 전에 우리 자신들을 송두리째 망가트릴 것이다.21)

망가진 사회 생태의 수리를 모색함에 있어, 벨라는 개인적인 변혁을 반대하지는 않는다. 오히려 그는 "군중 속의 개인적 변혁은 필수적인 것

---

16) *Ibid.*, 279.
17) *Ibid.*
18) *Ibid.*, 280.
19) *Ibid.*
20) *Ibid.*, 281.
21) *Ibid.*, 284.

이다. 그리고 이는 의식의 변혁뿐만 아니라 행동의 변혁도 포함하는 것이다"라고 주장하였다.[22] 더욱이 "개인들은 공동체의 열망을 뒷받침해 주면서 도덕적 전통을 수행해 나가는 양육 공동체를 절대적으로 필요로 한다."는 것이다.[23] 이것이 바로 기억의 공동체가 하는 일이다. 이 기억의 공동체는 개인들을 양육하며 궁극적으로 각 개인들을 사회적 존재들로 함께 묶어 주는 역할을 하는 것이다.

요약해서 앞에 정리한 두 가지 도전을 표현하면, 벨라는 오늘의 현상을 개인중심적이요 사적 생활의 문화(personal/private oriented culture)로 요약하면서 이런 현상들이 사람들과 사회를 분리와 조각으로 난도질 했다고 말했다. 겉으로 보기에 풍요로운 오늘의 세상에서 사람들은 마음의 빈곤을 경험하고 있으며, 사회적인 존재로서의 진정한 자신의 역할을 다하지 못하고 있다는 것이다. 그는 '기억의 공동체' 회복을 통한 사회 문제의 해결을 제시했으며, 교육목회적인 측면에서 볼 때 회중이 바로 그가 제시한 기억의 공동체 역할을 감당할 수 있다고 하겠다. 그 회중 안에서 각 개인들은 함께 고통과 기쁨을 나누며, 그들의 이야기를 함께 배워 나갈 수 있게 된다. 그러므로 회중이 각 개인을 연결시켜 주는 중요한 역할을 하는 기구이며, 장(場)이 된다.

### 3. 세 번째 도전: 음침한 사회적 분위기(sullen ethos of the society)

몬타나대학의 철학교수인 앨버트 보르그만(Albert Borgmann)이 보기에 오늘날의 기류(climate)는 극심한 개인주의(individualism)로 갈기 갈기 찢어져 있다. 그는 개인주의가 현대 사회의 건강에 암적인 존재라고 말하기를 서슴지 않는다. 그는 덧붙이기를 "우리는 오늘날 자기도취

---

22) *Ibid.*, 286.
23) *Ibid.*

(narcissism)에 빠져 있으며, 고독(lonliness)의 그림자를 쫓아가며 살고 있다"라고 말한다.[24] 이러한 탈현대주의적 문화를 묘사하면서, 그는 "… 우리는 일반적인 삶을 이미 잃어버렸으며, 이제는 차갑고 비인간적인 분위기가 우리를 에워싸고 있다"라고 말한다.[25] 보르그만은 암울함(sullenness)과 과(過)활동성(hyperactivity)이라는 단어를 사용해서 오늘날 우리를 에워싸고 있는 분위기를 은유적으로 표현하고 있다. 그는 미국의 무드를 한 마디로 표현하면 '암울함'이라고 주장한다.[26] 대략 이 암울함이란 '비활동적'이며 '우울한'과 같은 형용사로 설명될 수 있다. 보르그만은 이 암울함을 야기하는 몇 가지 요인과 증상을 나열한다. 예컨대, 과도한 소비욕(consumerism)이라든지, 투표자들의 무관심과 높아만 가는 실업률 그리고 널리 퍼져 나가는 마약 상습복용(abuse of drugs)과 문맹률의 확산, 또한 과학적 이해의 결핍과 한심스러울 정도로 망가져 가는 건강 상태, 마지막으로 암적으로 퍼져나가는 비디오 문화를 들었다.[27] 그는 또한 주장하기를 이 세대의 개인들은 지나치게 활동적(workaholic: 일에 중독된)이라 한다. 사람들은 "고되고 오래토록 일하고, 가정이나 문화생활 그리고 종교 활동 등은 무조건적으로 성공이라는 무지개를 추구하는 삶에 종속되어 있다."라는 것이다.[28] "일, 일, 일"이라는 말이 오늘 현대인들에게 구호가 되어버렸다는 것이다. 그들은 일에 '사로잡히고 중독되어' 살고 있다는 것이다.[29]

---

24) Albert Borgmann, *Crossing the Postmodern Divide* (Chicago: The University of Chicago, 1992), 3.

25) *Ibid.*

26) *Ibid.*, 6.

27) *Ibid.*, 7-12.

28) *Ibid.*, 14.

29) *Ibid.*, 15.

보르그만은 나라가 암울함과 과행동성으로 가득 차게 되면 경제적으로나 도덕적으로 뒤죽박죽(dislocated)이 된다고 주장한다. 마치 의사가 환자를 진단하듯, 보르그만은 우리 사회가 병들었다고 진단을 내리고 있다. 겉으로 보기에 현대인이 "아주 낙관적인 것 같아도, 현실 감각을 상실한 채로 깊은 심연에 빠져 있다."라는 것이다.[30]

그러면 보르그만은 암울함과 과활동성(hyperactivity)에 대한 해답으로 무엇을 제안하고 있을까? 그는 도시 계획에 대한 이야기를 하면서 공동체적 축제(communal celebration)의 중요성을 강조한다. 그는 다음과 같이 자신의 의견을 피력한다: "우리에게 필요한 것은 새 기술이나 혁신이 아니라 과활동적인 현대의 기계 설비를 촉진하는 생활양식으로부터 탈피하여 실제와 공동체 그리고 신성(divinity)이 축제적 분위기에서 지지를 받는 그런 삶의 모양이다."[31] 벨라가 기억의 공동체를 제안했듯이 보르그만도 축제의 공동체를 제안하고 있으며 이는 "축제(festivity)와 일관성(coherence)이 사회로 스며들게 하는 반사체" 역할을 하는 것이다.[32] 그에게는 우리 인간이 사회의 변혁에 책임을 져야 하는 것이다. 그는 말하기를 "인간은 모든 것의 시종(始終)을 감당할 역량을 가지고 있다"라고 했다.[33] 변혁이 일어나기 위해서, 모든 인간과 기관은 함께 협력해야 하는 것이다. 그러므로 공동체의 개념은 필수적이다. 우리는 보르그만의 영향을 받아서 종교교육이 예배와 예식을 통하여 함께 회중 안에서 축제를 가질 수 있겠다는 점에 대해 한번 생각해 볼 필요가 있다. 그는 다음의 말로 자신의 책을 마감한다: "우리는 정부와 여러 기관들 그리고 우리의

---

30) *Ibid.*, 12.
31) *Ibid.*, 139.
32) *Ibid.*, 143.
33) *Ibid.*, 144.

이웃 즉 각 교단들과 예술가들, 소수 민족과 여성 단체들을 비롯한 사람들과 함께 유연한 협력을 도모해야 한다."[34] 이것이 바로 보르그만이 말한 '탈현대적으로 또는 성스럽게 무장된' 공동체의 축제인 것이다.

## 4. 네 번째 도전: 불신 풍조(Disbelief/Trivialization)

스티븐 L. 카터(Stephen L. Carter: 예일대학 법학교수)는 오늘의 현실 가운데 우리가 당면한 도전을 '불신'이라고 말한다. 그는 현대 문화를 '불신의 문화'(culture of disbelief)로 부르며, 오늘날 사람들의 공적인 삶의 현장(public arena)에서 종교적인 믿음과 행위는 사라져버렸다고 하며, 이제 종교적인 믿음은 사람들의 취미 생활 정도로 전락했다고 말한다.[35] 그는 "현재 미국의 문화에서 종교는 예전에 신실하게 헌신했던 사람들이 자신들의 삶을 그 위에(종교) 세웠던 것과는 달리, 이제는 지나가는 유행 같이 여겨지고 있다."[36]라고 탄식한다. 그는 종교가 정치가들과 미디어에 의해 사용되고 있으며, 소위 하나님에 관한 이야기(God-talk)가 종교를 사소한 것으로 만들고 있다(trivialize)고 주장한다.

미 대통령 영부인(Hillary R. Clinton)이 하루는 십자가 목걸이를 목에 걸고 공식 석상에 나타났을 때, 많은 이들이 혼비백산하였는데, 그때 상황

---

34) *Ibid.*, 146.

35) Stephen L. Carter, *The Culture of Disbelief: How American Law and Politics Trivialize Religious Devotion* (New York: Basic Books, 1993).

36) *Ibid.*, 14. 카터가 사용하는 신념(beliefs)의 개념은 사라 리틀(Sara Little)의 개념, 즉 '우리의 하나님과의 근본적인 관계'와 넓은 의미에서 유사하다. 그는 현대의 문화 가운데서는 사람들의 신념이 카멜레온(외부의 상황 따라 자기 몸의 색깔을 자유자재로 바꾸는 동물)과 같이 상황에 따라 변한다고 한다. 좁은 의미에서 카터가 의미하는 신념의 개념은 리틀의 그것과 다르다. 그는 기독교 신앙과 같은 한 특정한 종교의 신념을 붙잡는 것을 의미하지 않기 때문이다.

을 중계하던 TV 사회자가 이런 공식 석상에 종교적인 심벌을 걸고 나타나는 것이 적당한 일인가 하고 질문했다. 그러나 만약 그런 것이 문제가 된다면 클린턴 대통령도 자신의 종교적 정체성에 대한 표명을 할 수 없는 것이요, 만일 정통 유대인이 대통령이 된다면 그는 야물커(yarmulke: 유대인들이 쓰는 작은 모자)를 쓰고 자기 사무실에 나타나지 못할 것이다.[37]

카터는 "종교는 사람들에게 중요한 것이며, 너무나 확실하게 사람들의 인격 형성에 영향을 준다"라고 주장하였다.[38] 그는 계속하여 얼마나 종교가—기독교도 포함해서—공중(public)에 의하여, 특히 법과 정치에 의해서 잘못(또는 하찮게) 다루어지고 있다고 주장하였다. 이런 모든 학대(mistreatment)는 공중이 자신들이 무엇을 하고 있는지를 깨닫는 다면 절대 가능하지 않은 일이라는 것이다. 간단히 말해서, 많은 사람들이 오늘날 종교적 추구의 심각성을 잊어버렸거나 잃어 가고 있다는 것이다. 요즘은 일반 사람들의 불신 풍조 때문에 교회가 사람들에게 깊은 영향을 미치지 못하고 있다는 것이다.

벨라나 보르그만과는 달리 카터는 이러한 현대의 불신 풍조를 재구성할 어떤 해결책을 제시하지는 않는다. 오히려 '종교적 독재주의(fascism)'에 대해서 경고한다. 그는 주장하기를 "우리는 먼저 많은 정치인들이 자신들의 종교적인 웅변을 공적인 광장(public square)에서 사용할 때 이들의 종교적 헌신을 어떻게 대할 것인지"에 대해서 알아야 한다고 했다.[39] 또한 그는 "오늘날 왜 수많은 사람이 종교적인 웅변이 대중매체의 주의를 끌고 있는지와 어떻게 그들이 결국 종교를 빙자해서 미국인들의

---

37) *Ibid.*, 4-5.
38) *Ibid.*, 41.
39) *Ibid.*, 263.

존재와 그들의 가능성을 제한하고 있는지"를 연구해야 한다고 주장한다.[40] 카터는 그의 책을 마무리하면서 종교적 자율성(autonomy)에 대한 존중을 주장한다. 만약에 한 나라가 건강하려면 그 나라에는 자유를 사랑하며 다양성(diversity)을 품을 수 있는 정서가 함양되어야 하며, 비록 그 나라에 종교적인 충돌(conflict; 예: 구교와 신교 사이의 보이지 않는 갈등을 말함)이 있다고 해도 그것에 반발하며 부정적으로 볼 것이 아니라, 오히려 그것이 그 나라에 정치적이며 영적인 건강을 가져다주는 사인(sign)이 될 수도 있음을 간과하지 말아야 한다는 것이다.[41] 이 점은 우리가 만일 카터의 견해로 종교교육을 생각해 본다면 종교교육자 자신들도 종교를 비-사소화(de-trivialize)하는 데 일조를 해야 한다는 것이다.

더 나아가서 우리는 종교교육이 사람들로 하여금 '생각하게 하기'(be mindful) 위해서 우리 자신이 비판적으로 생각하기를 배워야 한다는 것이고, 우리의 전통들을 알아야 하며, 또 미디어의 희생자가 되어서는 안 된다는 것을 의미하는 것이며, 종교를 정치적인 노리갯감(political twisting)으로 이용해서는 절대 안 된다는 것을 의미한다. 종교교육자들은 함께 '신앙의 식자(literacy)'를 양산하는 데로 나아가야 할 것이다.

이제까지 필자는 우리의 현대 문화를 분석한 세 사회/정치학자의 전통과 변혁에 관계된 견해를 소개했다. 왜곡된 개인주의, 분리, 불신, 암울함 그리고 과행동성 등이 탈현대 사회의 병적인 증상을 표현하는 단어들이다. 이렇게 병든 우리의 문화를 변혁시키고 계속해서 긍정적인 전통화를 추진하기 위해서, 벨라는 기억의 공동체를, 보르그만은 축제 공동체를, 카터는 건강한 우리의 정신 상태를 제안하며 정신을 가다듬고 생각하기를 촉구하였다.

---

40) *Ibid.*
41) *Ibid.*, 274.

앞으로 전개되는 글에는 몇 명의 중요한 현대 기독교교육 학자들의 이론을 소개할 것이다. 그들이 다루는 논점은 앞서 벨라, 보르그만 그리고 카터가 본 현대 문화에 대한 분석에 대한 응답이 될 것이다. 세 학자의 분석은 실로 현대 문화를 진단한 것이었으며, 끊임없는 전통과 변혁의 긴장이 그들의 글에서 표현되었다. 이러한 문화적 상황에서, 종교교육 학자들은 자신들의 해결책을 사회화와 가르침이라는 방법 내지는 과정을 통하여 제시하였다. 너무나 명확하게도, 이 글의 근저에 흐르는 전통, 변혁, 사회화 그리고 가르침의 주제는 우리의 상황 가운데에 면면히 흐르고 있는 것이다. 바로 이 이슈가 다음에 우리가 볼 현대 기독교교육 학자들이 다룬 주제이다.

## II. 우리가 당면한 도전의 해결을 위한 현대 기독교교육 학자들의 제안

이렇게 21세기를 사는 우리에게 도전하는 세 가지 현상—극심한 개인 중심주의, TV 등의 대중매체의 파괴적인 영향 그리고 불신 풍조—에 파묻혀 사는 우리가 어떻게 기독교교육을 행할 수 있을까? 몇몇 예언자적 자질을 지닌 기독교교육 학자들이 기독교교육 이론과 철학을 제시하고 있다. 첫 번째 학자는 리차드 로버트 아스머(Richard Robert Osmer)이다. 그는 현재 프린스턴 신학대학원의 기독교교육학 교수로 재직하고 있으며 자신의 몇 가지 저서에서 교회가 교수직을 회복해야 한다고 주장한다.[42] 그가 가르침에 대해서 말할 때 '의도적'(intentional)이라는 형용

---

42) Richard Robert Osmer, *A Teachable Spirit: Recovering the Teaching Office in the Church*

사를 사용하지는 않지만 그의 글을 읽어 보면 의도적인 가르침이 오늘날의 도전에 응수하는 길이라 믿는 학자라는 것을 알 수 있다. 그의 신학적인 교육의 접근을 통해서 그는 기독교교육은 루터와 칼뱅의 신학에 뿌리를 박아야 한다고 주장한다. 그는 마치 우리가 축구를 잘하려면 축구의 경기 규칙을 잘 알아야 경기를 효과적으로 할 수 있는 것처럼, 개혁신학에 뿌리를 둔 기독교교육을 잘 감당하려면 개혁신학의 원조인 루터와 칼뱅의 신학을 잘 알아야만 한다고 말하는 것이다. 잘 알뿐만 아니라, 개혁신앙을 믿고서 '프로테스탄트 게임'에 임해야 한다고 주장한다. 한마디로 아스머는 개혁신학에 뿌리를 둔 의도적인 가르침이야말로 이 시대의 파괴적인 도전들의 공격을 막아낼 수 있다고 주장한다.

둘째, 에모리대학교 안의 캔들러 신학대학에서 기독교교육학을 가르치는 찰스 포스터(Charles R. Foster)는 그의 교육 이론을 펼치는 데 사회화(socialization)에 의존하는 학자이다. 엘리스 넬슨과 존 웨스터호프의 사회화 이론을 이용하는 그는 '회중을 교육하는 것'에 이론의 주안점을 둔다.[43] 그는 어떻게 하면 교회 안의 기독교교육 프로그램을 개선할 수 있을지를 연구함으로써 목회자들과 기독교교육자들을 돕고자 하는 것이다. 그의 이론은 사회화 이론을 교회교육에 옮기려고 시도한 것이다.

셋째, 뉴욕대학과 포담대학의 객원교수인 마리아 해리스(Maria Harris)의 이론인데 그녀는 의도적인 가르침과 사회화, 두 가지를 다 사용하였다. 그녀는 자신의 저서 *Teaching and Religious Imagination*[44]에서 심미학(aesthetics)과 상상력(imagination)에 초점을 둔 의도적인

---

(Louisville, Kentucky: Westminster/John Knox Press, 1990)

43) Charles R. Foster, *The Future of Christian Education: Educating Congregations* (Nashville: Abingdon Press, 1994).

44) Maria Harris, *Teaching and Religious Education* (San Francisco: Harpers, 1987).

가르침의 좋은 예를 보여주었다. 또한 그녀는 *Fashion Me A People*[45])에서 어떻게 사람들을 가꿀 것인가('fashioning')의 예로 예술적인 접근을 시도했고, 그 과정에서 사회화의 원리(예: 사회화의 출발점으로써 신앙 공동체의 필요성)를 도입했고 회중들의 평생교육이라는 차원에서 교육목회를 시도하였다.

앞서 언급한 세 기독교교육 학자의 이론들 가운데서 중요하게 여겨지는 몇 가지 요소를 함께 고찰해 보고자 한다. 이런 고찰은 우리에게 도움을 줄 것을 확신한다. 왜냐하면, 기독교교육의 이론을 교육목회의 현장에 옮기려 한 시도가 바로 앞서 언급한 아스머, 포스터와 해리스의 작업이었기 때문이다. 예컨대, 넬슨과 웨스터호프의 사회화 이론은 포스터가 현실에 적용할 수 있는 범위에서(tangible way) 적용시켰고, 리틀과 보이스의 의도적 가르침 이론은 아스머에 의해서 더 확장되고 유용하게 되었다. 마리아 해리스의 시도는 여기서 사회화와 의도적 가르침의 두 접근을 합친 것의 예로 제시되었으며, 그녀의 예술적인 접근은 커리큘럼을 창작하는 데도 쓰였다. 이 예들은 현재 존재하는 사회화와 의도적인 가르침 사이의 긴장 관계를 어떻게 다루어야 하는지를 보여주는 것이며, 결국 종교교육을 행할 때에 우리가 가진 에너지를 어디에다 사용해야 하는지를 인도해 준다.

## 1. 리차드 아스머의 해결책: 교육목회의 회복

아스머의 주장은 간단명료하다. 그는 오늘날 교수직이라는 관점에서 교회의 역할을 정의했다. 그는 "교수직이라는 역할이 없이는, 교회는 교

---

45) Maria Harris, *Fashion Me A People* (Louisville, Kentucky: Westminster/John Knox Press, 1989).

회가 되지 못한다"라고 주장했다.[46] 그는 오늘날 주류 교회들(mainline churches: 장로교, 성공회, 감리교 등)은 진정한 교수직을 상실했기 때문에 위기에 빠져 있다고 했다. 개신교의 목사들은 그들이 목회하는 교회에서 "교인들을 성서적, 신학적으로 탄탄한 토대를 가르칠 수 있는" 권위를 덜 갖게 되었다는 것이다.[47] 다른 말로 표현하자면, 목사들은 자신들이 교사로서의 권위를 잃어버렸다는 말이다. 이것은 교회가 만연하는 개인주의의 물결과 현대의 반권위주의에 맞서서 평신도들에게 성경과 기독교 교리의 기초들을 가르치는 일에 실패한 결과인 것이다.[48] 이것은 앞에서 현대 문화 분석가들(벨라, 보르그만, 카터 등)의 분석에 대응하는 교육적 전략이 필요함을 보여주는 것이다.

카터가 걱정했던 기독교의 사소화됨(trivialization)에 동의라도 하는 듯이, 아스머는 크리스천은 자신들의 진정한 정체성을 재확립해야 한다고 주장하고 나섰다. 순수한(true) 개신교도가 되기 위해서는 종교개혁에 근거한 개신교 신학의 뿌리를 찾아야 한다는 것이다. 그러므로 우리는 종교개혁자들의 사상에 의거한 교수직의 견해를 알아야 할 필요가 있는 것이다. 예컨대, 칼뱅의 회심은 배우고자 하는 마음(가르침을 받을 만함/배우고 싶은 마음: teachableness)으로의 회심이었다는 것이다.(conversion ad dociliatem)[49] 아스머는 칼뱅의 그의 회심은 "즉각적으로 그로 하여금 성경 연구와 신학 연구에 대한 동기를 부여했다"라고 말한다.[50] 아스머는 다음과 같은 점을 강조한다: "배우고자 하는 마음으로의

---

46) Osmer, *A Teachable Spirit*, 14.

47) *Ibid.*, ix.

48) *Ibid.*, x.

49) *Ibid.*, 52. 혹자는 teachableness를 '배움의 영'으로 번역하였으나 '영'이라기보다는 '마음'이나 '자세'로 봄이 적합할 것이다.

50) *Ibid.*, 53.

회심이라는 아이디어는 우리가 다시 찾아야 할 중요한 것이다. 미국 개신교 안에서는 너무도 빈번히 구원의 확신을 갖는 회심 자체가 최종적인 사건으로 이해되곤 했다. 그러나 칼뱅의 사상에서 회심이란 최종점이 아닌 출발점인 것이다."[51] 이는 우리가 교회교육에서 배우고자 하는 정신(teachable spirit)을 회복하고자 하면 모든 회중이 구원의 확신을 가질 때 필수불가결한 조건으로 가져야 할 마음이라는 것이다.

아스머는 칼뱅의『기독교 강요』에 나오는 목사와 교사들의 교수직에 주어진 권위를 설명하면서: "교회의 회원들은 마음이 옥토와 같은 부드럽고 배우고자 하는 정신(spirit)을 가짐으로써, 이 교수직에 부르심 받은 교사들에게 인도함을 받아야 한다"라고 한다.[52] 이러한 배우고자 하는 환경에서, 교회는 진정한 교수직을 회복하게 될 것이다. 아스머에게 이 교수직이 그토록 중요한 이유는 "교수직이야말로 마치 우리 몸에서 심장으로부터 모든 기관에 피를 보내는 동맥과 같은 역할을 하기 때문이다."[53] 교수직의 역할은 그러므로 생명선과 같은 것이다. 아스머는 "이 역할이 없이는, 교회는 교회로서 존재하지 못할 것이다."라고 주장한다.[54] 그는 교수직의 세 임무를 다음과 같이 말한다.

(1) 교회의 일반적 신념과 예배 의식을 결정함.
(2) 오늘의 상황에 맞게 위의 신념들을 재해석함.
(3) 정해진 신념에 따른 교회의 교육 제반 부서 형성과 유지, 교재 개발과 과정의 유지와 매번 새로운 세대들에 의해 의미 있게 재정립 또는 재

---

51) *Ibid.*
52) *Ibid.*, 116-117.
53) *Ibid.*, 13.
54) *Ibid.*, 14.

활용될 수 있게 하며, 각 개인이 깊은 이해로 그 신념들과 예배 의식
들을 소화할 수 있게 함.55)


규범적인(normative) 신념들과 예배 의식을 결정하는 일이야말로 신
앙 유산 전달의 핵심 요소라고 하겠다. 교수직을 맡은 이는 교인들이 신
앙생활을 하는 데 필수적으로 알아야 할 내용들을 결정하는 데 의식적인
노력을 할 것이다. 이런 면에서 교수직의 첫 번째 과제는 '교회의 원증인
(original witness)들의 본모습(integrity)'의 유지(maintenance)이다.56)
두 번째 과제는 규범적인 신념들과 예배 의식을 재해석하는 것인데, 이는
항상 급변하는 문화적이고 역사적인 상황에 대처하는 교회의 규범적 신
념과 예배 의식의 계속적인 재해석을 의미하는 것이다.57) 이쯤에서 독자
는 그동안 교회 역사 속에서 이런 평신도들을 위한 규범적 신념 선택과
예배 의식의 갱신은 교수직, 즉 목사와 교회의 교사들에 의해서 항상 이
루어져 왔던 일이라는 것을 눈치 챌 것이다. 교회가 계속해서 개혁되기
위해서는 이 재해석의 업무는 실로 중요한 것이다. 세 번째 교수직의 과
제는, 교육의 수단을 형성하는 것인데, 이는 교육목회의 '핵심 초점'(core
focus)이다. 이 말은 더욱 폭넓은 용어인 교육이 "공동체의 삶의 지속적
인 구조와 교육 패턴에 초점을 맞춘다면,58) 가르침은 학습과 이해의 양
산을 시도하는 교육 구조와 과정 내에서 구체적인 일에 초점을 맞춘다는
말이다.59) 이런 논리의 흐름으로 볼 때, 가르침은—마치 교육이 그런 것
처럼—의도적이며 조직적인 것이다. 가르침은 넓은 의미에서 교육의 부

---

55) *Ibid.*, 15.
56) *Ibid.*, 17.
57) *Ibid.*
58) *Ibid.*, 19.
59) *Ibid.*

분 집합이다. 아스머는 교육을 "가치 있다고 여겨지는 지식, 태도, 가치, 기술 등을 일깨우고 전달하기 위한 공동체의 조직적이고 의도적인 노력"이라고 정의했다.[60]

요약하면, 아스머는 목회자들이 교수직의 진정한 권위를 회복해야 한다고 상기시키고 있는데, 이는 그들이야말로 회중들에게 가르칠 사람들이기 때문이다.[61] 의도적인 가르침에 주의를 기울임으로써, 우리는 지속적으로 좋은 전통을 만들고(form) 개혁할(reform) 수 있으며, 그럼으로써 우리는 우리 자신과 다른 이들을 하나님께서 변혁시키도록 준비할 수 있다는 것이다.[62] 만일 기독교교육자가 개인들과 사회의 변혁을 추구한다면 의도적 가르침은 필수적이 된다. 문화 분석에 대하여 아스머는 아마도 카터에게 이렇게 응답할 것이다. 의도적 가르침을 통한 교수직의 권위 회복이야말로 기독교를 종교로서 비-사소화하는 지름길이라고. 또한 의도적 가르침은 크리스천들에게 진정한 신앙의 정수를 깨닫게 한다고. 바로 의도적 가르침이 종교 다원주의라는 현대의 정황에서 신자로서의 정체성을 갖게 도와주는 것이라고.

## 2. 찰스 포스터의 해결책: 사회화 과정을 통한 회중교육

아스머가 의도적인 가르침을 위한 교수직의 권위 회복을 통해서 교육적인 목회의 회복을 시도했다면, 포스터는 사회화가 오늘날 교회교육의 문제를 해결할 수 있는 열쇠라고 주장한다. 포스터는 기독교교육 학자의 눈으로 오늘의 현실을 보면서 결론짓기를, 오늘날 우리가 사용하고 있는

---

60) *Ibid.* 아스머의 교육에 대한 정의는 체계적이며 의도적인 노력인데, 이는 크레민의 정의와 유사하다. 이는 필자의 의견과도 일맥상통하는 것이다.

61) *Ibid.*, 254.

62) Osmer, *Teaching for Faith: A Guide for Teachers of Adult Class* (Louisville, Kentucky: Westminster/John Knox Press, 1992), 9-12를 참조하라.

교육의 방법으로는 "급변하는 사회 현상 가운데서 기독교 신앙의 정체성을 유지하거나 개혁하면서 우리 신앙공동체의 유산을 유지하지 못한다"라고 하였다.[63] 이 말이 암시하는 것은 계속적으로 변화하는 사회의 분위기에서 기독교 신앙의 정체성을 유지 혹은 개혁함으로써 신앙공동체의 유산을 유지하는 것이 포스터에게는 '전통'이라는 것이다. 물론 그의 이론은 엘리스 넬슨과 존 웨스터호프의 이론에 기초를 둔 것이다. 그는 다음과 같이 인정하였다.

> 나의 이론은 나의 창작이 아니다. 나의 이론은 넬슨의 확신에 기초를 둔다. 즉, 회중은 기독교 신앙의 전통을 구체화(embody)하며, 공동체 생활(corporate lives) 가운데서 함께 생활함과 예배를 통하여 다음 세대들에게 신앙의 의미를 전달한다. 또한 웨스터호프의 확신을 따르는데, 신앙의 의미는 회중들 간의 교류(interplay)의 과정을 통해 양육된다는 이론이다.[64]

포스터가 말하는 현대 교육의 허점이라는 것은 넬슨이 분석한 것과 유사하다. 그는 주장하기를 "오늘날 회중들은 성경의 이야기들을 잘 모르고 교회 안에서 자신들의 교육적 책무들을 심각하게 받아들이지 않는다"라고 했다.[65] 포스터는 벨라가 주장했던 것처럼 '기억의 공동체'로서 회중을 제안하고 있는 것이다. 그는 5가지의 결함을 다음과 같이 지적한다.

---

63) Charles R. Foster, *The Future of Christian Education: Educating Congregations* (Nashville: Abingdon Press, 1994), 11.
64) *Ibid.*, 13.
65) *Ibid.*, 17.

1) 회중들의 삶에서 공동 기억의 상실

2) 현대의 삶을 위한 성경공부 가르침의 부적합성(irrelevance)

3) 교육적 목표의 부재(subversion)

4) 교회교육의 문화적 포용성 붕괴

5) 교회의 교육적 전략의 붕괴(collapse).[66]


그는 이 결함들에 대한 설명을 다음과 같이 하고 있다.

첫째, 회중들의 삶에서 공동의 기억이 상실된 이유는 세 명 중 한 사람이 교회를 떠났기 때문이다.[67] 그러므로 회중들 사이에는 '각 연령의 사람들 간의 연결성이 상실'되었고,[68] 다가오는 세대들에게 전해 줄 전통이 형성되지 않는다는 것이다.

둘째, 성경 가르침의 부적합성은 성경 자체의 부적합성에 있는 것이 아니라, 성경으로부터의 가르침이 부적합하다고 이야기한다.[69] 그러므로 이것은 전통이 잘못 세워지고 있음을 말해 준다.

셋째, 교회교육이 그때그때 사람들의 필요만 채워 주려는 조직적인 기교(mechanism)로 전락할 때, 기독교교육의 목적이 전복된다고 설명한다.[70] 만일 회중의 미래가 고려되지 않는다면 교회교육은 정체성과 사명감이 없는 프로그램 중심의 교육으로 전락할 것이다.[71] 이 문제는 교회의 전통을 세워 나가는 일과 변혁을 꾀하는 일 둘 다에 치명적인 것이 될 것이다.

---

66) *Ibid.*, 22-35.

67) *Ibid.*, 23.

68) *Ibid.*, 24.

69) *Ibid.*, 25.

70) *Ibid.*, 27.

71) *Ibid.*, 30.

넷째, 성찰 없는 교회교육은 복음의 메시지가 가진 영적, 사회적, 정치적, 또는 경제적 얽매임으로부터 사람들을 해방시키려는 변혁적인 메시지를 품으려 하기보다는 문화의 현상유지(status quo)를 하려는 경향(proclivity) 때문에 교회교육은 문화의 포로가 되기 쉽다는 것이다.[72] 하나님의 나라를 증거할 때, 비록 세상에 있으나(in the world) 세상에 속하지는 않은 교회(not of the world)이면서도, 교회는 자칫 잘못하면 세상 문화의 일부분이 되기 쉽다는 것이다. 이런 모습에서는 변혁이란 일어날 수 없다.

다섯째, 세월이 너무 급변하는 데 반해, 교육 전략은 무시되고 있다. 교회교육은 일부 자발적인 지도자들에게만 의존할 수 없다. 우리는 교회 밖의 엄청난 사회적 · 문화적인 변화에 직면하고 있으며, 그것들은 회중들이 공동체적인 신앙을 형성하는 데 지대한 영향을 미친다.[73] 포스터는 이렇게 급속도로 변하는 사회와 문화 가운데서, 오늘날 교회교육 전략이 너무 현실의 삶에 미흡하다고 주장한다.

오늘날 교회교육의 결함을 날카롭게 바라보면서, 포스터는 '학교식' 모델의 대안책으로 '사건-중심'(event-centered)의 교육을 제안한다. 그가 주장하는 예전의 가치에 대한 주장은 웨스터호프의 그것과 흡사하다. 예전을 강조함으로써 보르그만(Borgmann)이 제안한 것과 같은 '축제하는'(celebrating) 공동체가 된다.[74] 공동체의 사건 자체가 교육적 성격을 띠고 있음을 믿으면서, 포스터는 기독교교육에 교회력(예전: liturgical calendar)을 도입할 것을 강력히 주장한다. 교회력적인 사건들의 가치에 대해서 그는 다음과 같이 주장한다.

---

72) *Ibid.*, 31.
73) *Ibid.*, 33.
74) *Ibid.*, 38.

교회력의 예전 계절들(liturgical seasons)은 기독교 공동체의 일차적 이야기들의 계속적인 연습(rehearsal)을 위한 구조를 제공해 준다. 그 예전들의 활기에 찬 반복은 우리가 세상에서 하나님께 대한 충성심에 관한 도전을 받을 때마다 우리의 의식을 새롭게 해준다. 예전의 계절은 변화와 유동적 흐름(flux)의 시대 가운데 사는 우리로 하여금 우리가 누구인지를 일깨워 준다.[75]

포스터는 예전적 사건들이 모든 회중이 공동의 이야기를 형성하는 데 도움을 줄 뿐만 아니라 각 개인들 간에 연결성(connection)을 형성해 준다고 주장한다. 그에게는 교회력의 사건들이 전통을 운반해 주는 역할(bearer)을 한다는 것이다. 그러므로 의미 있는 사건에 참여함으로써 공동체적인 연대감이 형성되고 다른 사람들과의 상호 교류를 통하여 각자의 경험은 의미 있게 되는 것이다. 짧게 말해서, 포스터의 '사건으로 가득 찬'(event-full) 교육을 통한 회중교육의 이론은 웨스터호프와 넬슨의 사회화 이론의 실제적인 후속판이라고 볼 수 있다.

앞서 언급한 문화 분석과의 관계를 살펴보자면 포스터의 회중 중심의 교육은 벨라와 보르그만의 문화 분석과 직접적인 연관이 있다. 벨라가 말한 '이야기'의 회복을 위한 기억의 공동체 형성의 필요는 포스터에 의해서 직접적으로 실행되었다. 보르그만이 지적한 점, 즉 우리 사회에 만연한 암울하고 과행동성적인 분위기를 쇄신하기 위하여 필요한 축제하는 공동체에 대한 제안은 포스터의 이야기/예전/회중 중심의 이론에서 이용 및 실천되었다.

---

75) *Ibid.*, 38.

## 3. 마리아 해리스의 해결책: 통합적인 방법으로서의 심미적 접근

마지막으로 마리아 해리스(Maria Harris)의 종합적인 접근을 살펴보자. 그녀의 저서 *Teaching and Religious Imagination*은 가르침에 대한 예술적 또는 심미적(aesthetic) 접근을 다룬다. 그녀는 다음과 같이 쓰고 있다.

> 가르침이란 종교적 상상력의 행위로 볼 때, 가르침의 주제(subject matter)의 계시로 이끌어내는 주제의 실현(incarnation)이다. 이 계시의 중심에는―힘의 은혜, 특히 자기 자신뿐만 아니라 자신들이 살고 있는 세상을 재창조할 능력을 소유했다는 자신을 발견한―인간이 모든 가르침의 일차적 주제라는 것에 대한 발견이다.[76]

앞서 인용한 해리스의 논제는 가르침의 역할에 관한 성찰이다. 몇 가지 차원의 개념들이 소개되고 있음을 주지해야 할 것이다. 예컨대 '종교적'이라는 형용사와 '상상력'이라는 명사는 각기 다른 인상을 내포한다. 전자는 '나를 감싸거나 포용하고 있는 어떤 신비함'이라는 뜻을 내포하는데,[77] 이는 역시 엄숙한 신성을 나타낸다.[78] 해리스에 따르면 엄숙함은 우리 인간이 신의 임재에 대한 인식을 경험할 때 느끼는 것이다.[79] 전자의 종교적이라는 형용사가 신적인 의미를 내포한다면, 후자의 상상력은 사람의 행위를 내포한다.[80] 상상력의 역할은 어떤 면에서 해석의 과

---

76) incarnation을 실현으로 번역하는 이유는 성육신의 의미가 아닌 계시(revelation)와 의미상 상반되는 의미로 쓰였기 때문이다. Maria Harris, *Teaching and Religious Imagination*, xv.

77) *Ibid.*, 13.

78) *Ibid.*, 14.

79) *Ibid.*

정과 유사한데, 이는 "어떤 정신적인 반응성 – 연결성을 만들 준비와 이것과 저것을 관계 짓거나 비교할 준비"인 것이다.[81] 그러므로 해리스의 논제에는 그녀의 가르침에 대한 개념이 사람과 신의 차원을 둘 다 포함하고 있다. 이 신인간(神人間)의 역할 사이의 긴장은 그녀가 사용하는 '실현'(혹은 '성육신 incarnation'적 사건)과 '계시'(revelation)의 두 용어 사용에서 명확해진다. 이 긴장을 인식하는 것이 중요한 이유는 오늘날과 같은 탈현대주의의 현대 문화에서 사람의 가르침에 신적인 동참이 있을 수 있다는 생각은 희망적이기 때문이다. 탈현대주의의 조각나고 극심하게 개인 중심주의적인 문화는 앨버트 보르그만이 말한 것처럼 사람들에게 '암울함'을 가져다주며, 결과적으로 카터가 예견한 것처럼 '불신' 풍조를 야기하게 된다. 그러므로 해리스의 가르침에 신인적인 양면이 있다는 믿음은 탈현대 시대의 사람들인 우리에게 희망을 주는 메시지이다.

해리스에게, 주제의 실현은 교사가 주제를 구체화하는 것을 의미한다. 보이스의 용어를 사용한다면, 교사는 주제를 학생들에게 접근하기 쉽게 만드는 사람이다.[82] 또는 교사는 주제를 '살아 있게'(alive) 그리고 '현대적으로 적용할 수 있는 의미가 있게(relevant)' 만드는 사람이다. 여기서 해리스는 교사의 창조적 역할을 강조한다. 즉, 가르침의 인간적인 면과 의도적인 부분이다. 해리스에게 계시는 "개화(enlightenment)의 원천(source)이며, 전에 깨달아지지 않았거나 알려지지 않았던 것들의 드러낸 것"이다.[83] 계시 이해의 열쇠가 되는 개념은 교사라고 할지라도

---

80) 해리스는 몇 가지의 상상력을 소개한다. 예를 들면 저항적인(confrontative), 거리를 두는(distancing), 복합적인(compositive) 그리고 원형적인(archetypal) 상상력이다. 좀 더 자세한 설명을 원하면 *Ibid.*, 17-19를 참조하라.

81) *Ibid.*, 18-19.

82) *Ibid.*, 42.

83) *Ibid.*, 61.

계시가 열려(보장되어) 있는 것은 아니라는 것이다.[84] 왜냐하면 계시는 위로부터 혹은 외부로부터 오는 것이기 때문이다. 이것이 바로 변혁이 인간의 역사에 들어오는 그림인 것이다. 해리스는 교사가 개혁신앙의 전통에 의거해서 교사의 한계—제한된 존재인 인간으로서—를 인지하고 있다. 그러나 그녀는 가르침을 통해 계시의 가능성을 극대화하기를 원한다.[85] 가르침의 과정 가운데 교사는 '간접적인 대화'(indirect communication)를 통하여 계시적인 순간(revealing moments)이 많이 육성될(foster) 것을 기대한다. 요약하면, 계시는 하나님께로부터 오며, 능력의 은혜를 통해 주어지게 된다. 우리는 해리스의 논제 가운데 끊임없는 신인간의 역할 사이에 긴장이 있음을 보게 된다.

여기에 덧붙여서, 해리스는 인간이야말로 모든 가르침의 제1차적 주제라고 단언한다. 인간은 하나님의 은혜를 받아야 하는 수동적인 존재임과 동시에, 그 자신 안에 은혜를 소유하고 있음을 강조하면서, 우리 인간들은 하나님과 함께 재창조(re-creating)의 역사에 동참할 수 있음을 역설한다. 그녀의 저서 *Teaching and Religious Imagination*은 가르침의 '의도성'을 사용한 좋은 예라고 할 수 있다. 그녀가 사용한 상상력이라는 용어에는 의도성이라는 개념의 도입이 엿보이는데, 이는 상상력이 사람들을 변혁시킬 수 있는 계시로 인도하기 때문이다. 이런 개인의 변혁은 자신들을 재창조할 수 있는 능력을 부여할 뿐만 아니라, 세상을 변혁시킬 수 있는 힘을 양산하기 때문이다. 그러므로 해리스가 말하는 교수(가르침)는 변혁을 야기할 수 있는 강력한 의도성을 내포하는 것이다.

해리스의 다른 저서 *Fashion Me A People*을 보면, 비록 이 책이 특별

---

84) *Ibid.*, 63.
85) 이 글을 쓰면서 필자가 만일 해리스가 사용한 '계시'라는 단어를 '변혁'이라는 단어로 바꾸어 써도 해리스 자신이 반발하지 않을 것이라는 확신이 든다.

히 커리큘럼 그 자체만을 다룬 책이 아닐지라도, 그녀는 의도적인 가르침과 사회화 이론을 적절히 조화했다. 이 책을 읽는 독자에게 처음으로 떠오르는 질문은 아마도 "뭐가 fashioning이지?"일 것이다. 일반적으로 fashioning이란 말은 어떤 물건이나 사람을 특정한 형태나 패턴으로 만드는 것이다. 그녀에게 fashioning이란 어떤 사람을 일생 동안 의도하는 모습(form)으로 창조하는 것인데, 이는 학교형 공부, 가르침, 사회화와 일반교육까지를 포함하는 광범위한 것이다. 이는 사람들의 전(全) 경험을 포함하는 것으로, 사회화와 유사한 의미를 내포하고 있다. 그녀의 사상은 아마도 그녀의 '커리큘럼'(교재) 이해 방식에 따라 결정된 것이리라. 만일 그녀가 커리큘럼을 정해진 형식의 쓰인 자료로 정의한다면, 그녀의 접근방식은 사회화 이론과는 거리가 멀 것이다. 그러나 그녀의 커리큘럼에 대한 사용이 교회 내의 문서화될 수 없는 것까지 포함한다면, 그녀의 사회화 이론을 자신의 커리큘럼 이론에까지 적용시키는 것이라고 하겠다. 그녀가 이 책에서 가르침에 대해 겨우 한 장만을 할애하여 설명하고 있다는 것은 매우 흥미로운 일이 아닐 수 없다.[86]

커리큘럼의 본질에 대해서 그녀는 다음의 세 가지를 기술하고 있다.

1) 커리큘럼의 의미는 액체와 같다. 그것은 정해진 것이 아니다.
2) 교회 커리큘럼은 학교형 공부 자체보다 훨씬 광범위한 것이다. … (교재는) 질주해야 할 경주와도 같은 것이요, 학습 주제인데, 처해진 지역상황 안의 전체 학습 경험의 총체인 것이다.
3) 언급한 두 가지 요소를 생각하며, 우리는 좀 더 광범위한 커리큘럼이

---

86) Maria Harris, Fashion Me A People의 chapter 6, 즉 "Didache: The Curriculum of Teaching"을 보라.

란 교회의 삶(가르침, 예배, 공동체의 생활 그리고 전도를 포함하는)에 이미 존재하는 것이라 말할 수 있다.[87]

해리스는 자신의 견해를 좀 더 함축적인 문체로 표현하기를 "교육이 삶이고 fashioning인 곳에서 커리큘럼은 삶이며, 그 삶의 실체가 다듬어지는 것이다."[88] 다시 말해서, 커리큘럼은 교회생활의 전 과정을 포함하는 것이다. 이 점에서, 그녀의 커리큘럼 이론은 의도적인 가르침이라기보다는 사회화에 가깝다고 말할 수 있다. 그러므로 그녀는 오늘날의 도전에 대한 해결책으로 교회교육을 할 때 의도적인 가르침과 생활을 병행하여 통합적으로 할 것을 제안한다. 그녀는 또한 넬슨이 '인쇄된 교재'에 상반되는 의미로 주창한 '전'(whole) 커리큘럼과의 관계를 다음과 같이 표현한다.

넬슨은 인쇄된 교재와 전 생활의 교재를 아주 조심스럽게 구분한다. 그는 전 생활을 회중의 삶이라는 장에서 일어나는 것으로 규정하면서, 회중이야말로 크리스천의 일차적 사회로서 시발점이라고 한다. '더불어 사는 삶'은 진정으로 크리스천의 삶이 전해지는 도구이며 과정인 것이다. 부모와 성인들이 특정한 사건이나 삶의 한가운데서 사용하는 의도적인 말과 행동 그리고 신자들의 공동체적인 삶이야말로 진정한 커리큘럼인 것이다.[89]

비록 그녀의 가꾸어 나감(fashioning)이 신자들의 전 삶을 의미하며

---

87) *Ibid.*, 62-64.
88) *Ibid.*, 64.
89) *Ibid.*, 62. 해리스는 넬슨의 *Where Faith Begins*, 202를 인용하고 있다.

그녀가 상호교류로 인해서 양산되는 사회화의 힘을 존중한다고는 하지만, 해리스는 교육의 과정으로서의 의도적인 가르침의 역할을 무시하지는 않는 것이다. 그녀의 궁극적인 목표는 더 나은 세계의 재창조이며 이것이 바로 그녀 자신의 변혁을 겨냥한 교육이다. 그러므로 그녀가 교재에 대해 통전적으로 접근하는 것이 그녀가 희망하는 교육의 결과가 실제와 상충하는 것은 아니라는 것이다. 달리 말하자면, 그녀의 전 생애적인 교재는 의도적인 가르침의 개념을 포함하는 것이다. 그녀의 이론은 넬슨의 그것과 매우 흡사하다고 볼 수 있다. 사실, 해리스는 자신의 이론이 넬슨이 *Where Faith Begins*에서 발표한 사회화 이론의 실용적인 후속판이라는 데 큰 이의가 없을 것이다. 종합적으로 말하자면, 그녀의 두 책, *Teaching and Religious Education*과 *Fashion Me A People*에서 암시된 종교교육의 방법들은 의도적 가르침과 사회화의 병행이라고 해도 큰 무리가 없을 것이다.

해리스의 종교교육을 수행하는 예술적/심미적인 접근은 보르그만이 체험적으로 묘사한 암울한 탈현대적인 문화에 해결책으로 제시할 수 있는 것이다. 필자는 그녀의 포괄적이며 섬세한 심미적 접근 방식으로 깨어지고 나누어졌으며 지극히 개인주의화된 오늘날 문화의 상처를 싸매어 줄 수 있으리라고 여긴다. 마치 예술가가 그림을 그리며 부분부분(사회의 개인들)을 만져 주면서도, 전체의 그림(전체로서의 사회)을 조화롭게 그려 나가는 것처럼 말이다.

여태까지 우리는 의도적 가르침과 사회화를 사용한 현대 기독교교육학자들의 이론을 살펴보았다. 이제는 이 두 이론이 우리에게 줄 수 있는 이점들을 통합하는 데에 눈을 돌려보자.

아스머와 포스터 그리고 해리스는 모두 다 전통이나 변혁 중 하나를 없애려고 시도한 적이 없었다. 오히려, 세 사람 다 이 두 가지 요소를 모두 추구했다고 볼 수 있다. 이 점은 코우의 경우에 비하면 아주 흥미로운 역전인 것이다: 우리가 목격한 것처럼 코우는 방법으로써 사회화와 의도적 가르침 사이에 균형을 유지했지만, 목적에서 전통을 희생하는 대가로 사회의 변혁을 추구했던 것이다. 리틀, 보이스, 아스머 그리고 포스터와 같은 20세기의 종교교육학자들은 종교교육의 목적인 변혁과 전통 사이의 균형은 유지하면서도 방법 내지는 과정인 사회화나 의도적 가르침 중의 하나를 선택하고 있는 것이다.

넬슨과 웨스터호프 그리고 리틀과 보이스는 종교교육을 수행할 때 전통이나 변혁 중 어느 하나도 놓칠 수 없다고 주장하면서도 방법 중의 하나를 우선적으로 택하고 있음을 볼 수 있는 것이다. 벨라나 카터 그리고 보르그만도 역시 전통과 변혁이 어우러져 있는 것을 정확하게 보았으나, 그들의 관심은 사회화나 의도적 가르침이라는 방법을 선택하는 데 있지는 않았던 것을 유념할 필요가 있겠다.


## III. 조각들을 함께 기우는 작업: 21세기에서 전통과 변혁, 가르침과 사회화를 재조명하며

우리는 앞서 목적으로서의 변혁과 전통과의 긴장을 살펴보았고, 과정으로서의 사회화와 의도적 가르침 사이의 긴장을 살펴보았다. 20세기의 많은 시간 동안 이 긴장들이 양분된 기둥(dichotomized pole)으로 다루어져 왔지만, 최근의 교육학자들과 사회분석가들은 이러한 양극화가 과연 타당한가에 대한 심각한 우려를 제시하고 있다. 아마도 우리는 거짓된 양분화에 속아 온 것이 아닌가 싶다. 이렇게 서구적인 문화의 관점에서 우리는 어떤 의미에서 나누고 구분하는 매너로 분석하도록 사회화되어 왔던 것 같다. 무엇이든지 갈라내고 분석하여 좋은 것과 나쁜 것으로 나누는 데에 적지 않은 훈련이 되어 왔던 것이다. 예컨대, 의학의 세계에서도 서양 학자들은 인간의 몸을 각 기관별로 나누어서 보는 데 훈련을 잘 받아왔다. 이 방법은 눈에 보이는 문제를 제거하기 위해 몸을 열고 검사하며 결정을 내리기에는 효과적이다. '직접적인 병'을 다루는 데는 가장 적절하다. 만일 환자가 맹장염을 앓고 있다면 지체할 것 없이 환자의 몸을 열어 문제를 제거해야 할 것이다. 그러나 모든 질병이 다 그렇게 직접적인 것만은 아니다. 가끔은 의사가 몸의 약한 기관을 그 상태로 놔두고 몸 전체를 살펴봐야 하는 것이다. 동양 의학은 다른 각도에서 환자를 본다. 동양 의사들은 어쩌면 맹장 같은 병을 치료하는 데는 서양 의사들처럼 효과적이지는 않을지 모르지만 환자가 겉으로 드러나는 이유 없이 시름시름 앓을 때는 서양 의사보다는 동양 의사를 찾는 것이 더 지혜로울 수 있다. 왜냐하면 동양 의사들은 환자의 몸 전체 구조를 보며 균형을 모색하는 치료를 훈련받기 때문이다. 이 말은 어떤 한 문화가 다른 문화보다 낫다는 것을 의미하는 것은 아니다. 오히려 우리는 두 문화의 지혜가 다 필요하다는 것이다. 분석하는 서양의 문화와 조화를 중시하는 동양의 문화 말이다.

이와 유사하게, 우리는 종교교육에서도 분석적이면서도 조화로운 방법을 모색해야 한다. 여태까지 우리는 전통과 변혁 그리고 사회화와 의도적 가르침 등의 개념들을 나누는 데 에너지를 쏟아 왔다. 그러나 이런 작업에만 몰두하게 되면 종교교육에서 무엇이 진실로 잘못되었는지를 알 길이 막연해지게 된다. 우리는 종교교육을 행하는 데에 문제점들을 파악하고 그 문제들을 해결할 대응책을 강구해 왔다. 개념들은 잘게 나뉘어서 정의되고, 그들의 역사는 되밟아지고, 또한 여러 이론들 가운데 어떻게 이 개념들이 실제로 사용되었는지를 살펴보았던 것이다. 또한 연구의 과정 가운데서 이 개념들이 역사 가운데에 양분되었음을 가정하였었다. 역사의 어떤 시점에서는 기독교교육의 일차적인 목적이 종교를 전수하기보다는 새로운 세계를 창조하는 것에 있었고; 또 역사의 다른 시점에서는 사회화나 의도적 가르침을 통해서 책임적인 신앙공동체를 형성하는 것이었다. 전자는 한편으로는 사회화와 가르침의 균형을 모색하면서도, 전통을 희생하는 대가로 사회의 변혁을 추구하였고(코우); 후자는 일차적인 방법으로 사회화를 선택하거나(넬슨과 웨스터호프) 가르침을 선택하면서(리틀과 보이스), 전통과 변혁 둘 다를 추구하였던 것이다.

21세기에 이미 들어선 우리는 종교교육에 대한 다양한 접근들을 조화의 눈으로 보는 지혜를 가져야 하겠다. 만약 우리의 마음에 각인된 습관들이 암적인 개인주의, 분리, 불신, 암울함 그리고 과행동성이라면 무엇이 가능한 해결책이겠는가? 우리의 소망은 개인주의로부터 조화로운 사회적 어우러짐, 불신으로부터 신뢰, 암울함으로부터 의미 있는 행복으로의 전이(轉移)일 것이다. 우리의 해결책은 양분화에보다는 어쩌면 전통과 변혁 사이의 긴장 사이에 놓여 있을 것이다. 그렇다면 우리는 종교교육의 노력에서 통전적이기를 배워야 할 것이다.

전통과 변혁 사이의 긴장 관계는 한 가지를 희생하면서 다른 한 가지를 상승시킴으로써 해결할 수 있는 문제가 아니다. 오히려 이 요소는 상호보완적이어야 한다는 것이다. 이러한 관점을 가지고 우리 인간 교육자들의 할 일은 좋은 전통을 선택하고 축적할뿐더러 창조하기조차 해야 한다. 하나님은 인간들이 변혁되도록 변화를 야기하고, 주도하시며, 권능을 부여하시는 것이다. 비록 표현에 차이가 있을지라도 앞서 자세히 연구한 넬슨과 웨스터호프 그리고 리틀과 보이스는 이러한 조화를 추구하는 견해에 동의할 것으로 믿는다. 현대의 문화분석가들(벨라, 카터 및 보르그만) 역시 우리가 전통과 변혁 사이에 균형을 찾아야 한다는 것에 동의할 것이다. 또한 이들은 우리의 공동체 안에 이러한 긴장 관계가 있다는 자체가 건강할 수 있다는 희망을 전해 주는 것이라고 말할 것이다.

사회화와 의도적 가르침 간의 긴장에 관하여, 우리는 문화가 가진 힘과 한계에 대한 날카롭고 민감한 분석을 할 필요가 있다. 〈쇼생크 탈출〉(The Shawshank Redemption)이라는 엄청난 감동을 주는 영화는 우리가 오늘날 배울 수 있는 이야기를 잘 설명해 준다.[90] 이 영화를 아직 보지 못한 사람들을 위해(혹시 보았더라도 흥미 위주로만 본 이들을 위해), 간단한 해설과 함께 영화를 요약해 본다.

이야기는 감옥에서 시작된다. 50세 정도 된 감옥 생활의 베테랑이 갓 들어온 주인공(팀 로빈스 분)에게 다음과 같이 말한다: "처음엔 이 감옥의 벽들을 혐오할 거야. 그러곤 그 벽들과 친숙해지게 되지. 또 세월이 흐르게 되면 너는 감옥에 의해 제도화당하고(institutionalized) 말거야." 이 말을 한 화자(話者)는 자신의 형을 다 살고서 출옥하였지만, 자신이 바로 그 사회화의 포로가 되어 있음을 발견한다. 감옥의 벽을 급기야 벗어났지만—자유를 합법적으로 취득하였지만—자유를 향유할 능력을 이미 상실한 자신을 발견하고는, 그만 그 감옥의 벽들 밖에서 목을 매어 인생을 하직하고 만다.

그러나 주인공 앤디(Andy Dufresne)는 그 대선배의 말을 받아들이기를 부러 거부하였다. 그의 몸은 비록 감옥 안에 묶여 있었으나 그의 마음은 그렇지 않다! 감옥의 벽들이 지속적으로 그를 사회화하여 그를

---

90) Frank Durabont, *The Shawshank Redemption*, 142min, Castle Rock Entertainment. 1994, Video-cassette. 이 영화는 이 책의 논제를 너무나도 명확히 잘 설명해 준다. 많은 학생들이 이 글에서 보여준 긴장 관계에 대한 이해를 바탕으로 영화를 관람한 후 도움을 얻었다고 말했다.

평범하고 무기력한 죄수로 만들려고 했으나, 그는 지속적으로 자신의 마음을 발동하여 그 감옥의 벽들로 자신을 포로로 만들지 못하게 몸부림치고 있었다. 그는 자신이 사회화되기를 거부했을 뿐만 아니라 다른 죄수들도 사회화에 대항하도록 격려하였던 것이다. 예를 들면, 젊은 동료에게 글을 읽는 법과 생각하는 법을 가르치게 되고 어떻게 하면 환경에 무기력하게 지배받지 않으며 창조적으로 살 수 있는지를 가르쳤던 것이다. 앤디는 자신의 겁 없는 개입과 의도적인 가르침의 시도로 그 무서운 늪과 같은 쇼생크의 감옥에서도 사회화의 엄청난 힘을 극복할 수 있었다.

앤디와 같은 사람이 되려면 의식화(conscientization)와 사려 깊음(thoughtfulness), 겁 없이 돌진하는 정신(daring spirit)과 목적의식(purpose)이 있어야 하며 또한 가장 중요한 것은 삶에 대한 '소망'(hope)이 있어야 한다. 왜냐하면 우리의 삶에는 끊임없이 계속되는 사회화와 의도적 가르침 사이의 긴장이 맴돌기 때문이며, 그것이 우리 자신과 다른 이들을 항상 엄습하고 있기 때문이다. 만일 우리가 머물고 있는 이곳에 그냥 있거나, 아무것도 시도하지 않는다면 진정으로 의미 있는 삶은 우리에게 찾아오지 않을지도 모른다. 앤디는 새장에 갇혀 있는 사람이었지만 새장의 사람으로 살아가기를 거부하였으며 결국은 자신을 자유롭게 하였다. 이런 말이 있다: "어떤 새들은 결코 '새장화'되지 않는다." 그러나 진정 자유롭게 된다는 것은 많은 용기와 소망을 필요로 한다. 우리가 다룬 사회화와 의도적 가르침이라는 주제(아니 좀 더 넓게 표현해서 개입, 즉 intervention)는 인생을 보는 하나의 '안경'과도 같은 것이다. 그리고 앤디가 감옥 안에서 시도한 것은 가르침이 사회화의 엄청난 힘에 마주서도록 우리에게 제공할 수 있는 삶을 헤쳐 나가는 힘이라고 할 수 있다.[91] 여기서 인용한 어떤 교육학자도 둘 중의 하나만을 지나치게 고집하지는 않았다는 것을 우리는 유념해 둘 필요가 있겠다. 단지 그들은 사회화와 의도적인 가르침 사이에서 자신들의 선호도(preference)를 표명한 것뿐 이라는 것을 기억해 두자. 리틀과 보이스 그리고 넬슨과 웨스터호프는 모두 전통과 변혁 사이의 균형 있는 긴장을 향해 나아가고 있음을 주시할 필요가 있는 것이다.

여기까지 우리는 교육적 목적과 방법을 분석하는 데 우리의 에너지를 쏟아 왔다. 그것은 진실로 필요한 작업이었다! 이제, 우리는 이 긴장들의 균형을 잡아야 할 때이다. 우리가 지금 현재 어떻게 생각하고 행동하는 지가 우리의 미래를 결정하기 때문이다. 그러므로 우리는 지금 우리의 교육목회가 어느 방향으로 향하고 있는지를 심각하게 고려해 볼 때인 것 이다. 근거가 빈약한 잘못된 전통과 변혁 간의 이분화는 우리 모두가 피 해야 할 장애물이다. 러셀(Letty M. Russell)이 말한 바와 같이 우리의 현 실에 대해서 이원론적으로 생각하려는 경향은 "우리의 문화적 또는 신학 적 전통에서 기인한 침체된 뿌리에서 나오는 것"[92]이라는 분석은 일리가 있다. 그러므로 우리는 둘 중의 하나(either/or)라는 이분법적인 생각을 극복하고 둘 다(both/and)의 긴장(tension)을 껴안아야 하는 것이다.

아직도 우리에게는 남아 있는 질문이 있는데, 그것은 바로 그렇게 "균 형을 잡는다는 것이 우리의 상황 가운데에 무슨 의미가 있는가?"라는 것 이다. 무슨 종류의 균형인가?

---

91) 이 논쟁에 관해서 우리는 인간의 궁극적인 자유(이 경우에는 의도적 가르침의 목표) 그리고 경계(boundary: 이 경우에는 사회화의 능력)를 다른 각도에서 살펴볼 수 있다. 그것은 바로 맥콰이어(John Macquarrie)가 제안한 만약에 우리의 삶에 경계나 한계가 없다면 자유롭게 될 자유도 필요 없게 된다는 논쟁이 성립한다. 그러므로 사회화하는 정황이 없다면 의도적 가르침도 존재하기 어렵다는 이야기가 나올 수도 있는 것이다.
92) "Handing on Traditions and Changing the World," in Padraic O'Hare, ed., *Tradition and Transformation in Religious Education*, 78.

실천 신학적인 고려를 한번 해보자. 이 연구는 사역의 상황에서, 현장을 진단해 보는 틀로써 사용될 수 있다. 우리 앞에 두 교회가 있다고 가정해 보자. 한 교회는 전통을 어느 정도 뒤로하고 변혁을 좇을 수 있다. 그러므로 모든 사역의 에너지는 끊임없이 변화를 추구하는 데 있다. 그 교회가 속한 교단의 전통이나 유산 등은 뒷전으로 밀어 놓은 채 새로운 목회 철학과 그것을 뒷받침해 주는 새로운 첨단의 프로그램으로 교회는 항상 새로운 변화를 추구한다. 이렇게 새로운 일을 계속 추구하기 위해서는 교역자들의 대화 창구가 항상 열려 있어야 하기에 부교역자들은 큰방에서 함께 일을 한다. 수석 부교역자가 일어나서 "식사하러 갑시다." 하면 모두가 한꺼번에 움직일 수 있어서 기동성은 뛰어나다. 그러나 각자 연구하는 공간이 부족하기에 교역자들은 바쁘고 소란스러운 가운데 말씀을 묵상해야 하고, 자기 계발에도 힘써야 한다. 이런 교회는 대부분 담임 교역자가 변화무쌍한 비전을 소유한 사람(visionary)이기 십상이다. 세계를 다니며 그는 새로운 것에서 통찰력을 끊임없이 얻어내며 변혁을 추구하기에, 새로운 것을 항상 시도한다. 비전을 함께 나누는 부교역자들은 그가 벌여 놓고 지나간 뒤를 정리하는 것만으로도 짬이 없다.

그와는 다른 유형의 교회는 이런 교회일 수 있다. 이 교회는 발 빠른 변혁보다는 전통을 추구하며 교역하는 교회이다. 이 교회는 교역자들이 함께 온 교우를 위한 바람직한 전통을 고르며(select), 동의하며(agree), 나누는(share) 작업을 한다. 담임 목회자는 프로그램 개발보다는 현재 진행되는 예배의 실행에 더 관심을 쏟는다. 헌금 봉헌의 형태나 성가대 찬양의 질적인 향상을 염두에 둔다. 담임 목회자는 자신의 연구 공간은 물론이고 부교역자들의 연구 공간도 충분히 고려해서 공간을 확보하고 자신의 연구를 위한 시간도 충분히 정해둔다. 하지만 새로운 프로그램 개발에 대한 배려는 좀처럼 하지 않는다. 예배를 특히 중요하게 여기며 설교는 물론 헌금 봉헌 시에도 목사의 손동작 하나까지 모두 오랜 예전적 연구에서 기인한 것이다. 다음 세대에게 그 교회가 속한 교단의 전통을 전수하기 위해 보이지 않는 몸짓을 하는 교회일 수 있다는 것이다.

물론 어떤 한 교회의 가상적인 교역의 형태가 다른 교회의 사역보다 더 낫거나 못하다는 말은 아니다. 어떤 의미에서 보면 위의 어떤 교회의 형태도 그 자체가 건강한 상태라고 보기는 어렵다는 것이다. '수영장'을 청소하는 현실적인 이미지를 빌려서 이 개념을 설명하자면 다음과 같다.

이 경우에 변혁이란 수영장의 물을 한꺼번에 바꾸는 것을 연상케 하며, 전통은 그 물을 지탱하고 있는 구조를 의미할 수 있다. 수영장의 물을 깨끗하게 한다고 해서 그곳의 물을 한꺼번에 빼버리는 것은 위험한 일이다. 왜냐하면 너무 급히 물을 빼게 되면 물의 압력도 동시에 사라져서 그 물을 지탱하는 수영장 벽에 금이 가게 될 수도 있기 때문이다. 그렇게 되지 않으려면 서서히 물을 갈아 가면서 물을 바꿔야 한다. 이것이 바로 (아주 적절치는 않지만) 우리의 상황에서 전통과 변혁의 관계를 설명해 주는 실천적인 예라고 할 수 있는 것이다.

마지막으로, 휴브너의, "교육인가, 아니면 함께 어우러져서 사는 것이냐?" 하는 물음은 이것이냐 저것이냐에 관한 질문이 아닌 것이다. 리틀이 자신의 의도적 가르침 이론을 주장하면서도 신앙공동체의 필요성을 함께 주장한 것처럼 그리고 넬슨이 그의 사회화 이론을 펼치면서도 가르침의 필요성을 함께 주장한 것처럼, 사회화와 가르침은 종교교육을 수행할 때에 둘 다 꼭 필요한 것이다. 그러므로 휴브너의 질문 속에 있는 두 과정은 동일하게 분리하지 않는 가운데 확인되어야 하는 것이다. 이는 교육을 통한 개입은 필요한 것이지만, 건강하고 협력적인 신앙공동체가 존재할 때만 오래 지탱되는 변혁적인 결과를 양산하는 진정한 가르침이 될 수 있다는 것을 말하는 것이다.

# 제7장

# 현대 기독교교육 이론의
# 흐름과 중심 사상

## : 부쉬넬에서 헨드릭스까지

이 장에서는 여태까지 언급되었던 학자들의 이론이 나오게 된 배경과 그들의 생애를 살펴봄으로써 현대 기독교교육 이론의 맥을 짚어 보고자한다. 한 사람의 이론은 그 사람의 머리에서만 나온 것이 아니라 그 사람의 삶 전체에서 나오는 것이다. 예컨대 부쉬넬의 양육론은 그가 아버지로서 어린 자식을 연달아 잃는 깊은 존재론적 절망을 경험하지 않았다면 아마 나오기 어려웠을 것이다. 이와 같은 맥락에서 각 사람의 인생을 조명하는 것은 매우 중요한 일이다. 모든 학자의 이론을 다 살펴볼 수는 없지만 적어도 주요 학자들의 삶과 사상을 조명함으로써 오늘 우리가 취사선택할 수 있는 선택의 폭이 넓어지길 바란다. 이 글을 읽으며 때로는 우리의 고민을 이미 선배들이 했음을 발견함으로써 그들에게 배우기도 할 것이다. 또한 반대로 그들이 잘못 걸어갔던 길을 발견함으로써 그들의 전철을 되밟는 우를 범치 않아야 할 것이다. 이처럼 역사적 조명은 매우 유익한 것이어서 예기치 않은 지혜를 얻는 기쁨을 맛보게 될 것이다.

---

* 이 글은 『포스트모던 시대의 기독교교육』, 장로회신학대학교 기독교교육연구원, 2006에 게재했던 것을 발췌한 것이다.

# I. 호레이스 부쉬넬
## : 의심의 질문을 성실하게 던졌던 철저한 모더니스트

### 성장 배경과 생애

현대 종교교육의 아버지로 불리는 호레이스 부쉬넬(Horace Bush-nell, 1802~1876)은 19세기에 살다 간 사람이다. 그러나 그의 생전에는 아무도 그가 종교교육의 아버지로 불릴 것이라고 상상조차 하지 않았다. 왜냐하면 그는 위그노 계통의 종교적 뿌리를 지닌 성공회 신도였던 어머니와 감리교 신도였던 아버지 사이에서 태어나 자랐던 평범한 시골 청년이었기 때문이다. 그의 부모가 칼뱅의 예정론과 인간의 전적 타락론을 받아들이지 않았던 이유는 그들의 교단적 교육에 연유한 것이었다. 그럼에도 불구하고 부쉬넬은 철저한 칼뱅주의자였다고 전해지나 그렇게 신뢰할 만한 정보는 아닌 것 같다. 19세에 회심을 경험한 그는 주변 사람들에게 활발하고 음악을 좋아하는 독창적인(original, independent) 사람으로 알려졌다. 법을 먼저 공부한 그는 29세에 헌신하게 되었고 신학을 공부한 후, 목사가 되었다. 그리고 1859년까지 26년 동안 한 교회만을 섬기며 목회를 하였다. 그의 사상에 지대한 영향을 끼친 두 사건이 있었는데, 첫째는 갓난아기였던 자신의 딸이 죽는 것을 목격한 사건이었고 (1837), 둘째는 자신의 외아들이 네 살에 죽는 것을 목격한 사건이었다 (1842).[1] 그는 슬하에 다섯 자녀를 두었으나 결국 세 명만이 생존하였다. 특히 외아들의 죽음을 자기 인생에 가장 큰 실험적 종교(experimental religion) 경험으로 여길 만큼 그 사건은 큰 충격이었다.[2]

---

1) James E. Reed and Ronnie Prevost, *A History of Christian Education* (Nashville, Tennessee: Broadman & Holman Publishers, 1993), 314-315.
2) Mary B. Cheney, *Life and Letters of Horace Bushnell* (New York: Charles Scribner's Sons,

## 부쉬넬의 사상

건강 악화로 1859년에 목회 일선에서 은퇴한 부쉬넬은 그로부터 약 17년간(1876년까지) 저술 활동에 전념한다. 그의 독창적인 성격과 진리에 대한 탐구 정신3)은 자녀를 먼저 하늘나라로 보낸 이후 더욱 날카롭게 다듬어져, 당시 무분별하게 받아들여지던 회심의 조건(?)에 의심의 칼을 휘두르게 하였다. 그의 미출간 소논문 "Revivals of Religion"(종교의 부흥)에서 이미 제기된 주제였으나 1861년에 발표한 책 *Christian Nurture*(기독교적 양육)에서 교육신학적 질문이 구체화되었는데,4) 그의 논제는 다음의 두 문장에 명확하게 나타난다.

어린이는 그리스도인으로 성장해야 하며, 그리스도인이 아닌 다른 어떤 존재로도 자신을 생각해서는 안 된다.5)

그러므로 (우리가 수행하는 종교교육의) 목적, 노력, 기대가, 흔히 생

---

1903), 105. *Ibid.*, 315에서 재인용. Cheney의 책이 발간될 당시 시카고에서는 부쉬넬의 정신을 승화시켜 발족된 종교교육협회(Religious Education Association)가 열리고 있었고 코우(George Albert Coe)가 나오게 된 것임을 알 때 참으로 경이롭다.

3) 예일대학교에 다닐 당시 일련의 성경암송대회(recitation contests)가 있었는데 그는 절대 참가하지 않았다 한다. 왜냐하면 성경 암송을 대회로 연다는 것 자체에 회의를 갖고 있었기 때문이다. Reed와 Prevost의 말을 빌리자면 그런 암송대회는 비현실적(unreal)이고 어색하기가(awkward) 짝이 없기 때문이었다는 것이다. 그러나 자신이 생각할 때 정말 필요한 질문이 던져지면 답을 찾기 위해 활기차게 참여했다고 한다. *A History of Christian Education*, 315.

4) Horace Bushnell, *Christian Nurture* (New York: Charles Scribner and Co., 1861). 후일 이 책은 프린스턴신학교의 역사학 교수였던 John M. Mulder(훗날 그는 루이빌신학교의 학장으로 부임한다)의 해설을 덧붙여 Baker Book House에서 1979년에 재출간되었다. 그리고 이 책은 번역되어 출간되었다. 김도일 역, 『기독교적 양육』(서울: 장로회신학대학교출판부, 2004).

5) Horace Bushnell, *Christian Nurture*, 김도일 역, 『기독교적 양육』(서울: 장로회신학대학교출판부, 2004), 36(영문판, 10).

각하는 것처럼, 어린이가 죄 가운데서 자라나다가 성숙한(분별할 수 있는) 연령에 이르러서야 비로소 회심하게 되는 것이라고 생각해서는 안된다. 오히려 (기독교 가정에서 자란) 어린이는 자신이 기계적으로 회심했던 경험을 기억하지 못하는 채로 끊임없이 영적으로 새롭게 되어 자신을 에워싸고 있는 세상에 대하여 열린 자세로 살아가야 한다.[6]

부쉬넬은 위의 두 진술에서 두 가지 중요한 개념을 밝히고 있다. 첫째는 '자라나다'(grow up)라는 개념이고, 둘째는 '성숙한 연령'(mature age)이라는 개념이다. 독창적인 생각을 가지고 문제의식을 느꼈던 그의 이러한 점이 모더니스트적인 사고를 보여준다. 그때까지만 해도 어린아이는 일정한 분별 연령(discerning age)이 될 때까지 죄 가운데 사는 것으로 이해돼 왔다. 그래서 아이가 갓난아이 때부터 양육받으며 성장해야 한다는 생각을 적어도 종교적으로는 하지 못했던 것이다. 이렇게 표현하면 혹자는 반발할지 모른다. 왜냐하면 이러한 논지 전개는 이전까지 있었던 유럽의 모든 교육적 노력을 한갓 쓸데없는 것으로 만드는 것이라고 간주할 수도 있기 때문이다. 그러나 위의 진술은 결코 오랜 세월 동안 금자탑을 쌓아 온 많은 선배 학자들의 노력을 무시하는 것이 아니다. 적어도 부쉬넬이 살던 19세기에는 미국에 불던 신앙부흥운동(Revivalism)의 영향으로 많은 사람들이 회심 일변도의 고집이 있었다는 말이다. 부쉬넬에게는 가정이 경건성을 키우는 인큐베이터였고, 신앙성품이 만들어지는 가장 중요한 양육기관이었다. 부모의 인격은 마치 강과 같이 흘러서 자녀들의 삶에 시간시간마다 부어져야 한다고 부쉬넬은 주장하였다.

그렇다면 부쉬넬의 양육(nurture)이라는 개념이 회심(conversion)의

---

6) *Ibid.*, 36.

필요성을 부인하는 것인가? 대답을 먼저 하면 "아니다."이다. 회심에 대한 그의 개념이 당시 신앙인들이 가졌던 개념과 상이할 뿐이다. 부쉬넬에 의하면 일반적으로 침례교 형제들이 믿는 회심은 한 개인의 삶에 즉각적이고 완전하게(instantaneously and completely) 일어나는 것이다. 이 말을 부연설명하자면 회심은 일회적이고 급작스럽게 일어나는 사건이다. 그러나 부쉬넬의 회심에 대한 견해는 전혀 다르다. 회심은 오히려 가정이라는 유기체에서 점진적으로 발생하는 영적 탄생의 과정(gradual spiritual birth)이라는 것이다. 필자는 그의 회심에 대한 새로운 조명은 그가 철저하게 마음속에 생긴 의심스러운 물음에 정직하게 대면하여 생긴 결과라고 본다. 그는 자기 자신을 '종교에는 의심이 많고 윤리적인 삶에는 철저한' 사람으로 여겼다.[7] 그는 결국 종교교육의 필요성을 인식하게 하는 경지에 이르게 되었고, 끈질기고 독창적인 씨름을 하여 마침내 '양육'이라는 새로운 개념을 발견하는 데까지 이르게 된다. 바로 이 점이 그를 현대 기독교교육의 아버지로 일컬어지게 한 것이었다. 한 사람의 진리에 대한 의문과 그 의문을 철저하게 규명하려는 '의심에서 발로된 탐구정신'이 결국 현대 기독교교육을 체계적인 학문으로 발전하게 하는 데에 공헌한 것이다.

---

7) Wayne R. Rood, *Understanding Christian Education* (Nashville: Abingdon Press, 1970), 14; *A History of Christian Education*, 319에서 재인용. 인용한 원문은 다음과 같다. "sound in ethics and skeptical in religion."

## II. 조지 앨버트 코우
: 죽는 순간까지 도그마에 대항했던 포스트모더니스트

### 성장 배경과 생애

20세기 초 미국 종교교육운동을 주도했던 조지 앨버트 코우(George Albert Coe, 1862~1951)는 감리교회 목사의 아들로 태어나, 경건한 부모 아래서 좋은 양육을 받으며 자랐다. 어릴 때부터 그는 아버지의 서재에서 다양한 종류의 책을 대하면서 교양을 쌓을 기회를 얻었다. 루드(Wayne Rood)에 따르면 코우의 어린 시절은 그야말로 풍파가 없는 평온한 삶의 연속이었다. 모태신앙인들의 일반적인 경우와 같이 그는 일회적이고 급진적인 회심의 체험을 겪지 않고, 기독교 가정에서 부쉬넬이 지향하던 "자신을 그리스도인 외의 다른 존재로 알지 못하는 그리스도인"으로 양육되었다.[8] 그는 로체스터(Rochester)대학교에 입학해 생물학을 전공하였고, 당시 찰스 다윈 사상의 전문연구가인 지도교수 밑에서 자료수집 및 검증의 과학적 방법을 접하면서부터 학문에 흥미를 느끼기 시작했다. 1884년에는 수석 졸업의 영광을 안았는데 '역사 안에서의 인격적 요소'(The Personal Element in History)라는 졸업 연설을 하기도 했다.

코우는 대학 졸업 후 보스턴(Boston)대학교 신학부에 입학해서 신학공부를 하게 되었다. 그는 신학공부 과정 중 신학적 정통주의를 배격하고, 경험의 자료에 기초한 과학적 분석 방법을 소개받으면서 더 깊은 학문적 관심을 갖게 되었다. 그는 신학공부를 마치고 1888년 독일 베를린대학에서 수학할 기회를 얻었다. 그 기간에 심리학자 분트(Willhelm Wund), 자유주의 신학자 리츨(Albrecht Ritschl)과 헤르만(Wilbelm He-

---

8) *Ibid.*, 182.

rrmann) 등의 학문적 대가들의 사상을 접하게 되었고, 후일 그의 사상 형성에 지대한 영향을 받는다.[9] 1891년 보스턴대학교에서 철학박사 학위를 받고 일평생 교수생활을 하면서 자신의 학문적 사고를 가르치며 저술 활동을 하였다.

코우의 생애에서 사라 노울랜드(Sarah Knowland)와의 만남을 뺀다면 크나큰 실수를 범하는 것이다. 그녀와의 운명적인 만남은 그가 신학교를 졸업할 때 마지막 졸업 연설을 하기 직전에 이루어졌다. 물론 그전에도 만나기는 했었지만 서로 간의 헌신은 없었는데 그녀가 코우에게 용감하게도 청혼을 한 것이었다. 훗날 코우는 그때의 사건을 '운명의 말'(the word of destiny)로 받아들였다고 회고한다.[10] 그녀는 코우에게 학문적 동반자였고 음악을 함께 즐기고 연주하는 친구였으며 그의 종교적 헌신을 기꺼이 받아 주고 함께 헌신하는 영적 자극제였다. 혹자는 코우를 자유주의적 학자로 몰아붙이며 그에게는 하나님께 대한 뜨거운 헌신이 전혀 없었던 것처럼 매도하지만, 사실 그는 중국선교사로 지원할 정도로 마음이 뜨거운 사람이었으며, 목회 실습에 전력을 다하며 학문과 실천의 괴리를 견디지 못하여 항상 현장으로 달려가던 순수한 청년 정신을 지녔던 믿음의 사람이었다. 비록 그의 신앙의 내용이 정통적인 신앙과는 다소 거리가 있었을지라도 말이다.

코우는 노스웨스턴(Northwestern)대학교의 종교철학교수(1891~1909)로 있다가 1909년에 뉴욕 유니온신학교 실천신학 주임교수로 옮겼고, 그해에 종교교육협회(R.E.A.) 회장으로 피선되면서 본격적으로 종교교육

---

9) 분트에게는 '생리-심리학'에 대한 생각을 배웠고, 헤르만에게는 예수 그리스도의 '내적 생활'에 대한 윤리적 이상을 배웠으며, 리츨에게는 사실과 가치가 하나의 단일한 전체를 구성한다는 것과 종교적으로 작용하는 것이 곧 계시된 진리일 수 있다는 것을 배웠다고 한다. *Ibid.*, 185.

10) Rood, *Understanding Christian Education*, 184.

운동을 주도하게 되었다. 1922년 60세 되던 해, 동료교수의 재임용 문제에 대한 교수회의 결정에 반대하는 표시로 유니온신학교 교수직을 사직하고 콜롬비아대학교 사범대학 교수로 재직하다가 1927년 교수직에서 은퇴했다. 아내와 사별 이후 재혼하지 않고 그녀를 기념하는 작은 오두막집에서 평생 저술 활동에 몰두하였다. 그리고 1951년 11월 9일, 90세를 일기로 그의 생을 마쳤다.[11]

## 코우의 사상

코우가 없었더라면 자칫 부쉬넬의 위대한 발견이 사장될 뻔하였다. 코우는 부쉬넬이 뿌린 양육이라는 씨앗을 버려두지 않고 땅에 심었던 사람으로 비유할 수 있다. 가정에서의 양육을 강조한 사람이 부쉬넬이라면 양육의 장을 가정에서 사회로 옮겨온 사람은 코우였다. 코우는 당시 부쉬넬의 경고에도 불구하고 만연했던 회심 일변도의 주일학교교육에 일침을 가했던 종교교육운동의 선구자 중 한 사람이었다. 그의 사상은 다음의 문장으로 요약할 수 있다.

종교교육의 일차적 목적이 종교를 전수하는 데에 있는가, 아니면 새로운 세계 창조에 있는가?[12]

---

11) R. C. Miller, "Coe," in Iris V. Cully and Kendig Brubaker Cully, eds., *Harper's Encyclopedia of Religious Education* (San Francisco: Harper & Row, 1990), 135-136.

12) "Shall the primary purpose of religious education be to hand on a religion or to create a new world?" 이 질문은 당시 주일학교를 중심으로 한 부흥사들의 무비판적인 회심 일변도의 전도 전략에 쐐기를 박는 것이었다. 물론 당시에도 회심과 양육의 균형을 추구한 사역자들과 학자들도 있었을 것이다. 그러나 전반적인 분위기는 아직 부쉬넬이 염려하던 문제가 해결되지 못한 상황이었다. George A. Coe, *What is Christian Education?* (New York: Charles Scribner's Sons, 1929), 29.

코우는 종교교육에 과학적 방법을 접목하려고 노력한 학자였다. 과학적 방법이란 적절한 데이터를 수집하고 수집된 자료를 분석하고 검증하는 과정을 통하여 사람들이 갖는 종교적인 경험의 패턴을 살펴보고 어떤 특정한 경험의 진위를 가려내는 과정을 의미한다. 리드와 프리보스트의 말을 빌리자면, 코우는 당시의 교회가 신자들로 하여금 기독교적인 삶을 터득하게 하여 하나님께 의식적이고 깨어 있는 순종을 하게 도와주기보다는, 단지 교리와 신조의 조달원(purveyor)이 되게 함으로써 교회에게 주어진 사명을 망각했다고 판단했다.[13]

그는 1902년에 *The Religion of a Mature Mind*(성숙한 마음의 종교)를 출판했을 때, 자신이 자라났던 감리교단의 시카고 지방 교회들로부터 감리교 전체에서 가장 위험한 인물로 낙인찍힐 정도로 신학적으로는 환영받지 못했던 인물이었다. 그가 공격당했던 이 책은 당시에는 너무나도 파격적인 것이었다. 책의 요지는 심리학적인 접근을 하지 않으면, 교회 내의 성인들을 위해 절대 건설적인 가르침을 제공할 수 없다는 것이었다. 한마디로 인간에 대한 깊은 이해 없이 성경 암송을 강요하는 기계적인 교리교육만을 차용하는 교회교육은 반드시 실패할 것이라는 내용을 담은 책이었다. 그러니 당시의 교회 지도자들에게는 엄청난 도전이었을 것은 짐작하고도 남음이 있다. 결국 이즈음에 뉴욕 유니온신학교에서 운명적인 초빙을 받은 그는 취임강연의 제목을 "Can Religion Be Taught?"(종교를 과연 가르칠 수 있는가?)로 잡았다.[14] 그는 한편으로는 인간의 마음 구조와 이해 체계에 깊은 관심을 갖고 있었고, 다른 한편으

---

13) Reed and Prevost, *A History of Christian Education*, 334.
14) 이후 그의 후계자 엘리옷(Harrison Elliott)의 취임강연 제목을 보면 흥미로운 사실을 발견하게 된다. 엘리옷은 *Can Religious Education Be Christian?*이라는 제하의 유명한 책을 저술하게 되는데 이것이 곧 촉발케 될 기독교교육운동을 주도하던 제임스 스마트, 루이스 쉐릴과 같은 학자들의 마음에 적지 않은 반항심을 일으키게 되었다.

252

로는 사회의 구조적 변혁을 통해 하나님의 민주주의[15]를 이 땅에서 구현하고자 노력했던 사람이었다.

코우는 종교교육을 통하여 각 개인을 '생각하는 사람'으로 만들어야 한다고 믿었다. 그러므로 종교교육을 하는 목적이 단순히 종교적 지식을 '전달'하는 것이 아니라, 철저하게 새로운 창조를 위해 함께 일하는 창조적인 인간, 비판적 성찰을 할 줄 아는 인간, 즉 자신이 속한 가정이나 교회에만 눈을 돌리는 인간에서 벗어나 더 큰 사회, 나아가서는 하나님의 나라를 건설하는 구성원이 되게 하는 것이라고 보았던 것이다. 이런 맥락에서 교사는 학생들을 비판정신 없이 무작정 따라만 하는 '생각 없는 예스–맨(yes-man)'으로 양산해서는 안 되며, 탐구정신, 실험정신, 자기비판 정신의 교육 철학을 지니도록 해야 한다고 역설한 것이다.[16]

그의 퍼스낼리즘(personalism)은 그가 품었던 사람의 무한한 가치(infinite worth)에 대한 신념에서 기인한 것이며, 각 사람은 사람들과의 관계 속에서 존중되어야 한다는 견해를 갖고 있었다. 그의 성경관은 확실히 자유주의 신학의 그것이었다. 그는 성경을 일차적 자료(source)로 보기보다는 보조 자료(resource)로 간주했으며, 정확무오한 하나님의 말씀으로 간주하기보다는 하나님의 사람들의 경험을 엮어 놓은 책으로서 모든 신자들의 삶을 풍요롭게 해주는 도구로 간주했다. 그는 어떤 면으로든 도그마를 받아들이기를 거부했던 사람이었기에 아직도 많은 이들

---

15) 그는 하나님의 왕국(Kingdom of God)이라는 단어를 유난히 싫어했다. 자신이 상상하는 하나님의 나라는 왕이 있고, 신하가 있으며, 그 밑에 백성들이 있는 그러한 수직적인 명령 체계에 의해서 통치되는 나라가 아니라는 것이다. 그는 하나님의 왕국이라는 용어 대신 하나님의 민주주의(Democracy of God)이라는 용어를 선호했다.

16) Coe, "My Search for What is Most Worthwhile," *Religious Education* 46:2 (March-April 1951): 68-70. 코우의 학문적 배경에 대하여 더 자세한 연구를 원하면 다음의 자료를 참고하기를 권한다. Helen A. Archibald, "George Albert Coe: Theorist for Religious Education in the Twentieth Century," (Ph.D. Diss., University of Illinois, 1975).

이 그의 교육 이론조차 대하기를 꺼려하는 경향이 있다.

코우는 1903년에 종교교육협회 창립연설에서 많은 사람들의 마음을 뒤 흔들었던 '교육에 의한 구원'(Salvation by Education)이라는 명제를 내걸었다. 사실 사람이 어찌 교육에 의해 구원을 받을 수 있겠는가? 그러나 그가 말하는 구원이란, "죄의 권세와 죄책감에 눌려 있는 인간을 구원하는 것이 아닌, 사회의 질서를 변혁시켜 모두를 하나님의 가족으로서 한 형제자매로 만드는 것"을 의미한다.[17] 부쉬넬의 언어로 표현하자면 그에게 구원이란 급작스런 회심이 아니라 점진적인 진보 또는 성장을 의미하는 것이다.[18] 그는 사회를 각 개인이 상호작용을 통해 배우는 교육의 장으로 보았다. 또한 동시에 사회를 교육자로 보았는데 이때 각 개인은 사회 안의 참여자가 되는 것이다. 그러므로 교육의 내용은 각 개인들 간의 상호관계 안에서 발견되는 것이란 의미이며, 상호 간의 경험 자체가 교육 내용이 된다는 뜻이기도 하다.[19]

코우의 가장 큰 공헌은 아마도 종교교육을 사회과학의 힘을 빌려 체계적인 학문으로 만든 것이다. 그는 분명 선각자였지만 인습적이거나 정통적인 신앙의 소유자는 아니었다. 왜냐하면 그의 일차적 관심은 늘 사회에 있었고 교회에 있지 않았기 때문이다. 그의 신념은 당시뿐만 아니라 지금도 파격적이고 다분히 위험한 구석이 적지 않다. 혹시 후학들이 필자의 견해를 물어 온다면 학문하는 정신은 본받고, 주창했던 비판적인 정신은 적극 활용하라고 권하고 싶다.[20] 결론적으로 그는 19세기에 태어

---

17) Coe, *A Social Theory of Religious Education* (New York: Charles Scribner's Sons, 1917), 6.

18) *Ibid.*, 10, 13.

19) *Ibid.*, 102.

20) "Think for yourself!"라는 구호는 코우의 것은 아니지만 건전한 신학을 선택하는 데는 필수적인 생각이라고 본다. 더 나아가서 "Think for God's Glory!"가 모든 피조물이 마

나 20세기 중반까지 살았던 사람이었으나 누구보다도 도그마나 어떤 신학적 체계에 머물기를 거부했으며, 21세기의 어떤 사람보다도 더 포스트모던적인 사람이었다.

## III. 루이스 조셉 쉐릴, 랜돌프 크럼프 밀러, 제임스 딕스마트: 종교교육을 기독교교육으로 바꾼 기독교교육 신학 옹호자들

왜 이곳에서는 세 사람의 학자를 다루는가? 이들이 이전 혹은 이후 학자들보다 덜 중요해서가 아니다. 단지 이들은 동시대의 사상을 대표하며 상호보완적 관계 속에서 소위 기독교교육운동이라는 신정통주의 신학을 종교교육에 접목시킨 장본인들이기 때문이다.

### 성장 배경과 생애

어떤 연구자라도 부쉬넬이나 코우의 생애와 성장 배경에 대해서는 그리 어렵지 않게 자료를 구할 수 있다. 그러나 쉐릴, 밀러, 스마트의 경우는 자료를 얻기가 쉽지 않다. 밀러의 경우는 그래도 조금 나은 편이다. 여러 이유가 있겠지만 아무래도 시대적 차이 때문이리라. 부쉬넬과 코우가 세상에서 활발히 활동할 때만 해도 인류 전체의 삶이 훨씬 더 단순했고 아주 소수의 사람만이 소위 연구라는 업에 종사했다. 그러나 19세기 말과 20세기엔 많은 사람이 연구에 뛰어들었다. 이러한 이유뿐만 아니라 그들의 생각을 함께 연구해야 하나의 그림이 완성되기 때문에 이 세 사람

---

음에 간직해야 할 정신일 것이다.

은 거의 함께 다루어지게 된다. 코우의 뒤를 이은 엘리옷이 사회과학적인 연구방법을 종교교육에 접목하려는 코우의 노력을 완성하려고 발버둥쳤지만, 이미 미국 내의 교회와 사회에 들이닥친 신학적 도전, 정치-사회적 도전은 새로운 패러다임의 변화를 희구(希求)하고 있었다. 이러한 흐름 속에서 코우는 자신의 입장만을 고수하다가 역사의 뒤안길로 사라졌고, 엘리옷이 유니온신학교 교수로 재직하게 되었을 때는 새로운 사조와 코우가 주창한 종교교육사회론이 일대 전투를 벌이고 있었다. 그 전투는 세 가지 도전으로부터 야기되었는데, 그 세 가지 도전이란 다음과 같다. 신학적 도전은 자유주의 신학에 대한 신정통주의의 도전이요, 정치-사회적 도전은 양차 세계대전을 겪으면서 많은 사람들이 느낀 인간의 한계와 죄성에 대한 재발견이었다.

(1) 쉐릴의 생애

루이스 조셉 쉐릴(Lewis Joseph Sherrill, 1882~1957)은 장로교 목사로 신학적 교회관을 세우는 데 온 힘을 기울였으며, 심리학적 연구결과를 적극적으로 활용하였다. 텍사스 주의 해스켈(Haskell)에서 외아들로 태어난 그는 오스틴(Austin)대학교를 졸업한 후 루이빌(Louisville)신학교를 졸업하였고, 테네시에서 잠시(1921~1925) 목회를 하던 중 적지 않은 상처를 받게 된다. 이 경험으로 그는 노스웨스턴(Northwestern)대학교와 예일대학교에서 계속 공부하게 됐고, 이윽고 철학박사 학위를 취득하게 된다.[21] 이를 계기로 하여 쉐릴은 코우와 엘리옷의 뒤를 이어 유니온신학교의 실천신학 교수가 되었다. 예일대학교에서 박사학위를 받은 쉐

---

21) http://www.talbot.edu/ce20/educators/view.cfm?n=lewis_sherrill. 필자가 MA공부를 한 바이올라대학의 탈벗(Talbot)신학교 홈페이지에 들어가면 20세기 교육학자들의 자세한 정보를 취할 수 있다.

릴은 켄터키에서 목회활동을 하였고 루이빌신학교에서 거의 20년 동안 교수로 봉직한 베테랑 교수였다. 심리학에 지대한 관심을 가졌던 그는 융 심리학에 심취하였고 그의 이런 심리학적 관찰은 그의 야심작 *Guilt and Shame*(수치심과 죄책감)[22]에 잘 나타나 있다. 그의 다음 저서 *The Struggle of the Soul*(영혼의 투쟁)[23]은 자신이 처절하게 고민했던 사회과학과 신학과의 관계에 대해 기술한 진술한 책이다. 후일 쉐릴은 자신의 이름을 빛나게 했던 *The Gift of Power*(능력의 선물)[24]를 저술했는데, 이 책이야말로 쉐릴의 이름을 후세가 기억하게 할 만한 명작이다. 그는 학문적으로 코우의 기본 정신을 계승하면서도 자신만의 심리학적, 역사 신학적 분야를 개척하였다. 말년에는 시력을 거의 잃을 정도로 건강이 악화되었으나 그의 학문적 열정은 결코 식지 않았으며, 바로 이 시기에 그의 역작 *The Gift of Power*가 탄생하였다고 주위 사람들은 전하고 있다.

### (2) 밀러의 생애

랜돌프 크럼프 밀러(Randolph Crump Miller, 1910~2002)는 1910년 10월 1일 캘리포니아 주 프레스노(Fresno)에서 태어났다. 그의 아버지는 웨스트버지니아 농원에서 태어났고, 베다니대학(Bethany College)과 예일대학교를 졸업한 후 제자교회의 목사가 되었다. 후일 그는 성공회 목사로서 그리고 기독교교육 학자로서 일생을 마쳤다.[25] 밀러는 아버지로부터 많은 사상적 영향을 받았고,[26] 부친의 목회를 목격하며 종교교육적

---

22) Lewis J. Sherrill, *Guilt and Redemption* (Richmond: John Knox Press, 1945).

23) Lewis J. Sherrill, *The Struggle of the Soul* (New York: The Macmillan Company, 1951).

24) Lewis J. Sherrill, *The Gift of Power* (New York: The Macmillan Company, 1955).

25) Iris V. Cully and Brubaker Cully, eds., *Process and Relationship: Issues in Theory, Philosophy, and Religious Education* (Birmingham: Religious Education Press, 1978), 109-110.

양육을 받았다. 그의 부친은 호레이스 부쉬넬(Horace Bushnell)의 『기독교적 양육』을 기초로 삼아 교육적 목회를 하였으며 교회는 급성장하였다. 그런 아버지에게 그는 일찍부터 좋은 교육을 받을 수가 있었다.[27] 밀러의 어머니는 건강하고 외향적이며, 남편에게 운전을 가르칠 정도로 운동신경이 발달한 사람이었다. 그러던 어느 날 어머니가 갑자기 뇌졸중으로 쓰러져, 거의 20년 동안 휠체어 생활을 하였다. 어머니의 병은 그와 그의 형제자매들의 성장기에 많은 영향을 주었다.[28] 밀러는 하버드 사관학교(Harvard Military School)에 다녔고, 교회에서 열심히 봉사를 하였다. 교회학교에서는 주일학교 교사로 봉사하였고, 성가대 활동도 하였다. 그가 처음 목사로 소명을 받은 것은 고등학교 때였다.[29] 밀러는 포모나(Pomona)대학에서 공부하고, 예일대학에서 박사학위를 받게 되었다. 그 후 버클리에 있는 신학교(Church Divinity School)에서 초청을 받아서 기독교윤리와 종교철학을 가르쳤다. 그리고 1937년 캘리포니아대학의 성공회 교목으로 봉직하였다. 그는 1938년 6월 9일에 뮤리엘(Muriel)과 결혼을 했다. 1940년에는 인생에서 중요한 전환점을 맞게 되는데, 그것은 캘리포니아대학에서 종교교육을 가르치라는 요청을 받은 것이었다.[30] 1948년 그의 아내인 뮤리엘이 간경화로 35세의 나이로 죽는다. 그에게 당면한 문제는 4명의 어린 딸들의 양육과 신앙에 대한 것이었다. 아내의 죽음으로 상심한 밀러는 아무것도 하지 않다가 6개월이 지나서야

---

26) Ray Oakley Miller, *Modernist Studies in the Life of Jesus* (Sherman: French & Co., 1917).

27) Randolph C. Miller, "How I Become a Religious Educator or Did I," *Modern Masters of Religious Education*, Marlene Mayr. ed. (Birmingham: Religious Education Press, 1983), 65.

28) Iris V. Cully and Brubaker Cully, *Process and Relationship: Issues in Theory, Philosophy, and Religious Education*, 110-111.

29) *Ibid.*, 111.

30) *Ibid.*, 113.

목회와 가르치는 일을 다시 시작하였다.[31] 1949년 밀러는 엘리자베스 포울크스(Elizabeth W. Fowlkes)라는 젊은 미망인을 만나게 되고, 그 둘은 운명적으로 1950년 6월 16일 재혼을 하게 되며 6명의 자녀와 함께 새로운 가정을 만들었다.[32] 1951년에 그는 예일대학 종교교육학부의 교수[33]로 초빙을 받았다. 그리고 1958년에 *Religious Education*(종교교육)[34] 잡지의 편집인이 되었고, 20년 동안 활동을 하였다.

밀러와 사라 리틀 사이의 학회 저녁 대화는 아직까지도 종교교육협회사에 전설로 남아 있을 정도로 유명하다.[35] 그는 1963년에 학장(dean)이 되었고, 1981년에 은퇴하였으며, 2002년 2월 13일 암으로 죽을 때까지 수많은 저서를 집필(저서만 32권 이상)[36]하였으며 왕성한 강연활동을 펼쳤다.

---

31) Randolph C. Miller, "How I Become a Religious Educator or Did I?," 71.

32) *Ibid.*, 72.

33) 밀러는 예일대의 호레이스 부쉬넬 석좌교수로 재직하며 숱한 저서를 남기고 수많은 학문적 공헌을 했다.

34) *Religious Education* (Birmingham: Religious Education Press, 1906).

35) 2년마다 열리는 종교교육협회 학회 둘째 날이면 꼭 두 사람이 카페의 한구석에 다정히 앉아 자연스럽게 기독교교육에 대하여 대화하는 장면이 오랜 세월 목격되었다. 두 사람 다 예일대학교 출신이며 기독교교육의 발전을 위해 평생을 바쳐 일해 온 터라 많은 후배들은 그들의 진지한 우정 관계를 부러운 눈으로 쳐다보곤 했다고 전해 내려온다. 고(故) 사라 리틀은 버지니아 PSCE(이제는 Union-PSCE, UPS로 통합됨)의 박사학위 과정 학생들이 APRREE-REA 학회에 참석하는 것을 돕기 위해 자신의 책 인세의 일부를 기증하여 학생들을 전심으로 후원했다. 필자도 공부할 당시 그분의 도움으로 학회에 참석하는 영예를 얻어 많은 훌륭한 학자들의 강의를 듣고 그들의 인격과 삶을 가까이서 대할 기회를 얻었다.

36) http://www.talbot.edu/ce20/educators/view.cfm?n=randolph_miller. 그가 남긴 저서와 논문을 살펴보면 그의 학문적 열정과 노력을 가히 짐작하고도 남음이 있다. 2002년에 별세할 때까지 그는 아무도 따라올 수 없는 집필활동을 하였다. 코우 이후에 그의 업적에 상응하는 학자는 아마도 밀러가 될 것이다.

(3) 스마트의 생애

제임스 딕 스마트(James Dick Smart, 1906~1982)는 캐나다 출신 장로교 목사로서, 온타리오에서 태어나 토론토(Toronto)대학교 낙스(Knox)대학에서 학사와 석사학위를 취득하고, 토론토에서 목회하였다. 아이클러(C. R. Ikler)는 그를 기독교교육 학자로 보기보다는 성경학자요, 예언자로 부른다.[37] 이런 명예로운 호칭은 그의 설교와 글이 미친 영향력을 짐작하게 해준다. 스마트가 기독교교육과 인연을 맺게 된 것은 1944년 당시 미국 북장로교(PCUSA의 전신)에서 착수한 교회교육을 위한 새 커리큘럼 개발의 연구 및 편집 책임자로 선임되어 6년간 개발 작업에 참여하면서부터였다. 그는 캐나다 토론토대학에서 신학박사 학위를 받았고, 칼 바르트의 'Theology of the Word'(말씀의 신학)에 크게 영향을 받은 소위 신정통신학의 주창자로서, 새 커리큘럼 개발 책임자로 선임될 당시 캐나다에서 목회하면서 낙스대학에서 가르치던 젊은 신학자였었다. 그는 미국 장로교회에 의해 개발된 교회와 가정이란 연계 프로그램인 *Christian Faith and Life Curriculum*(기독교인의 믿음과 삶을 위한 커리큘럼)의 창시자이자 첫 번째 편집장(1944~50)이었다.[38] 그는 이 교육과정을 통해 교육과 교회, 교육과 신학, 교회와 신학이 분리할 수 없는 밀접한 관련성이 있음을 발견하게 되었으며, 커리큘럼 작성 과정을 통해 기독교교육의 교육신학 문제에도 관심을 갖게 되었다. 케네디(W. B. Kennedy)는 그가 평신도들에게 신학의 핵심문제를 간과하지 않으면서도 쉬운 말로 전달할 수 있는 몇 명 안 되는 신학자요 기독교교육 학자였다고 증언한다.[39]

---

37) Iris V. Cully & Kendig Brubaker Cully, *Harper's Encyclopedia of Religious Education* (San Francisco: Harper & Row, Publishers, 1971), 591. 안타깝게도 이 책은 절판되었다.
38) *Ibid.*,

이 연구가 끝난 1950년에 스마트는 다시 목회자로 그리고 1951년에는 뉴욕 유니온신학교에서 성서학과 기독교교육학을 가르치는 교수로 일했다. 스마트는 6년간(1944~50) 커리큘럼 개발에 참여한 경험을 바탕으로 기독교교육에 대한 자신의 견해를 정리할 계획이었는데, 마침 1953년 2월 텍사스 주 오스틴 장로교신학교에서 주최한 목회자와 교회교육 지도자 그리고 학생들을 위한 동계학술강좌에 강사로 초빙되었다. 그래서 오스틴에서 행한 강의 내용을 기초 자료로 해서 1953~1954년 사이 겨울 동안 정리해서 출판한 책이 그의 저서 *Teaching Ministry of the Church*(교회의 교육적 사명)[40]이다. 이 책은 1950년대 기독교교육의 신학적 접근 이론의 새 이정표를 설정하는 데 큰 공헌을 했으며, 한국에서도 아직 거의 매년 이 분야 베스트셀러의 자리를 굳건히 지키고 있을 정도로 시대와 국가를 초월하여 많이 읽히고 적용되는 책이다.[41]

## 사상의 흐름

이들의 사상은 스미스(Shelton Smith)가 던진 다음의 질문으로부터 촉발되어 발전되었다.

개신교의 양육이 새로운 기독교의 정신, 즉 신정통주의와 그 신학적 토대를 재조정해야 하는가? 아니면 (코우가 주장했던) 자유주의적 전통의

---

39) W. B. Kennedy, (1980, Winter), "Neo-orthodoxy Goes to Sunday School: The Christian Faith and Life Curriculum," *Journal of Presbyterian History*, 58, 332. 케네디는 훗날 메리 보이스가 교수로 임용되기 전 유니온신학교의 실천신학부 교수로 재직하다가 말년에 프레이리와 함께 제네바의 세계교회협의회에서 일하였다.

40) James Smart, *The Teaching Ministry of the Church* (Philadelphia: The Westminster Press, 1954).

41) 고용수, 『만남의 기독교교육 사상』(서울: 장로회신학대학교 출판부, 1994), 183-184.

신앙을 재확인해야 하는가?[42]

쉐릴, 밀러, 스마트는 스미스의 이 질문을 마음에 품고 답을 찾는 시도를 했다. 바로 이 점이 이 세 학자를 하나의 군(群)으로 묶게 했던 것이다. 한마디로 표현해서 이들의 시도는 '신학적-심리학적 개혁'에 대한 의지로 평가할 수 있다.[43] 가정을 교육의 장으로 강조했던 부쉬넬의 양육이라는 통찰을 사회개혁으로 끌어올렸던 코우 그리고 코우의 종교교육사회론에서 지나치게 강조되었던 사회과학과 자유주의 신학의 위험성을 이들은 인지하였던 것이다. 이들의 주장은 확실했다. 신앙교육은 '기독교적'(Christian)이어야 하므로 가정에서 사회로 점프(jump)하였던 종교교육의 초점을 기독교교육으로 환원시켜야 한다고 보았다. 코우의 후예였던 엘리옷은 당연히 반발하였다. 그러나 그들은 한편 코우의 사회교육론적인 학문적 위업을 인정하면서도 코우가 간과했던 신학적 토대를 다시금 세우기를 바랐다. 왜냐하면 1950년대 이후의 사회적 상황은 코우가 살던 시대와는 딴판이어서 교회의(of), 교회를 위한(for), 교회에 의한(by) 신학의 재정립이 절실하였기 때문이다. "교회여, 신학적 정통성을 확립하라!" 이것이 당시의 거센 외침이었다.

성경과 신학을 다시 교회교육의 중심으로 가져오려는 그들의 노력은 당시 사회주의와 자유주의의 한계를 실감하던 대중에게는 너무도 간절

---

42) Shelton H. Smith, *Faith and Nurture* (New York: Charles Scribner's Sons, 1942), vii. 위에서 인용한 코우의 "재창조인가 전수인가?"가 중요한 것처럼, 사상사를 연구하는 학도에게 스미스의 질문은 중요하기에 원문을 싣는다. "Shall Protestant nurture re-align its theological foundations with the newer currents of Christian thought, or shall it resist those currents and merely reaffirm its faith in traditional liberalism?"

43) Sara Little, "The Clue to Religious Education," *Union Theological Seminary Quarterly Review*, 47:3-4 (1993), 9.

히 기다리던 단비와 같은 것이었다.44)

(1) 쉐릴의 사상

쉐릴의 사상은 성서신학과 정신분석학에 기초를 두고 있으며, 그는 이 두 학문 분야를 엮은 사람으로 후세 학자들에게 알려져 있다.

> 나는 나의 사역에서 심각한 결핍을 느끼게 되었다. (한마디로 말해서) 나는 목회 현장에서 사람들이 당면한 문제를 다룰 수가 없었던 것이다. 공동체의 몇몇 젊은이는 심각할 정도로 무책임했고 그들을 다루는 것은 불가능하였다. ⋯ (당시) 내가 갖고 있던 심리학이나 신학은 이런 환경을 극복하는 데 적당하지 않았다. ⋯ 내게 떠오른 것은 '좀 더 깊은 탐구'를 통하여 성경과 신학 그리고 인간 존재의 진정한 의미를 가장 효과적으로 가르치고 설교할 수 있도록 이루어져야 한다는 것이다.45)

그가 위에서 말하는 성경적 신학은 바르트(Karl Barth)의 그것이었다. 즉, 성경 말씀을 통해 '지금, 여기에서'(here and now) 하나님을 만나는 것임을 그의 책을 읽으면 금세 눈치 챌 수 있게 된다. 이전에 유행했던 코우의 자유신학적 접근은 목회의 현장에서 도저히 통하지 않는다는 것을 직접 체험한 그는 이제 하나님의 말씀을 근간으로 한 성경적 신학을 붙잡은 것이다. 그러면 쉐릴이 기독교교육에서 성경을 사용하는 목적은 무엇일까? 그의 목적은 '현재의 삶 가운데서 하나님을 느끼고 반응할 수

---

44) Allen J. Moore, "A Social Theory of Religious Education," *Religious Education*, 82:3 (Summer 1987): 420.

45) Roy W. Fairchild, "The Contribution of Lewis J. Sherrill to Christian Education," *Religious Education* LIII:5 (September-October 1958): 404.

있도록 사람들을 준비시키는 것'이다. 곧 하나님을 '삶의 현장에서 계속적으로 만나는(encounter) 것'이다.[46] 이러한 맥락에서 볼 때, '삶 가운데서 하나님과의 지속적인 만남'을 추구하는 것이 그에게 기독교교육의 목적이 된 것이다.

그가 정신분석학에 관심을 갖게 된 연유는 위의 인용한 글에 나타나 있듯이 '인간에 대한 깊은 연구'가 없이는 목회 현장의 필요를 채워 줄 수 없음을 인지하였기 때문이다. 쉐릴에게 자아(self)는 무엇보다 중요한 개념이다. 그에게 자아는 세 가지로 나누어 생각할 수 있는데, "잠재적 자아(potential self)와 존재적 자아(existing self)와 자아 이미지(the image of self)이다."[47] 이 세 가지 자아에 대한 개념이 합쳐져서 이른바 총체적 자아(whole self)가 되는데 이를 그는 건강한 자아, 즉 wholth(whole+health)라고 불렀다.[48] 한 사람이 만들어져 가는 과정은 앞서 살펴본 것처럼, *The Gift of Power*(능력의 선물)라는 그의 책에 잘 나타난다. 한 가지 더 중요한 것은 '장'(context)에 관한 그의 깊은 관심이다. 신앙공동체는 하나님을 만나는 가장 중요한 장이며 신앙의 내용인 신념과 가치를 전달하는 데 필수적인 기독교교육의 장이라고 쉐릴은 주장하였다.[49] 훗날 웨스터호프와 넬슨은 쉐릴의 신앙공동체에 대한 신념을 자신들의 교육사상에 접목하여 실천하게 된다.

---

46) Lewis Sherrill, *The Gift of Power*, 95. 이 '만남'이라는 모티브 연구에 관해 다룬 다음의 책 참고. 고용수, 『만남의 기독교 교육사상』(서울: 장로회신학대학교출판부, 1994). 이 책은 마틴 부버의 관계철학과 에밀 부룬너의 만남에 대한 신학 그리고 밀러, 스마트, 루엘 하우, 쉐릴의 교육사상을 심도 있게 다루었다.

47) Sherrill, *Ibid.*, 19.

48) Sherrill, *Ibid.*, 20.

49) Sherrill, *Ibid.*, 97.

## (2) 밀러의 사상

밀러의 사상은 밀러 자신을 제외하고는 사라 리틀이 가장 잘 알 것이라고 생각한다. 왜냐하면 그들이 예일대학교의 동문이라는 것을 차치하고서라도 그들이 종교교육협회를 중심으로 수십 년 동안 동고동락하며 학문적 교류를 했다는 것을 모르는 이가 거의 없기 때문이다. 그의 사상이 세상에 널리 알려진 동기는 그의 책 *The Clue to Christian Education*(기독교교육의 실마리)[50]이라는 책의 시기적절성 때문이었다. 이 책에서 그는 명료하게 당시의 문제를 아래와 같이 제기하였다.

> (이전 교육에 물들어 있는 사람들은) 삶-중심의 교육이 심리학적으로, 교육학적으로 그리고 철학적으로 건전하다고 이야기를 한다. 그리고 그 방법이 자연스럽고 신속한 학습방법이라고 주장을 한다. 그러나 이러한 그들의 주장에는 두 가지 허점이 있다. 첫째, (그들이 주장하는) 교육방법은 그 자체가 목적이 되어버렸다. 그리고 교육 행위의 방향과 신념은 베일에 가려졌거나 상실되었다. 둘째, (이전에 가르쳤던 내용들은) 시대에 뒤떨어진 자유주의의 산물이며 오늘날 대부분의 사람들이 배우고자 하는 것과 무관하다. … (그러므로) 기독교교육을 위한 신학이 (절실하게) 요구된다. … (그 신학은) 부모의 참여를 독려하고 교육 프로그램의 일환으로써 전도에 대한 필요를 채워 주는 것이어야 한다.[51]

그가 말하는 해결의 실마리(clue)는 '어떤 신학을 취하느냐 하는 것'과 취한 신학이 '어떤 역할을 해야 하느냐는 것'이었다.[52] 1950년대는 성

---

50) Randolph C. Miller, *The Clue to Christian Education* (New York: Charles Scribner's Sons, 1950).
51) *Ibid.*, vii-viii.

경이 교육의 중심이 되어야 한다는 신정통주의를 취하였고, 그 신학은 교회를 위한 신학이어야 함을 밀러는 주장하고 싶었던 것이다. 요약해서 말하면, 그의 신학은 관계의 신학(theology of relationship)이었고, 관계는 경험을 통해서 형성된다는 논리를 견지했으며, 성경은 도덕적인 삶에만 간접적으로 영향을 준다는 견해를 피상적이라고 공격했다. 그리고 성경은 인간에게 구원을 주시는 하나님의 계시의 말씀이라는 입장을 피력하였고, 기독교적 양육은 신앙공동체 안에서의 교제를 통하여 강화되어야 한다는 생각을 갖고 있었다.53) 밀러는 코우 이후에 20세기 중반을 지탱하는 대학자로서 자신의 자리를 확고히 지킨 사람이다.54) 1943년에 *Christianity and the Contemporary Scene*(상황과 기독교)55)으로 저술 활동을 시작한 이래 그는 1993년에 발표한 *Empirical Theology*(경험신학)56)까지 무려 55권이나 되는 책을 발표했을 정도로 가히 아무도 따라갈 수 없는 대학자로서의 사상적 족적을 남긴 기독교교육 학자로 기억되고 있다.

---

52) Sara Little, "Randolph Crump Miller: Theologian-Educator," *Religious Education Special Edition*, 1978, S-67.

53) 이 점에 대하여 위의 논문 참고. S-70-73.

54) 케이탄은 다음과 같이 설명하였다. "For over a quarter of a century Randolph Crump Miller has exerted a profound influence of the shaping of religion and education in the U.S., Canada and many other countries around the world ⋯ just as George Albert Coe was the giant of the religious education movement in the first half of this century, Randy has occupied that position so far in the second half." Boardman W. Kathan, "Exemplar of Process and Relationship" in Iris Cully and Kendig Brubaker Cully, eds., *Process and Relationship* (Birmingham, Alabama: Religious Education Press, 1978), 109.

55) Randolph C. Miller, *Christianity and the Contemporary Scene* (New York: More-house-Gorham, 1943)

56) Randolph C. Miller, *Empirical Theology* (Alabama: US Religious Education Press, 1993)

## (3) 스마트의 사상

스마트는 쉘튼 스미스의 질문을 자아와 공동체에 초점을 맞추어 심도 있게 다룬 루이스 쉐릴의 사상을 심화시켰다. 그리고 하나님의 말씀에 기초한 신학이 20세기 중반의 목마른 가정과 교회를 살리며 교회는 더 교회다워질 때 사회를 선도할 수 있다고 주장한 밀러의 신념을 견고하게 다져 주었다. 특히 교회는 교육학적으로 견고하며 신학적으로 균형 잡힌 매력적인 교재를 개발함으로써 교회로부터 멀어져 있는 많은 성도들을 다시 교회로 끌어모아야 한다고 장로교단에 강력하게 주장하였다. 그는 바르트의 말씀의 신학에 지대한 영향을 받은 학자이며,[57] 기독교교육은 세상에 성육신하여 오신 예수 그리스도의 생명을 전달하여 세상에 존재하는 많은 사람이 이 생명을 향유할 수 있도록 하기 위하여 존재하는 것이라고 주장하였다.[58] 스마트가 생각하는 기독교교육의 목적은 아래와 같다.

기독교교육의 목적은 인간의 복음 전달 채널을 확장시키고 심화시켜서 (성도의) 교제를 더욱 성숙케 하고 풍요롭게 하는 데에 있다. 이는 인류를 구원하시기 위해 세상을 생명으로 새롭게 하시는 예수 그리스도를 통하여 이루어지는 것이다. 그러므로 교회의 프로그램은 사람들로 하여금

---

57) 자세한 정보는 없지만 그는 다른 학자들과 함께 *How Barth Has Influenced Me*라는 책을 1956년에 썼다. 이 책에서 그는 자신이 구약을 전공한 학자임에도 불구하고 구약의 말씀이 어떻게 하나님 자신을 계시하는 말씀으로써 교회사역을 이롭게 하는지를 적절하게 해석할 줄을 몰랐는데 바르트의 글을 읽고 해답을 얻었다고 증언하였다.(372) 현재 이 책의 자세한 정보를 밝힐 수 없는 것이 아쉽다.
http://www.talbot.edu/ce20/educators/view.cfm?n=james_smart에서 재인용.
58) James Smart, *The Teaching Ministry of the Church* (Philadelphia: The Westminster Press, 1954), 108. 이 책은 『교회의 교육적 사명』(서울: 대한기독교교육협회, 1992)으로 번역되었다(장윤철 역).

이전의 삶보다 좀 더 확실하고 온전한 길, 즉 예수 그리스도의 교회의 생
명과 신앙으로 인도하여야 한다.[59]

스마트의 사상이 가져다준 가장 유익한 점은 신학을 교회사역에 적용
하여 유용하게 만들었다는 것이다. 그는 철저하게 목회 중심의 학자였
다. 교회 중심의 신학, 추상적이 아니라 구체적인 교회 교육사역을 위한
청사진 제공, 교회교육은 교인 전체가 그 책임을 져야 함, 기독교교육은
성경을 가르치는 것, 교회로 교회되게 하라 등은 그가 『교회의 교육적 사
명』에서 부르짖은 모토였으며 그의 사상을 요약해 주는 말이기도 하다.
결과적으로 스마트는 종교교육을 기독교교육으로 만든 장본인이다.


## IV. 엘리스 넬슨과 존 웨스터호프: 교회를 교회되게
## 만들려고 혼신의 노력을 기울였던 인물들

### 성장 배경과 생애

넬슨과 웨스터호프는 엄밀히 말하면 함께 다루지 않는 편이 더 나을
지도 모른다. 왜냐하면 그들이 주장하던 이론에는 많은 유사점이 있을지
몰라도, 장본인들은 서로 잘 어울리는 사람들은 아니기 때문이다. 물론
넬슨이 없었으면 웨스터호프의 이론은 아예 세상에 나오지 않았을지도
모른다. 이처럼 넬슨은 소위 신앙공동체 이론의 창시자였고 웨스터호프
는 넬슨의 이론을 세상에 널리 알리는 역할을 했던 사람이었다. 그러므

---

59) 맨 마지막의 번역은 우리말로 보면 조금 어색하나 원문을 가감 없이 옮겨 독자들로 하
여금 그의 강조하는 바를 느끼게 하기 위함이다. "the faith and life of the church of
Jesus Christ," *Ibid.* 그는 예수 그리스도의 교회라는 말을 강조하기 원했다.

로 이들의 역할은 상호보완적이라는 입장을 취하는 것에 큰 무리가 없으므로 여기서는 이 두 사람을 함께 다룰 것이다. 이들은 교회가 많은 성도를 잃어 가는 위기 상황에서 살았었고, 그런 위기를 인지하는 가운데 스마트가 역설하곤 했던 교회의 교육적 사명을 회중 속으로 끌고 들어와서 '교회를 진정한 신앙공동체가 되게 하는 이론'을 만들어 교회의 존재 목적을 새롭게 하던 학자들이었다.

### (1) 넬슨60)의 생애

엘리스 넬슨(C. Ellis Nelson, 1916~ )은 1916년 3월 7일 미국 텍사스 주, 갈베스톤(Galveston)이라는 작은 도시에서 태어났다. 그의 아버지는 1남 3녀의 자녀를 두었고, 스웨덴계 미국인이었다.61) 넬슨이 부모는 미주리 주의 루터교회를 섬겼는데 어머니는 오르간 반주자, 합창 지도자, 주일학교 부장으로 섬겼고, 아버지는 회계 일을 맡고 있었다. 하지만, 넬슨의 아버지가 형제회(Fraternal Orders)에 가입한 것을 교회에서 용납하지 않았기 때문에, 그들은 보몬트(Beaumont)에 있는 웨스트민스터 장로교회로 옮기게 되었다. 넬슨은 이 교회의 담임목사인 헌터(Rev. T. M. Hunter)로부터 양육을 받으면서 많은 영향을 받게 되었다. 당시 헌터 목사는 복음에 대한 열정과 회중의 필요를 잘 채워 주는 민감성 때문에 많은 젊은이들에게 호평을 받고 있었으며, 1930년대 당시에는 그 교회에서 6명의 젊은이가 신학교에 입학할 정도로 아주 특별한 영적 분위기를 만들었다고 전해진다. 넬슨은 1903년 라이트 형제의 첫 비행 때부터 비행

---

60) C. E. Nelson, "Toward Accountable Selfhood," in *Modern Masters of Religious Education*, ed., Marine Mayr. (Alabama: Religious Education Press, 1983), 160-164. 이로부터 나오는 박사과정 학생들과의 세미나에서 함께 나누었던 내용이다.

61) http://www.talbot.edu/ce20/educators/view.cfm?n=carl_nelson.

기에 대한 관심을 갖기 시작했는데, 고등학교 때 글짓기 내용으로 '항공의 역사'에 대해서 쓸 정도로 많은 관심을 기울였다. 그에게 매력적이었던 것은 비행사가 아니라 비행기 내부의 기계 장치에 관한 것이어서 그는 비행기 공학도가 되기를 원했다. 그러나 가정 형편이 어려워서 2년제 대학(Junior College)에 들어갔으며, 그곳에서 물리학을 배우게 되었는데, 공부하는 동안 그는 숫자에 대한 회의를 갖게 되었다. 그는 숫자들로 이루어진 추리 및 결론 들은 그 근원으로부터 분석해 볼 필요가 있다고 보았다. 이는 모든 통계자료를 냉정한 차원에서 분석 시험했을 때, 숫자에 기초한 인간의 행동이 많은 경우에 불확실할 수도 있다는 것을 깨달았기 때문이었다. 이로 인해 넬슨은 후에 어떠한 교육학자들이나 심리학자들이 경험적인 자료들을 발표하더라도 그 숫자들이 어떻게 얻어진 것인가를 정확히 알 때까지는 그 발표를 신뢰하지 않게 되었다. 넬슨은 차차 기계공학 공부가 너무 추상적이고 비인격적이라고 느끼면서 회의를 갖게 되었고, 자신이 사회와 교회에 훨씬 관심이 많음을 깨닫게 되었다. 그러던 중 몸살로 몹시 아파 1주일간 병원에서 생활하게 된 넬슨은 그곳에서 자신을 돌아보고, 그 후 목사가 되기로 결심하게 되었다.

장로교 목사의 준비 과정인 오스틴(Austin)대학교로 전학한 넬슨은 그곳에서 역사를 전공하게 되었다. 특히 미국 교회사와 문학을 공부하면서 그는 역사적인 사건들과 종교적인 믿음 그리고 제도로서의 교회가 상호 관련성이 있다는 것을 깨닫게 되었다. 오스틴대학의 교수들 중 특히 학장인 캐리(T. W. Carre) 박사가 그에게 지대한 영향을 끼쳤다. 그는 특히 인종 문제, 전쟁과 평화, 경제, 정의, 기업에 대한 노동자들의 권리 문제 등에 관심을 갖게 되었다. 그는 여러 지도자들과의 만남과 독서, 신학공부를 통해서 교회가 사회와 밀접한 관계를 가져야 한다는 생각을 점점 키워가게 되었다. 그는 졸업 후 목사 안수를 받고, 오스틴에 있는 대학장로교회(University Presbyterian Church)에서 교목으로 일하면서 기독교 교육에 대한 한 강좌를 맡게 되었다. 그러는 가운데 자신의 부족함을 느끼고 텍사스대학교의 M.A 과정에서 교육심리학을, 부전공으로 사회학을 공부하게 되었다. 당시는 마가렛 미드(Margaret Mead)와 루스 베네딕트(Ruth Benedict)가 '인간 발달에서 문화의 역할'을 연구하던 시기였고, 1930년대 후반부터 1950년대는 문화적 관점으로부터 인간의 삶을 이해하기 위한 연구와 노력들이 활발하게 일어나던 시기였다. 이때 처음 사회학을 접하게 된 그는 이 학문에 매력을 느끼게 되었다. 그는 특히 로버트 서더랜드(Robert Sutherland)를 비롯한 미국청년위원회의 다른 교수들이 소개한 연구결과들에 깊은 인상을 받았다. 그리고 같은 시기에 진보주의 교육협회에서 출판한 『청소년의 인격』과 『청소년기의 감정과 행위』와 같은 책을 통해서 그는 문화가 한 개인의 삶을 형성시켜 준다는 사실을 깨닫게 되었다.

그는 사회학과 문화인류학을 접하게 되면서 매사추세츠 주 종합병원에서 임상목회훈련을 받게 되었다. 그곳에서 그는 정신과 의사들과의 세미나를 통해서 프로이트와 융의 이론들을 소개받게 되고, 삶의 위기에 대한 심리적 측면들을 이해하게 되었다.[62] 1950년 초에 안식년을 맞이한 그는 박사과정을 위해서 콜롬비아대학교와 유니온신학교에 입학하였다. 이 과정을 통해서 신학과 사회학, 교육학 그리고 인간 상황에 대해서 더 깊이 있게 이해하게 되었고, 특히 인간의 도덕적 측면에 관심을 갖기 시작하였다.[63] 1957년 유니온신학교 교수로 초빙되어서 몇 년간 연구에 몰두한 끝에 '양심'이라는 개념이 자신이 관심을 가졌던 여러 분야를 두루 포함하는 개념이라는 것을 깨닫고 그 분야에 관한 글을 쓰기 시작하였

---

62) C. E. Nelson. "Toward Accountable Selfhood," 168-169.
63) Ibid., 170.

다. 그는 루이빌신학교 학장으로 7년간 재직한 후 오스틴신학교의 전임 교수로 일했고, 퇴직 후 샌프란시스코신학교 객원교수로 일하기도 하였다. 또한, 우리나라에는 1984년 대한예수교장로회(통합) 100주년 기념 교육 심포지엄의 강연자로서 다녀간 바도 있다. 그의 명저 *Where Faith Begins?*(신앙의 터전)는 신앙교육의 시작이 회중이라는 그의 신앙공동체 이론을 치밀하게 펼친 책으로, 그를 코우와 밀러의 반열에 올려놓았다.

### (2) 웨스터호프[64]의 생애

존 웨스터호프(John H. Westerhoff III, 1933~ )는 1933년 뉴저지 주, 패터슨에서 태어났다. 그의 부모와 조부모는 명목상으로 개신교도이고 가끔은 교회에 출석도 했지만 별로 열심 있는 종교인은 아니었다. 그가 생후 4개월이 되었을 때, 그의 부모는 자신들이 결혼했던 패터슨에 있는 개신교 교회에서 세례를 받게 했다. 그가 세 살 때 그의 어머니는 그를 약 1년 동안 개신교 교회의 주일학교에 데리고 다녔다. 그에게 그것은 친밀한 사회 경험이었으며, 크리스마스와 부활절에 드려진 의식적인 예배와 그 예배를 드린 장소는 그에게 좋은 이미지로 남아 있다.[65]

---

64) Richard R. Osmer & Friedrich Schweitzer, *Religious Education Between Modernization and Globalization* (Michigan: William B. Eerdmans Publishing Co., 2003), 173-179. 웨스터호프는 연세대 은퇴교수인 은준관 박사와 동갑이다. 서로 학문적으로 많은 교류가 있었다고 전해 온다.

http://www.talbot.edu/ce20/educators/view.cfm?n=john_Westerhoff.

65) 웨스터호프가 세 살 때 그의 어머니는 그를 약 1년 동안 개신교 교회의 주일학교로 데리고 다녔다. 그것은 친밀한 사회 경험이었으며 그리고 그는 그의 부모가 크리스마스와 부활절에 출석했던 의식적인 예배의 침묵과 장소를 자신이 좋아했다는 것을 알았다. 존이 여덟 살이었을 때, 그는 이웃의 초대에 응해서 특정 종파에 속하지 않는 근본주의자 모임에 출석하기 시작했다. 목사는 존에게 관심을 가졌다. 그는 존의 가정을 심방해서 하나님께서 복음의 사절이 되도록 그를 부르셨다는 것을 그의 어머니에게 말했다. 목사는 또한 그녀가 이웃에 있는 어린이들을 위한 차고에서 부흥집회를 개최

고등학교를 졸업한 후 그는 펜실베이니아대학 도시에서 출석했던 복음주의적인 개혁(지금은 그리스도 연합교회) 학교인 어시너스(Ursinus) 대학에서 교육받았고, 1955년도에 심리학 전공으로 졸업했다. 그는 어린 시절 소명대로 하버드대학교 신학부에 입학해서 폴 틸리히과 같은 영향력 있는 교수들로부터 변증법적 접근법을 배웠으며, 많은 진리와 인생에 관한 역설적이고도 복잡한 내용을 고찰함으로써 신앙과 의심, 헌신과 개방성, 이성과 직관, 실천과 이론 사이의 자신의 내적인 갈등을 정리하였다. 웨스터호프는 하버드에 있을 동안, 매사추세츠 주 니드햄(Needham)에 있는 회중교회에서 청소년사역을 맡게 되었다. 허버트 스미스(Herbert Smith) 목사는 웨스터호프의 말대로 가장 친한 친구였으며 멘토며 인생에 가장 영향을 많이 준 사람이었다. 그는 스미스에게 예배와 교육이 중요함을 배웠다. 그는 22살 All Saint's Day[66]인 11월 1일에 목사 안수에 대한 그의 소명을 확인했고 회중교회에 의해 지원을 받기도 했다. 1958년 그는 교역학 석사학위(M.Div.)를 받고 목사 안수를 받았다.

웨스터호프는 메인 주에 있는 프레스크 아일(Presque Isle)에서 첫 번째 교구사역을 맡았다. 2년 후 그는 약 절반이 어린이와 청소년이었던,

하도록 존을 격려해야만 한다는 것도 말했다. 그의 어머니는 너무 당황해서 존에게 그 교회에 다시는 출석하지 못하게 했다. 10대가 되었을 때, 그는 스스로 일요일 아침에 무엇을 해야 할지를 결정하도록 허락받았다. 그래서 그는 가족이 이사한 뉴저지에 있는 글렌 록(Glen Rock)의 Dutch Reformed Community 교회에 출석하기 시작했다. 다시 그 교회의 목사는 웨스터호프에게 관심을 가지고 그가 목사가 될 것이라고 예언했다. 베르논 오겔(Vernon Oggell) 박사 즉, 그의 '하나님 안에서 아버지'는 매주 예배를 돕도록 그를 선정했으며 그가 주일학교에서 가르치게 했다. 그리고 신앙에 대한 개혁적이고 칼뱅주의적이며 복음주의적이고 지적인 접근에 대한 기초를 그에게 가르쳐 주었다.

66) All Saint's Day(만성절)는 보통 11월 1일에 가톨릭교회에서 지키는 절기이다. 할로윈 데이가 이와 관계가 있는데, 성인들의 영혼이 전날 밤을 떠돈다는 미신에서 비롯된 것이다. 대개 개신교에서는 이 절기를 지키지 않는다.

지금은 이천 명 이상으로 성장한 교회에서 협력 목회를 하기 위하여 니드햄으로 돌아왔다. 그와 스미스는 함께 교육부원과 프로그램을 개발하고 감독하였다. 또한 그는 교육 현장에서 초기 세미나 프로그램 중의 하나를 고안해내고 개발하였다. 그는 이 시기에 잠재적 교육과정이 형식적 프로그램보다 더 영향력이 있다는 것을 관찰하였다. 즉, 세대 간 예배와 활동이 나이별 집단보다 더 참여적이고 생동적이며, 교육 자원과 프로그램이 항상 특별한 회중에게 맞춰져야 할 필요가 있다는 것을 관찰하였다. 4년 후에 매사추세츠 주 윌리엄타운의 윌리엄(William)대학의 캠퍼스에 있는 회중교회로 돌아왔다. 그곳은 3년 동안 그가 기독교적 변형을 이루기 위한 방법들을 계속 시도했던 곳이다. 이 시기에 하버드신학교에서 몇 강좌를 강의하기도 했다.

웨스터호프는 다음 8년을 고향사역을 위한 연합교회 위원회의 직원으로 시간을 보냈다. 그는 거기서 1967년부터 1974년까지 출판된 『논총』(Colloquy)이라는 교회/사회교육 잡지를 발간하여 편집했다. 이 시기에 교회와 세속 교육 현장에서 매우 중요한 사람들을 인터뷰하면서 세계 일주 여행을 했다. 그는 하버드와 유니온 신학대학원에서 강사로 기독교교육과 커뮤니케이션을 가르쳤으며, NBC방송의 어린이 TV쇼 두 개의 프로그램을 제작했고, 종교뉴스에서 봉사를 하였으며, 세계교회협의회의 보고자로서 활동을 하였다. 또한 미국여자대학교협의회와 전국교육협의회에서 일했고, 시민의 권리 증진과 공평한 분배를 추구하는 컨설팅 회사에서도 일했다.

그 몇 년 동안 그는 대학에서 만났던 버니(Bernie)와 결혼해서 세 명의 아이를 두었으며, 기독교교육에 있어서는 논쟁적이고 급진적인 새로운 사상가로서 평판을 얻게 되었다. 그는 또한 문화적 변동과 인간 재교육에 대한 생각도 가지고 있었다. 웨스터호프는 자신의 북미의 해방 신교도적인 관점을 수정하여 라틴 아메리카의 해방신학을 취하였고, 교회의 초기와 중세기에 주목했으며, 로마 가톨릭의 교리문답적인 전통을 개발해 왔다. 그는 자신이 한때 누렸던 교파 내에서의 안정감을 전혀 느끼지 못했다. 그래서 그는 자신의 일에 대한 이론적인 기초와 그것과 함께 그의 눈을 뜨게 해준 종교적 사회화에 관한 엘리스 넬슨(C. Ellis Nelson)의 신학과 사상에도 주목하였다.

훗날(1974) 그는 콜럼비아(Columbia)대학교에서 교육학박사(Ed.D.) 학위를 받았다. 하버드에서 가르치다가 교통사고를 당한 후 잠시 쉬었다가 듀크(Duke)신학교의 종교교육 교수가 되었다. 그리고 듀크에서 종신교수가 되었다. 은퇴 후 수백 편의 논문과 책을 저술하였고 1977년부터 1987년까지 미국에서 종교교육 분야에서 가장 영향력 있는 학술잡지인 *Religious Education*(종교교육)의 편집 책임자로도 다년간 수고했다. 그는 성공회 사제로서 안수받은 해인 1978년 연합교회를 떠났다. 이런 경험으로 가톨릭의 본질(내용)과 신교도 원칙 둘 다를 끌어안을 수 있게 되었다.

웨스터호프는 자신의 전문적인 활동들이 주로 종교교육의 분야에 있었으며, 언제나 '종교교육학 학자 및 교수 협의회'(APRREE)와 종교교육협회(REA)와 협력하여 일하였다. 이즈음 그는 이혼하였고, 성공회의 수도원 공동체인 성 존의 집에서 몇 년을 보냈다. 그런 다음 캐롤라인 휴즈(Caroline A. Hughes)와 재혼했다. 그녀는 그의 수많은 책의 공동저자였고 그와 계속해서 함께 일했다. 그리고 애틀랜타에 있는 성 바돌로메의 교회에서 교구사제로 1년을 보낸 후, 성 누가교회에서 거주하는 신학자요 직원이 되었다. 그는 자신의 보다 폭넓은 가르침과 저술사역을 위한 수단으로서 목회연구를 위한 학교를 설립하여 관리하고 있다. 그는 어시너스(Ursinus)대학으로부터 명예 신학박사 학위를 받았고 지금은 조지

아 주 애틀랜타에서 살고 있다. 그의 가장 중요한 작품은 1976년에 발간된 *Will Our Children Have Faith?*('과연 우리 자녀가 신앙을 가질 것인가?'로, 이 책은 『교회의 신앙교육』으로 역간됨)이다. 이 책은 적어도 여섯 개 나라의 언어로 번역되었으며 많은 출판사가 재인쇄하였으며 이 책으로 말미암아 그는 세계적으로 유명한 학자가 되었다.

## 사상의 흐름

넬슨과 웨스터호프의 사상은 회중 중심의 신앙공동체론을 정립했다는 점에서 기독교교육학적으로 중요한 위치를 차지한다. 부쉬넬이 회심 일변도의 부흥회 중심의 교육이 갖는 허점을 파악하여 양육의 필요성을 강조함으로써 기독교교육의 단서를 제공했다면, 코우는 부쉬넬의 점진적인 과정을 중요시하는 양육의 핵심을 파악하여 낭만적인 종교교육사회론을 펼쳤고, 쉐릴, 밀러, 스마트는 코우가 소홀히 했던 교육의 기초/토대에 대한 재조명으로 종교교육이라는 흐릿한 초점으로는 한 사람을 신앙인으로 양육하는 것이 불가능하므로, 성경과 신학을 기반으로 하는 교육을 시행해야만 진정한 신앙교육이 될 수 있음을 역설하였다. 그리하여 그들은 종교교육이 아닌 기독교교육만이 모더니즘에서 포스트모더니즘으로 전환하는 다양한 사회와 문화 속에서 교회가 세상 사람들의 갈증을 풀어 주며 교회로 나올 수 있도록 해준다는 이론적 토대를 재발견했다. 이러한 흐름 속에서 넬슨과 웨스터호프는 쉐릴, 밀러, 스마트가 걱정했던 문제가 현실로 드러나는 상황에 직면하게 되었다. 많은 성도가 주류교회를 떠났고, 베트남 전쟁을 겪게 되었으며, 또 그 전쟁에서 패전함으로써 많은 신앙인들의 방황은 결국 교회에도 영향을 미치게 되었다. 한쪽에서는 'Jesus Movement'와 같은 근본주의적 성향을 선호하면서도 삶의 형태는 자유분방한 크리스천들이 생겨나게 되었고, 다른 한쪽에서는 경제적으로 더욱 풍요로워지면서 교회보다는 주말여행을 선호하는 분위기가 미국과 서양 사회에 팽배하게 되었다. 이렇게 다분히 포스트모 던적인 사회 현상은 쓰나미가 몰아닥치듯 교회를 휩쓸었고 장로교, 감리 교, 침례교 등과 같은 주류 교단들은 교단 소속 교인 수가 적게는 2분의 1, 많게는 3분의 1로 줄어드는 현상을 경험하고 있었다. 바로 그때 신앙 형성의 기원을 다룬 넬슨의 저서가 세상에 나오게 되어 기독교교육의 한 모퉁이를 장식하게 된 것이다. 후일 웨스터호프도 후세를 걱정하는 저서 를 발간하면서 넬슨이 시작한 신앙공동체 이론을 세상에 전파하는 전령 사의 역할을 감당했다.

## (1) 넬슨의 사상

왜 많은 기독교교육 학자 가운데 넬슨을 선택했느냐고 물어본다면, 그 이유는 간단하다. 넬슨도 역시 부쉬넬의 '양육 전통'에 서 있는 학자로 서 양육이라는 사상을 발전·성숙시킨 학자이기 때문이다. 그는 기독교 교육 학자이며 성경학자였다. 넬슨의 사회화, 즉 신앙공동체 이론의 논 지는 다음의 문장에 잘 나타난다.

> 나의 주된 주장은 깊은 내면적 의미에 있어서 종교(신앙)는 사람의 정서 (sentiment)에 존재하는 것이며 그것은 어렸을 때부터 그 사람을 진정으 로 보살펴 준 성인들(주로 부모 혹은 교사)에 의해서 은근히 사회화된 결 과로 볼 수 있다.[67]

위의 진술에서 볼 수 있듯이 넬슨은 자신이 젊은 시절 습득했던 사회

---

67) Nelson, *Where Faith Begins*, 9.

학과 문화인류학의 영향을 받아, 신앙은 신앙공동체 내에서 함께 살아나가다 형성되는 사회화 혹은 문화화의 과정을 통과하면서 생겨난다는 것을 피력한 것이다.[68] 다음의 진술이 그의 확신을 더 극명하게 보여준다.

> 신앙은 신앙생활을 하는 사람이 속한 공동체에 의해서 전수되며, 신앙의 의미는 역사의 흐름 가운데서 그 구성원들과 서로 간의 상호교류를 통해서 확인되며, 또한 그들의 삶 가운데서 벌어지는 사건들과의 관계 속에서 즉, 벌어지는 사건들과의 상관관계 속에서 발전된다.[69]

한마디로 신앙은 신앙공동체에 의해서 전수되는 것이며, 신앙공동체는 역사 안에서 사람들 간의 사건과 상호관계를 통하여 형성된다는 것이다. 넬슨에게 성경은 코우의 개념과는 상이하다. 코우가 성경을 신앙인들의 경험을 적어 놓은 책이며 많은 자료 중의 하나(resource)로 보았다면, 넬슨은 성경을 유일한 신앙생활의 기준(source)이며 토대로 보았다. 넬슨은 성경을 신앙공동체에 관한 책으로 보았다. 그러면 오늘날 우리가 속한 신앙공동체의 역할은 무엇인가? 그는 신앙공동체를 문화를 형성하고 변혁시켜 나가는 주체라고 보았다. 그는 예언자적인 통찰로 문화의 엄청난 형성력을 이미 인지하고 있었다. 문화의 힘을 이해하는 것이야말로 신앙공동체 내에서의 삶을 이해하는 열쇠가 된다고 주장하였다.[70] "크리스천은 문화 가운데서 살아가며, 문화의 산물이다"라고까지 말한 바 있다.[71]

---

68) *Ibid.*, 10-11.

69) *Ibid.*, 10.

70) John Westerhoff III and Gwen Kennedy Neville, *Generation to Generation* (New York: The Pilgrim Press, 1979).

71) *Ibid.*, 11.

그렇기 때문에 넬슨은 건강한 신앙공동체를 만들어내는 것이야 말로 자손에게 바른 신앙을 전수해 주는 가장 핵심적인 과업이라고 주장하였던 것이다. 그는 신앙공동체가 건강하게 되면 성도들은 예배와 교제를 통하여 균형 잡힌 신앙인으로 만들어져 간다고 주장하면서 다음과 같이 진술하였다. "예배는 믿음을 배양하고 … 교제는 관계를 만들며 … 탐구는 신앙을 의미 있게 한다."[72]

그러므로 회중을 살아 있는 신앙공동체가 되게 하기 위해서는 새로운 기독교교육 전략을 수립해야 하는데, 먼저 양육을 위한 주된 기관으로 "주일학교 중심의 체제로부터 벗어나 회중 중심의 양육으로 전환해야 한다"라고 주장하였다.[73] 회중을 교육하기 위하여 중앙연구그룹(Central Study Group)을 활성화시키고 소그룹을 가동시켜서 목회자와 장로 그리고 평신도 지도자들을 부지런히 양성하는 것만이 교회가 다시 부흥할 수 있는 유일한 길이라고 주장한 것이다. 사실 이러한 생각은 오늘날 제자훈련이나 사랑방 성경공부나 셀 중심의 사역 이론에서 주장하는 것과 유사하다고 볼 수 있다. 그의 공헌은 회중을 살아 있는 유기체로 이해하여 그 안에 존재하는 성도들을 한 묶음으로 여기고 함께 양육하고 양육받는 상호 책임적 기관으로 보아 활성화시키려고 노력했다는 점이다. 그의 이러한 사상은 마치 코우와 스마트를 합쳐 놓은 것 같은 장점을 지닌 신앙공동체 이론으로 평가된다.

### (2) 웨스터호프의 사상

성공회 신부로서 자신의 이론을 카테키시스(catechesis)로 정리한 그는 가르침의 역할을 가장 최소화하려고 노력했던 학자로 보아도 무리가

---

72) Nelson, Where Faith Begins, 102, 106, 110.
73) C. Ellis Nelson, "Christian Education in a Secular Society," 6-8.

없을 것이다. 그는 문화인류학, 예전 연구, 프레이리의 신학에서 많은 영향을 받았다. 특히 예배의 역할을 매우 강조하면서 교회 내에서 예배만 잘 드린다면 가르침은 전혀 설자리가 없다고 누누이 말하였다.[74] 넬슨과 같이 웨스터호프도 신앙공동체의 중요성을 강조하였다. 그가 문제를 인식하던 시기(1970년대)의 교회의 위기에 대하여 언급하면서 그는 신앙공동체를 지키고 활성화하는 것이 생존과 번영의 열쇠라며 다음과 같이 진술하였다.

우리는 신앙과 교회의 위기를 언급하지 않으면서 기독교교육의 위기에 대해서 언급할 수는 없다. 왜냐하면 만일 우리가 신앙에 대한 명확한 자리매김과 헌신이 없다면, 우리의 교육적 노력은 근거를 잃어버리기 때문이다. 그리고 만일 우리가 생명력 있는 신앙공동체를 잃는다면, 그 신앙 안에서 사람들을 양육할 자리를 잃어버리기 때문이다.[75]

그가 교수 혹은 가르침을 그토록 싫어했던 이유는 무엇일까? 그것은 소위 학교식 교육 패러다임(schooling paradigm)이 더 이상 설 자리를 잃어버렸다고 믿었기 때문이다. 탈학교(de-schooling)라는 아이디어가 판을 치고, "내가 알아야 할 모든 것은 이미 유치원에서 다 배웠다"라고 외치는 사람들 틈에서 문화화의 과정을 연습할 수 있는 회중 예배와 예전

---

74) 웨스터호프와 데이비드 잉(Ng)과 사라 리틀과의 예배와 가르침에 관한 논쟁은 유명하다. 웨스터호프는 "기독교교육에서 가장 중요한 것이 무엇인가?"라는 잉의 질문에 대하여 '예배'라고 세 번이나 강조하여 대답했다. 그때 리틀이 "John, you must be out of your mind"라고 하여 좌중의 청중들이 깊이 공감하며 웃는 세미나가 있었다. PSCE 도서관에 소장된 카세트테이프에서 녹취한 내용.

75) John Westerhoff III, *A Colloquy on Christian Education* (Philadelphia: A Pilgrim Press, 1972), 11 이후.

이야말로 당시의 위기를 극복할 수 있는 유일한 길이라고 그는 역설한 것이었다. 그는 역동적인 회중과 살아 있는 신앙공동체가 되기 위한 회중의 조건을 3-3-3 논리로 전개했다. 3세대가 함께 모여 있는 회중, 300명이내의 회중이 바람직하며, 회중을 회중 되게 하는 3가지 요소, 즉 예전, 상호 교환, 사회봉사가 필요하다고 역설하였다.76) 웨스터호프는 교육 없이도 기독교 신앙을 전수할 수 있다고 주장한 학자였다. 그는 오직 예전과 예배만이 살아 있는 신앙공동체를 만든다고 믿었던 것이다. 성공회 배경을 가지고 있었다는 것을 차치하고서라도 그는 가톨릭과 가장 가까운 학자였다고 보아도 무리가 없다. 그의 예전(liturgy)에 대한 믿음은 완벽한 신앙공동체가 존재할 수 있을 것이라는 소망에서 비롯된 것이라고 할 수 있다.77) 전체적으로 볼 때 넬슨과 웨스터호프는 당시 정체성 상실의 위기에 처해 있던 교회를 다시금 교회 되게 하는 데에 일조한 학자들이라는 것에는 이견이 없을 것이다.


## V. 사라 리틀
### : 교회의 교육적 사명을 성숙시킨 전형적인 진실한 교사

### 성장 배경 및 생애

사실 넬슨, 웨스터호프와 동시대를 살아온 사라 파멜라 리틀(Sara

---

76) Westerhoff, *Will Our Children Have Faith?*, 105 이하. 이 책은 정웅섭 교수에 의해서 『교회의 신앙교육』(서울: 대한기독교교육협회, 1983)으로 번역되었으며, 위의 내용은 번역서 102-104쪽에 나온다.

77) 일찍이 휴브너는 "신앙공동체 내에서 교육이 꼭 필요한가 아니면 공동체에서 잘 어우러져 살아가는 것 자체가 교육적인가?"라는 질문을 던졌는데, 후자를 신뢰한 학자라고 볼 수 있다.

Pamela Little, 1919~ )의 교육적 흐름이나 배경은 그들의 배경과 크게 다르지 않다. 그런 점을 고려할 때 리틀의 배경에 대한 장황한 묘사는 생략해도 될 것이다.[78] 평생 장로교인으로 살아온 리틀[79]은 1919년생으로, 노스캐롤라이나 주의 한 고등학교 교사를 시작으로 전 생애를 교사로서 살아오면서 오늘날까지도 종교교육과 관련한 가르침에 대해서 계속적으로 가르치고 강연해 왔으며 저술활동을 펼치고 있다. 그녀는 예일대학교에서 철학박사 학위를 받았는데, 거기서 리차드 니버에게서 수학하였다. 그녀는 1944~1950년까지 노스캐롤라이나 주 대회(Synod)에서 기독교교육 디렉터로 일했으며, 1951~1976년까지는 버지니아에 있는 P.S.C.E. (Presbyterian School of Christian Education)에서 교수로 재직하면서 학생들을 가르쳤다. 또한 그녀는 버지니아 주의 유니온신학교에 전임교수로 임명된 최초의 여성으로, 1977~1989년까지 기독교교육학 교수로 봉직했으며, 1989년에 은퇴하여 Union-PSCE의 명예교수로 섬기며 끊임없는 기독교교육적 노력을 하였다.

1961년 사라 리틀은 자신의 박사학위 논문을 발전시킨 저서 *The Role of the Bible in Contemporary Christian Education*(기독교교육에서 성서의 역할)에서 스마트와 쉐릴, 밀러의 교육 이론과 실제에 대한 차이점을 연구하고 그 원인이 신학적 사고의 차이점 때문임을 밝혔다. 특히 계시론과 성서관이 교육 사상에 지대한 영향을 미친다고 보았다. 따라서 리틀은 사상 흐름적인 면에서 부쉬넬-코우-쉐릴·밀러·스마트-리틀로 이어지는 흐름의 연속선 위에 서 있다고 보아도 무리가 없을 것이다.

---

78) 안타깝게도 그녀의 가정 배경은 별로 알려진 것이 없다.
79) 여타 학자들의 경우와는 다르게 사라 리틀의 가족 배경은 알 길이 없다. 그녀가 남부의 샬롯에서 성장하면서 교회에서 활발한 신앙생활을 했다는 것 외에는 별로 알려진 것이 없다. 더 자세한 정보를 원하면 다음의 책 참고. Barbara Anne Keely, ed., *Faith of Our Foremothers* (Louisville, Kenturky: Westminster/John Knox Press, 1997).

주요 저서로는 *Role of the Bible in the Contemporary Christian Education*(기독교교육에서 성서의 역할), *Learning in the Christian Community*(기독공동체에서의 학습), *To Set One's Heart: Belief and Teaching in the Church*(마음 바로 잡기: 교회에서의 신념과 가르침, 이 책은 『신앙교육을 위한 교수방법』으로 역간됨), *Living Together in the Christian Fellowship*(기독교 교제에서 함께 살기), *Theology and Education*(교육과 신학) 등이 있다. 그녀는 샬롯(Charlotte)의 퀸즈(Queens) 대학교에서 영문학으로 학사학위(B.A., 1939)를 취득하였고, PSCE에서 석사학위(M.R.E., 1944)를 취득하였으며, 예일대학교에서는 박사학위(Ph.D., 1958)를 취득하였다.

그녀는 필자의 스승으로 교회교육의 산 증인이라고 해도 과언이 아니다. 제자에 대한 사랑과 기독교교육에 대한 애정 그리고 전문가적인 명민함과 신중함을 지닌 학자로, 그녀를 견줄 만한 학자는 그리 많지 않다고 본다. 마지막으로 우리가 꼭 기억해야 할 중요한 사건은 그녀가 1994년에 미국/캐나다신학교협회(Association of Theological School)로부터 'Distinguished Service Award'(최고 봉사상)을 수상했다는 것이다. 이 상은 실로 명예로운 것으로 여태까지 네 명밖에 받지 못한 권위 있는 상이며 모든 기독교교육 학도들에게 큰 명예를 안겨준 일이었다. 이는 그녀가 학자로서 대학 사회를 위해 어떠한 자세로 섬겨 왔는지를 밝히 드러내 주는 의미 있는 이정표를 세운 사건이었다. 리틀은 2009년 샬롯(NC)에서 만 90세를 일기로 주님의 품에 안겼다.

## 리틀의 사상

리틀은 가르침에 대한 열정을 평생 동안 품고 살아온 학자이다. 그녀의 최대 역작 *To Set One's Heart: Belief and Teaching in the Church*의

제목이 말해 주듯이, 그녀는 교회 내에서 신념과 가르침을 통한 성도의 신앙 세우기에 온 인생을 바쳤다. 그러므로 그녀의 사상은 그녀의 신중한 가르침에 대한 태도에 자연스럽게 배어 있다. 그녀와 함께 수업에 참여해 본 학생은 누구나 그녀의 가르침에 대한 열정에 대하여 증언하는 것을 보았으며, 필자도 그중 한 사람이다. 리틀의 기독교교육적 사상은 철저하게 고백적인(confessional) 사상이다. 그녀는 자신이 쓴 글에 대하여 책임을 지며 거기에 녹아 있는 신앙 확신대로 사는 사람이다. 리틀의 사상은 다음 몇몇 학자의 교육 사상과 신학 사상을 몸소 소화하고 체화하여 자기 것으로 만들었다. 첫째, 쉐릴의 자아와 공동체에 관한 심층 연구이다. 둘째, 마틴 부버(Martin Buber)의 관계(I-Thou)에 관한 이론이다. 셋째, 토마스 그린(Thomas Greene)의 교수(instruction)에 관한 교육철학적 연구이다. 넷째, 리차드 니버(Richard Niebuhr)의 계시신학에 관한 연구이다. 다섯째, 개혁신학 전통에 뿌리를 둔 교육학적 연구이다. 여섯째, 지식과 앎의 사회학이다.[80]

과연 변혁적이고 생동감 있는 기독교를 가르친다는 것이 가능한가? 사람들이 살고 있는 그 삶의 현장에서 변화를 야기할 수 있는 가장 효과적인 '가르침'은 사람들이 가장 중요하다고 생각하는 진리를 '함께 배우는 것'일 것이다. 그리고 이렇게 서로를 돕고 지탱해 주며 부단히 노력하는 그룹을 통하여 함께 성장하는 것이다.[81]

리틀은 평생 동안 성실한 교사로 살아가는 것을 가장 큰 기쁨으로 여

---

80) *Ibid.*, 5장 참고.
81) Sara Little, *Learning Together in the Christian Fellowship* (Richmond, VA: John Knox Press, 1956), 14.

겼다. 그녀가 분석한 1980년대의 교육적 상황은 한마디로 '마음의 실향'(homelessness of mind)이었다.[82] 정신세계의 혼란한 상태를 '실향'이라는 말로 표현한 것이다. 이것은 현대인들의 방랑벽에서 비롯된 것이며, 어쩌면 포스트모던 시대를 사는 모든 이의 공통된 마음을 은유적으로 표현한 것 중에 가장 적확한 표현일지도 모른다. 이런 수렁에 빠져 있는 포스트모던 시대 사람들을 구해내는 방법이 무엇인가? 그녀는 넬슨과 웨스터호프의 신앙공동체론을 한편으로는 인정하였다. 즉, 신앙교육은 회중이라는 교육의 장이 선재할 때만 가능하다는 것이다. 그러나 리틀은 넬슨과 웨스터호프보다 한 발 더 나가서 그러한 신앙공동체가 선재하더라도 여전히 가르침의 질(quality) 향상에 최선을 다하지 않으면 안 된다고 말했다. 한마디로 리틀은 넬슨과 웨스터호프처럼 신앙공동체의 중요성을 간과하지 않으면서도 가르침(teaching)을 성실하게 수행하는 것이 그들을 구해내는 데 충분히 일조할 수 있다고 본 것이다. 여기서 잊지 말아야 할 것은 가르침이 사람들을 조정(control)하려는 목적으로 활용되는 것은 아니라는 것이다. 오히려 그들로 하여금 진리(truth)에 이르도록 도와주는 수단으로 가르침을 활용해야 한다는 것이다. 한 사람이 하나님의 부르심에 정직하게 응답함으로써 삶의 진정한 의미를 추구할 수 있게 되고, 결국은 자기 존재 이유와 목적을 깨닫게 되는 상태(mindfulness)에 도달할 수 있도록 돕는 것이 교사의 임무라고 천명하고 있는 것이다.[83] 그녀의 가르침에 관한 이론에서 핵심 사상은 무엇일까? 그것은 당연히 의도성(intentionality)이다. 진정한 의도성은 학습자의 필요를 온전히 이해하고 사려 깊게 연구하여 달성하기로 작정한 교사의 교수 전략·목표 설정과 밀접한 관계가 있다. 교사가 어떤 자세를 가질 때 참된 교육적 의

---

82) Sara Little, *To Set One's Heart* (Atlanta: John Knox Press, 1981), 5.
83) *Ibid.*, 4.

도성을 갖게 될까? 그것은 찰스 맬처트(Charles Melchurt)[84]가 주장한 것처럼 첫째, 우연 발생적이 아닌, 정교한 계획에 의한 교육 계획 수립이 선행되어야 하고, 둘째, (그 자체로만으로도) 가치가 충분한 교육 목적이 되어야 하며, 셋째, 교과 내용에 대하여 교사가 깊고 넓은 지식과 깨달음이 있어야 하며, 넷째, 과정을 생략하지 않은 성실한 가르침의 시행이 있어야 하며, 다섯째, 교사와 학생 상호 간의 진실한 교류가 있어야 하며, 여섯째, 학생과 교사의 삶이 함께 온전함을 추구해야 한다.[85]

리틀의 가르침에 대한 열정과 헌신은 리차드 아스머에게 전달되었고, 메리 보이스에게도 영향을 주었다. 아스머는 자신의 책 *Teaching For Faith* (신앙을 위한 가르침)를 리틀에게 헌정하였고, 보이스는 자신의 글에서 리틀에게 지대한 영향을 받았다고 자주 고백하고 있다. 보이스의 전문성(connoisseurship)[86]에 대한 추구는 바로 리틀의 영향으로 생긴 것이라고 해도 과언이 아니다. 아스머나 보이스도 다루기에 충분하리만큼 훌륭한 학자들이지만 그들이 활동할 세월이 아직 많이 남아 있기에 훗날 그들의 사상을 다루는 편이 더 나을 것이라는 소신으로 이곳에서는 다루지 않았다.

---

84) 맬처트는 사라 리틀과 함께 예일대학교에서 철학박사 학위를 받은 교수로서 PSCE에서 교육학박사 학위 과정을 디자인한 사람이다. 그후 그는 교수와 학자 들의 모임인 APRREE의 총무를 수년간 역임하였다. 그의 *Wise Teaching* (Harrisburg, Penn.: Trinity Press International, 1998)은 김도일, 송남순에 의해 『지혜를 위한 교육』(서울: 한국장로교출판사, 2002)으로 번역되었다.

85) Little, "The Educational Question," *Religious Education*, 72:1 (Jan 1977): 26; Charles Melchurt, "Do We Really Want Religious Education?" *Religious Education* (Jan-Fab 1974)에서 발췌.

86) 보이스는 가르침을 예술로 교사를 예술가로 표현하면서 전문성을 지닌 교사가 되어야 함을 강조하였다. 진정한 전문가는 뼈를 깎는(painstaking) 준비를 해야 함도 강조하였다. Mary Boys, *Educating in Faith* (San Francisco: Harper & Row, 1989), 207.

# VI. 파울로 프레이리
## : 실존적 의식화 - 프락시스 - 해방교육 실천가

### 성장 배경 및 생애

파울로 프레이리(Paulo Freire, 1921~1997)는 브라질의 레시페(Recife)
라는 곳에서 태어났다. 그의 가족은 중류층에 속하였으나, 1930년경에
발생한 대공황으로 말미암아 빈곤함을 맛보았다. 그는 레시페대학교에
서 법학 · 철학 · 심리학을 공부하였고, 1959년에는 동대학에서 철학박사
학위를 취득하였다. 그는 이후 브라질 정부의 복지 및 교육기관과 성인
문맹퇴치 기관에서 일하였다. 이즈음에 그는 마르크스(Karl Marx)의 소
외(alienation)에 관한 글과 마리탱(Maritain)의 *Education at the
Crossroads* (교차로에서의 교육)에 영향을 받았으며, 물론 굶주렸던 어
린 시절의 경험과 가난한 이들과 함께 일했던 경험이 그의 사상에 지대한
영향을 끼친 것은 말할 필요도 없을 것이다. 프레이리는 결국 다음과 같
은 결론을 내렸다. 교육은 자신이 처한 궁지를 일깨워 주는 것이 되어야
하며 억눌린 자가 해방을 맛볼 수 있도록 도와주는 것이 되어야 한다. 그
는 자신의 생각을 실천에 옮겼으며, 그 결과 정부와의 마찰이 생기게 되
었다. 결국 그는 1964년에 투옥되었으며 브라질에서 추방되었다. 그 후
칠레에 가서 잠시 가르쳤고, 하버드대학교에서 잠시 가르치기도 하였다.
1980년에 다시 브라질로 돌아올 때까지 그는 케네디(William Bean
Kennedy)와 함께 스위스에 소재한 세계교회협의회(World Council of
Churches)에서 일하였다. 1981년 조국으로 돌아와서 상파울루에 소재한
가톨릭대학교에서 교수로 봉직하다가 1997년 심장병으로 생을 마감하
였다.[87]

## 프레이리의 사상

프레이리는 교육의 본질 혹은 목적에 대한 이해를 새롭게 해준 사상가이다. 그의 역작 *Pedagogy of the Oppressed*(억눌린 자를 위한 페다고지)는 소위 'banking'(은행예금식) 교육의 폐해를 신랄하게 비판한 책이었다. 은행예금식 교육은 교사가 학생의 머리에 지식을 집어넣는 것을 형상화한 표현인데, 프레이리는 이런 전통적인 교육 방법과 교육 철학에 쐐기를 박은 것이었다. 그는 교사가 학생 위에 군림하여 자기 자신만이 학생이 필요한 지식을 소유한 자로 자처하는 것은 옳지 않다고 주장하였다. 프레이리는 "다른 인간들이 완전히 무지하다는 생각, 그것은 억압 관념의 한 특성으로, 탐구과정으로써의 교육과 지식을 부정하는 것이다"[88] 라고 주장하며, 누구나 진리 앞에서는 평등하며 다만 역할이 다를 뿐이라는 통찰을 던져 주었다. 비록 프레이리는 사용하지 않은 용어이지만 학생은 배우는 학습자(student learner)로 교사는 가르치는 학습자(teacher learner)로 존재하는 것을 깨닫는 것이 가르침에 임하는 사람에게 요구되는 기본 자세요 철학이라는 것이다. 프레이리의 학습자 존중의 교육 철학과 참여와 문제-제기(problem-posing)를 통한 교육은 다음의 진술로 요약될 수 있다.

> 나는 이제야 교육받은 한 인간임을 깨달았다. 이전의 나는 눈을 감은 사람이었으나, 지금 나의 눈은 활짝 열려 있다. 이전에 책에 쓰여 있는 단어들은 나에게 아무런 의미가 없었으나, 이제 그 단어들은 나에게 속삭이고 있으며, 나는 그들로 하여금 나에게 말하게 할 수 있다.[89]

---

87) James E. Reed and Ronnie Prevost, *History of Christian Education*, 354-355.

88) Paulo Freire, *Pedagogy of the Oppressed*, tr. Myra Bergman Ramos (New York: The Seabury Press, 1968), 58.

위에서 본 것처럼, 프레이리의 사상은 '의식화'(conscientization)와 프락시스(praxis)로 요약될 수 있다. 의식화는 한 개인으로 하여금 자신이 살아가는 환경에 맥없이 순응하거나 자신을 괴롭히는 약탈자의 조종(control)에 굴복하기보다는 정당한 문제-제기를 통하여 사회문화적 현실을 객관적으로 조명해 보고 자신만의 깊은 깨달음을 성취해 나가는 과정이다.[90] 프락시스는 프레이리 이후 수많은 기독교교육 학자들이 가장 빈번하게 사용한 용어 중의 하나인데, 교육 현장에 엄연히 존재하는 이론과 현실 사이의 괴리를 좁혀 보려는 시도라고 볼 수 있다. 교육은 의식적인 노력을 통해 행위와 성찰이 동시에 수반되어야 한다는 것이다. 이러한 의미에서 프락시스는 이론과 실제를 동시에 고려하려는 의식적인 과정이라고 볼 수 있다.[91] 프레이리 사상의 또 다른 핵심은 대화(dialog)와 함께 일함(working with)의 중요성을 일깨워 준 것이라고 볼 수 있다. 사실 그의 최대 역작 *Pedagogy of the Oppressed*를 번역할 때에 억눌린 자를 '위한' 교육이고 번역한다면 프레이리의 진의를 왜곡하는 것일 수 있다. 이는 억눌린 '자의' 혹은 억눌린 '자와 함께 하는' 교육이라 해석하는 편이 오히려 저자의 의도를 살리는 것이라고 확신한다.

프레이리의 사상은 1970년대 이후 거의 모든 기독교교육 학자들에게

---

89) 한 농부가 자신의 개안 내지는 의식화 과정을 위와 같이 증언하였다. 자신을 발견하는 과정 그리고 자신이 더 이상 지식의 노예가 아니며, 수동적인 입장에서 기계와 같이 생각 없이 받아들이는 존재가 아니라 능동적으로 반응할 수 있는 존재라는 것을 깨닫는 것이 진정한 교육인 것을 잘 드러내 주는 진술이다. Freire, *Pedagogy of the Oppressed*, 커버스토리.

90) 이와 유사한 논의는 이미 Daniel Schipani, *Conscientization and Creativity: Paulo Freire and Christian Education* (Landam, MD.: University Press of America, 1984), ix에서도 다뤄진 바 있다.

91) Paulo Freire, "Education, Liberation, and the Church," *Religious Education* LXXIX:4 (Fall 1984): 527; Reed and Prevost, *A History of Christian Education*, 355에서 재인용.

깊은 영향을 주었다고 해도 과언이 아닐 것이다. 그는 웨스터호프에서부터 그룹에 이르기까지 20세기 후반에 가장 큰 영향을 미친 실천적 교육사상가라고 평가된다.

## VII. 마리아 해리스: 가톨릭 전통의 벽을 넘어선 교회론 정립자, 내러티브 교육의 전문가

### 성장 배경과 생애

마리아 해리스-모란(Maria Harris-Moran, 1932~2005)이 지난 2005년 2월에 별세했을 때 한 아름다운 별이 떨어졌다는 생각을 했다. 그녀는 가톨릭 신학자였으면서도 가톨릭의 벽을 넘어 모든 교회를 향한 사랑과 열정을 품은 학자였다. 몇 년 전 필자가 APRREE에서 앓기 시작했던 해리스를 보았을 때 그녀는 참으로 다소곳하고 조용한 사람이라는 생각을 했다. 해리스는 창의적이고 통전적인 이론을 만들어냈다. 그녀는 미국 콜롬비아대학교의 '종교와 교육학' 분야에서 교육학박사 학위를 취득한 후 안도버 뉴턴신학교(Andover Newton Theological School)에서 1975년부터 1986년까지 교수 생활을 했다. 그녀는 안도버신학교의 첫 번째 가톨릭 학자였다. 많은 동료 교수들의 우려를 감사와 기쁨으로 바꾸어 놓은 해리스는 종교교육과 예배, 예술적 가르침과 커리큘럼에 이르기까지 실로 다양한 분야에서 주옥같은 글을 남겼다. 그리고 뉴욕대학교(New York University)와 포르담대학교(Fordahm University)에서도 교수하면서 그동안 70여 편의 연구논문과 12권 가량의 저서를 펴냈다. 1996년 가을학기에는 버지니아 리치몬드에 있는 장로교교육대학원(P.S.C.E.)에서 실시한 '계속 교육' 프로그램에 주강사로 초청되어 (1) 생의 후반기에 들어선 여성의 영성, (2) 21세기를 위한 영성, (3) 생의 후반기를 위한 활력 있는 영성 등의 제목으로 강의한 바도 있다. 그녀는 가브리엘 모란과 1966년에 결혼하였으며 1998년까지 활발하게 저술활동을 하였다.[92]

### 해리스의 사상

해리스는 가르침에 대한 심미적 통찰을 제공하였으며 교회를 위한 커리큘럼 개발에도 독창적인 통찰을 소개한 바 있다. 가르침에 대한 그녀의 생각은 아래와 같다.

> 종교적 상상력의 행위로서의 가르침은 가르치는 주제(subject matter)의 계시로 학습자들을 인도한다. 이를 방법론적 시각으로 볼 때 주제의 구현(incarnation)이다(성육신적인 가르침으로 인도하는 통로가 상상력이라는 말이다). 이 계시의 중심에는 인간 존재가 모든 가르침의 일차적 주제라는 발견이 있다. 그 주제는 자기 자신을 은혜 받은 능력자로서, 즉 학습의 주체로서의 발견이다. 특히 재창조의 능력은 자신들의 재창조에서 한 걸음 더 나가 자신들이 사는 세상의 재창조를 의미하는 것이다.[93]

해리스는 가르침의 일차적 주제를 인간의 존재라고 믿었으며, 인간은 하나님의 계시를 전달하여 자신이 가르치는 주제를 삶의 현장에서 드러내는 그야말로 성육신적인 가르침을 수행하여야 한다고 믿었던 사람

---

92) Maria Harris and Gabriel Moran, *Reshaping Religious Education: Conversations on Contemporary Practice* (Louisville: Westminster/John Knox Press, 1998). 자녀에 대한 정보는 찾을 길이 없다.

93) Maria Harris, *Teaching and Religious Imagination: An Essay in the Theology of Teaching* (San Francisco: Harper & Row, 1987), xv. 이 책은 김도일 역, 『가르침과 종교적 상상력』 (서울: 한국장로교출판사, 2003)으로 출간되었다.

이다. 그러기에 그녀에게 가르침은 '종교적 + 상상력'으로 표현된다. 그냥 상상력이 아니라 종교적 상상력이다. 왜 그런가? 이는 우리를 '포용하고 있는 어떤 신비함'을 내포하는 엄숙한 신 존재의 현현이 없이는 가르침이 종교적 상상력이 될 수 없다는 것을 의미한다.[94] 하나님의 임재를 경험하게 하는 가르침이 바로 종교적 상상력을 동반하는 것이며, 가르침이 온전한 종교적 상상력으로 전달될 때 가르침에 참여하는 사람은(그가 교사이든 학생이든 간에) 성육신과 계시를 전 존재로 경험하게 된다는 말이다.[95] 이것을 필자는 거룩한 동참(participation)이라 부른다.

해리스가 가르침을 심미적으로 다루었다고 말하는 근거는 그녀의 예술적 메타포의 활용 때문이다. 그녀는 가르침 혹은 넓은 의미에서 교육을 일종의 춤, 즉 Dancing으로 보았다. 그녀는 또한 가르침을 토기를 빚는 행위에 비유하였다. 해리스의 또 다른 역작 *Fashion Me a People*(교육목회 커리큘럼)을 보면, 가르침을 만들어 나가는 과정(가꾸어 나감: fashioning)으로 보았다. 마치 토기장이가 온갖 고통의 과정을 겪으면서 하나의 아름다운 토기를 만들어 나가듯 교사는 자기의 전 존재를 걸고서 교육의 전 과정(whole process)에 임하는 것이다. 그녀는 자신의 이론을 펼쳐 나갈 때 내러티브 기법을 능란하게 사용하여 그녀의 책을 읽는 많은 독자의 마음을 사로잡았다.

해리스는 커리큘럼에 대하여 독특한 사상을 아래와 같이 펼친다.

커리큘럼은 마치 액체와도 같다. 그것은 정해진 것이 아니다. 교회의 커리큘럼은 학교식 공부보다 훨씬 광범위해야 한다. … 이는 질주되어야 할 경주와도 같은 것이요, 경험되어야 할 학습 주제이며, 처해진 지역상

---

94) *Ibid.*, 13.
95) *Ibid.*, 14.

황 내에서의 전체 학습경험의 진정한 총체(sum total)와도 같은 것이다. … 우리가 주의를 기울여야 할 광범위한 커리큘럼이란 교회생활(가르침, 예배, 공동체 생활 그리고 전도까지 포함)에 이미 존재하는 것이라고 말 할 수 있다.[96]

해리스의 저서는 특히 한국 기독교교육에 지대한 영향을 끼쳤다. 그 녀의 교회교육 커리큘럼에 관한 신학적 통찰은 교재 편찬에 많은 도움을 주었다. 특히 디아코니아(Diakonia), 코이노니아(Koinonia), 디다케 (Didache), 레이투르기아(Leiturgia), 케리그마(Kerygma)로 영역을 체계 적으로 나눈 교인의 전 생활을 아우르는 교재 개발 원리는 아직도 활용되 고 있다. 가톨릭 전통 아래서 평생을 살아온 그녀의 신학은 자신의 전통 을 넘어서서 모든 교회를 위한 기독교교육 형성에 일조한 것이 분명하 다. 그녀의 육신은 이제 우리와 함께하지 않지만 그녀의 사상은 아직도 우리 곁에서 숨을 쉬고 있다.


## VIII. 하워드 헨드릭스: 복음주의 기독교교육의 대부

### 성장 배경과 생애

하워드 헨드릭스(Howard G. Hendricks, 1924~ )는 반세기 넘게 복 음주의 기독교교육학계를 선도하고 있는 학자다. 찰스 스윈돌(Charles Swindoll), 토니 에반스(Tony Evans) 그리고 조 스토웰(Joe Stowell)과

---

96) Maria Harris, *Fashion Me A People: Curriculum in the Church* (Louisville: Westminster/ John Knox Press, 1989), 62-64. 이 책은 고용수 역, 『교육목회 커리큘럼』(서울: 한국 장로교출판사)으로 출간되었다.

같은 교회 지도자들이 한목소리로 그를 자신의 멘토로 부르는 것을 보아도 알 수 있다. 성경의 가르침과 삶의 양태가 일치해야 한다고 가르쳐 온 그는 실제로 평생을 모범적인 가장과 아버지로서 뭇사람의 존경을 한 몸에 받고 있다. 그러나 그의 어린 시절은 그리 행복했던 것 같지 않다. 그의 부모는 그가 출생하기도 전에 별거 중이었으며 그는 조부모 밑에서 자라났다. 할아버지는 헨드릭스 부모의 이혼으로 충격을 받아 술에 절어 살았지만, 할머니 코라(Cora) 헨드릭스가 기도와 사랑으로 그를 양육하였다. 그는 또한 월트(Walt)로 불리던 한 전도자로부터 신앙적 양육을 받으며 주일학교교육 속에서 자라났다. 공부를 잘했던 그는 노스웨스턴(Northwestern)대학교 의과대학에서 제시한 전액장학금을 사양하고 위튼(Wheaton)대학에 입학하여 기독교교육학을 전공하였다. 그는 졸업 당시(1942) 지니 울프(Jeanne Wolfe)와 결혼하여, 후일 2남 2녀의 자녀를 두었다. 이후 달라스(Dallas)신학교에서 교육학 석사학위를 취득하였고(1951), 예일대학교의 폴 비스(Paul Vieth) 밑에서 기독교교육학으로 박사학위 과정을 시작하려고 했으나, 자신의 신앙적 확신과 맞지 않음을 깨닫고 다시 달라스신학교로 돌아와 신학석사 학위(Th.M.)를 취득하였고, 후일 위튼대학에서 신학박사 학위(D.D.; Doctor of Divinity)를 취득하였다.

그는 많은 학자를 양성하였는데 그중에 몇 사람 예를 들면 다음과 같다. 고(故) 워렌 벤슨 박사(Trinity Evanglical School, 이후 TES), 고(故) 에드 헤이즈 박사(Denver Theological Seminary), 클라우스 아이슬러 박사(Talbot Theological Seminary), 마이클 로슨(Dallas Theological Seminary), 찰스 셀 박사(TES) 등이다. 이 외에도 헨드릭스는 한국과 세계 전역에도 엄청난 영향을 끼쳤다. 요즘 한국에도 파노라마 프로그램과 『야베스의 기도』로 많이 알려진 브루스 윌킨슨(Bruce Wilkinson) 박사

도 그의 제자이다.[97]

## 헨드릭스의 사상

그의 사상이 녹아 있는 네 가지 대표적인 저서는 다음과 같다. 그의
가르침에 관한 사상을 명확하게 표현한 책 *Teaching to Change Lives*[98]
는 한국에도 『삶을 변화시키는 가르침』(생명의 말씀사)으로 출간되었
다. 이 책은 비교적 적은 분량이고 수월하게 읽을 수 있지만, 그 내용의
깊이는 어떤 책보다 심오하다. 이 책은 가르침에 대한 깊은 통찰로 꽉 차
있으며, 그의 목회 경험을 통해 실험되고 검증된 책이다. 성경연구에 깊
은 조예가 있는 헨드릭스가 지은 책 *Living by the Book*(성경대로 살
기)[99]은 연역적 성경연구의 길잡이가 될 만한 책으로 알려져 있다. 성경
연구의 원리를 밝혀 주는 이 책은 성경적 기독교교육에 관한 저자의 사상
을 볼 수 있는 책이다. 가정 사역에 대한 그의 역작은 *Heaven Help the
Home*(우리 가정을 도와주소서)[100]이다. 이 책은 그가 네 자녀의 아버지
이며, 동시에 여섯 손자의 할아버지로서 겪은 가정생활에 대한 경험을 기
독교교육학적 이론의 토대 위에서 쓴 복음주의판 '기독교적 양육'에 관
한 사상이 집대성된 책이다. 마지막으로 그의 전도에 관한 책 *Say It with
Love*(사랑으로 말하라)[101]는 복음 전도와 전도자의 자기 성장의 정수(精
髓)를 보여준 책이다. 과연 복음주의적 기독교교육 학자답게 헨드릭스는
다양한 분야에서 복음 전도와 영혼 구원에 대한 열정을 어김없이 보여주
었다.

---

97) http://www.talbot.edu/ce20/educators/view.cfm?n=howard_hendricks.
98) Howard G. Hendricks, *Teaching to Change Lives* (Sisters, OR: Multnomah Press, 1987).
99) Howard G. Hendricks, *Living by the Book* (Chicago: Moody Press, 1991).
100) Howard G. Hendricks, *Heaven Help the Home* (Wheaton, IL: Victor Books, 1973).
101) Howard G. Hendricks, *Say It with Love* (Wheaton, IL: Victor Books, 1972).

가르침에 대한 그의 사상은 다음의 인용문에 잘 나타나 있다.

나는 모든 사람이 학습에 대한 동기를 부여받을 수 있다고 본다. 여기에는 예외가 없다. 그러나 모든 사람이 다 같은 시간에 혹은 동일한 사람에 의해 혹은 동일한 방법으로 동기를 부여받지는 않는다. 가르침은 마치 교실 안에 존재하는 시한폭탄을 모아 놓은 것과 같으며 이 폭탄은 후일 터질 것이고 서로 다른 장소에서 폭발할 것이다. 그러기에 교사인 당신은 좋은 교사가 되기 위해 믿음의 길을 걸어야 하고 엄청난 인내를 가져야 한다.[102]

성경과 영성에 대한 그의 사상은 다음의 인용문에 잘 드러난다.

내 생각에 현대인의 절체절명의 필요는 하나님의 말씀 속으로 자기 자신이 들어가는 것이다. 바로 이것이 없기에 현대 신앙인들은 자신의 영적인 삶 속에 생기(fizz)가 없는 것이다. 말씀 속으로 들어감이 없는 삶은 무미건조(flat)하고 미적지근(lukewarm)하기 마련이다. 어떤 것도 이보다 더 자신을 망가뜨리는 것은 없다. 사람들은 수많은 말들(words)에 지루해 하지만, 진정한 말씀에는 목말라 하고 있다.[103]

가정교육에 대한 그의 사상은 아래의 글에서 잘 볼 수 있다.

가정에서 신앙적인 삶의 기준을 자녀들에게 심어 주는 것은 마치 빗줄기

---

102) Howard G. Hendricks, *Teaching to Change Lives* (Sisters, OR: Multnomah Press, 1987), 103.
103) Hendricks, *Living by the Book* (Chicago: Moody Press, 1991), 340.

속에서 불을 지피는 것과 같다. 이런 일에는 지극히 계획적이고 의도적인 결단이 필요하다. 그러나 사실 겉으로 보기에 이런 일은 거의 가망이 없어 보인다. 기독교적 양육은 자녀의 특성을 이해해야 하며 험악한 세상의 특성도 이해함을 전제로 하며 자녀를 어떻게 다루어야 하는지에 대한 전문성을 요구한다. 때로는 우직한 인내심으로 버텨내고 더 뜨겁게 가열하여 가정에서 달구어진 자녀들을 세상의 유혹으로부터 지켜야 한다.[104]

전도와 관련된 커뮤니케이션과 자기 성장의 중요성에 대한 그의 사상은 다음의 인용문에 잘 나타난다.

오늘 배우기를 주저하는 사람은 대체로 내일 가르치는 것을 그만둔다.[105] … 그동안의 경험을 통하여 얻은 바는 이것이다. 내가 한 개인에게 밀접하게 다가가면 다가갈수록 나는 그의 삶에 더욱 많은 영향을 끼친다. 나는 많은 학생들에게 얘기하지만 진정으로 인생에 영향을 미칠 만큼 가르치는 적은 드물다. 이는 참으로 불행한 일이다. 내가 진정으로 가르칠 때 먼저 나 자신이 변화하고 성장한다. 그리고 그런 가르침은 인격적인 깊은 관여(involvement)를 필요로 한다.[106]

어떤 복음주의 기독교교육 학자도 헨드릭스보다 후대에 더 많은 영향을 끼친 사람은 없다고 단언할 수 있을 정도로 그의 사상은 광범위하게 영향을 미쳤다. 복음주의 신학에서부터 성경 강해 그리고 리더십에 이르

---

104) Hendricks, *Heaven Help the Home* (Wheaton, IL: Victor Books, 1973), 63.
105) Hendricks, *Say It with Love* (Wheaton, IL: Victor Books, 1972), 26.
106) *Ibid.*, 58.

기까지 헨드릭스의 사상이 영향을 끼친 범위는 다 헤아릴 수 없을 정도이다. 그는 분명 이 시대 복음주의 기독교교육의 정상에 서 있으며, 대부(大父)라 일컬음을 받기에 충분한 학자이다. 그의 삶과 학문적 여정은 그야말로 "잘 하였도다, 착하고 충성된 종아."라는 칭찬을 들을 만한 사람이라는 생각을 갖게 한다.

## IX. 포스트모던 시대를 위한 기독교교육 이론의 적용 여지를 모색하며

여기까지 우리는 포스트모던 시대의 기독교교육을 위하여 오늘의 기독교교육 사상이 있게 한 19세기부터 21세기에 이르는 학자들의 사상을 살펴보았다. 사상은 항상 시대적 상황과 개인 생애의 흐름 가운데서 나온다는 것이 필자의 생각이기에 각 학자가 살았던 시대적 상황을 개인의 중요사와 함께 살펴보았다. 역시 개인이 겪은 사건이 각 학자의 사상을 형성하는 데에 지대한 영향을 미쳤음을 다시금 확인하게 되었다. 예컨대 부쉬넬이 어린 두 자녀를 그렇게 허망하게 잃지 않았다면 가정의 역할을 강조하는 기독교적 양육에 관한 그의 집착이 있었겠는가?

포스트모던 시대는 앞서 밝힌 것처럼 다원주의와 문화주의, 상대주의가 팽배한 시대이다. 그렇기에 사람들은 확실한 선택을 할 수 있는 신앙적 기준을 점점 더 원하고, 바다에서 헤엄치는 물고기가 목마를 수 있듯이 문화라는 바다 속에서 진정 자신이 선별적으로 받아들여야 하는 문화적 안경을 원하며, 모든 것이 상대화된 세상에서 진정 자신이 목숨을 걸고 추구할 수 있는 절대적인 신앙 진리를 찾아서 이에 모든 것을 걸어보기를 원한다.

그러므로 성실하고 철저하게 의심의 질문을 던졌던 부쉬넬에게서는, 아무리 주위에서 비판의 화살이 빗발쳐도 자신의 논리를 증명하기 위해서는 최선을 다해야 한다는 성실성을 배워야 한다. 또한 죽는 그 순간까지 자신이 추구하던 사회과학적 연구방법을 고수함으로써 비판 없는 도그마 추종자가 되기를 거부했던 코우에게서는 기독교교육에 대한 학문하는 방법과 신념을 배워야 한다. 그리고 대학자 코우마저도 간과했던 기독교교육의 진정성과 정체성을 확립하기 위하여 기독교교육을 종교교육이라는 애매모호함에서 건져내기 위하여 성서신학적 노력을 기울였던 쉐릴과 밀러와 스마트에게서는 신앙교육적 헌신을 배워야 한다. 그들은 실로 창고에 던져졌던 성경을 다시 교회와 교실로 가져와서 읽히고 연구하게 하는 공을 세웠다. 교회는 그리스도를 중심으로 모여서 선포되는 말씀을 듣는 것으로만 그쳐서는 안 되고, 회중 속에서 진정한 교제와 나눔의 삶이 실천되어야 하며, 예배는 살아 계시는 하나님의 현존을 체험하고 예배 속에서 서로를 향하신 하나님의 뜻을 발견함으로 진정한 신앙공동체를 이루어, 외롭고 힘든 세상을 함께 걸어가야 함의 중요성을 넬슨과 웨스터호프가 일깨워 주었다.

또한 리틀은 교회교육의 질을 한 단계 높여 주었다. 가르침에 평생을 헌신한 그녀는 변혁적이고 생동감 있는 가르침을 위하여 모든 것을 포기하였음을 그녀의 삶을 곁에서 지켜본 필자가 확실하게 증언할 수 있다. 우리는 그녀로부터 교회교육과 가르침에 대한 헌신적이고 고백적인 삶의 태도를 배워야 한다. 프레이리는 절망과 허탈에 빠져 있던 많은 사람들을 구출해냈다. 그의 실존적 교육 사상은 인간의 존엄성을 일깨워 주었으며 사람은 교육 정도나 학위나 재산 정도로 판단해서는 안 되는 존재임을 일깨워 주었던 것이다.

억눌린 자들의(혹은 억눌린 자들에 대한) 교육은 사실 오랫동안 학교를 다니고 많은 지적, 물적, 학문적 축복을 받았으면서도 그것을 축복으로 알지 못하고, 자신은 가르쳐야 하는 사람이며 다른 이들은 자신에게 배워야 한다고 생각하는 정신적 불구자들에게도 유용한 통찰이라고 본다. 해리스는 가톨릭 전통에서 벗어나 진정한 성육신적 가르침의 이론적·실존적 본보기를 세워 준 위대한 학자였다. 그녀의 가꾸어 나감의 통찰은 결국 부쉬넬의 양육과 흡사하면서도 시대적 필요에 매우 적절하게 응답한 변혁적이면서도 정교한 은유의 사용이라고 본다. 그녀의 이러한 창조적인 사고를 우리는 배워야 할 것이다. 사실 우리도 자신에게 솔직해지고 쓸데없는 가식만 버린다면 얼마든지 이런 창작성을 발휘할 수 있다고 확신한다. 마지막으로 헨드릭스로부터는 하나님과 사람과 성경에 대한 사랑을 배워야 할 것이다. 그의 다소 도그마틱한 성경관마저도 아름답게 느껴지는 것은 그의 사역에 대한 지대한 관심과 지속적인 헌신 때문이라고 본다. 학생을 사랑하되 학생이 변화하여 하나님의 일꾼이 될 때까지 지속적인 사랑을 퍼부었던 그의 삶과 학문적 자세를 우리 모두는 배워야 할 것이다.

이 시대를 지혜롭게 살아가기 원하는 신앙인들은 앞서 언급한 학자들의 생애와 사상을 섭렵함으로써, 진정 오늘 나에게 필요한 것이 무엇인지를 선별하여 자신과 자신이 속한 공동체를 위한 최선의 교육사상을 접목시킬 수 있다. 흐름을 잘 알면 자신이 지금 여기서 과연 어떤 이론적 토대를 활용할 것인지 판단할 수 있기 때문이다. 바로 이것이 이 책을 통하여 성취하기 원하는 필자의 소망이다.

# 현대 기독교교육의 흐름과 중심 사상

### 20~21세기 기독교교육 학자들의 문헌에서 나타난
### 전통, 변혁, 사회화 그리고 가르침 사이의 긴장 관계에 관한 고찰

종교교육의 목적으로서 전통과 변혁 간의 끊임없는 긴장은 인류의 역사 가운데서 존재하고 있었지만, 조지 앨버트 코우가 그의 질문, "기독교교육의 최우선되는 목적이 종교를 전수하는 데에 있는가, 아니면 새로운 세계를 창조하는 데 있는가?"에서 이 긴장 관계를 명확하게 표현해 주었다. 이 책은 이 긴장 관계를 역사적으로 고찰해 보았으며, 20세기 종교교육학자들의 문헌을 중심으로 살펴보았다. 즉, 앞서 언급한 코우, 엘리스 넬슨, 존 웨스터호프, 사라 리틀 그리고 메리 보이스 등의 문헌에서 나타난 긴장들, 예컨대, 종교교육의 목적으로서의 전통과 변혁 간의 긴장과 종교교육의 방법 혹은 과정으로서의 사회화와 가르침 사이의 긴장을 살펴보았다. 이 글의 목적은 이러한 긴장들을 이해할 수 있는 토대를 마련하고 그 토대 위에 교육 이론들을 새롭게 세워 나가고자 하는 것이다.

20세기 초에, 종교교육학자 코우는 종교교육의 그 자신이 전통을 넘어선 변혁을 추구하면서, 한편으로는 종교교육의 목적으로서의 전통과 변혁을 나누어 놓았다(양분화). 그러나 그 자신이 추구하던 종교교육의 목적인 '새로운 세계의 창조'를 위한 교육 이론을 발전시키면서도, 교육의 과정인 사회화와 의도적인 가르침 사이의 균형은 유지하였다.

20세기 중반으로 접어들면서, 소위 기독교교육운동의 선구자들(쉘튼 스미스, 제임스 스마트, 랜돌프 크럼프 밀러 등)은 그간 변혁에 강조점을 두다가 잃어버렸다고 생각되던 전통의 회복을 시도하였다. 이 운동을 주창하던 이들에게는 전통 회복이야말로 '기독교교육'이 근거를 둘 적당한 신학을 찾아내는 것을 의미하였다.

20세기 후반부에는, 사회와 문화가 더욱 복잡다단해지고 세속화, 다원화하여짐에 따라, 넬슨과 리틀은 종교교육을 하는 데에 같은 목적을 추구하였다. 즉 그것은 전통을 통한 사회의 변혁이라는 것인데, 흥미롭게도 두 사람은 목적을 이루는 과정에서 각기 다른 과정을 사용한 것이다. 분명히 두 사람은 드웨인 휴브너의 "신앙 공동체 안에서 [의도적인] 교육이 필요한 것인가, 아니면 [그 신앙 공동체 안에서] 함께 어우러져 산다는 것 자체가 교육적인가?"라는 질문에 응답한 것이었다.

이제 21세기에 들어서서 우리를 엄습하고 있는 질문은 "과연 우리는 어떻게 이 망가져서 제대로 기능을 못하고 있는 사회를 변혁(개혁)시킬 것인가?" 하는 것이다. 이 질문에 대하여 1980년대 후반에서 1990년대까지의 기독교교육 이론들로 다루고 있다.

결론적으로, 이 책은 종교교육의 목적으로서의 전통 전승과 변혁의 양분은 애당초 잘못된 나눔이라는 것을 분명히 밝히고 있다. 두 개념이 각기 독특하지만, 서로의 도움이 없이는 둘 다 불완전하다. 이 논리는 종교교육의 과정으로서의 사회화와 가르침 사이에도 적용되는 것이다. 우리는 둘 중에 하나를 택하는 흑백 논리에서 벗어나서 둘 사이의 긴장을 함께 포용해야 한다. 이는 피상적인 병립이 아니라 진정한 의미에서 통전성을 추구하는 진정한 융합(convergence)을 해야 한다는 말이다.

# 종교교육협회의 창립 배경과 취지, 그 이후에 나타난 지속 – 반동 – 수정의 역사*

## 시작하는 말

오늘 한국에 사는 기독교인으로서 기독교교육을 잘 감당하기 위해서는 우리의 현실을 바르게 진단해 볼 수 있는 지혜가 필요하다. 그러나 그 지혜라는 것이 간단하게 얻어지는 것이 아니기에 우리는 종종 어려움을 겪게 된다. 더구나 우리가 담당하고 있는 기독교교육 사역의 현실을 직시하고 현장에서 우리에게 쏟아지는 질문들에 현명하게 대답할 수 있다면 우리는 우리의 사역을 좀 더 확신과 기쁨으로 감당할 수 있으리라 생각한다. 여기 우리의 기독교교육의 현실이 어떤 과정을 거쳐서 나온 것인가를 생각하게 해주는 한 연구를 소개하고자 한다. 미국보다 복음을 늦게 받은 우리는 많은 경우에 그들이 이미 걸어간 뒤를 이제야 좇아가는 경우가 비일비재하다고 본다. 물론 그들의 상황과 우리의 상황이 다르고 그들의 문화와 우리의 문화가 많이 다르다. 그래서 실제 우리 사역의 현

---

* 이 글은 『기독교교육논총 4』(서울: 한국장로교출판사, 1998)에 게재했던 글로, 매우 중요한 전기를 이룬 문서에 대한 분석이므로 이곳에 다시 실었다. 글 중에 20세기 말을 21세기 초로 시점을 바꿨다.

장에서 우리가 그들의 본을 그대로 따를 필요는 없다고 본다. 그러나 공통적인 요소도 많이 있다. 그중의 하나가 (자본주의) 사회가 복잡해짐에 따라 야기되는 변화일 것이다. 그러나 만일 우리가 기독교교육을 수행하는 가운데, 미국이나 다른 나라로부터 기독교교육의 내용(프로그램)이나 체계를 여과 없이(?) 가져와 사용한다면 무책임한 일이 아닐 수 없다.

우리의 기독교교육 현장에는 아직도 헌신하는 평신도들이 주축이 되어 운영하는 주일학교가 건재(?)하고 그 주일학교에서는 전문사역자라고 보기에는 마음이 덜 놓이는 주말에만 봉사하는 교육전도사들이 설교와 사역계획 수립에 일조를 하고 있다. 이 평신도 중심의 주일학교 체제는 미국에서 있던 주일학교의 운영 패턴에 영향을 받은 것으로 생각된다. 그러므로 오늘날 우리 주일학교의 대부분은 회심과 전도 중심의 교육 체제를 그대로 유지하고 있다고 본다. 물론 교육학과 심리학의 이론을 사역에 도입하여 방법론에 많은 발전이 있음을 부인할 수는 없을 것이다. 21세기에 이미 들어선 이 시점에서 우리가 미국의 주일학교운동에 문제의식을 가지고 태동한 종교교육협회의 어제와 오늘에 대해서 연구한다면 오늘 우리의 현실을 조명하고 더 나은 미래의 기독교교육을 위한 계획 수립에 초석이 되리라 생각한다.

이러한 생각을 바탕으로 본 논문에서는 세 가지 주제를 어떤 흐름에 따라 다뤄 보고자 한다. 첫째, 종교교육협회의 창립목표선언문을 분석할 것이다. 이 분석을 위해서는 당시의 상황과 종교적, 사회적 그리고 교육적 흐름을 살펴보아야 할 것이다. 둘째, 종교교육협회의 선언문에 영향을 준 19세기 종교교육의 운동들과 이슈들을 과거로 거슬러 올라가는 방법(retrospectively)으로 다룰 것이다. 이 과정을 통해서 우리는 19세기 주일학교의 모습을 다시 살펴볼 수 있으며, 왜 종교교육협회가 창설되었는지에 대한 배경을 알게 될 것이다. 마지막으로, 어떻게 종교교육협회의 목표가 20세기에도 연결되었는지를 살펴볼 것인데, 이 과정에서 우리는 그 목표가 사회와 문화의 복잡다단한 상황 속에서 어떻게 도전과 응전의 과정을 겪으며 오늘까지 왔는지를 살펴볼 것이다.

## I. 종교교육협회의 창립목표선언문과 당시 상황에 비춰본 의미

19세기의 마지막 10년 동안에, 많은 교회 내에서는 주일학교의 교육에 대한 불만이 팽배하게 되었다. 또한 훈련받지 못한 자원교사(volunteer)들에 의해서 행해지던 비전문적인 교육에 대해서 급기야 교회 밖에서부터 도전이 일어나고 있었다.[1] 이런 도전과 불만은 결국 종교교육운동으로 발전하였으며 하나의 단체를 형성케 하는 계기가 되었다. 1903년에 종교교육협회(Religious Education Association)는 미국의 시카고에서 창립되었다. 당시 시카고대학 총장이었던 윌리암 하퍼(William R. Harper)는 종교교육협회의 창립에 산파 역할을 담당하게 되었다. 존 듀이의 연설에 뒤이어서, 조지 앨버트 코우(George Albert Coe)의 연설 '교육에 의한 구원'(Salvation by education)은 종교교육협회(이후로는 REA로 표기한다.)의 방향과 목표를 설정하는 데 큰 영향을 주었다. 그 이후 보스톤 집회에서는 REA가 협회의 창립목표선언문(purpose statement)을 다음과 같이 세 부분으로 나누어 발표하기에 이르렀다.

---

1) 전도와 급작스런 (일회적) 회심의 경험을 지나치게 강조한 나머지, 주일학교 내의 많은 평신도 지도자들은 "거의 철저하게 신학이나 교육에 관계된 학문적인 연구 따위는 무시하는 경향이 있었다." Marvin Taylor, "Inter- and Nondenominational Agencies and Christian Education," *An Introduction to Christian Education* (Nashville & New York: Abingdon Press, 1966), 311.

1. 종교적 이상을 가지고 우리 나라(미국)의 교육적인 힘을 고취시키기 위해

2. 교육적 이상을 가지고 우리 나라(미국)의 종교적인 힘을 고취시키기 위해

3. 대중의 마음속에 종교교육의 이상을 보존하고 종교교육의 필요와 가치에 대한 감각을 보존하기 위해[2)]

여기서 우리는 이 창립목표선언문의 의미를 당시의 상황과 함께 살펴볼 것이다. 과연 3가지 창립목표가 어떤 의미 부여를 추구했던 것인지를 순서대로 다뤄 보자.

## 1. '우리 나라의 교육적인 힘'이란 무엇을 의미하는가?

REA가 종교적 이상으로 고취시키기를 희망했던 1900년도 초 당시의 교육적인 힘 내지는 상황이란 어떤 것이었을까? 여기서 우리가 지적해야 할 것은 REA가 교육과 종교 사이의 상관성을 충분히 인지하고 있었다는 것이다. REA가 말하는 교육이란 종교교육을 의미하는 것임을 암시적으로(implicitly) 가정하고 있으며, 교육은 종교를 보완해야 하며 또한 이 말은 종교도 교육을 보완해야 함을 의미하는 것이다. 당시의 주요한 교육적 힘은 주일학교에 의해서 제공되고 있었으나, 그들의 교육이란 양육에 대한 관심이 절대적으로 결여된 것이었다. 이것이 주일학교의 공적을 온통 무시하는 것은 아니라 할지라도, 적어도 REA의 인도자들은 주일학교

---

2) 창립목표선언문의 원문은 다음과 같이 기록되었다. 1. To inspire the educational forces of our country with the religious ideal; 2. to inspire the religious forces of our country with the educational ideal; 3. and to keep before the public mind the ideal of religious education, and the sense of its need and value. "The Purpose of the Association," *Religious Education*, Vol. 1 (April 1906): 2.

에 대해 그렇게 평가하고 있었다. 그러므로 REA의 교육적 힘에 대한 관심은 주로 주일학교가 채택했던 종교교육의 전달적인 역할(transmissive function)에 대한 지나친 강조에 있었다고 보았다.

　비록 후에 만들어졌지만, 코우의 질문은 당시 유행하던 교육적 흐름에 대한 REA의 주된 관심과 비판을 잘 표현하고 있다. 코우는 다음과 같이 물었다: "기독교교육의 주된 목적이 종교를 전수하는 데에 있는가, 아니면 새로운 세계를 창조하는 데에 있는가?"[3] 지극히 설교적(didactic)이면서 암기 위주로 일관된 교육방법은 당시 훈련받지 못한 주일학교 교사들과 가정의 부모들의 주된 교육 도구였으며, 그것들이 마치 교육의 표준(norm)처럼 취급되어 왔다.[4] 또한 당시 주일학교의 전도와 회심에 대한 지나친 강조로 인해서 교육적인 힘은 가정과 주일학교 그리고 사회에서 전도와 도덕교육(moral education) 사이의 균형을 잃어버렸다는 것이다. REA는 다음의 글을 통해서 협회가 갖고 있는 교육적인 힘에 대한 관심을 표명하고 있다.

　… 현재〔어린이를 포함한〕청소년들을 위한 종교교육과 도덕교육은 부적당하다. … 청소년의 종교교육과 도덕교육을 위한 일차적 교육기관으로서의 주일학교는 좀 더 높은 이상을 세워야 한다. …〔그리고〕가정과 유아원(day school) 그리고 다른 기관들도 함께 발전하면서〔주일학교를〕올바른 방향으로 도와야 한다. …[5]

---

3) Coe, *What is Christian Education?* (New York: Charles Scribner's Sons, 1929), 29.

4) 이러한 교수방법의 영향으로 수많은 사람들은 성경을 문자 그대로 외우도록 강요받아 왔다고 린(Robert Lynn)과 라이트(Elliot Wright)는 주장한다. *The Big Little School* (Birmingham, Alabama: Religious Education Press, 1971), x.

5) *Proceedings of the First Convention of the Religious Association* (Chicago: R.E.A., 1903), 317-318.

그러면 REA가 제안했던 종교적 이상이란 무엇이었는가? 그들의 종교적 이상이란 분명히 신앙부흥운동(Revivalism)이 지향하던 그것은 아니었고, 자유주의의 이상이었다. 그렇다면 자유주의의 구성요소(compo- nents)는 무엇인가? 웨인 루드(Wayne Rood)가 설명하는 것처럼, 자유주의는 인류사에서 변화를 향한 긍정적인(다분히 낙천적인) 태도이다. 또한 자유신학(Liberal Theology)은 '인도주의적(humanitarian)인 가치와 사랑함 그리고 지속적으로 창조하시는 하나님'을 강조하는 신학이다.[6] 찰스 다윈(Charles Darwin)의 진화론이 내포하는 개념을 받아들이는 가운데, 자유신학은 인간의 진보원리와 인간의 탐구 능력/정신의 진보원리를 추구한다. 리츨(Albrecht Ritschl)이 주장하는 대로 종교의 과업(task)은 "더 좋은 것을 물려주기 위해 하나님과 사람이 함께 일하는 것"이다.[7] 코우가 자신의 기독교교육에 대한 정의에서 밝힌 것과 같이 성경은 인간 경험의 기록이며 예수 그리스도는 인간 존재 가치에 대한 위대한 평가자라는 것이다.[8] 더 나아가서 자유신학은 인간 본성이 태어날 때부터(inherently) 죄스러운(sinful) 것이 아니라, 선하며 성장을 위한 엄청난 잠재력을 지니고 있다고 간주한다. 우리는 이 점에서 자유신학의 아버지라고 불리는 슐라이어마허(Friedrich Schleiermacher)의 시도를 기억해야 할 것이다. 그는 당시에는 실로 파격적으로 '종교적 경험을 감

---

6) Rood, "Liberalism," Iris Cully and Kendig Brubaker Cully, eds., *Harper's Encyclopedia of Religious Education* (New York: Harper & Row, 1990), 378.

7) *Ibid.*

8) 코우는 기독교교육을 다음과 같이 정의했다. 즉, 기독교교육이란, "사람들 간의 관계에 대한 조직적이며 비판적인 고찰(examination)과 재구성(reconstruction)이다. 이는 예수의 인간에 대한 가정에 근거하는 것이다. 그는 인간이 무한한 가치를 지닌 존재라고 가정했으며, 이 가정은 하나님이 실재한다는 가설(hypothesis)에 서 있으며, 예수 자신은 인간의 위대한 평가자이다." *What is Christian Education?*, 296.

정적 상태와 동일시'하는 데까지 이르렀던 것이다.9) 짧게 표현하자면, 자유신학의 특징은 그때까지 원죄라는 이름 밑에서 온전히 도외시되고 감추어져 왔던 인간의 능력과 탐구의 정신을 재발견하는 것이다. 또한 그런 새 안경으로 종교교육의 새로운 힘을 창출하고자 할 때, 결과보다는 '과정'을 중요시하는 종교교육을 추구해야 한다는 것이다. REA가 제안하던 종교적 이상은 종교적·도덕적 교육10)을 위한 양육의 신학적 토대인 자유신학인데, 이는 당시에 급작스런 회심의 경험에만 초점을 맞추던 주일학교의 강조에 반기를 든 것이었다.

## 2. 당시의 종교적 힘 내지는 상황이란 어떤 것이었나?

REA의 목표는 그 교육적 이상을 가지고 종교적 힘을 고쳐시키기 위한 것이다. 요약해서 표현하자면 당시의 종교적 힘이란 위에서 본대로 신앙부흥주의로 묘사될 수 있다. 신앙부흥주의는 인간 본성과 개인의 죄의 실체에 대한 흉칙한 현실을 취급함에 있어 칼뱅주의의 인간완전타락설을 채택했다. 즉, 보이스(Mary Boys)도 재확인한 것처럼 인간의 본성은 완전히 타락했다고 보는 해석을 취했다는 것이다.11) 신앙부흥주의자들은 칼뱅주의의 인간 타락에 관한 개념을 다음과 같이 해석했다. 즉, 인간이 회심을 경험하기까지는 악마의 손안에 있다는 것이다.12) 앞서 언급한 바와 같이, 신앙부흥주의자들의 회심에 대한 지나친 강조는 사람들로 하여금 양육과 도덕교육 그리고 종교가 지닌 사회성을 무시하게 하는 실

---

9) Wayne R. Rood, *Understanding Christian Education* (Nashville: Abingdon Press, 1970), 192-3.

10) 종교적/도덕적 교육에 관해서는 다음의 글을 참고하라. Herman E. Wornom, "The Religious Association," *Religious Education*, ed., Taylor, 360.

11) Mary Boys, *Educating in Faith* (NP: Sheed & Ward, 1989), 40.

12) *Ibid.*, 41.

수를 범하게 한 것이다. 이에 대해 부쉬넬(Horace Bushnell)은 신앙부흥주의자들의 회심에 대한 강조를 비판하면서 그들의 강조는 '극단적인 개인주의'를 낳는다고 일침을 놓았다.[13] 이러한 상황 판단에 의거해서 REA는 자신들의 교육적 이상으로 신앙부흥주의적인 종교적 힘/상황을 사람들에게 알림으로써 일깨우고 고치는 일에 초점을 맞춘 것이다. 그들의 교육적 이상은 무엇인가? 이것을 파악하기 위해 우리는 REA의 인도자들이 추구했던 교육 이론들을 살펴볼 필요가 있다.

많은 인도자들 중에 세 사람만 뽑으라면, 아마도 듀이(John Dewey, 초창기에만 해당되지만)와 하퍼(William Harper) 그리고 코우(George A. Coe)를 들 수 있다. 이들 모두는 진보주의 교육의 주창자 내지는 추종자들이며 과학적인 방법을 교육 과정에 도입한 사람들이다.[14] 진보주의 교육의 몇 가지 중요한 개념을 살펴보면 다음과 같다. 1) 지배(control)의 중심(locus)은 학습자에게 있지 교사에게 있지 않다. 2) 교육의 내용은 과학적이고 민주적인 방법에 의거한 사려 깊은 숙고(reflective thinking)를 통한 사회적 문제 해결에 중심을 맞춘다. 3) 학습자는 학습 과정에서 능동적인 참여자들이다. 4) 인간 본성에 대한 견해는 낙관적(optimistic)이다.[15] 그러므로 요약해서 표현하면, REA의 의도는 당시에 지배하던 종교적인 힘을 진보주의 교육을 받아들임으로써 교정하고 실질적으로 돕고자 하는 것이었다.

---

13) *Ibid.*
14) REA의 과학적 정신이 오늘날까지도 계속 살아 있음을 부인하는 사람은 드물 것이다. REA 창립 25주년에 스미스(Shelton H. Smith)는 다음과 같이 적고 있다. "REA가 종교교육의 과학화를 향해서 이룬 많은 업적 중에서 가장 중요한 것은 창립 초창기부터 인도자들의 특징이었던 끊임없는 과학적 정신이다." "The Scientific Spirit in the R.E.A.," *Religious Education*, Vol. 23, no. 7 (Sep. 1928): 634.
15) R. W. Pazmiño, *Foundational Issues in Christian Education* (Grand Rapids: Baker Book House, 1988), 108-109.

### 3. 왜 REA가 대중의 마음에 종교교육의 이상을 보존하려고 했을까?

REA의 목표가 대중의 마음속에 종교교육의 이상을 보존하고 종교교육의 필요와 가치에 대한 감각을 보존하는 것이었다면, 도대체 무슨 이론적 토대 위에 대중을 위한 관심을 가졌던 것일까? 무엇보다도 먼저 REA는 당시에 가톨릭주의와 유대주의를 따르는 회원들까지 포용하는 문제를 해결하려고 시도했다는 점이다. 물론 더 넓게 사회 제반의 문제를 다루려고 했지만 말이다. 어쨌든 REA는 "종파를 초월한 조직체로 출범한 것이지 개신교도들만의 모임은 아니었다. … REA 안에는 항상 구교도와 유대인들이 있었다."16) 가톨릭교인과 유대인들을 포함하려는 REA의 의도는 REA가 회원 모집에서 폭넓은 기관으로 존속하려는 것으로 볼 수 있다. 그 이유는 이렇게 다양한 신앙체계를 가진 이들을 받아들임으로써 대중의 다양한 필요를 가능한 넓게 수용하려는 데 있었던 것이다. 오늘날에는 너무나도 당연시될 수 있는 얘기지만 1900년도 초에는 그야말로 혁명적인 일이었다.

연구를 통해서 필자는 이것이 주로 하퍼(William Harper)의 아이디어임을 발견했다. 1906년 1월 10일에 하퍼가 별세했을 때, 랍비 허쉬(Rabbi Hirsch)는 다음과 같이 적고 있다. "우리 유대인들은 하퍼에게 엄청난 감사의 빚을 졌다. 그는 히브리 성경을 온 나라가 주목하게 하였으며 사려 깊은 이들과 단연 걸출한(성경을 도저히 가까이 할 것 같지 않던) 사람들까지도 성경을 이해할 수 있도록 길을 열어놓았다."17) 이 REA의

---

16) Donald J. Butler, *Religious Education* (New York, Evanston: Harper & Row, 1962), 114.

17) Thomas W. Goodspeed, *William Rainey Harper* (Chicago: The University of Chicago Press, 1928), 218. REA를 창립하는 데 하퍼의 공적은 없어서는 안 되는 것이었다. 코우와의 개인적인 관계도 무척 깊었으며, 그는 코우에게 죽을 때까지 REA의 곁에 서 있

가톨릭교회[18]와 유대교를 포용하려는 노력은 종교교육을 수행함에 있어서 많은 사람들의 시각을 넓혀 주었다. 이 정책은 실로 자유신학의 정신, 즉 신앙을 영위하는 방법에는 차이가 있을지라도 하나님 안에서는 모든 이가 형제요 자매라는 정신과 일맥상통하는 것이다.[19]

또한, REA는 항상 사회를 향한 관심을 갖고 있었다. 한편으로는 라우젠부쉬(Walter Rauschenbush)와 헤란(George D. Herran) 등이 주도했던 사회복음운동에 영향을 받으면서, 또 다른 한편으로는 부쉬넬이 주장했던 종교교육의 사회성(social nature)에 깊은 영향을 받았다. 부쉬넬의 이론에 관해서 부연 설명하자면 다음과 같다. 부쉬넬은 자신의 이론을 사회의 '유기적 통일성'(organic unity)에 근거한 것이라고 했다. 부쉬넬에게 가정은 하나의 작은 사회였다. 그는 이 작은 사회인 가정 안에서 양육은 항상 일어나야 한다고 주장한다. 부쉬넬의 이해에 따르면, 우리는 (사회 속의 모든 개인, 신자이건 아니건 간에) 함께 흘러간다.[20]

REA에 끼친 코우의 영향은 더욱 지대한 것이었다. 특히 대중의 마음을 헤아리는 것과 그들의 필요와 가치에 대한 관심은 더욱 그러했다. 그러므로 그룹(Thomas Groome)의 말을 빌리자면, 코우에게 "모든 교육

---

어 줄 것을 당부했다. 1905년 2월 21일에 쓴 하퍼의 미간행 편지에 상기에 언급한 글이 쓰여 있다. "William Rainey Harper: Founder fo the Religious Education Association," *Religious Education*, Vol. LXXIII, No. 5-S (Sep-Oct. 1978): S-15. 분명한 것은, 하퍼의 당부에 충실한 것처럼 코우는 죽을 때까지 REA를 결코 떠나지 않았다.

18) 오늘날도 개신교 가운데 그러한 풍조가 아직 남아 있지만, 당시에는 [개신교도들이 주도권을 잡고 있던] 사회의 전반적인 분위기는 다분히 반-가톨릭적(anti-Roman Catholics)이었다는 사실에 유의해야 할 것이다. 린(Lynn)과 라이트(Wright)는 이런 반가톨릭적 편견(bias)이 주일날의 훈련에 의해서 사람들의 마음속에 각인되었다고 적고 있다. *The Big Little School*, xii.

19) Rood, 378.

20) 이 글은 James B. Nelson, *Moral Nexus* (Philadelphia: The Westminster Press, 1971), 11에서 재인용하였다.

은 사회적 교류의 과정이어야 한다."라는 것이다.21) 더 나아가서 코우에 게 교육의 목적이란 '사회의 진보적인 재구성'인 것이다.22) 만약 REA의 교육목표가 코우의 그것과 일치한다면—필자는 그렇게 믿는다—REA가 대중의 마음을 읽어 그들의 삶에 필요를 채워 주고 가치를 제공하는 일에 예민하게 주의를 기울이고자 노력하는 것은 결코 이상한 일이 아니다. 그러므로, 이런 REA의 교육 철학에 비추어 볼 때, REA는 이렇게 말할 것 이다. 대중 없는 사회는 존재하지 않으며, 사회 없는 교육도 존재하지 않 는다. 한 걸음 더 나아가서 REA에게 사회의 구성원인 대중은 종교교육의 주체임과 동시에 주제가 되는 것이다.

결론적으로, REA의 목표가 그 당시로는 종교교육에 새로운 방향과 정신을 불어넣는 것이었다. 넓은 의미에서 REA의 목표는 "삶의 도를 가 르침에 필요한 모든 힘과 기능과 형태 등을 활용하여, 최고의 효율성 계 발을 추구하는 의지와 양심 훈련의 필요성을 인식하는 진정한 의를 좇는 것"이었다."23) 좁은 의미에서 REA의 목표는 "주일학교의 결점투성인 (defective) 방법〔과 철학〕을 개선하는 것"이었고, "나라(미국)의 교육 시 스템을 소생시키는 것"이었으며, "가정의 필요를 인지하는 가운데 종교

---

21) Thomas Groome, *Christian Religious Education* (San Francisco: Harper Collins, 1980), 118.

22) Coe, *A Social Theory of Religious Education* (New York: Charles Scribner's Sons, 1917), 18.

23) "The Significance of the Movement for Religious Education," *Religious Education*, Vol. 1, No. 2 (June 1906): 41. 영어로 쓰인 REA의 목표(aim)는 다음과 같다. The REA aimed to "seek for righteousness, that recognizes the need of the training of the conscience and the will, that seeks to develop to its highest efficiency every force, every faculty and every form of activity that may serve in teaching us the way of life."

교육운동의 의미를 찾는 것"이었다.[24] 그러므로, REA가 선언한 당시 목표 달성을 위한 신학적이며 교육적인 줄기는 다음의 두 가지, 즉, '자유신학'과 '진보교육'으로 요약될 수 있겠다.


## II. REA와 REA의 목표선언문에 영향을 준 19세기 종교교육의 운동들과 이슈들

REA와 같은 단체가 만들어져서 앞에서 언급한 선언문을 형성하도록 한 동기요인들과 당시의 분위기(ethos)를 파악하기 위해서는 두 가지 중요한 이슈 내지는 운동을 살펴봐야 한다. 첫째 이슈는 주일학교와 사회변화에 관한 것이다. 19세기 이후 미국 내의 주일학교가 성장하여 시민들의 '학교'가 되었을 때,[25] 주일학교는 사회의 세속화에 따른 엄청난 변화에 대처해야만 했다. 사회에 점점 팽배해 가는 세속적 분위기를 다루는 데에, 주일학교의 (교단들에게 압력을 받아서) 교과 과정과 교육 방법 등은 더욱 더 종파주의적(sectarian)으로 되었다. 그러므로 당연히 교육의 질 향상을 위한 노력은 뒷전일 수밖에 없었다. 둘째 이슈는 주일학교의 역할에 관한 것이었다. 당시 주일학교는 단지 '영혼 구원을 위한 기관'(soul-winning agency)[26]이 되기만을 추구했기 때문에(당시의 전도

---

24) *Ibid.*

25) 리틀(Sara Little)은 19세기의 주일학교의 이미지를 다음과 같이 묘사했다. "어떤 이들은 주일학교를 진짜 '학교'로 느꼈다." 그녀의 글, "A Badly Organized Miracle," *Duke Divinity Review*, Vol. 40 (Fall 1975): 166. 이런 일들은 비일비재하게 일어났다. 왜냐하면 19세기 당시에는 주일학교가 공교육의 책임까지 지고 있었기 때문이었다.

26) *Ibid.*, 165. 리틀은 '영혼 구원'을 위한 주일학교의 노력을 위의 이미지로 표현한 것은 실로 흥미롭다. 그녀는 더 나아가서 주일학교를 '회심 배양기'(incubator for conversion)로 표현했다.

십자군 운동에 귀속된 활동), 결과적으로 양육은 무시하였다. 이런 상황 가운데서 부쉬넬은 주일학교운동을 비판하였으며 종교교육에서 양육을 강조하였던 것이다. 이렇게 주일학교의 종파주의를 공격하는 공립학교의 도전과 주일학교가 갖고 있던 종교교육에 대한 비지성적(unintellectual) 내지는 거의 반지성적(anti-intellectual)인 접근이 주를 이루던 상황 가운데서, 종교교육은 국가적인 차원에서 적절한 종교교육을 제공해 줄 수 있는 조직을 필요로 하게 되었다.[27] 이렇게 해서 1903년에 탄생한 것이 바로 종교교육협회(REA)였다.

여기서 우리는 주일학교가 어떻게 세속적인 사회 분위기에 대처했는가를 간략하게 살펴볼 필요가 있다. 다음 챕터에서 우리는 이 점에 대해서 더 자세하게 살펴볼 것이다. 19세기 초에 주일학교는 끝을 모르고 성장에 성장을 거듭했다. 1824년에 주일학교는 비대해져서 이른바 "주일학교연맹(Sunday School Union)을 형성할 만큼 커졌다."[28] 당시에는 주일학교가 비록 좁은 의미에서지만 종교교육을 제공했을 뿐만 아니라, 읽기 및 쓰기와 같은 일반 교육도 제공하였다. 그러므로 주일학교는 사회에서 청소년들을 형성하는 데 영향을 끼치는 주된 수단이자 기관이었다. 잭 시모어(Jack Seymour)는 다음과 같이 당시의 상황을 설명한다: "많은 사람들이 주일학교의 벽 안에서 읽기와 쓰기는 물론이고 수학, 도덕, 종교 그리고 기독교 시민직에 대하여 교육받았다."[29] 그러나 일주일에 5일

---

27) 소어즈(Theodore Soares)에 따르면, 하퍼가 REA의 창설자이다. 그는 당시 처음에는 국제주일학교협회(International Sunday School Association)에 필적할 만한 조직 창설을 고려했지만, 그는 단지 주일학교 개혁에만 치중하기를 원치 않았으며, 그렇게 하면 주일학교를 나누는 일이 될까 우려하여 REA를 창설하기로 마음먹었다는 것이다. Theodore G. Soares, "History of Religious Education Association," *Religious Education*, Vol. XXIII, no. 7 (Sep. 1928): 622.

28) William B. Kennedy, "Christian Education Through History," in *An Introduction to Christian Education*, 26.

동안 여는 보통학교(common school)가 등장했을 때, 주일학교는 자신들만이 독점했던 교수직(the role of teaching)의 특권을 보통학교와 나눠야 했다. 결국 보통학교는 공립학교라는 형태로 발전하게 되었다. 한편 당분간은 교회와 보통학교가 서로의 눈치를 보며 서로가 중복되는 교과 과정이 있음을 인정하며 병립하는 어정쩡한 관계가 지속되었다. 그러던 것이 나중에는 분리되어, 공립학교에서는 이른바 '보통 내지는 공통의 기독교'(common Christianity)를 가르쳤으며,30) 주일학교는 근본주의적 색채가 짙은 회심 중심의 교육으로 종파주의적(sectarian) 색채를 띠게 되었다. 그러나 아직도 공립학교는 기독교인들에 의해 많은 도움을 받고 있었으며 공립학교도 역시 사회의 기득권 세력인 기독교인들의 눈치를 보며 종교적이며 도덕적인 교육의 색채를 여전히 갖고 있었다. 그러므로 소위 미국 교육의 이중(dual) 패턴은 이때에도 지속되고 있었던 것이다.31)

1872년에는 주일학교가 모든 연령과 학년을 위한 통일공과(Uniform Lesson)를 내놓기에 이르렀다. 이는 훗날 창설될 REA의 회원들에겐 반지성주의의 한 예로써 여겨지게 된다. 왜냐하면 이는 학습자의 수학 능력(learning ability) 차이나 자유 따위는 전혀 고려하지 않은 것이었기 때문이다. 이는 언뜻 보기에는 편리해 보이고 효율적으로 여겨질 수 있겠지만(실제로, 한 가족이 함께 모여서 같은 구절을 갖고 토론을 할 수 있다는 장점이 있다.) 학습과정이나 학습자의 개성을 무시한다는 의미에서는 위험할 수도 있다고 REA를 추종하는 이들은 판단했던 것이다. 여기서 린

---

29) Jack L. Seymour, et al., *The Church in the Education of the Public* (Nashville: Abingdon Press, 1984), 14.

30) *Ibid.*, '보통 기독교'의 내용은 일반적으로 성경 읽기와 기도를 의미한다.

31) James Hastings Nichols, "Religious and Education in a Free Society," in *Religion in America*, John Cogley, ed. (Cleveland: Meridian Books, 1958), 148-167.

(Lynn)과 라이트(Wright)의 평가를 들어보자. 그들은 "통일공과는 종교교육자들의 기본 상식과 심리학적인 견해들을 무시한 것이다. 통일공과는 같은 공과를 모든 연령의 학습자에게 강요하는 교육적 모순(absurdity)을 내재하고 있다."[32]라고 하였다. 어쨌든 주일학교는 부흥운동을 위해 일선에서 도구로써 사용되었으며, 미국 서쪽의 계곡과 산들을 무대로 하는 광활한 지역으로 급속히 퍼져나갔다.[33] 앞서 자주 언급한 대로 부흥운동의 중심 메시지는 '회심'이었다.[34] 19세기에는 소위 '대각성운동'(Great Awakening)이 조나단 에드워드(Jonathan Edwards)와 찰스 피니(Charles Finney)와 같은 사람들의 리더십 아래 일어나고 있었다. 보이스가 말한 것처럼 이 두 사람은 고도로 지적이면서 조직적인 전도(evangelistic) 철학을 갖고 있었다. 그들은 사역자가 되기 위한 자격 조건을 회심 경험이라고 강조했으며,[35] 칼뱅신학적인 인간완전타락의 교리를 주창(advocate)하였다.

당시에는 또 다른 종류의 부흥사들도 있었다. 예를 들면 드와이트 무디(Dwight Moody)와 빌리 선데이(Billy Sunday) 같은 이들이었다. 그들은 근본주의 신학을 표방하고 있었으며 다음의 세 가지를 굳게 믿었다. 즉, "죄에 의한 파멸, 그리스도에 의한 구원 그리고 성령에 의한 갱생(또는 쇄신)이다."[36] 회심을 최대한도로 강조하면서—지적인 노력의 완전한 삭제를 감행하면서까지—무디는 인간 본성의 완전 타락을 설교하는

---

32) *The Big Little School*, 122.
33) Glenn Miller의 *The Big Little School*을 분석한 소논문이다. *Union Seminary Quarterly Review*, Vol. 27 (Fall 1971): 40.
34) Mary C. Boys, *Educating in Faith*, 14.
35) *Ibid.*, 18-22.
36) 이를 보통 3R이라고 부른다. 그 3R의 영어 표현은 다음과 같다. Ruin by sin; Redemption by Christ; Regeneration by the Holy Ghost.

한편, 그리스도께 단호한 결단을 내려야 한다고 설교했다. 또한 진화론에 대항해서, 선데이는 극도로 증오(animosity)에 찬 목소리로 다음과 같이 외쳤다: "진화론은 인간이 원자의 우연한 발생으로 생긴 원형질로부터 나왔다는 잡종 이론이다."37) 무디와 선데이는 지적이거나 자유주의적인 세력에 대해 실로 전투적으로 나섰음을 알 수 있다.38) 오늘날 평가해 볼 때, 온건했던 피니나 에드워드보다는 근본주의자였던 후자의 부흥사들이 넓게는 당시 교회 전체에 큰 영향을 주었고, 좁게는 주일학교에 지대한 영향을 준 것으로 볼 수 있다.

주일학교 인도자들과 부흥사들이 활발하게 활동하는 가운데서도, 부쉬넬은 그들에게 다음과 같이 경고했다. "어린이는 크리스천으로 자라나야 하며 자신을 다른 존재로 알아서는 안 된다."39) 부쉬넬은 당시에 편만해 있던 부흥 내지는 회심 일변도의 입장, 즉 "어린이는 죄 가운데서 자라나서, 그가 성숙한〔죄를 깨달을〕나이가 된 후에야 회심할 수 있다."40)라는 이론을 통렬히 비판한 것이다. 사라 리틀이 기술한 바와 같이, 부쉬넬은 자신이 어린 시절에 웨스터민스터 신조를 강제적으로 외워야만 했던 기억을 되씹었으며, 자신이 칼뱅의 교리를 소화하기 위해 애를 썼던 시절을 쓴 입맛으로 회상했다는 것이다.41) 후일 자신이 목사가 되어서도 그는 자신조차도 "당시 부흥사들의 메시지 뒤에 숨어 있는 신학, 즉

---

37) 실제 선데이의 영문은 혹독하며 쌍스러울 만큼 저속한 표현이었다. 원문은 다음과 같다. Evolution theory is a bastard theory that men came from protoplasm by the fortuitous concurrence of atoms. Sidney E. Ahlstrom, *A Religious History of the American People* (New Haven, CT: Yale University Press, 1972), 769.

38) Boys, *Educating in Faith*, 25.

39) Bushnell, *Christian Nurture* (Grand Rapids: Baker Book House, 1861), 10.

40) *Ibid*.

41) Little, "Christian Nurture, by Horace Bushnell," *American Presbyterians*, Vol. 66 (Wint. 1988): 246.

어린이가 전적으로 타락했다는 가정을 도저히 참을 수 없었다."42)라고 토로한다.

부쉬넬은 또한 주일학교의 회심 일변도 교육을 '타조식 양육'(ostrich nurture)의 예로 비유하였는데, 이는 타조가 모래 구덩이에 알을 낳고서는 [양육의 책임을 저버린 채로] 그저 제 갈 길을 가버리는 것을 연상한 것이다.43) 그의 의도는 당시 전도와 부흥에 눈이 어두워 양육의 책임을 소홀히 한 교회와 부모에게 경종을 울리려는 것이었다. 그러므로 그는 부모들에게 명백하게 다음과 같이 외쳤다. 즉, "부모들의 중요한 의무 중의 하나는 자신들의 자녀를 교육하고 훈련하는 것이다."44) 부쉬넬은 자녀 교육에 있어서 유기적인 통일체(organic unity)로서의 가정의 결정적인 역할을 강조했다. 그의 양육이론은 인간 본성을 긍정적으로 이해하는 것부터 시작한다.

유아세례(infant baptism)의 측면에서 볼 때도 그의 인간 이해는 파장을 일으킬 수 있는 것이었으며, 그는 확신에 찬 목소리로 유아세례는 당연한 것이라고 역설한다. 사실상 그는 유아세례가 사도적인 권위 내지는 인준(Apostolic authority)을 갖는 것이라고 주장하면서, 어린아이는 그의 출생과 더불어 크리스천으로 대접받아야 마땅하다는 생각을 갖고 있었다.45) 그의 어린이와 양육에 관한 아이디어는 당시에 편만하던 부흥사

---

42) *Ibid.*
43) Bushnell, *Christian Nurture*, 69. 그러나 현대 타조에 관한 동물학적 연구는 부쉬넬의 타조에 관한 지식은 바르지 않았음을 밝혀냈다. 타조는 실제로 자기 알을 지키기 위해 온갖 수단을 강구한다는 것이다. 이는 교회와 가정이 양육을 책임 있게 하지 않는다는 관점에서 사용된 예라는 것을 기억하면 그만이다.
44) *Ibid.*, 69.
45) 우리의 논제와는 조금 벗어나는 이야기이긴 하지만, 이는 사실 한국적인 사고로 볼 때 전혀 충돌되지 않는 아이디어이다. 한국 문화에서는 아이가 엄마의 배 속에 있을 때부터 아이 취급을 한다. 그래서 우리는 모친의 배 속에 아이가 있을 때부터 나이를 따지

들의 추구, 즉 급작스런(거의 기계적인) 회심에 대한 강조와는 천양지차(天壤之差)였다! 어쨌든 간에 부쉬넬의 이 양육이론을 중심으로 한 종교교육관은 REA의 존재를 위한 토대가 된 것이다. 요약해 보면, 주일학교와 교회의 회심에 대한 극단적인 강조와 양육을 도외시하던 풍조가 결국 부쉬넬을 자극하여서 기독교 양육이론을 만들게 하였다. 그리고 부쉬넬의 주일학교와 교회에 대한 비판과 제안이 REA로 하여금 자신들의 창립목표선언문을 형성케 하는 이론적 배경과 동기가 되었다. 그러므로 부흥운동과 함께 하던 주일학교운동의 기류(ecology)에 대한 부쉬넬의 반동은 REA와 그 단체의 창립목표선언문을 유도하여 영향을 준 것이다. 그러면 여기서 우리는 이 REA의 창립목표선언문의 정신이 20세기에 들어와서도 계속 연장되었는지, 아니면 어떠한 도전과 응전 가운데에 있었는지를 함께 살펴보기로 하자.

## III. 20세기에 나타난 REA 목표의 연속과 반발 그리고 수정

이제 우리는 도대체 REA의 목표가 어떻게 20세기에 **지속**(continuation)되고, **반동**(reaction against)하였으며, 때로는 그 목표를 **수정**(modification)하였는지를 함께 살펴볼 것이다. 이 작업(task)은 사실 20세기의 종교교육사를 살펴보는 것과 같은 일이다. 이 작업을 위해 종교교육이 일어난 교회의 역사를 볼 수도 있을 것이고, 또한 교회를 둘러싼 사회의 정황이나 분위기(ethos)를 살펴보는 것도 의미가 있을 것이다. 그러나 본 논문에서는 뉴욕의 유니온신학교를 살펴 볼 것이다. 왜 하필이면 유

---

기 시작하는 것이다.

니온신학교일까? 그 이유는 이제 글을 전개하면서 밝혀질 것이다. 독자들에게 간단하게나마 힌트를 제공한다면, 이 글에서 다루는 주된 학자(예: 코우-엘리옷-쉐릴-넬슨-케네디-보이스)들이 모두 유니온신학교에서 종교교육을 가르친 교수였다는 것을 상기해 볼 필요가 있다. 그리고 아마도 뉴욕 유니온신학교를 둘러싼 종교교육의 변천사를 가장 명료하게 다룬 글을 들라면 바로 리틀 교수의 "The Clue to Religious Education"[46]이라는 소논문일 것이다.

리틀은 20세기 종교교육운동사를 다음과 같이 세 구획(segment)으로 나누었다: 1) 종교교육의 태동, 2) 개혁으로의 부름, 3) 비판적인 숙고.[47] 이 세 가지 구획은 다음의 세 가지 용어로 요약될 수 있다. 즉, 태동과 부름 그리고 숙고이다. 그러므로 이 장에서는 이 세 용어가 REA의 본래 목표와의 관계 속에서 어떻게 작용했으며, 또한 어떻게 아직도 계속 상관관계를 맺고 있는지를 살펴볼 것이다. 앞서 언급한 REA의 목표를 의역해서 다듬으면 다음의 세 가지 흐름으로 요약된다. 즉, 첫째는 도덕교육과 종교교육을 향상시키기 위함이요, 둘째는 주일학교의 신학적 또는 교육적인 오류를 바로잡기 위함이며, 셋째는 "과학과 과학적 발견에 대한 확신과 열린 마음을 확립하는 것이었으며 종파주의적인 가치관과 지배를 넘어서서 공립학교 체계에 대한 소망을 갖기 위함"[48]이다. 그러면 REA는 당시 어떻게 이 목표를 달성하려고 시도했는가? 우리의 기억을 되살려보면 다음과 같은 순서로 될 것이다. 첫째, 종교적이고 교육적인 이상으로 달성하기를 꾀했다. 둘째, 자유신학과 진보교육으로 달성하고자

---

46) *Union Theological Seminary Quarterly Review*, Vol. 47, No. 3, 1993.
47) 이 세 가지를 영문으로 보면 다음과 같다. 1) The birth of religious education, 2) A call to reform, 3) Critical reflection. *Ibid.*, 9.
48) *Ibid.*, 10.

했다. 실제로 20세기에는 위의 세 현상, 즉 지속-반동-수정이 차례로 나타나게 되는데, 이를 더 자세히 묘사하면 지속은 자유주의 연속학파(Liberalist Continuum School)[49]로, 반동은 신학적-심리학적 개혁학파(Theological-Psychological Reform School)로 그리고 수정은 비판적 개조학파(Critical Adaptation School)로 표현할 수 있다. 그러면 세 학파의 내용을 살펴보면서 종교교육협회(REA)의 목표에 대해서 20세기의 학자들은 어떻게 그 주제를 지속하고, 반동했으며, 때로는 수정했는지를 살펴보다.

## 1. 자유주의 연속학파

처음에 나타난 이 자유주의 연속학파(Liberalist Continuum School)는 REA의 목표선언문을 지속한 학파라고 볼 수 있다. 어쩌면 우리는 이 학파에 속한 학자들은 REA를 출범시킨 장본인들이며 20세기에도 REA가 계속 항진할 수 있게 한 사람들이라고 말하는 것이 옳을 것이다. 그 사람들은 물론 코우와 하퍼 그리고 몇 년 뒤에 엘리옷(Harrison S. Elliott)이 등장하게 된다. 만약에 하퍼가 REA의 창설자라면 코우는 REA를 세상에 알린 사람(popularizer) 또는 안정시킨 사람(stabilizer)이며 그리고 듀이의 교육철학, 즉 진보주의 교육을 실험해 본 사람(experimenter)이라고 말할 수 있겠다. 코우는 진보주의 교육을 종교교육운동의 분야로 접목시킨 사람이었다.

학습자 중심의 교육, 경험 중심의 교육 그리고 문제 해결 중심의 교육을 표방하는 진보주의 교육이야말로 종교교육의 표상(hallmark)과도 같

---

49) 이 용어는 컬리(Kendig B. Cully)의 *Search for Christian Education* (Philadelphia: The Westminster Press, 1965), 26에서 빌려왔다.

다. 진보주의 교육은 또한 교육심리학도 받아들인다. 진보주의 교육을 종교교육에 활용했던 코우는 "(컬럼비아대학의) 사범대학에 있던 주일학교를〔길 건너편에 있는〕유니온신학교로 옮기는 작업에 깊이 관여했다."[50] 코우와 다른 리더들은 하나님의 곁에 계심(immanence)과 인간 능력에 대한 낙천적인 확신을 강조하는 자유신학을 표방했다. 그리고 그의 교육적이며 신학적인 신념에 따라 코우는 종교교육의 목적을 다음과 같이 제안했다. 종교교육의 목적은 "하나님의 민주주의와 행복한 자기실현을 향한 젊은이들의 성숙하고 효율적인 헌신이다."[51]

코우의 정신적 유산을 물려받은 엘리옷은 그야말로 원기 왕성하게 자유주의 연속학파의 전통을 변호하였다. 그의 책 *Can Religious Education Be Christian?*[52]은 제2차 세계대전 발발 직전에 출간되었는데, 그 때는 신정통주의라는 신학의 새로운 사조가 자유주의에 도전할 때였다.[53] 요약하자면, 코우를 비롯해 엘리옷과 같은 학자들은 REA의 목표를 지속시킨 사람들일 뿐만 아니라 자유신학과 진보주의 교육을 도입 내지는 진척시켜 종교교육을 수행했던 학자들이었다.

## 2. 신학적-심리학적 개혁학파

신학적-심리학적 개혁학파(Theological-Psychological Reform School)

---

50) Brian A. Tippen, "A Historical Look at the Succession of Major Professors of Religious Education at Union Theological Seminary in New York," *Religious Education*, Vol. 88, No. 4 (Fall 1993): 505.

51) Coe, *A Social Theory of Religious Education*, 273.

52) Harrison S. Elliott, *Can Religious Education Be Christian?* (New York: The Macmillan Company, 1940).

53) 여기에서 우리는 이때 엘리옷이 '그룹 과정'(group process) 이론을 종교교육에 도입한 공적이 있음도 더불어 기억해야 할 것이다. 이 점에 대해서 Sara Little, "The Clue to Religious Education," 1을 참조하라.

는 REA의 목표에 반동했다. 리틀이 언급한 것처럼, 그들은 적어도 REA의 목표를 개혁하거나,[54] REA의 허점을 자신들이 신봉하는 신학적이며 심리학적인 접근으로 보완해 보려는 이들이었다. 역사의 어떤 일도 진공 상태(vacuum)에서 아무런 이유 없이 나오는 법이 없듯이, 이 학파의 경우도 역시 예외가 아니었다. 이 말은 어떤 운동이나 이론, 혹은 그것이 학파라고 할지라도 역사적 상황(context) 가운데서 도전과 응전의 과정을 거치면서 나온다는 말이다. 똑같은 원리가 이 경우에도 적용된다. 이 당시 사람들은 세계대전과 극심한 경제공황을 경험하였다. 그러므로 사람들은 자유신학의 진보적이면서 낭만적인 정취나 희망에 의심을 품기 시작했으며 실제 이미 등을 돌린 사람들도 많이 있었다. 종교교육의 분야에서도 적지 않은 사람들이 REA의 목표에 대해서 의구심을 표명하기 시작했다. 그들은 종교교육이 좀 더 확고한 신학에 뿌리를 박아야 한다고 믿었으며, 그 신학은 많은 이들이 경험하고 있는 현재의 절망에 대한 해답을 주는 것이어야 한다고 생각했다. 여기에서 필자는 제임스 스마트(James Smart)나 랜돌프 밀러(Randolph C. Miller)와 같은 학자의 이론은 생략하고, 쉘튼 스미스(Shelton Smith)와 루이스 쉐릴(Lewis Sherrill)의 생각을 간단히 다루기로 하겠다.

스미스는 자신의 저서 *Faith and Nurture*[55]에서 종교교육운동을 신랄하게 비판하면서 다음과 같이 자신의 견해를 피력했다. "종교교육의 신학 부재(nontheological) 현상—만일 이것이 반신학적(anti-theological) 경향이 아니라면—은 실로 심각한 문제다."[56] 그리고 나서 제임

---

54) Little, "The Clue to Religious Education," 15.

55) Smith, *Faith and Nurture* (New York: Charles Scribner's Sons, 1942).

56) J. Donald Butler, *Religious Education*. 버틀러의 글은 확실하나 책이 소실되어 어느 면에서 이글을 인용했는지를 밝히지 못함을 양해해 주기 바란다.

스는 신학적인 관심에 대해 다음과 같이 심각한 질문을 던졌다: "개신교의 양육이 요즘 새로이 등장하는 기독교사상과 함께 신학적 토대를 재조정(realign)해야 할 것인가, 아니면 〔REA가 따르던〕 전통적 자유주의의 신앙을 재확인하는 가운데 새 신학적 조류를 물리쳐야 할 것인가?"[57]

앞에서도 언급한 코우의 후예인 엘리옷의 주장, 즉 "종교교육도 **기독교적일 수** 있다."라는 주장에 대해서 스미스는 "종교교육은 **기독교적 이어야**한다"라고 강력하게 반발하고 나왔다.[58] 스미스는 "전통적 종교적 자유주의가 기독교적 양육의 신조 형성을 함에 있어서 치명적으로 결함이 있음(defective)"을 역설했다.[59] 결과적으로 그는 자신의 신학적 줄기를 찾을 때에 신정통주의(neo-orthodox)를 받아들였다.[60] 그러나 우리가 여기서 잊지 말아야 할 것이 있다. 비록 스미스가 신학적인 문제에서 종교교육운동에 대해 비판적이었지만, 그가 진보주의 교육마저도 창문 밖으로 집어던지지는 않았다는 것이다. 이런 점에서는 신학적-심리학적 개혁학파가 REA의 목표에 전적으로 반발하지는 않았다고 말할 수 있다.

이제 신학적-심리학적 개혁학파에 속해 있었다고 볼 수 있는 쉐릴의 이론을 간단히 살펴보자. 그도 역시 스미스와 같이 신학의 이슈를 들여옴으로써 REA의 목표에 반발한 것이다. 쉐릴에게도 신학이란 아주 중요한 것이었다. 사실상, 그가 유니온신학교에서 가르칠 때 개설한 필수과목 중의 하나가 '기독교교육을 위한 신학적 토대들'이라는 과목이었던

---

57) Smith, *Faith and Nurture*, vii.

58) Rood, *Understanding Christian Education*, 257-9.

59) Smith, *Faith and Nurture*, 4.

60) *Ibid.*, 3. 미국과 다른 부분에 있는 대륙에서는, 칼 바르트(Karl Barth)가 "20세기 전반부에 무미건조한(insipid) 자유주의에 대해 강한 반발을 하면서 성경적 계시와 하나님의 초월성, 죄에 대한 새로운 자각 그리고 종말론에 대한 새로운 관심을 불러일으키면서 사람들의 마음을 깨우고 있었다." Kenneth O. Gangel and Warren S. Benson, *Christian Education: Its History and Philosophy* (Chicago: Moody Press, 1983), 316.

것을 봐서도 알 수 있다.[61] 그의 신학은 폴 틸리히(Paul Tillich)의 신학적 입장에 서서 자신의 흥미를 발전시킨 개혁신학(Reformed Theology)이었다.[62] 쉐릴도 역시 종교교육에서 심리학의 역할을 중요하게 생각했다. 그의 책 *Gift of Power*에서 그는 다음과 같이 적고 있다: "기독교는 인간에게 주어진 내적이며 영적인 능력의 선물을 어떻게 받는지를 가르칠 수 있다. 이 내적인 능력은 외적이며 육체적인 능력에 대처하며 극복해 나가는 데 충분한 능력이며, 이런 것들을 가르칠 수 있는 것이다. 이 능력의 본질은 [하나님이 우리에게 주신] 무엇이 될 수 있는 능력(power to become)이라는 말에서 잘 표현되어 있다."[63] 이 논제(thesis statement)는 그가 갖고 있던 신학과 교육 간의 대화/교류에 대한 깊은 관심을 잘 표현해 준다. 잘 훈련된 심리학적 및 신학적인 생각을 활용함으로써 쉐릴은 하나님의 계시로서 '능력의 선물'과 인간의 궁지/곤경(predicament) 사이의 관계를 잘 묘사하고 있다.

쉐릴은 인간의 삶에 깊은 관심을 가졌다. 그는 자신이 목회 중심적인 학문과 삶을 통한 헌신을 보여주는 가운데, 사랑이란 사랑의 교제 가운데서 배우는 것이라고 믿었다.[64] 그는 항상 인간의 전체성(wholeness)에 깊은 관심을 가졌다. 우리 언어로 잘 표현하기 어려운 단어인 'wholth'라는 용어를 창출하면서, 쉐릴은 인간 전 존재(whole being)의 건강한 상태를 강조하였다.[65] 여기서 건강한 상태란 심리학적이며 신체적인 (biological) 건강을 의미한다. 전체성을 추구하는 이유는 하나님 자신이

---

61) Little, "The Clue……," 16.

62) *Ibid.*

63) Lewis Sherrill, *The Gift of Power* (New York: The Macmillan Company, 1955), ix.

64) Lewis Sherrill, *Religious Education in the Small Church* (Philadelphia: The Westminster Press, 1932).

65) Sherrill, *The Gift of Power*, 22.

인간의 전체성 내지는 통전성을 기뻐하시기 때문이라는 것이다. 앞에서 살펴본 대로, 쉐릴은 항상 신학과 심리학 간의 대화를 시도하였다. 그러나 분명히 밝혀두어야 할 것은 쉐릴의 심리학에 대한 접근은 코우의 그것과는 구별되어야 한다는 것이다. 왜냐하면 쉐릴은 항상 신학적인 생각을 가지고 심리학을 접목시키려고 했기 때문이다. 그러므로 사실상 그가 REA의 목표에 겉으로 반발했는지 아닌지를 판단하는 것은 쉬운 문제가 아니지만, 우리가 조심스럽게 내릴 수 있는 결론은 그가 REA의 목표에 대하여 그 당시 비판적이었으며 개혁을 꾀했다고 얘기하는 것에는 무리가 없을 것이다. 여태까지 살펴본 것이 간략하나마 신학적-심리학적 개혁학파가 추구했던 것이다.

### 3. 비판적 개조학파

REA의 창립 목표를 자신들의 역사적 상황과 문화에 맞게 수정한 학파가 바로 비판적 개조학파(Critical Adaptation School)이다. 이 학파는 시기적으로 1970년대부터 1990년대로 볼 수 있다. 이 시기는 여러 면으로 볼 때 혼돈과 다원(pluralism)의 시기로 본다. 이 시기에는 종교교육을 위해 정해진 신학이나 규정이 따로 없었다(no set theology or rules). 리틀은 역사학자인 슈미트(Stephen Schmidt)의 글을 인용하면서 이 세대를 살며 기독교교육을 연구하여 실천하는 학자들의 노력을 다음과 같이 요약했다: "윌리암 케네디(William Bean Kennedy)와 로버트 린(Robert Lynn), 토마스 그룹(Thomas Groome) 그리고 잭 시모어(Jack Seymour)와 같은 학자들은 종교교육을 우리 삶의 공적이며 정치적인 분야에 너무 일반적으로 연관시키는 것을 그만두려고 한다."[66] 이 말은 무슨 뜻일까?

---

66) Stephen Schmidt, *A History of Religious Education Association* (Birmingham, Alabama:

이는 오늘날 다원주의와 탈현대주의가 판을 치는 세대에서 기독교교육마저 너무 광범위한 학문적 관심을 가진 나머지, 기독교 신앙의 정체성이 희미해진다면 결국은 살아남을 수 없다는 생존본능에서 나온 말이라고 생각된다. 이제는 철저하게 기독교적인 기독교교육을 해야 한다는 것이다.

한편 웨스터호프(John Westerhoff)와 넬슨(Ellis Nelson)과 같은 학자들이 사회화 이론 개발에 깊은 흥미를 갖고 있을 때, 리틀(Sara Little)과 아스머(Richard Osmer)는 교회사역에서 교수(教授)의 질과 권위를 회복하기 위하여 조심스럽게 시도하고 있었다. 우리는 이 시기가 신학에 대해 일치된 여론(consensus)이 없으며, 종교교육 내에서 사회과학의 위치가 아직 불분명한 때라는 사실에 주의를 기울일 필요가 있다.

만약에 우리가 기독교교육자로서 이 시대의 독특한 현상과 필요에 대해 언급해야만 한다면, 그것은 아마도 인류의 복지(common good)와 환경에 대한 관심일 것이다. 이 글의 제한된 지면으로 여기서 환경에 대한 관심을 다루는 것은 무리라고 여겨지기 때문에, 전자의 문제를 현대 신학자들과 기독교교육자들의 눈을 빌려서 간단히 다뤄보고자 한다. 그룹과 프레리(Paulo Freire), 또한 무어(Mary Elizabeth Moore)와 케네디(William Kennedy) 같은 학자들은 공통적으로 지구상 어디에선가 고통받고 있는 사람들에게 자신들의 주의를 집중시켰다. 비록 이 학파에 있는 모든 학자가 다른 이들의 고난을 돕기 위해 자신들이 직접 참여했다고 볼 수는 없지만, 그들은 적어도 사회에서 소외당하고 차별받고 있는 이들과 함께 마음으로부터 공감을 했다(empathize). 특히 프레리는 브라질에서 문맹자들에게 글을 가르치는 프로그램(literacy program)에 참여했으며, 칠

---

Religious Education Press, 1983), 195.

레에서도 역시 천대받던 노동자들을 의식화(conscientization)하는 작업에 직접 관여했다. 이 의식적인 교육에 힘입어서 그곳의 많은 사람들이 자신들의 삶을 개선할 수 있었으며 무엇보다도 자신들의 두 다리로 굳세게 서서 자립의 삶을 영위하게 된 것은 현대 기독교교육이 추구하는 이상이 현실로 나타난 하나의 좋은 예로 들 수 있다. 그러므로 아무도 *Pedagogy of the Oppressed* [67]가 20세기의 걸출한 책으로 우리의 생각과 행동을 자극하는 귀한 교과서라는 사실에 반론을 제기하지는 못할 것이다.

우리 한국 사람들에게는 이 프레리의 신학과 철학이 결코 새로운 것이 아니다. 왜냐하면 프레리의 그것이 우리의 민중신학과 흡사하기 때문이다. 억압받고 소외된 '민중'은 프레리가 주장하는 '갖지 못한 자'(have nots)이며, 민중의 고통을 아랑곳하지 않는 사람들은 그들이 직접 갖지 못한 이들을 핍박하지 않더라도 어쩔 수 없이 '억압하는 자', 혹은 '가진 자'(haves)로서의 삶의 스타일을 선택한 부류일 수밖에 없는 것이다. 이 두 삶의 스타일은 다음과 같이 표현할 수 있다. 즉, 전자는 '산다는 것은 가진다는 것'(to live is to have)을 삶의 양식으로 삼고 있고, 후자는 '산다는 것은 존재한다는 것'(to live is to be)을 삶의 양식으로 삼진 이들이다. 어떤 한 그룹도 태어날 때부터 그렇게 나오지는 않았으나, 살아가면서 의도적으로 어느 한쪽의 삶의 방식에 그저 순응하며 사는 것은 인간으로서 할 도리가 아니라는 것이다. 두 신학이 모두 이생에서(here and now) 인간의 존재론적인 상황(ontological condition)에 깊은 관심을 갖고 잘못된 것은 변혁하려고 추구하는 신학이다. 두 신학을 표방하는 교육자들 모두가 다른 이들을 돕는다는 것은 결국 정치적인 일(political

---

67) Paulo Freire, *Pedagogy of the Oppressed* (New York: Continuum, 1970).

enterprise)이 될 수밖에 없다고 한 것도 이 시대의 한 현상이라고 볼 수 있다.

케네디도 프레리와 같이 공적인 삶에 강한 관심을 갖고 있었다. 그는 *Shaping of Protestant Education*을 기술하는 가운데 교회와 공립학교 간의 불화를 최소화하기 위한 소망을 피력했다.[68] 그는 제네바에 위치한 세계교회협의회(World Council of Churches)에서 프레리와 함께 이런 소망을 품고 일하고 있다.(안타깝게도 프레리는 이제 이 세상에는 더 이상 존재하지 않는다.) 케네디는 한때 유니온신학교에서 종교교육을 가르치고 있었으며 그 자리가 코우가 한동안 있었던 자리였음을 아는 것은 참으로 흥미로운 일이다. 그는 다양성과 복잡성으로 점철된 현대의 문화 가운데서 균형과 조화를 찾으려는 학자로 정평이 나 있다.

프레리와 케네디는 한편으로 REA의 정신이었던 인간의 자유와 성장 그리고 하나님의 민주주의를 유지하려고 애쓰면서도, 종교교육을 실행하는 과정 가운데서는 REA의 본래 시각(perspective)을 수정하고 넓히려는 시도를 끊임없이 한 학자들이었다. 예를 들면, 한때 REA가 유대인들과 가톨릭교도들을 품으려고 시도했던 것처럼(실제, 지금 REA에서 발행하는 잡지의 편집장은 유대인이다.), 케네디가 속한 WCC는 더욱 시각을 넓혀서 다른 종교(예: 회교도들과 불교인들)까지 품으려는 시도를 하고 있다. 이들의 시도를 많은 이들이 곱지 않게 보는 것은 사실이지만, 어쨌든 이들의 종교교육학자로서의 신학적 뿌리는 REA에 있음을 상기해야 할 것이다. 그들의(비판적 개조학파의) 신학은 이제 지구적인 상황/맥락(global context)으로 넓혀져 있다는 사실을 지적하고자 하는 것이다. 비

---

68) William Bean Kennedy, *Shaping of Protestant Education* (New York: Association Press, 1966).

록 간단하게나마 이것이 현대에 나타난 비판적 개조학파이다.


## 맺는 말

"보라 동해에 떠오르는 태양 … 우리가 간직함이 옳지 않겠나"라고
외친 시인의 외침이 나의 가슴을 친다. 왜 우리가 서양 사람들이 걸어온
발자취를 살펴보는 데 이렇게 많은 지면을 할애해야 하느냐고 항변하는
독자들의 함성이 들리는 듯하다. 그러나 기독교교육의 역사를 살펴볼
때, 우리는 우리 앞을 걸어간 이들의 자취를 역사적, 신학적 그리고 기독
교교육 이론적으로 충분히 사려 깊은 고찰을 얼마나 하였는지 묻고 싶
다. 나도 우리의 신학으로 우리의 방법으로 기독교교육을 하고 싶다. 그
러나 우리보다 먼저 믿고, 이론을 만들고, 사회와 문화의 도전에 응수하
며 여기까지 온 미국 사람들의 기독교교육 역사를 '철저하게 또한 비판
적으로' 살펴보지 않으면 우리도 그들이 역사 가운데서 저질렀던 과오를
다시 저지르지 않는다는 보장이 없다. 우리에게 주어진 인생은 한 번뿐
이요, 우리 세대에서 철저하게 우리가 당면한 과제를 연구하지 않으면 결
국 후세가 이 일을 할 수밖에 없다는 것을 우리는 비장한 심정으로 인정
해야 할 것이다.

그런 의미에서 종교교육협회가 천명한 창립선언문의 내용을 분석하
고, 그 선언문이 왜 세상에 나오지 않으면 안 되었는지를 규명하는 것과
그 단체의 설립취지가 어떤 연유로 나오게 되었으며, 후일 어떤 도전을
받으면서 변천되어 오늘에 이르렀는지를 살펴본다는 것이 우리에게 주
는 의미가 크다고 본다. 이 현대 기독교교육사의 한 장을 장식하는 종교
교육협회의 어제와 오늘 그리고 이를 중심으로 배우고 성장한 미국의 많

은 기독교교육 학자와 교육계의 인도자들이 배출된 것처럼, 우리나라에
도 건강하고 지속적인 기독교교육의 발전이 거듭되어 하나님이 기뻐하
시며 다른 나라의 기독교교육 학도들이 연구할 만한 기독교교육 전통이
형성되기를 바라며 글을 마친다.

# 4차 산업혁명 시대의 호모 에두칸두스*

교사는 덜 가르치고, 학생들은 더 배우며,

학교는 소음과 싫증과 부질없는 수고를 덜고,

더 많은 여가와 즐거움과 확고한 발전이 있는 장이 되며,

기독교 사회는 어두움과 당혹과 분열이 덜해지고,

그 대신 더 많은 빛과 질서와 화평과 안식을 얻어야 한다.

(Johann Amos Comenius, 〈대교수학〉 서문)

## 여는말

21세기의 한복판에 들어선 오늘 인류는 그 어느 때보다 전환기라는 단어가 어울리는 시대를 살고 있다. 인류는 극심한 변화의 과정을 통과하는 중이다. 본 연구는 전환시대, 곧 4차 산업혁명 시대의 변화가 가져다주는 도전과 이에 대한 응전을 염두에 두고 수행되었다. 나라의 운명이 바뀌는 전환시대의 시세를 바로 이해하고 슬기롭게 대처하였던 성경 속의 잇사갈 족속처럼(대상 12:32), 4차 산업혁명이라는 큰 파도에 잘 대

---

* 이 글은 〈장신논단〉 제50권 5호 (2018년): 247-276에 실렸다.

처해야 한다. 그동안 인류는 지식의 축적과 활용이라는 면에서 부단한 성장을 지속해왔다. 버크민스터 풀러(Buckminster Fuller)가 밝힌 것처럼 인류의 지식 총량은 거의 백 년마다 두배씩 증가해 왔었다. 그러다가 1900년대부터는 그 기간이 획기적으로 줄어들어 25년마다 그리고 2015년 이후부터는 13개월로 줄어들었고, 2030년에 접어들게 되면 약 3일마다 두 배씩 늘어날 것이다. 지식의 폭발로 표현해도 지나치지 않을 것이다.[1] 이제 특정한 사람이 만물박사 행세를 할 필요가 없어졌다. 이른바 지식의 평준화 시대가 열리게 되는 것이다. 4차 산업혁명 시대는 인공지능의 발전과 밀접하게 연관되어 있으며 이 두 가지 화두에 대한 관심은 전환 시대를 살아가는 현대인들에게는 피할 수 없는 매우 중요한 과제라고 사료된다. 인공지능 시대에 대처하기 위해 인류가 배워온 방법으로 인간지능을 개발하고 지식을 끝없이 축적하고 적용함으로써 과연 이 시대의 도전에 적절히 응전할 수 있을까? 적절히 응전할 방도를 찾아야 한다. 잘못하면 멀지 않은 미래에 인류가 기계의 노예가 될 수도 있는 위험이 도사리고 있기 때문이다. 그러기에 본 연구는 4차 산업혁명 시대의 핵심적인 화두인 인공지능의 발전이 인간의 삶 전반에 어떠한 영향을 미치며 무엇을 준비하여야 할 지에 대하여 논의를 진행할 것이다. 변화가 극심할수록 인간은 교육을 통하여 진정한 인간이 되어간다는 호모 에두칸두스의 개념을 재고(reconsideration)함으로써 해결의 실마리를 발견할 수 있다고 본다. 이러한 관심을 갖고 본 연구는 다음과 같이 진행할 것이다.

　I. 4차 산업혁명 시대의 변화와 도전
　II. 4차 산업혁명 시대의 인간의 두 모습

---

1) KBS 〈명견만리〉 제작팀, 『명견만리』 (서울: 인플루엔샬, 2016), 3.

# I. 4차 산업혁명 시대의 변화와 도전

## 1~3차 산업혁명 시대의 변화와 도전

대개 인류가 경험한 네 차례의 산업혁명을 기술 및 생산 혁명, 에너지
혁명으로 분류한다. 본래 혁명이라는 단어는 현존하는 어떤 것들을 철저
하게 바꾸고 심지어는 전복시킬 정도의 근본적인 변화가 일어났을 때 사
용하는 것이다. 그런데 산업혁명이라는 것이 기존체제를 비록 폭력적인
수단으로 뒤집어 놓지는 않았음에도 비교적 짧은 기간 동안에 상품생산
이라는 측면에서 오래된 산업 시스템과 인간의 삶에 근본적인 변화를 야
기했기에 산업혁명(Industrial Revolution)이라고 부르는 것이다.[2)]

1차 산업혁명은 증기기관의 발명을 통한 기계적 혁명이었으며, 이로
인해 운송수단이 획기적으로 발전하게 되어 빠른 배와 벨트가 연결된 톱
니를 신속하게 돌릴 수 있는 기반을 만들었다. 이때 에너지원은 석탄을
이용한 증기와 수력이었다고 볼 수 있다. 결국 이 혁명은 농민의 해체를
가져왔으며, 결과적으로 제국주의의 태동을 가져오는 계기가 되었다. 1
차 산업혁명의 영향으로 소위 중산층 계급이 탄생하였고, 생산량 확대로
인하여 인간 삶의 향상을 가져온 것이 사실이다. 그러나 석탄을 무차별

---

2) 이병련, "산업혁명과 산업화의 역사적 의미에 관한 고찰," 「사총」, 54권 0호(2001),
　104-105.

적으로 파내는 것이 심각한 자연 파괴의 시작이며, 결국 인류를 곤경에 처하게 만들게 된다는 사실을 당시에는 거의 눈치채지 못했던 것 같다. 이 시기를 대략 18세기에서 19세기로 보면 무리가 없을 것이다. 주로 유럽과 미국에서 발생하였으며, 철강과 섬유산업이 큰 혜택을 보았다.[3] 또한 이 무렵에 점점 더 황량해지는 노동 환경과 권리 착취에 대항하기 위하여 시민의식이 생겨났다. 어린이와 청소년에 대한 배려와 교육이 별로 없던 이 시기(1780년대 초)에 로버트 레이크스(Robert Raikes)를 비롯한 몇몇 교회 지도자들이 읽기, 쓰기, 셈하기(3R), 요리문답, 손 씻기와 예절을 포함한 기독 시민교육을 어린이와 청소년들에게 실시한 주일학교운동이 태동하였다. 그의 시도는 일종의 사회복음화 운동이 되어 미국에서 꽃을 피웠으며, 훗날 한국을 비롯한 여러 나라에 많은 사회적 변화와 복음전파에 영향을 끼쳤다.

2차 산업혁명은 전기를 생산하는 데에 이르렀고 이는 밤낮 없는 노동을 가능케 하여 1차 산업혁명 때보다 훨씬 더 많은 물품 생산을 가능케 하였다. 또한 이때 석탄을 에너지원으로 활용하면서 장차 닥치게 될 환경파괴를 가속화시켰다. 나중에 인류는 석유를 에너지원으로 활용하게 되어 훗날 자동차가 상용화되는 데에 결정적인 역할을 했다. 결국 이때 더 많이 생산된 물품의 소비를 위하여 식민지를 더 많이 필요로 하게 되었으며, 소위 자본주의가 발달하게 되는 계기가 되었다고 할 수 있다. 그러나 이로 인하여 환경이 열악해졌고, 빈부의 격차가 심해졌으며, 노동자의 열악한 업무환경도 극심해졌다. 일반적으로 1870년부터 1차 세계대전이 발발한 1914년 사이에 2차 산업혁명이 시작되었다고 보며, 철강, 석유,

---

3) 유수정, "4차 산업혁명과 인공지능," 「한국멀티미디어학회지」, 제21권 제4호(2017년 12월), 1.

전기를 사용하여 대규모의 에너지원이 확보되었고, 끝 모를 대량생산이 가능해진 시기이다. 이때 전화, 전구, 전축, 내연기관(internal combustion engine) 등이 개발되었다.[4] 이 시기 인류는 동·서양을 막론하고 삶의 제반 환경이 이전보다 월등하게 개선된 것이 사실이다. 음용하던 물과 변소와 공장에서 양산된 오염된 물이 한 곳으로 흘러가던 것이 이때와서부터는 상하수도 시설의 구분으로 인해 갈라져 배출되게 되었으며, 오염된 물을 정화시켜 많은 인간이 살아가는 도시를 중심으로 소위 위생적인 환경을 만들어가는 일에 눈을 뜨게 된 것도 이 시기의 일이다. 아시아에서는 오래전부터 존재하던 공원과 정원의 개념이 유럽을 거쳐 미국과 여러 대륙으로 퍼져나가게 된 것이다. 인간의 필요는 그 필요를 채워주는 생산만을 하면 족했으나 경쟁으로 인한 과잉생산을 낳았고, 그 와중에 환경 파괴와 기계문명이 덜 발달한 나라들은 침략을 통한 식민지배와 훗날 그와 유사한 국가 간의 연맹 체제(Commonwealth Realms) 같은 새로운 형태도 등장하게 되었으며, 냉전 시대가 한동안 유지되었다. 또한 야만국에 기독교를 전파하여야 한다는 형태의 복음 전도와 영성 각성 운동도 진행되었다. 이때는 종교와 정치가 밀접하게 붙어 있었던 시기이기도 하다. 특히 한국교회는 일제의 강점기를 벗어나면서 그간 기독교 지도자들의 리더십과 헌신적 삶에 힘입어 2차 세계대전 이후에 괄목할만한 성장을 하게 되었다. 교회 성장은 이 시기에 모든 목회자가 입에 달고 살던 일종의 구호와도 같은 것이었다. 당시 교회는 일반 사회보다 문화나 정신적 측면에 있어서 앞서 나가고 있어서 많은 시민은 교회를 선호하고 교회는 결과적으로 볼 때 폭발적으로 성장하고 부흥하였다.

3차 산업혁명은 이른바 정보화 혁명으로 부른다. 또한 컴퓨터와 생산

---

4) 유수정, "4차 산업혁명과 인공지능," 1.

시설의 연결로 인한 자동화가 이루어진 시기이다. 2차 산업혁명 시대와 비슷하게 인류는 여전히 석유를 에너지원으로 활용하지만 환경 문제가 인류의 미래를 위협한다는 의식이 생겨나기 시작한 시기가 바로 이때이다. 인류는 재생 가능한 에너지 개발에 박차를 가하기 시작하였으며, 인터넷의 발명으로 세계는 정보의 바다라는 측면에서 볼 때 하나의 세상으로 묶이게 되었고, 정보가 돈이 되는 세상이 되면서 자본주의의 폐해에 대하여 고민하게 되었다. 이때는 인류가 석유를 무제한적으로 파헤친 자연의 보복을 처절하게 경험하는 시대인데, 대략 3차 산업혁명 시대를 20세기 말(1980년대)에서 현재까지 이루어지는 과정으로 보면 될 것이다. 아날로그 전기 기계가 디지털 장치로 진보되는 시기이다. 컴퓨터의 급격한 발전과 정보통신기술이 획기적으로 진보되는 시기이기도 하다.[5] 2차 산업혁명이 육체노동자들의 몰락을 가져온 측면이 있다면 이 시기에는 지식 노동자들이 직장을 잃는 현상이 일어났다고 볼 수 있다. 정보화가 가속화되면서 허구로 일관된 정보가 많은 이들을 곤란하게 하고, 심지어는 한 나라의 선거에도 오용되는 기현상도 이 정보화의 폐해 현상 중의 하나이다. 지구촌이라는 단어가 이 시기에 나오기 시작했으며, 세계화로 인한 지구인의 양극화로 인한 빈부 간의 고통이 심화되는 현상도 가속화되었다. 인류는 새로운 에너지원을 갈망하게 되었으며, 태양열, 수소에너지 등을 개발하여 활용하는 단계에도 이르게 되었다.[6] 그러나 정보화 시대는 정보와 지식이 지역적으로 편중되어 경제적 부와 빈의 차이를 이루었던 시절의 종식을 의미하는 것이어서 인류는 새로운 도전을 맞이하게 되었다. 즉, 인터넷을 통한 정보의 공유는 곧 지식의 평준화를 이루어 가는 4차 산업혁명의 기반이 되었으며 축적된 지식의 소유가 곧 돈이 되

---

5) 유수정, "4차 산업혁명과 인공지능."
6) 이상봉, "4차 산업혁명과 종교교육," 종교교육학회, "2017년 춘계학술대회 자료집," 참고.

는 시대가 저물어 가고 있었다.

## 2. 4차 산업혁명 시대의 변화, 헉슬리와 아시모프의 예견

그렇다면 여기에서 논하는 인공지능으로 대변되는 4차 산업혁명에서 인류가 겪는 변화의 핵심과 교육적 함의는 무엇인가? 4차 산업혁명 시대는 다음의 세 가지 단어로 축약된다. 인공지능, 빅데이터, 사물인터넷이 그것이다.

인공지능은 빅데이터를 기반으로 하여 자가학습으로 표현되는 딥러닝(Deep Learning)을 쉬지 않고 시도하여 인류가 여태까지 경험하지 못했던 미지의 세계를 개척할 수 있는 가능성을 개발하는 중이고, 곧 인류가 축적한 지식과 기술의 수준을 뛰어넘을 태세를 갖추고 있다고 해도 과언이 아니다. 이러한 위기상황을 테슬러 자동차를 개발한 일론 머스크(Elon Musk)는 "인공지능이 악마를 소환하고 있다"고 경고하기에 이르렀다.7) 전자공학자 김대식은 4차 산업혁명의 대명사처럼 되어버린 인공지능을 비롯한 새로운 기술을 마치 없는 것처럼 무시하고 "미래에 대하여 눈을 감는 순간, 미래를 준비할 수 없다"고 강변하며 "단순하지만 잔혹한 세상 방정식"을 외면하면 우리 민족도 멸절하게 된다고 경고한 바 있다.8)

김대식의 인간 대 기계의 대립을 다룬 내러티브는 사실 1932년에 등장한 소설가 올더스 헉슬리(Aldous Huxley)의 『멋진 신세계』에서 이미 풍자적으로 그려진 바 있으며, 21세기에 활동한 화학자이자 공상과학 소설가 아이작 아시모프(Isaac Asimov)의 소설을 토대로 한 영화 〈바이센티니얼맨〉과 〈아이로봇〉에서도 다뤄진 바 있다. 〈멋진 신세계〉는 모든

---

7) KBS 〈명견만리〉 제작팀, 『명견만리』, 88-89.
8) 김대식, 『인간 대 기계』(서울: 동아시아, 2016), 13.

인간이 인공수정으로 태어나며 아이들의 교육은 국가가 책임지며 유전자 조작으로 모든 아이의 삶은 태어나기도 전에 결정되어 정해진 계급에서 주어진 일을 하게 된다는 소설이다. 여기서는 소마라는 일종의 마약을 통해 모든 인간이 최고의 행복과 안정감을 느낀다는 얘기도 등장하며, 모든 인간이 공장과 같은 시스템에서 태어나 사회의 부속품에 지나지 않는다는 이야기를 전개하는 소설이다. 기계 발전과 문명의 발전이 과연 인간에게 행복을 가져다줄 것인가라는 질문으로 만들어진 이 소설은 20세기 초기에 인류에게 던진 의미심장한 질문이었다.

또한 살아 있는 동안 거의 500권이 넘는 책을 저술한 아시모프는 로봇과 인공지능이 아직 등장하기 전에 미래세계를 예상한 놀라운 예지력으로 공상과학 소설을 썼고, 마치 그의 내러티브가 실제화되어가는 것 같은 착각을 느끼게 할 정도이다. 김대식이 말한 약한 인공지능과 강한 인공지능의 예가 아시모프의 소설에 이미 등장하였다. 바이 센티니얼 맨 (Bi-Centennial Man)이라는 영화는 가정부 로봇으로 집안에 들어온 로봇이 자신에게 장착된 학습과 기억의 장치를 통해 밤낮없이 공부하여 조각가가 되어 가는 과정을 그렸고, 하드웨어가 발전해 나감에 따라 철로 만든 피부가 인공 피부로 되어 가고, 급기야는 소화를 시키고 방귀도 뀌는 로봇으로 진보하고, 나중에는 인간과 사랑을 하고 성생활까지 하는 로봇이 되어 가는 과정을 그렸다. 주인공 로봇은 한 여인과 살게 되고 사랑하는 존재가 되면서 자신도 인간으로 인정받기를 원했으나 밧데리가 살아 있는 한 죽지 않기에 인간으로 인정받지 못하였다. 그리하여 결국은 밧데리의 전기를 다 방전시키는 길을 택하여 자신이 평생 사랑하던 여인과 비슷한 시점에 200살이 된 로봇의 전원을 차단함으로써 존재를 마치게 된다는 이야기이다. 이 로봇은 약한 인공지능이 강한 인공지능으로 변모해 가는 예가 되겠다. 아이로봇(I, Robot)이라는 영화는 인간에게 도움을 제공하기 위하여 만들어진 순종적이고 기계적인 로봇이 어느 순간부터 혼자 사고하고 고민하며 인간과의 깊은 교감을 하며, 지속적으로 개선되는 로봇으로 발전하여 원하기만 하면 인간을 통제하는 데까지 이를 수 있는 강한 인공지능에로의 발전 과정을 그리고 있다.9) 인류의 기술 발전은 늘 내러티브가 먼저 나오고 이 그 이후에 등장한다. 〈멋진 신세계〉와 〈바이 센티니얼 맨〉, 〈아이, 로봇〉의 이야기는 능률이라는 이름하에 자행될지도 모를 비인간적 사회에 대한 두려움과 경계로부터 나온 이야기들이다. 실제 인공지능과 로봇과 사물인터넷을 연결시켜 더 편리한 세상을 만들어낼 수 있는 능력이 인간 세상에 펼쳐질 수 있으나, 동시에 탐욕과 경쟁심에 가득찬 인간들끼리 자기 이익에 사로잡혀 싸움을 일삼게 되면 모든 문명의 이기는 파괴와 전쟁과 멸망의 길로 인류를 몰아가게 될 것이다.10) 우리가 기억해야 할 사실 한가지는 이것이다. 모든 기술의 발전을 가능케 하는 원동력은 인간의 이야기를 바탕으로 한 것이다. 모든 기술은 상상력이 발동된 이야기로부터 시작된다.

## 3. 4차 산업혁명 시대의 변화와 도전: 약한 인공지능과 강한 인공지능

약한 인공지능과 강한 인공지능의 차이는 분명하지 않지만 대개 약한 인공지능은 인지하고 이야기하고 글을 읽고 쓰며 이해하여 반응하는 수준까지만 가능한 지능을 가진 것이고, 사고능력을 장착한 로봇이 약한 로

---

9) 영화, "아이 로봇(I, Robot)," 2004년, Davis Entertainment 제작. 이십세기 폭스 코리아 배급, 윌 스미스 주연. 영화, "바이센티니얼맨(Bi-Centennial Man)," 1999년, Columbia Pictures 제작. 로빈 윌리엄스 주연.

10) 이창익은 인공지능과 관련된 기술문명의 발전과 종교, 포스트휴머니즘을 논하면서 미셸 푸코(Michel Foucault)의 변 즉, 인간은 모래사장에 그려진 얼굴처럼 지워질 것이라면서 비인간화로 치닫는 인간은 소멸할 것이라고 말한다. 그러기에 종교적 상상력을 자극한 인공지능에 대하여 존재론적으로 진지하게 다룰 것을 요청한다. "인간이 된 기계와 기계가 된 신: 종교, 인공지능, 포스트휴머니즘,"「종교문화비평」, 2017 (31).

봇이 된다. 이에 반해 강한 인공지능은 약한 인공지능에다 독립성과 자아를 더하여 가지고, 정신과 일종의 자유의지(?)까지를 가진 지능을 탑재한 것이며, 이를 로봇의 뇌에 해당하는 기관에 장착하게 되면 강한 인공지능 로봇이 되는 것이다.[11] 물론 아직 강한 인공지능이 '의식' 혹은 '마음'을 갖는다는 것은 공상과학소설에나 가능한 일로 정리되지만 그렇다고 전혀 불가능한 일인 것 같지는 않다. 김대식에 의하면 영화 속 터미네이터가 강한 인공지능의 예이며, 위에 나오는 비교적 순하고 순종적이며 인간 삶에 도움이 되는 편리한 기계 정도를 약한 인공지능이라고 한다. 사실 강한 인공지능이 실현될 것인지에 대하여 아무도 알지 못한다.[12] 만일 강한 인공지능이 자가학습을 강화하여 냉철하게 독립적이고 자율적이어서 인간의 컨트롤을 더 이상 받지 않고 거부하여 오히려 인간에게 맞선다면 어떤 일이 벌어질까? 그건 아직 공상 과학 소설 수준에 더 가까운 이야기이지만 이미 약한 인공지능은 현실 세계에서 이루어지고 있음을 우리는 알파고의 등장에서 이미 보았다. 그 알파고 알고리즘을 이용하여 현대제철은 철강 설비에 활용하여 "강판 제작 시 최적의 금속 배합 비율을 발견하였고 사물인터넷을 활용한 스마트공장을 구축하였다."[13] 인공지능의 위협은 그 기술이 가진 기술적 특이점, 즉 싱귤래리티(Singularity)에 있다. 이 말은 인공지능이 자신보다 더 똑똑한 인공지능을 만드는 데에 투입될 수 있다는 의미이다. 이를 빠른 속도로 계속하여 반복진행하다 보면 인공지능의 발전 속도는 폭발적일 수 있다. 바로 인공지능이 자신보다 더 똑똑한 인공지능을 만들어내기 시작하는 순간, 모든 것이

---

11) Yutaka Matsuo/박기원 역, 『인공지능과 딥러닝』 (서울: 동아엠앤비 e-book, 2015), 23%.
12) 김대식, 『인간 대 기계』, 275.
13) 유수정, "4차 산업혁명과 인공지능," 2.

다 바뀌어버릴 수 있는데 이 '기술적 특이점'이 나타나는 순간 인공지능은 인류에게 엄청난 축복 혹은 위협이 될 수 있다.[14]

인공지능은 빅데이터를 활용한 플랫폼의 장점을 적극 활용한다. 빅데이터는 모든 사용자의 나이, 성별, 지역, 민족, 지식 정도, 성격 그리고 특정한 상품 선호도와 다양한 개인적 특징을 한곳에 모아 범주화시키고 가장 빈도수가 높은 특성에 맞는 상품을 개발하고 세상에 내어놓게 된다. 빅데이터를 모으는 이들이 가장 많이 사용하는 질문은 이것이다. "당신은 어떤 유형의 사람이세요?" 중요한 것은 모든 것이 다 공짜라는 점이다. 자신에 대하여 더 알아봐 주겠다는데 거절할 사람은 많지 않다. 적어도 그 질문을 던지는 이의 저의를 파악하기 전에는 말이다. 그리고 인공지능은 사회관계망(Social Network System)을 플랫폼 삼아 저가의 홍보를 한다. 플랫폼은 모든 아이디어가 교환되고 유통되며 융합되는 대합실과 같고 시장과도 같으며 인종, 국가, 학문 간 경계가 없는 카페와도 같은 곳이다. 그리고 이 방대한 정보를 모아 놓기 위하여 클라우드라는 저장소를 활용하는 것이다.

4차 산업혁명 시대의 도전을 요약하면 다음과 같다.

첫째, 지식 폭발 시대가 도래함으로 편중되었던 인간 지식의 경계선이 무너졌다. 지식의 평준화가 이루어짐으로 인해 일반적인 지식의 축적과 소유는 이전보다 덜 가치 있는 것이 되었다. 물론 빅데이터를 누가 독점하고 필요에 따라 분석하는가의 관점으로 보면 지식은 여전히 중요하다.[15] 그러므로 이제는 교육의 방법과 초점이 전환되어야 할 필요성이

---

14) Matsuo, 『인공지능과 딥러닝』, 13%.
15) Yuval Noah Harari/김명주 역, 『호모 데우스: 미래의 역사』 (서울: 김영사, 2017), 32 이후.

제기되었다.

둘째, 새로운 직업군이 양산되었고, 이에 따라 필연적으로 사회의 변화가 이미 다가왔다. 암기와 지식 축적과 운용을 주로 하던 직업에 종사하던 많은 청년들의 실업이 불가피해질 것이며, 노령화의 급속한 현상으로 인해 그들을 위한 일자리 창출도 시급한 현실이 되었다.

셋째, 지식의 양에서부터 지식의 창의적 적용이 필요로 하게 되었고, 이것이 인류에게 큰 도전이 된 현실이다. 결국 교육도 교실에서 가르치고 배우던 시절에 익숙한 세대에게 이는 매우 심각한 도전이 되었다. 이제는 소위 노마드(Nomad) 교육, 즉 경험하고, 돌아다니며, 참여하고, 오감으로 느끼고 체험하게 하는 교육으로의 전환이 필수적인 시대가 되었다.

상기한 도전에 대하여 우리가 주목해야 할 것은 인간은 기계와의 대결에서 기계처럼 살아간다면 절대로 이길 수 없다는 것이다. 김대식이 힌트를 준 것처럼 인간이 인간답게 살 수 있는 길은 기계와는 다른 인간의 길을 가야 한다는 것이다. 인공지능이 아직 유사지능(Artificial Intelligence)으로서 유치함과 단순함에 머무르고 있을 때 인간이 인간됨의 본질, 즉 진정한 공부를 통하여 본래 창조주가 만들어준 인간으로서 건강하고 창의적인 능력을 개발해 나갈 때 인공지능을 관리하고 동료 인간세계를 바르게 유지하고 관리하며 선도해 나갈 수 있다고 생각하는 것이다. 기계처럼 지식을 축적하면 반드시 패할 것이나, 기계와는 다르게 살고 공부하는 인간이 될 때 소망이 있다고 본다. 더욱이 인공지능의 개발도 역시 인간이 하는 것이니 인공지능이 통제 불가능한 싱귤래리티의 시점에 오지 않게 하거나 그 시점이 오더라도 인류의 삶을 파괴하지 못하도록 안전장치를 할 수 있도록 개발하는 것도 인류의 공통 약속을 하는 데에 있을 것이다. 결국 이 모든 것은 인류의 인간됨에 관한 문제로 귀결된다.

## II. 4차 산업혁명 시대의 인간의 두 모습

### 1. 탐욕을 좇는 인간

인류의 삶에 영향을 미친 20세기 이전의 세 가지 산업혁명과 21세기에 들어선 오늘 계속되고 있는 소위 4차 산업혁명의 의미에 대하여 살펴볼 때, 그 네 가지 산업혁명이라는 것이 한편으로는 인간의 호기심에서 발로한 과학적 연구와 실험에 의한 업적이기는 하나, 다른 한편으로는 필요 충족의 결과가 필요한 만큼만 생산하는 정도에 머무른 적은 없고, 결국 과잉 생산을 하였고 과잉 생산이 인간의 탐욕과 정복욕을 더 부추겼다. 이전까지 공장 설비에 초기 투자를 거의 하지 않고 노동력에만 의존하던 투자자들은 이제 대량생산을 위해 이전보다 많은 자본을 투자하여야 했고, 곧 많은 투자는 많은 이익을 창출한다는 경험을 거듭하게 되면서 소위 산업자본주의라는 새로운 경제체계가 생기게 된 것이다.[16] 물론 영국을 필두로 한 유럽에서 발발한 산업혁명을 식민지주의와 직접적으로 연결시키는 것에는 역사적, 논리적 비약이 존재할지도 모른다. 왜냐하면 유럽 국가들이 훗날 세계는 유럽 중심으로 편성되어야 한다고 주장하는 유럽중심주의가 생겨나기 시작한 계기는 크리스토퍼 컬럼버스(이태리인 본명: Cristoforo Colombo)가 1492년에 신대륙 아메리카를 발견

---

16) 이병련, "산업혁명과 산업화의 역사적 의미에 관한 고찰," 118-121. 이 방면의 연구를 예시를 위하여 간략하게 살펴보면, 영국의 산업혁명은 18세기 후반에 면직공업 부분에서 시작되었는데, 방직공장의 사장 존 케이(John Kay)가 이른바 나는 북직기(Shuttle loom)를 발명하여(1733년) 면직 생산량을 두 배로 늘렸고 제임스 하아브레이브스(James Hargraves)가 제니 방적기(1764년), 사무엘 크롬프톤(Samuel Crompton)이 뮬 방적기를 발명하였다(1778년). 이는 제니 방적기와 수력방적기를 융합한 것이었고 이 뮬 방적기야말로 영국 면직공업의 기초를 이룬 것이라고 한다. 그러다가 석탄으로 작동되는 제임스 와트(James Watt)가 증기기관을 발명하여(1769년) 무한한 동력자원의 가능성을 열어놓게 된 것이다.

하면서부터였다. 그러나 이전까지의 유럽은 유럽에만 국한되어 있었으나 1492년을 기점으로 그 지경을 넓히게 된 것은 역사적 연구에서 밝혀진 바이다. 더욱이 베네치아, 파리, 암스테르담, 런던 같은 거대도시가 생겨나고 16~18세기에 만들어져 공격적이고 확장적이었던 유럽의 자본주의는 해양 선박 제조 기술과 풍부한 해양 전투 경험에 힘입어 원거리에 있는 다른 대륙으로부터 원료를 확보하고, 시장을 거의 힘으로 독점하였다. 그러던 중 18세기에 영국을 중심으로 한 산업혁명이 일어나게 되어 유럽 보편주의 혹은 중심주의적 사고가 팽배하게 된 것이라고 말한 최윤호의 논리는 그 논거가 분명하다.[17] 본 연구의 중심에는 산업혁명 속에 숨겨진 인간의 탐욕과 자기중심주의적 사고에 대한 비판이 자리하고 있다. 비록 산업혁명이 인류의 삶에 효율성과 풍요로움을 가져다준 것이 사실이라고는 하나, 끊임없는 인간의 욕망과 탐욕 그리고 자기중심성에 대한 재고가 지속적으로 이루어져서 제어의 경종을 울리지 않는다면 인간은 인간됨의 본질적 사명을 망각하는 일을 반복하게 될 것이다. 유발 하라리(Yubal Noah Harari)도 지적한 것처럼, 요즘은 못 먹어서 죽는 사람보다 너무 많이 먹어서 죽는 이가 더 많아졌고, 알케에다(Al Qaeda)의 테러로 죽는 이보다 맥도날드와 같은 패스트푸드 가게에서 폭식해서 죽는 이가 더 많아졌다.[18] 물론 인간 향상의 원인이 늘 인간 탐욕으로 인한 것만은 아니다. 오히려 근대적 계몽주의의 한 극단적 형태로 나타난 시장 자유주의와 자본주의적 생활방식에 지나치게 익숙해진 인간 삶의 형태가 더 문제라고 신상규는 말한다. 결국 인간 향상은 일종의 결과일 뿐이라는 것이다.[19] 그럼에도 인간의 탐욕이 성장과 향상의 깊은 뿌리이

---

17) 최윤호, "유럽중심주의 역사인식에 대한 반성과 비판," 「한국학 연구」, 27권(2012), 461-462.

18) Yubal Noah Harari, 『호모 데우스: 미래의 역사』, 15.

며, 이를 적절하게 통제하고 함께 견제하지 않으면 인류문화는 파국의 길을 가게 될 것이다. 그러므로 이러한 제어의 사명을 고취하며 본 논고에서는 인간의 본질적인 인간됨에 대한 고찰을 시도할 것이다.

## 2. 인간됨을 추구하는 인간

전술한 이창익의 "인간이 된 기계와 기계가 된 신"에서 가장 심각하게 다루고 있는 주제는 인공지능이 아직 유사(pseudo) 지능, 조잡한 인공적(artificial) 지능에 불과하여 다분히 약한 지능에 불과하지만, 기술적 특이점의 시점을 넘어서는 순간 약한 지능이 의식 혹은 마음을 가진 강한 지능화 될 가능성을 충분히 내포하고 있다는 가정(assumption)을 하는 데서 그 출발이 시작되는 것이다. 결국 인공지능도 기계지능이 발달하는 과정 중에 생겨난 용어이고 인간의 지능을 흉내 내는 발전 과정에 놓여 있다는 점이 본 논의의 심각성을 일깨워준다. 어쩌면 인공지능은 "인간의 많은 정신적 기능을 대체할 수 있다. 그러므로 기계는 인간의 신체와 정신 모두와 교환될 가능성이 있다. 그래서 인간 기계는 동물이면서도 신인 존재가 될 수도 있다"는 이창익의 걱정 섞인 글은 인공지능에 의해 인간은 겉의 껍데기만 남고 인간 가치는 모두 바뀌는 극단적인 시대가 올지도 모른다는 미래 예상을 하게 만든다.[20] 4차 산업혁명의 총아(?)인 인공지능의 발전으로 인하여 인류는 포스트휴머니즘에 대한 논의에 박차를 가하고 있으며 이 논의의 핵심에는 인간이란 무엇인가,[21] 인간의 도

---

19) 신상규, 『호모 사피엔스의 미래: 포스트휴먼과 트랜스휴머니즘』 (서울: 아카넷, 2017), 242.

20) 이창익, "인간이 된 기계와 기계가 된 신: 종교, 인공지능, 포스트휴머니즘," 213.

21) 신상규, 『호모 사피엔스의 미래: 포스트휴먼과 트랜스휴머니즘』, 58-65. 신상규가 조명한 리처드 새뮤얼즈(Richard Samuels)의 인과적 본질주의는 인간의 본성에 대한 여러 논의를 잘 설득력 있게 설명해준다.

리는 무엇인가, 인간의 발전과 번영에 대한 올바른 견해는 무엇인가, 인간이 진정한 인간됨을 추구하는 데에 호모 에두칸두스라는 개념이 공헌할 수 있는가와 같은 몇 가지 질문이 자리 잡고 있다. 그러기에 이와 같은 질문에 대한 답을 시도함으로써 인공지능 시대로 대변되는 4차 산업혁명 시대를 살아가는 인간이 무엇을 어떻게 해야 하는지에 대한 논의를 위해 인간의 세 가지 특성인 인간의 존엄성, 사유성, 창의성이라는 화두로 본 연구를 진행하고자 한다.


## III. 4차 산업혁명 시대의 위기를 극복해낼 인간의 세 가지 가능성

### 1. 인간의 존엄성: 하나님의 형상대로 지음 받은 인간

기독교는 인간을 하나님의 형상(imago Dei)대로 지음 받은 존재(창 1:27)로 본다. 그러기에 모든 인간은 존엄성을 갖고 있다. 인간은 다른 피조물과 같이 피조물은 피조물이로되 삼위일체이신 하나님이 하나님의 형상대로 지은 피조물이라는 말이다. 그런데 모든 인간은 도날드 블로쉬(Donald Bloesch)가 주장한 두 가지 모습을 동시에 갖고 있다. 인간은 하나님의 형상대로 지음을 받아 하나님의 위대한 속성(우리의 형상, 모양대로: in our image, likeness)을 물려받았지만, 하나님이 정해 놓은 유일한 경계, 즉 동산 중앙의 선악과를 범하였기에 비참함에 빠지게 되었다. 실로 선악과는 하나님과 인간을 구분 짓는 유일한 경계선이었다. 그러기에 블로쉬가 말한 긴장은 다음의 말로 귀결된다. "모든 인간은 위대하면서도 비참한 존재"[22]이다. 그리고 하나님의 형상대로 만들어졌음에도 불구하고 죄의 굴레에 빠져 예수 그리스도를 통해서만 회복의 길이 열림을 깨닫게 하는 여정이 곧 기독교교육이다. 과학과 기술이 발전하면서 인간의 능력의 한계를 시험하는 이 시대에 여전히 인간은 유한하지만 비참한 존재라는 전제에서 시작하는 기독교교육은 지극히 수동적이고 소극적인 시도로 보일 수 있다. 그러나 기독교교육의 핵심은 이런 인간의 유한함에 굴복하기보다는 오히려 한 걸음 더 들어가서 모든 인간이 예수 그리스도에게 속했을 때, 참된 해방과 자유의 문을 두드릴 수 있다는 소망을 갖고 가르침의 역할을 극대화하려는 시도에 있다.

인간이 무엇인가[23]에 대한 질문에 신학적인 응답을 하기 위해서는 이마고 데이, 즉 하나님 형상에 대한 고찰이 필요하다. 전술한 "우리의 형상을 따라 우리의 모양대로 우리가 사람을 만든다"(창 1:26)에 등장하는 하나님의 형상이라는 개념은 삼위일체 하나님의 페리코레시스($\pi\epsilon\rho\iota\chi\acute{\omega}$ $\rho\eta\sigma\iota\varsigma$)적 관계, 즉 성부, 성자, 성령 하나님의 순환적인 관계로 이해해야 할 것이다. 상호내주, 상호침투, 상호내재 하는 삼위일체 하나님이 윤무를 추듯이,[24] '아버지가 내 안에 내가 아버지 안에'(요 14:10) 있듯이 통제하시며 일하시는 분의 형상을 따라 인간이 하나님의 대리자로 만들어진

---

22) Donald Bloesch, *Essentials of Evangelical Theology*, Vol.1 (New York: Harper & Row,1979), 88.

23) "인간이란 무엇인가"라는 질문을 한나 아렌트(Hannah Arendt)는 거부했다. 왜냐하면 이 질문은 인간을 대상화하기 때문이다. "인간이란 누구인가"라고 묻는 것이 옳다는 것이다. 누구인가라고 물어야 인간을 행위의 주체자로 인정하는 것이기에 그렇다. Hannah Arendt/이진우 · 태정호 역, 『인간의 조건』 (서울: 한길사, 1996), 39. 장복동, 『다산의 실학적 인간학』 (서울: 전남대출판부, 2002), 16에서 재인용.

24) 서창원도 삼위일체 하나님의 신적 교제에서 사회적 유비를 발견한다고 하였는데 일리가 있는 말이다. 서창원, "현대 신학적 인간론: 하나님 형상 이해," 「신학과 세계」 46 (2003. 6), 264-265.

것이다. "영화와 존귀로 관을 씌우셨나이다… 주의 손으로 만드신 것을 다스리게 하시고"(시 8:4-6)에 나오는 것처럼 "모든" 인간은 하나님이 부여하신 관리와 돌봄의 권한을 갖고 정원사(gardener)의 역할을 감당해야 한다. 특정한 인종이나 직위나 남자나 여자에게만 이러한 권한이 주어진 것이 아니라는 의미라고 김균진은 해석했다.[25] 삼위일체 하나님의 형상을 따라 인간이 창조되었다는 말은 인간이 철저하게 사회적 존재라는 점을 강조하는 것이다. "보이지 않는 하나님의 형상"인 예수님이 이 땅에 오시어 사람들과 함께 지내며, 먹고, 마시며, 가난하고 핍박받는 이들과 함께하시며 삶을 나눈 것처럼 인간은 위로 하나님을 섬기고 예배하며, 옆으로 이웃을 돌아보며, 자연을 포함한 모든 피조물을 보살피는 대리자와 관리자의 역할을 맡은 사회적 존재이다.[26] 하나님의 형상을 지음 받은 인간은 기본적으로 존엄성을 가진 존재이다. 비록 죄로 인하여 존엄성이 파괴되는 비극을 맞았으나, 인류의 구세주 예수 그리스도로 말미암아 탈출구를 찾은 인간은 하나님의 형상을 따라 지음 받은 존재로서의 존엄성을 다시 회복하고 이를 토대로 하여 인간을 위협하는 기계의 혁명에 대항하여 다시 본래의 존재 이유와 목적인 생육하고 번성하며 이 생태계를 위하여 섬기고 다스리며 정복하는 관리자, 정원사로서의 역할을 다시 수행할 수 있을 것으로 기대한다.

## 2. 인간의 사유(思惟)성: 생각하는 인간

4차 산업혁명 시대는 인간의 가능성 특히 사유하는 인간에 대한 연구가 절실하다. 왜냐하면 인공지능이라는 가공할만한 도전이 인간을 위협하기 때문이다. 인간은 생각하는 존재이며 인간의 가능성은 무한하다. 일

---

25) 김균진, "하나님의 형상에 대한 삼위일체론적 해석," 「신학논단」 19 (1991. 6), 72 이후.
26) 김균진, 위의 글, 81.

찍이 프리드리히 데싸우어(Friedrich Dessauer)는 임마누엘 칸트(Imma-
nuel Kant, 1724-1804)가 세계시민적 의미에서 던진 다음의 네 가지 철학
적 질문을 인간론적인 관점에서 다룬 바 있다.[27] 첫째, 나는 무엇을 알 수
있는가? 둘째, 나는 무엇을 해야만 하는가? 셋째, 나는 무엇을 바랄 수 있
는가? 넷째, 인간이란 무엇인가? 네 질문 중 첫째에서 셋째까지는 형이상
학, 도덕론, 종교론이 다루어야 할 주제라면, 넷째는 인간학적 주제이다.
그리고 세계시민적이라 함은 탁상공론적과 상대되는 개념이다.[28] 철학
적 관점의 인간은 "중간자적 생물체"로서 공간과 시간에 투기(投棄)된 존
재이다. 또한 인간은 물리적 존재로서 그 속에 식물적 생존 작용과 동물
적 영역을 갖고 있는 존재이며, 모순과 균형을 지향하는 인격체라는 생명
력을 지닌 불가사의하고 강력한 결집력을 가진 존재이다. 인간은 미세한
생명체이면서도 다른 생명체와는 다른 정신, 진선미를 추구하는 감성과
이성의 세계 속에 사는 존재이기도 하다. 인간은 개체적 입장에서 의식
화된 인식행위를 할 수 있는 형성자로서 계속 진화해 온 존재이기도 하
다.[29] 인간은 무엇을 알 수 있는가? 인간이 알 수 있는 지적 대상은 물리
학, 화학, 천문학, 지질학, 생물학 같은 인간의 감성으로 파악하고 경험하
는 자연과학과 인간의 사회와 역사 같은 현상을 연구하는 인문사회학 따
위가 그것이다. 전자가 객관적 지식이라면 후자는 객관적 지식에 터하나
결국 주관적 안경을 갖고 파악하는 지식이라고 할 수 있다.[30] 그러면 인
간은 무엇을 해야만 하는가? 자신의 행동에 책임을 져야 하는 존재로서

---

27) 철학적 인간학을 아리스토텔레스-칸트, 헤겔-마르크스, 포이에르바하-니체로 나누어
   다룬 Martin Buber/남정길 역, 『인간이란 무엇인가?』(서울: 대한기독교서회, 1994)
   참고.
28) Friedrich Dessauer/황원영 역, 『인간이란 무엇인가?』(서울: 분도출판사, 1976), 9-10.
29) Friedrich Dessauer, 『인간이란 무엇인가?』, 13-31.
30) Friedrich Dessauer, 『인간이란 무엇인가?』, 33-40.

도덕률에 근거한 삶을 영위해야 한다. 칸트가 말한 것처럼 인간은 언제나 자신의 선의지(善意志)의 기준이 법이 될 정도로 생의 가치를 갖고 행동해야 한다.[31]

예수의 산상수훈과 구약의 십계명은 "어떤 심오한 원천적인 창조의 힘으로부터 솟구치는 것"이기 때문에 인간이 해야 할 그 무엇이다.[32] 거기에다 인간은 무엇을 바랄 수 있나? 인간은 인식 가능한 것보다 이해가 어려운 것이 훨씬 더 많다는 사실을 곧 깨닫게 된다. 그러므로 한편으로는 인식을 통해 지식 얻기를 추구할 것이요, 신앙을 통하여 신비성도 추구하는 것이 합당하다 할 것이다. 순수한 동경을 통하여 지식을 넘어선 세계를 사모할 것이며, 아우렐리우스 아우구스티누스 히포넨시스(Sanctus Aurelius Augustinus Hipponensis, 354-430)의 일성처럼 때로는 "우선 믿고 난 다음에야 [신앙 지식을] 통찰하거나 이해하려는"(credo ut intelligam) 자세도 필요할 것이다.[33] 모든 인간은 무한과 유한의 중간에 위치해 있어서 현세와 피안의 두 가지 부름 사이에서 갈등하며 살아가는 존재이기에 자신의 부족함을 느끼며 평생을 살아가며 지혜를 가까이하여 위의 네 가지 질문에 대한 답을 찾는 존재이거나 아니면 지혜를 멀리하며 이성보다는 감성에 더 치우친 삶을 사는 존재로 전락하게 된다. 그러나 다행히도 인간은 다른 피조물과는 달리 생각하고 성찰하는 존재이다. "나는 생각한다. 고로 존재한다"(Cogito, ergo sum)고 말한 르네 데카르트(Rene Descartes, 1596-1650)의 일성은 모든 인간은 사유하는 존

---

31) Friedrich Dessauer, 『인간이란 무엇인가?』, 41-42. 데싸우어는 칸트의 〈순수이성비판〉 제7절을 인용하였다.

32) Friedrich Dessauer, 『인간이란 무엇인가?』, 43-47.

33) Friedrich Dessauer, 위의 책, 49-55.

재라는 점을 다시 확인해 준다. 인간은 존엄한 존재라는 앞선 논의와 함께 인간은 사유하는 능력을 부여받은 존재로서 살아야 하며 4차 산업혁명 시대라는 복잡하고 위태로운 생태계 속에서도 제 역할을 다한다면 위기를 기회로 바꾸어 나갈 수 있다는 소망의 실마리를 잡게 한다.

## 3. 인간의 창조성: 교육하는 인간, 에두칸두스

인간은 하나님의 형상을 지닌 존재로서 존엄성을 확립해야 하고, 끊임없이 사유하고 성찰함으로써 삶의 문제와 도전에 대처해 나가며, 존엄성과 사유성을 극대화하여 가능성을 발전시켜 나갈 수 있는 가능성을 개발할 수 있는 주체적인 존재로 창조되었다. 그러기에 인간은 호모 에두칸두스로 명명할 수 있는 존재이다. 모든 인간은 교육을 통하여 내재된 잠재력을 끄집어내어(educare) 창조성을 함양할 수 있다. 인간은 무엇인가라는 일반적인 질문은 인간에 대한 설명을 시도하는 서술적 인간관을 낳는 반면에 "인간은 무엇이 되어야 하는가?"라는 질문은 다분히 규범적인 인간관을 양산한다고 볼 수 있다. 우정길의 "부자유를 통한 자유와 교육행위의 지향성: 탈주체성 또는 상호주관성의 교육이론을 위한 일 고찰"[34]에 나타나는 것처럼, 서술적 인간관과 규범적 인간관이 서로 대립할 필요는 없으며 오히려 이 둘이 상호보완적이며 통합적인 관계에 있다고 보는 편이 나을 것이다. 요컨대 서술적 인간관은 자연스럽게 사회화되며 형성되어지는 인간론이며, 규범적 인간관은 교육이라는 매개체를 통하여 인간을 어떤 모양으로 만들어가려는 의도성이 더 강조된 인간론이다.[35]

---

34) 우정길, "부자유를 통한 자유와 교육행위의 지향성: 탈주체성 또는 상호주관성의 교육이론을 위한 일 고찰," 「교육철학」 38 (2007. 2), 140.
35) 김도일, 『현대 기독교교육의 흐름과 중심 사상』(서울: 동연, 2013), 32-48.

호모 에두칸두스는 일찍이 칸트가 사용했던 용어로서 인간은 많은 생물 중 유일하게 교육을 필요로 하는 존재이며 교육에 의하여 온전한 존재가 되어간다는 의미를 내포하는 표현이다.[36] 이를 중립적으로 표현하자면 인간은 교육적 동물이다라고 말하기도 한다. 일반적으로 17, 18세기 유럽을 휩쓸었던 정치, 사회, 철학, 과학, 종교 등의 계몽주의운동을 이성의 시대라고도 부르는데 이때가 바로 호모 에두칸두스가 인류의 이성 성장의 계기를 가져다주었다고 할 수 있겠다. 마치 어둠에 빛을 비추면 모든 것이 드러나듯 잠자고 있던 이성이 깨어났고 억눌렸던 종교적, 정치적 무기력함도 일어나기 시작한 것이다. 민중은 굴종적 자세에서 자신을 찾기 시작하였고, 이 계몽시대의 영향은 종교개혁으로까지 이어졌다고 해도 과언이 아닐 것이다. 호모 에렉투스(Homo Erectus)는 이제 신체적으로만 서게 된 것이 아니라 생각하는 존재로서 우뚝 섬을 뜻하는 호모 사피엔스(Homo Sapiens)가 되었고 그 과정에는 호모 에두칸두스 즉, 교육과 공부를 통하여 자신의 존재를 찾고 인생여정의 의미를 탐구해 나가는 존재인 것이다. 무엇보다 인공지능 시대는 단순한 지식 전달을 중요시하던 이전의 인간 교사로서의 임무보다는 관계 속에서 상호간의 가능성과 잠재력을 발견하고 발전시키는 호모 에두칸두스의 역할이 더 중요하며, 바로 이것이 가장 본질적인 인간 본성의 놀라운 가치가 될 것이다.[37]

여기까지 우리는 인간의 존엄성, 인간의 사유성, 그리고 인간의 창의성의 토대가 되는 이마고 데이 신학, 사유하는 인간을 말하는 철학적 인

---

36) Immanuel Kant, *Über Pädagogik* von D. F. Rink, *AA ix* 437-499. Paulo Jesus, "From Homo Educandus to Home Aestheticus: Kant on Education," *Studi Kantiani* (Pisa/Roma: Isituti Editoriali E Poligrafici Internazionali, 2007), xix에서 재인용.
37) Geoffrey Colvin, 신동숙 역, 『인간은 과소평가 되었다』 (서울: 한스미디어, 2016), 3장.

간학, 그리고 교육을 통하여 인간이 됨을 뜻하는 호모 에두칸두스 즉, 교육학적 인간관을 살펴보았다. 인간은 4차 산업혁명 시대를 슬기롭게 대처할 수 있는 존재이다. 어떤 학문이나 경험적 수단을 통하여 교육을 받던지 간에 인간은 호모 에두칸두스이다.[38] 만일 인간이 자신의 역량을 최대한도로 개발하고 지혜롭게 대처한다면 말이다. 결국 요약하자면 인간이 진정한 인간으로서의 존엄성을 회복하고, 자신의 사유하는 능력을 끊임없이 발전시키고, 공부하는 인간으로서의 함께 성장하고 보살피면서 생태계 속에서 주어진 사명을 다한다면, 이미 다가온 미래인 4차 산업혁명을 비롯한 난공불락으로 여겨지는 제반 위기와 도전 속에서라도 생존하며 번성할 수 있으리라 본다. 이제 이러한 생각을 갖고 호모 에두칸두스로서의 인간이 어떻게 구체적으로 대처할지 대한 기독교교육적 함의를 다루고자 한다.

## IV. 4차 산업혁명 시대의 기독교교육적 제안: 호모 에두칸두스에서 가능성을 찾다

### 1. 인간 가치와 존엄성의 본래적 의미를 회복하게 하는 융합적 연구

기독교교육은 본질적으로 간학문적 연구와 융합적 연구를 지향한다. 호모 에두칸두스 정신의 기본 존중, 보살핌, 함께함이다. 더불어 상생하는 학습생태계를 형성하기 위하여 가정, 교회, 마을이 협업하여 어린이, 청소년, 장년, 노년이 소망을 품고 같이 살아가는 마을공동체를 형성하게 돕는 것은 기독교교육의 본질적 사명이다. 자살, 실업, 우울증, 공황증

---

38) 인간만이 교육을 통하여 인간이 되어 간다는 의미를 내포하는 말이다.

이 팽배한 이 사회를 치유하고 하나님이 당신의 아들을 내어주면서까지 사랑하였던 세상을 품고 모든 피조물이 예수 그리스도의 다시 오실 때까지 함께 신음하고 있는 4차 산업혁명 시대에 호모 에두칸두스 정신은 피조물로서 보살핌과 다시 살려내는 사명을 가진 모든 기독교교육자가 품어야 할 정신이다. 이를 위하여 기독교교육은 지식전달주의의 교육에서 진정한 구성주의에로의 전환을 위하여 학습자들의 경험을 조장하고 공감을 격려하며 함께 살아가는 성육신적 희생의 교육을 수행하여야 할 것이다. 또한 4차 산업혁명 시대와 미래시대를 살아갈 미래세대들과 참된 관계를 형성하는 기독교교육을 수행하여야 한다. 미래는 준비하는 사람에게만 밝게 열릴 것이기 때문이다.[39] 이를 위하여 소통부재, 고독, 단절 속에서 살아가는 4차 산업혁명 시대의 인간을 돕기 위해서는, 마을 속에서 마을 사람들과 함께 더불어 건강하고 행복한 삶을 추구하는 하나님 나라를 구현하는 교육과 인문사회학과 자연과학의 핵심을 공부하고 융합적으로 연구하는 교육에 매진하여야 할 것이다.[40] 융합의 전제조건은 존중, 포용, 소통, 협업이므로 타인의 학문과 경험에 대한 겸비한 자세와 배움의 정신(teachable spirit)이라는 사실을 기억할 필요가 있다.

## 2. 교육의 상품화에 대항하는 호모 에두칸두스 정신 전파를 위한 기독교교육 연구

요한 아모스 코메니우스(1592-1670)가 주창한 것처럼, 교육은 결코

---

39) 김도일 편,『미래시대, 미래세대, 미래교육』(서울: 기독한교, 2016), 21 이후.
40) 김도일,『더불어 건강하고 행복한 생태계를 만들어가는 가정, 교회, 마을 교육공동체』(서울: 동연, 2018), 1부 1장 "지역공동체로 나아가는 기독교교육" 4장 "가정, 교회, 마을을 연계하고 세우기 위해 융합의 가치를 지향하는 기독교교육" 참고. 융합에 대한 심도있는 이해를 위해서는 다음의 책을 참고하라. 이순배, 공명숙,『글로벌 시대를 위한 융합의 이해』(서울: 교문사, 2014), 2장.

상품이 되어서는 안된다. 코메니우스가 자신의 책 〈대교수학: Didactica Magna〉에서 주장한 것처럼, 적어도 기독교 국가에서 만큼은 모든 도시, 마을, 촌락에 모든 청소년 남녀가 하나도 제외됨 없이 "빠르게, 즐겁게, 철저하게" 교육의 혜택을 누리며 살아가야 한다.[41] 왜냐하면 모든 인간은 하나님의 형상으로 지음 받았으며 거기에는 남자나 여자나 종이나 자유자나 부자나 빈자나 백인종이나 황인종이나 흑인종이나 할 것 없이 다 교육을 받을 권리를 가진 호모 에두칸두스라는 말이다.[42] 그러기에 호모 에두칸두스가 4차 산업혁명 시대를 이겨나갈 유일한 가능성이라고 보는 것이다. 모든 인간은 교육의 대상일 뿐만 아니라 교육의 주체이다. 인간을 진정한 인간되게 하는 것은 정녕 인간 자신이 주체적 사고를 하고 그 사유의 결과로 책임적인 행위를 하는 것에 있을 것이다. 그렇다면 과연 그러한 인간은 자연스럽게 존재하게 되는 것일까, 아니면 누군가의 의도적인 노력에 의해 만들어지는 것일까? 이 주제에 대하여 일찍이 이반 일리치(Ivan Illich)는 다음과 같이 말하였다. "저는 호모 에두칸두스의 사회적 역사를 교육의 역사와 반대되는 개념으로 봅니다. 중략 호모 에두칸두스의 역사는 교육의 역사와는 구별해야 합니다."[43] 일리치가 왜 굳이 호모 에두칸두스와 교육의 역사를 구별해야 한다고 했을까. 거기에는 그의 현대 교육에 대한 비판적인 시각이 담겨 있다. 인간의 문화가 꽃핀 그 어느 곳에도 일찍이 인간이 교육받지 않고서 저절로 문명이 일어난 곳을 찾기가 어렵거늘 왜 그러한 비판정신이 날카롭게 나온 것일까. 일리치는 호모 에두칸두스 정신을 가장 순수하고 고상하게 펼친 사람으로 코메

---

41) Johann Amos Comenius, 정확실 역, 『대교수학』(서울: 교육과학사, 1998), 서문.
42) 양금희, "지혜와 평화가 서로 입맞춤할 때: 코메니우스의 범지혜 사상에 나타난 평화교육사상," 「한국기독교신학논총」 99 (2016. 1), 301.
43) Ivan Illich, 권루시안 역, 『과거의 거울에 비추어』(서울: 느린걸음, 2013), 151, 154.

니우스를 꼽으며 그의 옴니부스, 옴니아, 옴니노, 도켄디 아르스(Omnibus, omnia, omnino docendi ars) 즉, "모두에게 모든 것을 철저하게 가르친다"는 말로서, 그의 숨은 관념 바로 호모 에두칸두스가 교육의 주체가 되어야 한다는 점을 분명히 밝힌 바 있다.[44] 그러나 일리치가 지적하는 것처럼, 현대 교육의 역사는 적어도 코메니우스가 갖고 있던 호모 에두칸두스의 정신을 잃어버린 지 오래 되었다는 것이다. 교육은 본래 모든 것을 모든 사람이 보편적으로 배우고 즐겨야 하는 것임에도 불구하고 이제는 돈버는 수단으로 전락했고 대상화되었다는 것이다. 호모 에두칸두스가 호모 이코노미쿠스(Homo Economicus) 즉, 경제적 인간 내지는 동물이 되어 버리고 희소성(scarcity)의 권력에 지배당한 교육학이 되었다는 것이다. 예컨대 한정되어 있는 자원에 비해 인간의 욕심은 한이 없다.[45] 그러기에 권력을 가진 이가 희소한 자원을 독점하게 되는 것처럼, 교육의 세계에서도 마찬가지로 모든 것을 모든 이가 누리고 배울 수 있도록 평등하고 자유로운 권리를 누리기보다는 소수의 교육귀족이 교육을 지배하는 상황이 되어 버렸다는 것이다. 바로 이런 이유로 일리치는 교육학의 역사와 호모 에두칸두스의 역사를 구별해야 한다고 주장한 것이다. 기독교교육은 호모 이코노미쿠스로 전락한 인간관이 지닌 파괴성을 정확히 파악하고 바로 잡아야 한다.[46] 기독교교육은 성경에 기반한 신학적 인간관을 제공하고 문화사회학적인 인간의 절제된 인간관을 연구하며 세계시민을 양성하는 호모 에두칸두스 정신을 전파하여야 할 사명을 지닌다.

---

44) Ivan Illich, 『과거의 거울에 비추어』, 153.
45) Ivan Illich, 『과거의 거울에 비추어』, 155-156.
46) 이은아, "인성교육의 대안과 방향: 경제적 인간에서 호혜적 인간으로," 「사회과학연구」 26(4) (2015. 10): 235-255 참고.

## 3. 인간수명 연장과 천재적인 기계에 대한 대책: 범교단적 차원의 인 공지능 윤리위원회 발족 및 운영

4차 산업혁명 시대에는 인공지능, 빅데이터, 로봇, 사물인터넷만 있는 것이 아니다. 인공지능은 로봇의 뇌와 같은 역할을 하며, 인공지능과 로봇의 발전은 3D 프린터의 발전에 힘입어 인류가 이전에는 생각하지도 못했던 사물을 만들거나 복제할 수 있다. 머지않은 미래에 인류는 3D 프린트로 복제한 인간의 주요 장기를 몸속에 달고 다닐 것이다. 이미 팔과 다리뼈는 제작에 성공했으며 곧 심장과 같은 핵심적인 기관도 복제가 가능할 것이다. 그렇게 되면 인간의 수명도 획기적으로 늘어나게 될 것이며 전술한 영화의 주인공처럼 수 백 년을 살게 될 지도 모른다. 결국 요람에서 무덤까지의 길이가 많이 늘어가게 되어 노년을 위한 진정한 평생교육이 필수가 될 것이다. 그러나 4차 산업혁명 시대는 빅데이터와 인공지능 기술을 소유한 개인이나 기업이 거의 모든 부를 장악하게 될 위험에 처하게 될 것이다. 오늘날 클라우드 기술을 가진 애플이나 페이스북이나 삼성 같은 기업이 세상의 부를 거의 독식하는 것과 같은 현상은 앞으로 더 가속될 것이다. 그러므로 호모 에두칸두스에 대한 연구가 점점 더 빈익빈 부익부 현상을 방지하는 중요한 연구가 될 것이다. 진정한 인간됨을 위한 지구촌 인간들의 역할을 세계가 공유하고 발전시켜 이른 바 넓게는 UN 차원의, 좁게는 범교단 차원의 "인공지능 윤리위원회"의 발족이 필요하게 될 것이다. 이러한 윤리기관을 창설하고 운영하려면 상업논리나 자국보호주의로는 인간의 존엄성, 인간의 사유성, 인간의 창의성에 근거한 기독교교육적인 연구토대가 반드시 필요하다. 왜냐하면 인공지능을 장착한 로봇이 활보하는 시대를 맞이하기 전에 인류가 준비해야 할 핵심적 사안의 초점은 효율성과 생산성의 문제가 아니라 "책임과 도덕성의 문제"이며 "공존공생이냐 공멸하느냐의 문제"이기 때문이다.[47]

## 4. 실존적 지식과 지식의 공공성을 추구하는 호모 에두칸두스를 위하여

인류는 멀지 않아 약한 인공지능이 인류를 전방위적으로 도전할 것이다. 신경증적으로 대하지 않고 끝까지 불평을 들어주며 함께해 주는 인공지능을 장착한 로봇은 마음 약한 많은 현대인들의 친구가 되어 줄 전망이다. 그러나 인공지능은 어디까지나 유사지능이고 프로그램된 명령에 따르는 기계일 따름이다. 따뜻한 인간의 따뜻한 진정성과 공감능력은 아무리 모방을 하여도 가능하지 않을 것이다. 그리고 절대자 하나님의 성령으로부터 주어지는 진정한 마음의 평화와 위로, 묵상과 침묵을 통하여 위로부터 주어지는 실존적 지식을 어떻게 인공지능이 흉내낼 수 있겠는가. 인간의 실존적 지식은 사회적 지식이며 동시에 철저하게 개인적인 지식이며 경험이다. 비록 지치고, 피곤하며, 예상할 수 없는 마음의 변화가 상대방을 힘들게 하여도 실존적인 사랑, 변화무쌍한 인간의 사회적 활동을 통한 땀과 노동의 기쁨, 인간 상호간의 만남과 경쟁과 투쟁 가운데서 만들어지는 인간의 삶은 아무리 정교하게 프로그램화된 인공지능이라고 하여도 줄 수 없는 지극히 복잡한 인간의 실존적 삶이다. 그러기에 기독교교육은 4차 산업혁명 시대와 같이 기계가 인간의 활동 가운데 들어오는 시대일수록 몸으로 읽는 성서읽기, 노동의 땀과 눈물로 얻게 되는 체험적인 실존 지식과 경험, 노작교육, 협동학습, 캠프교육, 공동체훈련, 여행답사교육 등에 더욱 집중해야 할 것이다. 로봇의 도움이 당장에는 효율성 제고에 도움을 줄 것이 분명하지만 실존적 체험의 가치는 그 무엇과도 바꿀 수 없는 무한한 가치를 지니는 것이므로 결코 포기해서는 안

---

47) Tyler Cowen, 신승미 역, 『4차 산업혁명 강력한 인간의 시대』 (서울: 마일스톤, 2017), 192-199.

될 것이다.

　기독교교육은 본래적으로 사회적 지식, 지식의 공공성을 추구하여야 한다. 복음의 기본적인 성격이 공공성의 실현을 추구하기에 그렇다. 하나님의 형상대로 지음받은 존엄한 인간은 그 어느 누구와도 진정성을 갖고 사귀며 나와 너, 그리고 우리의 하나님께 대한 신앙을 갖고 존중하여야 할 것이다. 4차 산업혁명 시대에 호모 에두칸두스는 더욱 이러한 신앙인의 자세를 갖고 세상 속에서 하나님의 나라를 구현하고 확장시켜 나가기를 추구해야 할 것이다. 이를 위하여 개교회주의, 교단주의를 벗어나야 할 것이다. 더욱이 오늘날과 같이 교회가 사회 속에서 질시의 대상이 되고 사적인 신앙만을 추구하여 가나안성도가 증가하는 현실 속에서는 신앙과 지식의 공공성을 확인하는 기독교교육이 절실하다. 이를 위하여 개인화가 점점 더 심해지기 쉬운 4차 산업혁명 시대에는 호모 에두칸두스로서 공적 신앙을 추구하고 지식의 공공성에 더욱 주의를 기울여야 할 것이다.[48] 이를 위하여 성경에 터하고 사회의 흐름을 균형잡힌 비판정신을 가진 호모 에두칸두스로 교육하기에 힘써야 할 것이다.


## 닫는말

　본 연구는 4차 산업혁명 시대의 호모 에두칸두스의 본질적인 역할과 사명에 대하여 살펴 보았다. 4차 산업혁명 시대에는 빅 데이터에 기반한

---

48) Miroslav Volf, 김명윤 역, 『광장에 선 기독교』(서울: IVP, 2014) 참고. Geroge Albert Coe, 『종교교육사회론』(서울: 그루터기, 2006) 참고.

인공지능, 로봇, 사물 인터넷, 3D 프린터와 같은 발명품이 인간문명에 일정부분 이미 유익을 주었고, 더 많은 유익을 가져다 줄 것으로 예상하나, 동시에 인간의 삶을 근본적으로 위협할 요소도 분명히 있다. 대처 준비 성공 여부에 따라 인류는 인간의 욕망과 필요에 의해 끌려가게 될지도 모를 위기 상황에 처해 있다. 이러한 상황에서, 지구촌의 정원사로 부름 받은 인간은 다음의 세 가지 가능성을 개발하여야 한다. 하나님의 형상을 따라 만들어진 인간의 존엄성, 생각하는 능력을 발하는 인간의 사유성, 교육적 존재로 만들어진 인간의 창의성이 그것이다. 이른바 인간이 호모 에두칸두스로서의 가능성을 인지하고 꾸준히 노력하고 개발한다면, 4차 산업혁명의 도전에 적절하게 응전할 실마리를 찾게 될 것이다. 마지막으로 4차 산업혁명 시대에 호모 에두칸두스가 수행해야 할 네 가지 기독교 교육 과제를 다음과 같이 다루었다. 첫째, 교육의 상품화에 대항하는 호모 에두칸두스 정신 전파를 위한 기독교교육 연구를 지속해야 할 것이다. 둘째, 상기한 세 가지 가능성을 인지하고 인간가치와 사명감을 회복케 하는 호모 에두칸두스를 위해 융합적 연구를 수행해야 할 것이다. 셋째, 인간수명 연장에 대한 대책을 세우고 또한 세계시민의 윤리적인 삶을 위하여 인공지능 윤리위원회를 만들어 함께 운영해야 할 것이다. 넷째, 실존적 지식과 지식의 공공성을 추구하는 호모 에두칸두스를 위하여 매진해야 할 것이다. 호모 에두칸두스인 인류가 이 네 가지 과제완수를 위해 매진한다면, 일찍이 코메니우스가 꿈꾸었던 것처럼, 교사는 덜 가르치나 학생은 더 많이 배우며, 우리 모두는 인생살이 가운데 부질없는 수고에 주어진 시간을 허비하는 대신 여가와 즐거움을 향유하고, 사회는 어두움과 분열을 덜게 되고, 교회는 신뢰와 존중을 받으며, 빛과 질서와 평화와 안식이 우리 곁에 조금 더 가까이 있을 것이다. 히브리어로 위기(משבר, mashber/왕하 19:3; 미쉬나 켈림 23,4)는 출산용 의자 즉, 고대에 산모가 출산할 때 앉았던 의자를 뜻한다.[49] 즉, 생명을 탄생시키는 창조의 순간이 위기의 때라는 말이며 이른바 생명을 출산한다는 의미를 내포하고 있다. 이런 의미에서 위기는 새로운 기회를 만들어 낼 수 있는 기회가 된다. 4차 산업혁명 시대의 도전은 아마도 인류를 위기로 몰아넣을 수도 있겠으나, 우리 한국과 세계의 기독교교육을 더 나은 차원으로 승화시킬 기회가 될 수도 있을 것이다.[50]

---

49) https://he.wikipedia.org/wiki/ 2018년 9월 28일 20:00 접속.
50) 김도일 편, 『제4차 산업혁명 시대의 교육목회』 (서울: 기독한교, 2017) 참고.

## ■ 참고 문헌


고용수.『만남의 기독교 교육사상』. 서울 : 장로회신학대학교 출판부, 1994.

김도일.『교육인가 신앙공동체인가?』. 한국장로교출판사, 1998.

마리아 해리스. *Teaching and Religious Education*.『가르침과 종교적 상상력』. 김도일 역. 서울: 한국장로교출판사, 2003.

조지 앨버트 코우. *Social Theory of Religious Education*.『종교교육사회론』. 김도일 역. 서울: 그루터기하우스, 2006.

호레이스 부쉬넬. *Christian Nurture*.『기독교적 양육』. 김도일 역. 서울: 장로회신학대학교 출판부, 2002.

김균진. "하나님의 형상에 대한 삼위일체론적 해석."「신학논단」19 (1991. 6), 71-85.

김대식.『인간 대 기계』. 서울: 동아시아, 2016.

김도일 편.『미래시대, 미래세대, 미래교육』. 서울: 기독한교, 2016.

김도일 편.『제4차 산업혁명 시대의 교육목회』. 서울: 기독한교, 2017.

김도일.『더불어 건강하고 행복한 생태계를 만들어가는 가정, 교회, 마을 교육공동체』. 서울: 동연, 2018.

신상규.『호모 사피엔스의 미래: 포스트휴먼과 트랜스휴머니즘』. 서울: 아카넷, 2017.

양금희. "지혜와 평화가 서로 입맞춤할 때: 코메니우스의 범지혜 사상에 나타난 평화교육 사상."「한국기독교신학논총」99 (2016. 1), 289-319.

우정길. "부자유를 통한 자유와 교육행위의 지향성: 탈주체성 또는 상호주관성의 교육이 론을 위한 일 고찰."「교육철학」38 (2007. 2), 139-164.

유수정. "4차 산업혁명과 인공지능."「한국멀티미디어학회지」. 제21권 제4호(2017년 12 월), 1-8.

이병련. "산업혁명과 산업화의 역사적 의미에 관한 고찰."「사총」. 54권 0호(2001), 101-130.

이상봉. "4차 산업혁명과 종교교육." 종교교육학회. 2017년 춘계학술대회 자료집.

이순배, 공명숙.『글로벌 시대를 위한 융합의 이해』. 서울: 교문사, 2014.

이은아. "인성교육의 대안과 방향: 경제적 인간에서 호혜적 인간으로,"「사회과학연구」 26(4) (2015. 10): 235-255

이창익. "인간이 된 기계와 기계가 된 신: 종교, 인공지능, 포스트휴머니즘."「종교문화비평」. 2017 (31), 209-254.

장복동. 『다산의 실학적 인간학』. 서울: 전남대출판부, 2002.

최윤호. "유럽중심주의 역사인식에 대한 반성과 비판." 「한국학 연구」. 27권(2012), 461-502.

Ahlstrom, Sidney E. *A Religious History of the American People*. New Haven, CT: Yale University Press, 1972.

Allan, Brian. "Intellectual History of the Succession of Five Professor of Religious Education at Union Theological Seminary in New York." Ed.D. Dissertation, Teachers College, Columbia University, 1989.

Archibald, Helen. "George Albert Coe: Theorist for Religious Education in the Twentieth Century." Ph.D. Diss. University of Illinois, 1975.

Bellah, Robert N., Richard Madsen, William M. Sullivan, Ann Swidler, and Steven M. Tipton. *Habits of the Heart: Individualism and Commitment in American Life*. Berkeley: University of California Press, 1985.

Berger, Peter L., and Brigitte Berger. *Sociology: A Biographical Approach*. New York: Basic Books, 1972.

Berger, Peter L., Brigitte Berger, and Hansfried Kellner. *The Homeless Mind*. New York: Random House, 1973.

Borgmann, Albert. *Crossing the Postmodern Divide*. Chicago: The University of Chicago, 1992.

Boys, Mary C. "Conversion as a Foundation of Religious Education." *Religious Education* 77:2 (March-April 1982): 211-224.

_____. "Teaching: The Heart of Religious Education." *Religious Education* 79:2 (Spring 1984): 252-272.

_____. "A Response to Professor Huebner." *Religious Education* 77:4 (July-August 1982): 377-383.

_____. "An Educational Perspective on Interreligious Dialogue: A Catholic View." *Religious Education* 86:2 (Spring 1991): 171-183.

_____. "The Tradition as Teacher: Reparing the World." *Religious Education*. 85:3 (Summer 1990): 346-355.

_____. *Educating in Faith: Maps and Visions*. San Francisco: Harper & Row, 1989.

Boys, Mary C. ed. *Educating for Citizenship and Discipleship*. New York: Pilgrim Press, 1989.

Boys, Mary C., Sara S. Lee, and Dorothy C. Bass. "Protestant, Catholic, Jew: The Transformative Possibilities of Educating Across Religious Boundaries." *Religious Education* 90:2 (Spring 1995): 255-276.

Brown, Francis, S. R. Driver and C. A. Briggs. *Hebrew and English Lexicon of the Old Testament*. London: Oxford Press, 1952.

Brueggemann, Walter. *The Creative Word: Canon as a Model for Biblical Education*. Philadelphia: Fortress, 1982.

Buber, Martin. *Between Man and Man*. Tr. by Ronald Gregor Smith, New York: Macmillan, 1969.

Bushnell, Horace. *Christian Nurture*. Grand Rapids: Baker Book House, 1991. (Reprinted from the 1861 edition published by Charles Scribner)

Butler, Donald J. *Four Philosophies*. New York: Harper & Brothers Publishers, 1957.

Carter, Stephen L. *The Culture of Disbelief: How American Law and Politics Trivialize Religious Devotion*. New York: Basic Books, 1993.

Cheney, Mary B. *Life and Letters of Horace Bushnell*. New York: Charles Scribner, 1903.

Child, Irvin. ed. *Handbook of Social Psychology II*. New York: Addison Wesley, 1960.

Chiles, Robert E. *Theological Transition in American Methodism: 1790-1935*. New York: Abingdon Press, 1965.

Coe, George Albert. "My Search for What is Most Worthwhile." *Religious Education*. 46:2 (March-April 1951): 67-73.

_____. *A Social Theory of Religious Education*. New York: Charles Scribner's Sons, 1927 (originally 1917).

_____. *Education in Religion and Morals*. Chicago: Fleming H. Revell, 1904.

_____. *The Psychology of Religion*. New York: University of Chicago Press, 1929.

_____. *The Religion of a Mature Mind*. Chicago: Fleming H. Revell, 1902.

_____. *What is Christian Education?* New York: Charles Scribner's Sons, 1929.

Cremin, Lawrence A. *Public Education*. New York: Basic Books, Publishers, 1976.

Cully, Iris V. and Kendig Brubaker Cully. eds. *Harpers Encyclopedia of Religious Education*. New York: Harper & Row, 1990.

_____. *Process and Relationship: Issues in Theory, Philosophy, and Religious Education*.

Birmingham: Religious Education Press, 1978.

Cully, Kendig Brubaker. *Basic Writings in Christian Education.* Philadelphia: The Westminster Press, 1960.

_____. *Search for Christian Education.* Philadelphia: The Westminster Press, 1965.

Cully, Kendig Brubaker. ed. *The Westminster Dictionary of Christian Education.* Philadelphia: The Westminster Press, 1964.

Deighton, Lee C. ed. *The Encyclopedia of Education.* New York: The MacMillan Company & The Free Press, 1971.

Dewey, John. *Common Faith.* New Haven: Yale University Press, 1934.

_____. *Democracy and Education.* New York: Macmillan, 1916.

_____. *Experience and Education.* New York: Collier Books, 1938.

_____. My Pedagogic Creed. *In Dewey on Education*, ed. Martin S. Dworkin, Classics in Education No. 3. New York: Teachers College Press, 1971.

Durabont, Frank. *The Shawshank Redemption.* 142 min. Castle Rock Entertainment. 1994, Video movie cassette.

Eisner, Elliot. *The Educational Imagination.* New York: Macmillan, 1979.

Elias, John. *The Foundations and Practice of Adult Religious Education.* Malabar, Florida: Robert E. Krieger Publishing Company, 1982.

Elliott, Harrison S. *Can Religious Education Be Christian?* New York: The Macmillan Company, 1940.

Fairchild, Roy W. The Contribution of Lewis J. Sherrill to Christian Education. *Religious Education*, LIII:5 (Sept.-Oct. 1958): 403-411.

Ferm, Vergilius. ed. *Religion in Transition.* New York: Macmillan Co., 1937.

Fiorenza, Elizabeth Schüssler and Mary Collins. eds. *Women: Invisible Church and Theology.* Edinburgh: T. & T. Clark LTD, 1985.

Flexner, Stuart Berg and Leonre Crary Hanck. eds. T*he Random House Dictionary of the English Language.* 2d ed., New York: Random House, 1987.

Foster, Charles R. *The Future of Christian Education: Educating Congregations.* Nashville: Abingdon Press, 1994.

Gallup, Jr. George and Sarah Jones. *100 Questions and Answers: Religion in America.* Princeton: Princeton Religion Research Center, 1989.

368

Gaustad, Edwin Scott. *A Religious History of America*. San Francisco: Harper Collins, 1990.

Goodspeed, Thomas W. *William Rainey Harper*. Chicago: The University of Chicago Press, 1928.

Green, Thomas F. *The Activities of Teaching*. New York: McGraw-Hill, 1971.

Groome, Thomas H. *Christian Religious Education*. San Francisco: Harper Collins, 1980.

Harris, Maria. *Fashion Me A People*. Louisville, Kentucky: Westminster/John Knox Press, 1989.

_____. *Teaching and Religious Imagination*. San Francisco: Harper & Row, 1987.

Haworth, Paul L. *The United States in Our Own Times: 1865-1920*. New York: Charles Scribner's Sons, 1920.

Hendricks, Howard. *Living by the Book*. Chicago: Moody Press, 1991.

_____. *Heaven Help the Home*. Wheaton, IL: Victor Books, 1973.

_____. *Say It with Love*. Wheaton, IL: Victor Books, 1972.

Heywood, David. "Christian Education as Enculturation." *British Journal of Religious Education* 10 (Spring 1988): 65-71.

Howe, Reuel L. *Mans Need and Gods Action*. New York: The Seabury Press, 1953.

Huebner, Dwayne. "Education in the Church." *Andover Newton Quarterly* 12:3 (January 1972): 122-129.

Kee, Howard Clark, Emily Albu Hanawalt, Carter Lindberg, Jean-Loup Seban, and Mark A. Noll. *Christianity: A Social and Cultural History*. New York: Macmillan, 1991.

Keely, Barbara Anne. ed. *Faith of Our Foremothers*. Louisville, Kenturky: Westminster John Knox Press, 1997.

Kennedy, William Bean. *Shaping of Protestant Education*. New York: Association Press, 1966.

Macionis, John J. *Sociology*. 2d ed. Englewood Cliffs, N.J.: Prentice Hall, 1989.

Menges, Robert. *The Intentional Teacher: Controller, Manager, Helper*. Monterey, California: Brooks/Cole Publishing Company, 1977.

Miller, Donald E. *Story and Context: An Introduction to Christian Education*. Nashville: Abingdon Press, 1987.

Miller, Ray Oakley. *Modernist Studies in the Life of Jesus*. Sherman: French & Co., 1917.

Moore, Allen J. "A Social Theory of Religious Education." *Religious Education* 82:3 (Summer 1987): 415-425.

Moore, Allen J. ed. *Religious Education as Social Transformation.* Birmingham, Ala.: Religious Education Press, 1989.

Moore, Mary Elizabeth. *Education for Continuity and Change.* Nashville: Abingdon Press, 1983.

Lacey, A. R. *A Dictionary of Philosophy.* London: Routledge and Kegan Paul, 1976.

Little, Sara. "Experiments with Truth: Education for Leadership." in *Caring for the Commonweal: Education for Religious and Public Life.* ed. Parker J. Palmer, Barbara G. Wheeler, and James W. Fowler. Macon, Georgia: Mercer University Press, 1990.

_____. "From Theory to Practice: Curriculum." *Religious Education* 77:4 (July-August 1982): 374-377.

_____. *Learning Together in the Christian Fellowship.* Richmond, Va.: John Knox Press, 1956.

_____. "Reflections on What Happened." *Religious Education* 73:4 (July 1978): 444-448.

_____. "Christian Nurture, by Horace Bushnell." *American Presbyterians.* Vol. 66(Wint. 1988): 245-250

_____. "Reformed Theology and Religious Education." In *Theologies of Religious Education*, 11-34, ed. Randolph Crump Miller. Birmingham, Ala.: Religious Education Press, 1995.

_____. Religious Instruction. In *Contemporary Approaches to Christian Education*, ed. Jack L. Seymour and Donald E. Miller. Nashville: Abingdon Press, 1982.

_____. "The Clue to Religious Education." *Union Theological Seminary Quarterly Review* 47:3-4 (1993): 7-21.

_____. "The Educational Question." *Religious Education* 72:1 (January 1977): 25-28.

_____. "Theology and Education." in *Harpers Encyclopedia of Religious Education*, 649-655, ed. Iris Cully and Kendig Brubaker Cully. New York: Harper & Row, 1990.

_____. *The Role of the Bible in Contemporary Christian Education.* Richmond: John Knox Press, 1961.

_____. *To Set One's Heart: Belief and Teaching in the Church*. Atlanta: John Knox Press, 1983.

_____. "What We Should Not Forget." PACE 24 (Feb. 1995): 8-12.

Lynn, Robert and Elliot Wright. *The Big Little School*. Birmingham, Alabama: Religious Education Press, 1971.

Nelson, C. Ellis. "Christian Education in a Secular Society." *The Presbyterian Outlook* 176:16 (April 25, 1994): 6, 7, & 9.

_____. "Socialization Revisited." *Union Seminary Quarterly Review* 47:3-4 (1993): 161-176.

_____. *Growth in Grace and Knowledge: Lectures and Speeches on Practical Theology 1942-1992*. Austin, Texas: Nortex Press, 1992.

_____. *How Faith Matures*. Louisville: Westminster/John Knox Press, 1989.

_____. *Where Faith Begins*. Atlanta: John Knox Press, 1971.

_____. "Toward Accountable Selfhood." in *Modern Masters of Religious Education*. ed Marine Mayr. Alabama: Religious Education Press, 1983: 160-164.

Nelson, C. Ellis. ed. *Congregations Their Power to Form and Transform*. Atlanta: John Knox Press, 1988.

Nelson, James B. *Moral Nexus*. Philadelphia: The Westminster Press, 1971.

Nicholson, John Patrick. "A Critical Analysis of the Theological, Sociological, Educational, and Organizational Dimensions of Westerhoff's Socialization." Ph.D. Diss. Fordham University, 1981.

Niebuhr, H. Richard. *Faith on Earth: An Inquiry into the Structure of Human Faith*. New Haven: Yale University Press, 1989.

_____. *The Meaning of Revelation*. New York: The Macmillan Company, 1941.

OHare, Padraic, ed. *Tradition and Transformation in Religious Education*. Birmingham, Ala.: Religious Education Press, 1979.

Osmer, Richard Robert. *A Teachable Spirit*. Louisville: John Knox Press, 1990.

_____. *Teaching For Faith: A Guide for Teachers of Adult Classes*. Louisville: John Knox Press, 1992.

Osmer, Richard R. & Friedrich Schweitzer. *Religious Education Between Modernization and Globalization*. Michigan: William B. Eerdmans Publishing Co., 2003.

Pazmiño, R. W. *Foundational Issues in Christian Education*. Grand Rapids: Baker Book House, 1988.

REA. *Proceedings of the First Convention of the Religious Association*. Chicago: R.E.A., 1903.

Reed, James E. and Ronnie Prevost. *A History of Christian Education*. Nashville, Tenn.: Broadman & Holman Publishers, 1993.

Richardson, Alan. ed. *A Dictionary of Christian Theology*. Philadelphia: The Westminster Press, 1969.

Rogers, Donald B. "Can Education Aid in Sanctification?" *Journal of Theology* (United Theological Seminary), (1995): 72-89.

Rood, Wayne R. *Understanding Christian Education*. Nashville: Abingdon Press, 1970.

Sherrill, Lewis Joseph. *Guilt and Shame*. Richmond, Va.: John Knox Press, 1957.

_____. *The Gift of Power*. Philadelphia: The Macmillan Company, 1955.

_____. *Religious Education in the Small Church*. Philadelphia: Westminster, 1932.

Schmidt, Stephen. *A History of Religious Education Association*. Birmingham, Alabama: Religious Education Press, 1983.

Seymour, Jack L. et al. *The Church in the Education of the Public*. Nashville: Abingdon Press, 1984.

Somervell, D. C. *A History of United States to 1941*. London: William Heinemann LTD, 1942.

Soares, Theodore G. "History of Religious Education Association." *Religious Education*. Vol. XXIII, no. 7(Sep. 1928): 621-633.

Strong, James. *Exhaustive Concordance of the Bible*. Nashville: Abingdon Press, 1980.

Sullivan, E. V. *Critical Psychology*. New York and London: Plenum Press, 1984.

Taylor, Marvin. "Inter- and Nondenominational Agencies and Christian Education." *An Introduction to Christian Education*. Nashville & New York: Abingdon Press, 1966.

Tippen, Brian A. "A Historical Look at the Succession of Major Professors of Religious Education at Union Theological Seminary in New York." *Religious Education* 88:4 (Fall 1993): 503-522.

Ulich, Robert. *A History of Religious Education*. New York: New York University Press, 1968.

372

Vieth, Paul H. ed. *The Church and Christian Education*. St. Louis: Bethany Press, 1947.

Westerhoff, John. "A Changing Focus: Toward an Understanding of Religious Socialization." *Andover Newton Quarterly* 14 (1973): 118-129.

_____. *Spiritual Life: The Foundation for Preaching and Teaching*. Louisville, Kentucky: Westminster/John Knox Press, 1994.

_____. *Will Our Children Have Faith?* San Francisco: Harper & Row, 1976.

Westerhoff, John and Gwen Kennedy Neville. *Generation to Generation*. New York: The Pilgrim Press, 1979.

Westerhoff, John and William M. Willimon. *Liturgy and Learning Throughout the Life Cycle*. New York: Seabury Press, 1980.

Wuthnow, Robert. *Christianity in the 21st Century: Reflection on the Challenges Ahead*. New York: Oxford University Press, 1993.

Arendt, Hannah. 이진우, 태정호 역.『인간의 조건』. 서울: 한길사, 1996.

Buber, Martin. 남정길 역.『인간이란 무엇인가?』. 서울: 대한기독교서회, 1994.

Coe, Geroge Albert. 김도일 역.『종교교육사회론』. 서울: 그루터기, 2006.

Colvin, Geoffrey. 신동숙 역.『인간은 과소평가 되었다』. 서울: 한스미디어, 2016.

Comenius, Johann Amos. 정확실 역.『대교수학』. 서울: 교육과학사, 1998.

Cowen, Tyler. 신승미 역.『4차 산업혁명 강력한 인간의 시대』. 서울: 마일스톤, 2017.

Dessauer, Friedrich. 황원영 역.『인간이란 무엇인가?』. 서울: 분도출판사, 1976.

Harari, Yuval Noah. 김명주 역.『호모 데우스: 미래의 역사』. 서울: 김영사, 2017.

Illich, Ivan. 권루시안 역.『과거의 거울에 비추어』. 서울: 느린걸음, 2013.

Jesus, Paulo. "From Homo Educandus to Home Aestheticus: Kant on Education." Studi Kantiani. Pisa/Roma: Isituti Editoriali E Poligrafici Internazionali, 2007.

Kant, Immanuel. Über Pädagogik von D. F. Rink. AA ix 437-499.

KBS 〈명견만리〉 제작팀.『명견만리』. 서울: 인플루엔샬, 2016.

Matsuo, Yutaka. 박기원 역.『인공지능과 딥러닝』. 서울: 동아엠앤비 e-book, 2015.

Volf, Miroslav. 김명윤 역.『광장에 선 기독교』. 서울: IVP, 2014.

"바이센티니얼맨(Bi-Centennial Man)." 1999년. Columbia Pictures 제작. 로빈 윌리엄스 주연.

"아이 로봇(I, Robot)" 2004년. Davis Entertainment 제작. 이십세기 폭스 코리아 배급, 윌 스미스 주연.

# ■ 찾아보기(용어)

321

376

## ■ 찾아보기(인명)